ADHD 학생의 이해와 지도

Robert Reid · Joseph Johnson 공저
송현종 · 양승갑 공역

Teacher's Guide to ADHD

What Works for Special-Needs Learners

학지사

Teacher's Guide to ADHD
by Robert Reid Ph. D. and Joseph Johnson Ph.D.

역자 서문

불과 15년 전만 해도 우리나라에서 ADHD 또는 주의력결핍 과잉행동장애는 대부분의 사람에게 낯선 용어였다. 즉, ADHD는 특수교육학이나 정신의학을 연구하는 소수의 사람이 관심을 갖기 시작한 새로운 연구 영역이었다. 그렇지만 오늘날 ADHD는 정신의학이나 특수교육학 분야에 종사하지 않는 대부분의 의료 전문가, 일반 교사, 아동교육 전문가, 상담자 또는 심리치료자에게 마치 일상용어처럼 익숙해졌다. 또 ADHD는 아동기와 청소년기의 자녀를 둔 많은 부모에게도 더 이상 생소한 용어가 아니다.

오늘날 우리 사회에는 ADHD라는 용어가 범람하고 있다. 또 ADHD를 가진 아동과 청소년의 수가 불과 몇 년 사이에 급증한 느낌이다. 구체적인 통계 수치를 인용하지 않더라도, 우리 주위에 있는 많은 아동과 청소년이 ADHD로 진단을 받았거나 ADHD 진단에 의뢰되고 있다. 물론 이러한 현상은 그동안 ADHD를 가지고 있으면서도 적절한 진단을 받지 못해 ADHD로 판명되지 않은 상당수의 아동과 청소년이 새롭게 ADHD로 진단받은 결과를 반영한다. 그러나 또 한편으로는 ADHD를 갖고 있지 않은 많은 아동이나 청소년에게 ADHD라는 명칭을 너무나 쉽게 부여하는 경향 때문이기도 하다. ADHD에 관한 정확한 이해와 적절한 평가 절차도 없이, 가정과 학교를 비롯한 많은 상황에서 교육이나 상담이 쉽지 않다는 이유로 결코 적지 않은 수의 아동 및 청소년이 ADHD를 가진 것으로 간주되고 있다.

ADHD 아동과 청소년을 효과적으로 교육하고 상담하기 위해서는 ADHD에 대한 정확한 이해가 선행해야 한다. ADHD에 대한 오해와 편견은 잘못된 중재와 치료로 이어지기 때문이다. 특히 학교에서 ADHD 학생을 교육하고 상담하는 사람은 ADHD

를 가진 아동과 청소년의 특징, ADHD의 진단 기준과 평가 방법, ADHD 학생을 위한 관련 법률, ADHD 학생을 위한 약물치료, 학교에서의 조정과 중재 방법, 부모와의 협력 방법 등에 관한 정확한 지식을 지니고 있어야 한다. 이러한 지식은 ADHD 학생을 지도하는 일반 교사와 특수교사, ADHD 아동과 청소년을 상담하는 상담 전문가뿐만 아니라 ADHD 자녀를 둔 부모 역시 알고 있을 필요가 있다.

이 책은 *Teacher's Guide to ADHD*(Reid & Johnson, 2012)를 번역한 것이다. 번역서의 제목을 'ADHD의 교사 지침서'로 하지 않고 'ADHD 학생의 이해와 지도'로 한 것은 이 책이 ADHD와 ADHD 학생의 특징을 이해하고 ADHD 학생을 지도하는 데 필수적이며 실제적인 내용을 효과적으로 제시하고 있기 때문이다. 원서에는 ADHD 진단 기준으로 DSM-IV의 기준을 제시하고 있으나, 이 번역서에서는 DSM-IV의 기준과 함께 최근에 개정된 DSM-5*의 진단 기준도 함께 제시하였다. 또 ADHD의 진단과 관련해서는 DSM-IV에 비해 DSM-5에서 변화된 주요 내용을 추가로 제시하여 독자가 쉽게 이해할 수 있게 하였다.

이 책은 초등학교와 중·고등학교에서 ADHD 학생을 지도하는 특수교사 및 일반 교사, 교사가 되기 위한 준비를 하고 있는 예비교사, ADHD 아동과 청소년을 상담하는 상담 전문가, ADHD 자녀를 둔 부모 모두에게 매우 실용적인 ADHD 지침서가 될 것이다. 이 책이 ADHD 자녀와 학생의 지도에 어려움을 겪고 있는 모든 사람에게 많은 도움이 되기를 바란다. 아울러 이 책의 출판을 흔쾌히 허락해 주신 학지사의 김진환 사장님과 직원 여러분께 깊은 감사의 마음을 전한다.

2014년 10월

송현종 · 양승갑

---

* 미국정신의학회(American Psychiatric Association: APA)의 DSM-5 조직위원회는 임상 실제에서 유용한 지침으로 사용할 수 있도록 APA뿐 아니라 정신질환을 연구하는 광범위한 과학계의 새로운 임상 관점을 적극 반영하여 『DSM-5(*Diagnostic and Statistical Manual of Mental Disorders, fifth edition: DSM-5®*)』(APA, 2013)를 고안했다. DSM-V로 자리매김하기에는 아직 보완해야 할 점이 있고 실증적 증거 역시 부족하다고 보지만, 공식 명칭으로서 다양한 상황에 널리 적용할 수 있다는 측면에서 그 의의를 지닌다고 본다.

저자 서문

주의력결핍 과잉행동장애(attention-deficit/hyperactivity disorder: ADHD)를 지닌 아동은 전체 학령 인구의 5~7%에 달한다. ADHD 아동의 치료에는 심리학자, 의사, 가족치료사, 교사 등의 다양한 전문가 집단이 참여한다. 이들 중에서 교사가 ADHD 아동과 가장 많은 시간을 함께 보낸다. 그러므로 ADHD 아동의 치료를 위한 핵심적인 역할은 학교가 담당해야 한다. 그런데도 대부분의 교사는 ADHD에 대한 배경지식이 부족할 뿐만 아니라, ADHD 아동을 다루는 데 필요한 효과적인 중재 방법에 대한 지식과 훈련도 매우 부족한 실정이다.

아이러니컬한 것은 교사가 ADHD에 관한 정보를 얻고자 할 때 또 다른 문제에 직면한다는 점이다. 즉, ADHD와 관련된 책, 간행물, 연구물에서부터 지지 집단, 지침서, 웹사이트 등에 이르기까지 감당하기 어려울 정도로 많은 정보가 존재한다는 점이다. 'ADHD를 위한 최신의 가장 뛰어난 치료법'은 사방에 널려 있으며, 누군가는 기꺼이 당신에게 그 비법을 팔겠다고 나설 것이다. 새로운 치료법과 '기적의 치료법'이 끊임없이 규칙적으로 등장했다가 사라지고 또다시 등장한다. 그러나 불행하게도 이 모든 처방은 이론적 근거가 부족하며, 보다 치명적인 것은 연구를 통한 실증적 뒷받침이 없다는 문제점을 안고 있다는 점이다. 더군다나 이러한 실태는 ADHD에 대한 허황된 통념과 오해 그리고 잘못된 정보만을 양산하는 결과를 낳고 있다. 교사에게는 ADHD에 대한 신뢰할 수 있고 실제적인 지식이 필요하다. 학부모는 교사로부터 ADHD에 대한 기본적인 의문의 대답 및 치료 방법에 대한 조언을 듣고 싶어 한다. 따라서 교사는 학부모에게 정확한 정보를 제공할 수 있어야 하며, ADHD 학생의 성공적인 학교생활을 돕는 데 필요한 효과적인 조정 방법과 중재 방법을 알고 있어야 한다.

이 책의 목적은 ADHD 아동을 담당하는 교사에게 실제적이고 현장에서 즉각 활용할 수 있는 유용한 정보를 제공하는 것이다. 이 책은 ADHD에 관한 세부적이고 구체적인 아이디어에 초점을 두기보다는 크고 주요한 아이디어에 초점을 두고 있다. 각 장에서 우리는 교사가 알아야 할 핵심적인 개념과 정보를 제시하고, 실용적인 방법적 지식과 유용한 자료를 제공할 것이다. 우리는 각 주제에 관한 추상적인 논의에 그치지 않고 구체적인 정보를 제공하고자 한다. 그래서 중재나 조정을 어떻게 실행할 것인지에 관한 단계적인 지침을 제공할 것이다.

1장과 2장에서는 ADHD에 관한 배경 정보를 제공하고 있다. 1장에서는 ADHD와 ADHD 학생에 대한 근거 없는 통념과 오해를 해소하고자 하였다. 이를 위해 간략한 역사적 개요와 함께 ADHD로 인해 제기된 문제의 범위를 개괄적으로 살펴보았다. 우리는 ADHD가 최근의 현상이 아니라 오랜 역사를 지니고 있음을 강조하고자 하였다. 2장에서는 ADHD의 특성을 살펴보고, 진단 준거를 제시하고 설명하였다. 또한 공통적으로 나타나는 동반장애에 대해 살펴보고, 그 파급효과에 대해서도 알아보았으며, ADHD의 주요 이론도 소개하였다.

3장은 ADHD 평가 과정을 다루고 있다. 우리는 평가 과정의 각 단계에서 교사가 어떻게 참여하는지를 알아보았다. 평가 도구의 유형을 제시하고, 그 도구들이 평가 과정에서 어떻게 사용되는지도 살펴보았다. 또 학교에서 ADHD를 평가하는 과정에 사용되는 일반적인 평가 도구의 목록을 제시하였다. 더 나아가 ADHD 평가 과정에 관련된 주요 논점/관심사에 대해서도 논의하였다.

4장과 5장은 ADHD 아동이 학교에서 어떤 서비스를 받고 있는지를 다루었다. 4장에서는 특수교육 시스템이 ADHD 아동에게 얼마나 적절한지, 재활법 504조가 ADHD 아동과 어떻게 관련되는지를 논의하였다. 5장에서는 ADHD를 위한 중다치료 모형을 소개하였는데, 여기에는 약물치료, 행동 중재, 교실 조정, 보조 서비스(예: 사회적 기술 훈련) 등이 있다. 교사는 이러한 모든 치료에 어느 정도 관여하게 될 것이다. 또 프로그램을 계획할 때 고려해야 할 중요한 사항들을 제시하였으며, 마지막으로 효과가 의심스러운 ADHD 치료법과 그것을 구별해 낼 수 있는 요령을 제시하였다.

부모는 ADHD 치료 과정에서 매우 중요한 역할을 담당한다. 6장은 부모가 아동의 치료에 어떻게 참여할 것인지 요령을 제공하였고, 어떤 부모에게는 ADHD 자녀를 돕는 것이 왜 그렇게 어려운지 알아보았다. 우리는 ADHD 아동의 부모가 직면하는 몇 가지 문제점을 살펴보았다. 또 부모를 지원할 수 있는 방안에 대한 정보와 효과적이라고 입증된 간단한 가정-학교 중재 방법을 제시하였다.

약물치료는 ADHD의 치료에서 권장되고 널리 사용되고 있다. 그러나 많은 교사는 약물치료의 효과와 기대되는 결과에 대해 오해를 하고 있다. 따라서 7장에서는 ADHD 아동에게 사용되는 주요 약물치료의 유형을 살펴보면서 약물치료를 통해 기대할 수 있는 것과 기대할 수 없는 것에 대한 정보를 제공하였다. 또 약물치료의 일반적인 부작용과 약물치료에 있어서의 학교의 역할에 대해서도 논의하였다.

ADHD와 관련하여 종종 간과되고 있는 점 한 가지는 주위 환경이 문제행동을 형성하고 지속시킬 수 있다는 사실이다. 기능적 행동 평가(functional behavioral assessment: FBA)는 교사가 문제행동을 지속시키는 환경적 선행 사건과 행동의 결과를 확인할 수 있도록 돕는 과정이다. 이는 효과적인 중재로 이어질 수 있다. 8장에서 우리는 FBA의 개요와 목적을 설명하였고, FBA 과정의 각 단계를 살펴보았으며, FBA 과정의 예를 추가 정보와 함께 제공하였다.

9장에서는 ADHD 아동에게 효과적인 행동 중재 방법을 살펴보았다. 우리는 ADHD 아동에게 행동 중재를 적용할 때 지켜야 할 지침을 제시하고, 두 가지 중재 방법(토큰법, 반응대가)이 교실에서 어떻게 효과적으로 실시될 수 있는지에 대한 자세한 예를 제공하였다. 한편, 학업 문제는 ADHD 아동에게서 보편적으로 나타난다. 따라서 10장에서는 ADHD 아동에게 효과적인 특수한 수업 방안에 대해 살펴보았다.

최근의 이론은 ADHD를 자기 조절력의 결여에서 비롯된 장애로 본다. 따라서 학생이 스스로 자신의 행동을 조절할 수 있도록 돕는 중재가 매우 유용하다. 11장에서는 ADHD 아동에게 효과적인 자기 조절 중재 방법들을 개관하고, 그러한 중재 방법을 교실에서 적용하기 위한 방법의 단계적인 예를 제공하였다. 그리고 마지막 12장에서는 ADHD 아동에게는 구세주와 같은 '생존 기술', 즉 사회적 기술과 조직화 기술을 논의하였다. 우리는 사회적 기술 훈련과 교실 생존 기술을 검토하고, ADHD 아동의 조직화를 돕는 예를 제공하였다.

ADHD 아동이 학교에서 성공하도록 돕는 것은 매우 힘든 일이다. ADHD 아동은 복합적인 문제를 갖고 있기 때문에, 효과적인 치료를 위해서는 ADHD의 학업적 · 행동적 · 사회적 측면에 대한 주의가 필요하다. 또한 가정과 학교를 통합하는 협력적인 접근이 필수적이다. 이 책을 통해 교사가 교실에서 ADHD 학생을 더욱 효과적으로 지도할 수 있는 지식과 실제적인 아이디어를 습득할 수 있기를 기대한다.

– Robert Reid, Joseph Johnson

차례

Chapter 2 ADHD란 무엇인가 … 45

Chapter 3 ADHD의 평가 … 77

Chapter 4 학교에서의 ADHD … 103

Chapter 5 학교기반 ADHD 치료 … 123

Chapter 6 부모와의 협력 … 149

Chapter 7 약물치료 … 187

Chapter 8 기능적 행동 평가 … 217

Chapter 9 행동 관리 … 245

Chapter 10 학업과 ADHD … 281

ADHD

Chapter 1

개관

진실의 가장 큰 적은
의도적으로 꾸며 낸 부정직한
거짓말이 아니라,
지속적이고 설득력이 있으며 사실이 아닌
사회적 통념이다.

– 존 F. 케네디(John F. Kennedy)

주의력결핍 과잉행동장애(attention-deficit/hyperactivity disorder: ADHD)는 수백만 명의 학생에게 영향을 끼치는 문제다. ADHD는 가장 흔하게 진단되는 아동기 장애다. 인터넷의 한 자료 검색에 따르면 ADHD에 관련된 연구논문은 대략 1만 건이 존재한다. 그러나 실제 수치는 그보다 훨씬 더 많다. ADHD는 대중문화 속에 깊게 뿌리내리고 있으며, 대중매체에서도 엄청난 주목을 받고 있다. ADHD에 관련된 특집 기사가 주요 잡지에 정기적으로 등장하며, 주요 신문들은 ADHD에 관련된 기사를 자주 보도하고 있다. 그러나 이러한 엄청난 관심도 인터넷 검색 포털 사이트에 등장하는 3,600만 건의 ADHD 관련 자료에 비하면 초라할 뿐이다. 실로 우리는 ADHD에 관한 정보의 바다 속에 살고 있다.

그러나 불행히도 이 정보의 바다에는 어두운 면이 있다. 대중매체나 인터넷에 등장하는 ADHD에 대한 내용은 대부분 매우 선정적이다. 이러한 이야기는 대개 ADHD를 가진 아동의 성공 혹은 실패에 관한 극적인 이야기에 초점을 맞추고 있다. 그 이야기들은 고무적으로 보이지만 전혀 일반적이지 않은 ADHD 극복기를 다루고 있거나, 또는 이와 반대로 ADHD 문제가 훨씬 더 심각한 문제를 어떻게 유발하는지를 주로 다루고 있다. 어떤 이야기는 가장 최근의 '기적의 치료법'을 소개하지만, 그 치료법은 마치 규칙처럼 곧바로 또 다른 '기적의 치료법'으로 대체된다. 어떤 이야기는 ADHD의 원인이라고 알려진 내용을 담고 있다. 또 종종 ADHD에 대한 논쟁을 다루기도 한다. 요즘에는 진위 여부와 상관없이 논쟁에 몰입하는 무자격 ADHD 전문가들이 득세하면서 많은 비과학적 지식이 남발되고 있다. 그 결과 ADHD에 대한 다소 불가사의한 분위기까지 존재하며, 사람들은 ADHD가 정확히 무엇이며, 개인과 사회에 어떤 영향을 미치는가에 대해 잘 알지 못한다. 아마 이런 이유로 ADHD에 대한 많은 오해가 있는 것 같다. 이러한 오해 중 어떤 것은 케네디가 말한 것처럼 지속적이고 설득력이 있으며 사실이 아닌 사회적 통념이 되기에 이르렀다. 이렇게 통념이 된 오해는 ADHD에 대한 일반적인 인식과 교사의 반응에도 영향을 미친다.

이 장의 목적은 ADHD에 대한 배경지식을 제공하고 ADHD에 대해 널리 만연한 일반적인 오해를 확인하는 것이다. 즉, 첫째, ADHD가 실제적인 장애가 아니라는 견해를 소개할 것이다. 둘째, ADHD는 심각한 문제가 아니라는 견해를 소개할 것이다. 우리는 ADHD의 범위와 ADHD가 주는 충격 및 광범위한 영향에 대하여 논의할 것이다. 셋째, ADHD가 지난 10~20년 사이에 불쑥 모습을 드러낸 새로이 '만들어진' 장애라는 견해를 소개할 것이다. 이러한 쟁점을 제기하면서 더불어 ADHD의 역사를 훑어볼 것이다. 넷째, 'ADHD 아동이 정말로 노력한다면 할 수 있다.'는 ADHD에 관한 특히 치명적인 오해를 다룰 것이다. 마지막으로, 우리는 ADHD를 유발하지 않는 것이 무엇인지를 다룰 것이다. 이러한 오해에 대해 논의하면서, 우리는 ADHD 아동과 부모를 대하는 교사에게 보다 확고한 지식의 토대를 제공하고자 한다.

1. ADHD라는 것은 없다?

오랜 역사와 많은 연구에도 불구하고, ADHD를 장애로 보는 것이 타당한가에 대해 의문을 제기하는 사람들이 있다. 흔히 제기되는 논쟁 중에는 음모론도 있다. 예를 들면 다음과 같은 것이다.

> 본질적으로 주의력결핍장애(ADD)가 광범위하게 존재하는 것처럼 보이는 이유는 불만에 가득 찬 활동적인 부모들, 고도로 발전된 정신약리학 기술, 새로운 인지 연구 패러다임, 새로운 교육용품 분야의 성장 산업, 그리고 이러한 것들을 서로에게 알리려 애쓰는 전문가 집단(교사, 의사, 심리학자)의 이해관계가 독특하게 결합된 결과 때문이다. 이 모든 것은 정부의 너그러운 묵인 아래 이루어진다(Armstrong,

1995, p. 10).

아무리 좋게 말해도 제약회사 경영진, 의사, 부모, 교사로 이루어진 도당들이 정신 장애를 만들어 내고 있다는 생각은 터무니가 없다. 일부 비평가는 부모들이 자신의 자녀가 특별한 조치를 받도록 하기 위해 ADHD 진단을 받으려 한다는 혐의를 제기한다. 이러한 문제 제기는 부모들이 자신의 자녀가 '특별한 조치'를 받을 수 있도록 하기 위해 자녀에게 기꺼이 장애인 딱지를 붙이는 것도 서슴지 않는다고 우기기 때문에 문제가 된다. 이 특별 조치라는 것은 아마 아동이 학업을 좀 더 성공적으로 수행할 수 있도록 학교에서 여러 가지 조정과 수정을 제공하는 것을 의미할 것이다. 대부분의 경우에 ADHD 아동은 법률적으로 특별 서비스를 받을 권리가 있으며, 학교는 법률적으로 ADHD 아동에게 그러한 특별 서비스를 제공해야 한다는 사실을 논외로 하더라도 이러한 문제 제기에 동의할 만한 근거는 없다.

오히려 그 반대의 경우는 근거가 있다. 부싱, 개리, 밀스와 가번(Bussing, Gary, Mills, & Garvan, 2007)은 부모가 갖고 있는 ADHD와 관련된 생각, 지식, 정보의 출처에 관한 연구를 시행하였다. 그 연구 결과는 ADHD에 대해 어느 정도의 식견이 있는 부모조차도 ADHD 아동을 위한 학교의 특별 서비스에 대해 알고 있는 경우가 거의 없다는 사실을 보여 준다. 이는 대부분의 부모가 자녀가 ADHD 진단을 받을 경우 학교에서 특별 서비스를 받을 수 있다는 점을 알지 못한다는 것을 의미한다. 또한 그 연구는 부모들이 ADHD 진단에 따른 학교의 조정을 수용하는 것이 항상 쉬운 일만은 아니라는 점 역시 보여 준다. 왜냐하면 자신의 자녀가 특별한 관심이 필요한 학습자로 낙인찍히는 것과 같은 오점이 남기 때문이다.

다른 주장들은 부분적으로 사실에 입각하고 있고, 그렇기 때문에 논의를 해 보아야 한다. 이 절에서 우리는 ADHD의 존재를 부정하는 다음 세 가지 주장에 대해 논의할 것이다. ① 명확한 진단을 내릴 수 있는 의학적 검사는 없다. ② ADHD는 여전히 불충분하고 주관적으로 기술되고 있다. ③ 모든 사람이 다양한 시기와 상황에서 ADHD 관련 행동을 어느 정도는 나타낸다.

1) 주장 1: ADHD를 진단할 수 있는 의학적 검사는 없다

어떤 주장은 ADHD의 존재를 확인 또는 부인할 수 있는 입증된 의학적 검사가 없다는 점을 들어 ADHD의 실재를 부정한다. 이 주장은 전적으로 맞다. ADHD를 확인할 그 어떤 혈액검사나 DNA 검사도 없다. ADHD는 엑스레이로도 볼 수 없다. 과학자들은 양전자 단층촬영(positron emission tomography: PET)이나 자기공명영상법(magnetic resonance imaging: MRI)과 같은 매우 강력한 새로운 영상 기법으로 뇌의 활성화 상태를 볼 수 있지만, 이러한 기법으로도 ADHD는 볼 수 없다. 그뿐 아니라 뇌 전도나 유발전위와 같이 뇌의 전기적 활성화를 측정할 수 있는 다른 어떤 장비로도 ADHD는 볼 수 없다. 요약하면, ADHD를 진단할 수 있는 '이상적인 표준'은 없다는 것이다. 따라서 현 시점에서는 객관적인 의학적 검사에 근거해서 "스미스는 ADHD를 갖고 있지만, 메리는 갖고 있지 않다."라고 분명하고 객관적으로 말할 수 없다.

얼핏 보면 객관적인 의학적 검사가 없다는 이 주장은 매우 강력한 설득력을 지니고 있는 것으로 보인다. 만약 우리가 어떤 사람이 ADHD를 갖고 있다 혹은 없다고 확실하게 말할 수 없다면, 어떻게 ADHD가 존재한다고 말할 수 있겠는가? 결국 이것은 과학의 기본 원리에 관련된 문제다. 우리는 가설을 검증할 수 있어야 한다. 어떤 가설이 틀렸다는 것을 보여 줄 수 없다면 그 가설을 검증할 수 없다. 그리고 과학적인 관점에서 볼 때, 결국 그 가설은 쓸모없는 것이 된다. 그러나 이러한 주장의 문제점은 그것이 설정하고 있는 기준이 거의 불가능하다는 점이다. 실제로 세상은 흑과 백으로만 구성된 것이 아니며, 정신장애의 경우에는 특히 더 그러하다. 예를 들면, 어떤 장애의 존재를 받아들이기 전에 객관적인 의학적 검사가 있어야 한다면, 우리는 우울증, 자폐증, 학습장애 등과 같이 보편적으로 용인된 장애의 존재를 부정해야만 할 것이다. 여기에서 문제는 현 시점에서 우리가 진단을 내리기 위해서는 행동 관찰과 행동의 결과에 의존할 수밖에 없다는 점이다. 이러한 이유 때문에 ADHD의 진단은 주관적일 수밖에 없다. 즉, 그러한 진단은 경기 중 심판의 판정과 같은 것이다. 이러한 비판적 논의는 다음 절에서도 계속된다.

앞의 주장과 매우 유사한 주장은 ADHD를 유발하는 원인이 분명히 밝혀지지 않았기 때문에 ADHD의 존재에 대한 의문 제기는 타당하다는 것이다. 비록 ADHD에 대한 신경학적 근거가 존재하기는 하지만, 그 원인을 정확하게 짚어 낸 연구는 아직 없다. 예를 들면, 비평가들은 다음의 사실에 주목하고 있다. 즉, 만성 뇌손상을 지닌 아동에게서 어떠한 일관된 형태의 과잉행동이나 부주의 패턴도 보이지 않았으며(Hertzig, 1983; Rutter, 1983), ADHD 진단을 받은 아동에게서 어떠한 일관된 구조적 · 기능적 · 신경화학적 표식도 발견된 바 없고(Peterson, 1995; Zametkin, Ernst, & Silver, 1998), 또한 오늘날 ADHD의 진단을 위한 유전학적 근거는 잠재적인 두뇌 이상에 대한 증거로 받아들여질 수 없다(Sherman, Iacono, & McGee, 1997). ADHD를 지닌 사람의 뇌 구조에 관련된 많은 양의 연구에 근거하여, 비평가들은 이제는 신경학적인 근거가 발견되어야 한다고 주장한다. 이러한 비평은 또다시 거의 불가능한 기준을 설정하고 있다. 이러한 비평 역시 논리적 결함을 갖고 있다. 다시 말해서, 장애를 유발하는 원인이 무엇인지를 모른다는 사실이 곧 그 장애가 실제로 존재하지 않는다는 것을 의미하지는 않기 때문이다. 예를 들면, 우리는 아직 자폐증을 유발하는 원인을 알지 못하지만, 자폐증은 실제로 존재하는 장애다.

2) 주장 2: ADHD에 대한 정의는 매우 주관적이다

ADHD에 대해 회의론자들이 자주 지적하는 두 번째 주장의 핵심은 ADHD가 너무 불충분하고 주관적으로 정의되고 있다는 점이다. 예를 들면 다음과 같다.

> ADHD는 **행동 체크리스트**를 사용하여 진단된다. 교사와 부모는 '1. 전혀 아니다, 2. 거의 아니다, 3. 가끔 그렇다, 4. 자주 그렇다, 5. 항상 그렇다' 중에서 하나를 선택하는 설문지를 작성한다. 바로 여기에 ADHD 진단의 신뢰성과 타당성에 관한 첫 번째 문제가 있다. '거의 아니다' '가끔 그렇다' '자주 그렇다'의 정확한 조작적 정의는 무엇인가? 이러한 제한적인 응답들은 매우 주관적이며 평정자에 따라 그 기준이

크게 다를 수 있다는 문제 제기가 가능하다(Stolzer, 2007, p. 111).

> 어떤 점에서 DSM-IV-TR 준거는 효과적인 진단 준거로 활용되는 데 필요한 구체성을 결여하고 있다. 이러한 구체성의 결여로 인해 진단 과정에 고도의 주관성이 개입된다. 그리고 이러한 주관성은 필연적으로 출현율에 영향을 미치게 되며, 질병의 범위에 대한 정확한 기술을 어렵게 한다(Schlachter, 2008, p. 156).

> 요약하자면, 요즘 ADHD를 진단하는 데 몇 가지 간단한 질문지가 임상적으로 사용되고 있다. 그렇지만 그 질문지들은 매우 주관적이고 피상적이기 때문에 단지 부모와 교사가 ADHD에 대한 인식과 걱정을 보여 주는 것 이상으로 간주해서는 안 된다. 그 질문지들은 임상적 관찰이나 면담만큼 신뢰할 수 있는 것은 아니며, 그것으로 뇌의 기능 이상을 진단하기는 충분치 않다(Carey, 2002, pp. 3-10).

더 나아가 비평가들은 결과에 대해 깊고, 종종 무의식적이며, 감성 투자를 하는 사람들이 이러한 주관적인 판단을 내린다고 주장한다. 아동이 부정적으로 행동하는 이유를 알고 싶어 하는 부모나 교사가 아동의 행동에 대한 가장 객관적인 관찰자는 아닐 것이다(Armstrong, 1995).

이 비평은 두 가지 논쟁을 내포하고 있다. 첫 번째는 ADHD에 대한 준거가 명확하게 규정되어 있지 않다는 점이다. 두 번째는 준거가 주관적이기 때문에 이러한 준거를 토대로 해서 내려진 진단은 의심스럽다는 점이다. 이 두 가지에 대해서 하나씩 논의해 보기로 하자.

(1) 분명하게 규정되지 않은 ADHD 준거

앞에서 논의한 것처럼, ADHD에 대한 객관적인 검사가 없기 때문에 이러한 논쟁은 부분적으로나마 불가피하다. 대신에 우리는 행동 관찰에 의존할 수밖에 없는데, 문제는 특정한 행동을 구성하는 요소가 무엇인지를 정확하게 규정하기가 어렵다는 것이다. 우리는 '꼼지락거림'과 같은 행동은 그것을 구성하는 요소 및 그것이 일어나는 빈도(예: 아주 많이, 매우 많이; Reid & Maag, 1994)와 관련된 일반적인 이해에 의존하며, 이것을 주관적인 판단이라고 말하는 비평가들의 주장은 옳다. 그러나 이러한 문제가 ADHD에만 국한된 것은 아니다. 예를 들면, 우울증에 대한 준거에도 '우유부단' '활력 저하' '슬픈' 등과 같이 비슷한 정도의 주관적인 기술이 포함된다. 또 단순히 준거가 주관적이라는 것이 그 준거가 사실적이지 않다는 것을 의미하지는 않는다는 점을 이해하는 것도 중요하다. 사실 DSM-IV-TR에 제시된 진단 준거는 ADHD 역사에서 꾸준히 사용되는 가장 엄격하고 경험적으로 도출된 지침이다(Barkley, 2006).

현행 진단 준거는 그 분야의 지도적인 전문가들로 구성된 위원회에서 만들어진 것이다. 위원회는 ADHD 증상에 관한 연구들을 철저하게 검토하였다. 이러한 검토를 통하여 증상 목록이 만들어졌고, 이어서 북아메리카의 다양한 지역에 사는 380명의 아동을 대상으로 현장 검증이 실시되었다(Applegate et al., 1997; Lahey et al., 1994). 위원회는 이 검증 결과를 분석하고 논의한 후에 최종적인 준거를 채택하였다. 또한 오랜 시간을 두고 ADHD 준거에 대한 꾸준한 개선이 이루어져 왔다. 예를 들면, DSM-IV-TR은 ADHD 진단에 필요한 증상의 수를 제한하기 위해 현장 검증을 실시하였고, ADHD 증상이 반드시 최소한 두 가지의 다른 환경(예: 학교, 집, 작업장)에서 나타나야 한다는 요구를 포함했다. 또한 가장 중요한 것으로, 심각한 손상이라는 필요조건을 첨가하였다. 다음 절에서 논의하겠지만, 손상은 장애의 존재를 규명하는 핵심적인 요소 중 하나다.

이러한 준거조차도 앞으로 어느 정도는 변화할 것이다. 본질적으로 진단 절차는 시간의 경과에 따른 검토와 수정이 필요하다. 이는 학문이 자기 교정적 특징을 갖고 있기 때문이다. 꾸준한 연구 덕택으로, ADHD에 대한 우리의 이해는 개선되고 변화하고 있다. 그리고 이러한 변화는 다시 준거에 대한 개선을 요구한다. 예를 들면, 이러한 개선에는 다음과 같은 것들이 포함될 수 있다. 즉, ADHD 하위 유형에 대해 더 많은 관심을 기울여야 하고, 어떤 사람이 이러한 하위 유형에 맞는지 또는 맞지 않는지, ADHD로 진단되기 위해서 심각한 부주의가 필요한지, 현행 진단 준거는 다양한 연령 집단에 잘 적용되고 있는지, 다양한 발달 수준에 대한 증상이 적절한지, 시작 연령에 대한 준거는 폐기되어야 하는지 혹은 수정되어야 하는지 등이 포함된다(Barkley, 2006).

(2) 주관적인 것은 믿기 어렵다

ADHD 준거가 주관적이기 때문에 그 준거를 토대로 해서 내려진 진단은 믿기 어렵다는 두 번째 논쟁이 자주 제기된다. 비평가들의 주장에 따르면 주관적 준거의 문제점은 동일한 아동에 대해서 한 사람은 ADHD라고 말하고 다른 사람은 그 반대의 진단을 내릴 수 있다는 것이다. 이는 그 준거가 ADHD를 신뢰할 수 있도록 평가하는 데 적용될 수 없다는 것을 의미하며, 이러한 사실 자체는 심각한 문제가 될 수 있다. 어떤 검사나 진단 준거가 유용한 것이 되기 위해서는 반드시 그것이 측정하고자 하는 것을 일관성 있게 측정해야 한다. 당신이 다이어트를 하면서 체중 변화를 관찰하고 있다고 가정해 보자. 그리고 매번 체중계로 측정을 할 때마다 당신의 몸무게가 50kg에서 90kg까지 매우 다르게 나온다면, 그 체중계는 신뢰할 수 없기 때문에 당신의 체중이 감소되었는지를 알아보는 데 별 도움이 되지 않을 것이다. 또 진단 준거는 반드시 신뢰할 수 있어야 한다. 만약에 준거가 신뢰성 있게 사용될 수 없다면(즉, ADHD를 일관성 있게 측정하기 위하여), 그 준거는 쓸모가 없을 것이다. 결과적으로 비평가들의 주장은 맞는 말이다. 두 전문가가 동일한 ADHD 준거를 사용하고서도 ADHD 진단 결과에서 의견이 일치하지 않을 가능성도 있다. 그러나 이것은 어디까지나 가상적인 상황에 근거하고 있다. 중요한 문제는 '실제로 아동을 진단하는 데에 사용되는 준거가 신뢰할 수 있는가?' 하는 점이다. 이 질문에 대한 대답은 '그렇다.'이다. 이 점에 대해서는 철저한 연구가 이루어져 왔으며, 수많은 연구 결과는 ADHD 진단이 신뢰할 수 있음을 보여 주고 있다. 더군다나 ADHD 아동을 이와 유사한 증상을 가진 학습장애 아동이나 반항성 장애 아동과도 신뢰성 있게 구별할 수 있다.

3) 주장 3: 누구든지 한 번쯤은 ADHD로 보일 수 있다

ADHD에 관련된 세 번째 논쟁은 모든 사람이 어느 시점에서는 부주의, 충동성, 과잉행동과 같은 관련 징후들을 보인다는 점이다. 비평가들은 이러한 행동들을 장애로 보지 않고 단순히 생물학적 특성의 일부라고 생각한다. ADHD 비평가들은 어른의 눈에는 자주 이상하게 보이는 폭넓은 정상적인 행동의 범주가 있다고 믿는다. 이러한 주장 역시 옳은 말이다. 우리가 부주의, 충동성, 과잉행동이라고 부르는 징후들이 연속선상에 존재하고 있다는 증거는 무수히 많다. 즉, 사람들이 오랜 기간 과제에 집중할 수 있는 능력에는 다소의 차이가 있으며, 계획적이거나 조직적인 경향에서도 차이가 있다. 그래서 좀 더 높은 수준의 정상 행동 수준을 가질 수도 있으며, 좀 더 낮은 정상 행동 수준을 가질 수도 있다. 또한 부주의, 충동성, 과잉행동도 상황에 따라 뚜렷한 차이가 있을 수 있다. 예를 들면, 지루하고 긴 강의가 계속될 때 당신의 집중력은 극도로 떨어질 것이다. 우리는 누구나 충동 구매를 하고 나서, 또는 다른 것에 마음을 빼앗겨 정작 중요한 과제를 하지 못해 후회를 해 본 적이 있을 것이다. 또한 축구 경기를 할 때의 우리의 행동은 일반적인 것이 아니다. 우리는 일반적으로 공적인 모임에서는 방방 뛰거나 고함을 치지 않는다. 이처럼 사실상 누구든지 한 번쯤은 ADHD 증상을 보인다고 할 수 있다.

앞서의 논의처럼 모든 사람이 한 번쯤은 어느 정도 ADHD처럼 행동한다면, 어떤 사람은 ADHD를 가졌고 다른 사람은 ADHD를 갖고 있지 않다고 어떻게 말할 수 있는가? 또는 한 개인의 행동이 단순히 사람들을 짜증나게 하는 행동이거나 부적절한 행동을 넘어선 장애라고 어떻게 말할 수 있는가? 이는 대답하기 매우 어려운 질문이다. 정상과 장애를 구분하는 '명확한 선'은 없다. 만약 우리가 보이는 부주의, 충동성 그리고 과잉행동의 정도가 연속선상에 존재한다면(즉, 정도의 문제라면), 우리는 어느 지점에서 '정상'과 '장애'를 구분하는 선을 그어야 한단 말인가? 이 문제는 우리가 정신장애를 지니고 살아온 세월만큼 오랫동안 학자들을 괴롭혀 왔다. 어떤 장애는 구분선을 긋기가 쉬운 것도 있다. 예를 들면, 환청을 듣는 정신분열증 환자는 '정상이 아니다.' 그러나 ADHD와 같은 장애의 경우에는 문제가 훨씬 더 복잡하다. 앞서 언급한 것처럼 우리가 ADHD의 증상으로 생각하는 행동들이 '정상적인' 사람에게서도 나타나기 때문이다.

무엇이 장애를 구성하는지 규정하는 접근법으로는 웨이크필드(Wakefield, 1992)의 견해가 폭넓게 받아들여진다. 웨이크필드는 **해로운 역기능**(harmful dysfunction)이라는 개념에 근거하여 장애 행동과 비정상적이기는 하지만 장애는 아닌 행동을 구분하였다. 장애는 "해로운 역기능이다. 여기서 해롭다는 말은 사회적 규범에 근거한 가치 용어다. 그리고 역기능이라는 말은 정신적 유기체가 진화에 의해 형성된 자연적 기능을 수행하지 못하는 것을 의미한다."(Wakefield, 1992, p. 373) 이러한 관점에서 볼 때, 한 개인의 행위가 사회적 규범을 침해하지 않으며 개인이나 사회에 해롭지 않거나 부적응적이지 않다면, 그리고 자연적 기능(즉, 일상생활의 기본적인 일)을 수행하는 데 아무런 문제가 없다면, 이는 장애가 아니다. 이 장의 앞부분에서 언급했던 것처럼, ADHD 아동의 행동은 가정, 학교, 사회에서 심각한 문제를 일으킨다. 사실 어떤 사람이 ADHD로 진단되기 위해서는 다양한 사회적 맥락에서 문제를 일으키는 부적응적 결손이 필요하다. 개인의 행동이 사회에서 기능하는 데 심각한 문제를 초래해야 한다는 것은 ADHD를 정의하는 중요한 요소다.

마지막으로, 우리는 지난 몇 년 동안 ADHD의 실체에 대한 논쟁의 열기가 식어 가고 있음을 주목해야 한다. 여전히 목소리를 높이는 비평가들이 있기는 하지만, 그들 중 많은 사람은 연구 결과에 근거하지 않고 있으며, 심지어 일부 비평가는 자신의 종교적 신념에 근거하여 비판하기도 한다. 그런데도 명백한 사실은 의학과 교육 분야에 종사하는 대다수의 사람에게 ADHD가 실제적인 장애로 받아들여지고 있다는 점이다. ADHD에 관한 우리의 지식에 차이가 있다는 것도 사실이다. 우리는 여전히 무엇이 ADHD를 초래하는지 알지 못하며, ADHD를 진단할 수 있는 객관적이고 확실한 검사 도구도 없다. 그러나 이러한 현실은 다른 많은 장애(예: 자폐증, 학습장애)의 경우에도 마찬가지다. 언젠가 우리는 ADHD의 '실체'와 발생 요인에 대한 결정적이고 명백한 증거를 찾아낼 수 있을 것이다. 그러나 그날이 올 때까지는 현재 진행 중인 연구와 그것이 밝혀내는 ADHD의 실체에 주목해야 할 것이다. 또 매일 ADHD를 다루는 사람들 그리고 ADHD를 갖고 있는 사람과 그들의 부모, 가족, 교사, 친구들에게는 ADHD의 존재에 관련된 논쟁이 그다지 관심 사항이 아니라는 점에도 주목해야 한다. 그들에게는 ADHD의 존재 유무보다는 ADHD 문제에 어떻게 대처하고 ADHD를 가지고 어떻게 잘 생활해 갈 것인가가 더 큰 관심 사항이다. ADHD 문제의 심각성은 다음 절에서 다룰 것이다.

2. ADHD, 별거 아니다?

인기 잡지나 전문 서적에서 ADHD의 영향을 최소화하거나 ADHD와 관련된 문제가 그다지 심각하지 않다고 언급한 내용을 찾는 것은 그리 어려운 일이 아니다. 이는 "사내아이는 사내아이답게 행동하게 할 필요가 있다." 혹은 "아이들은 그러면서 자라지."라는 말에도 나타난다. 때때로 ADHD는 장애와는 상반되는 것으로서 현대인이 경험하는 삶의 스트레스의 부산물로 묘사되기도 한다(Walker, 1999). 어떤 사람들은 ADHD의 행동 특징을 지루함 때문에 생기는 것(DeGrandepre, 2000) 혹은 천재성에 수반되는 것으로 여기기도 한다. 또 어떤 이들은 ADHD를 우리 사회가 아이들이 지닌 어려움을 이해하는 골치 아픈 일을 회피하도록 하고 또 행실 바른 아이로 키우고 양육해야 하는 책임감을 회피하도록 허용하는 일종의 쓰레기 하치장으로 기능한다고 간주하기도 한다(Timimi & Radcliffe, 2005). 이 모든 견해는 ADHD가 아동의 생활과 그 가족 그리고 사회에 끼치는 실제적인 영향력에 대한 평가를 놓치고 있다. 사실 수십 년 동안 축적되어 온 수많은 증거는 ADHD가 아이들의 삶에 심각한 수준의 유해한 영향을 끼치는 광범위한 문제이며, 가정과 학교 그리고 지역사회 모두에서 아이들에게 영향을 미치고, 나이가 든다고 해서 결코 '벗어날 수 있는' 문제가 아니라는 사실을 보여 준다.

ADHD의 영향을 알아보기 위해 ADHD의 범위를 살펴보기로 하자. 미국 인구통

계국에 따르면, 2006년 가을을 기준으로 유치원에서 고등학교 3학년까지 재학 중인 학생 수는 5,500만 명이다(www.census.gov, 2008년 8월 25일 조사). 그 숫자를 ADHD 출현율 추정치인 3~7%(American Psychiatric Association, 2000)에 맞추어 보면, 대략 165만 명에서 385만 명 정도가 ADHD를 지니고 있다는 계산이 나온다. 어림잡아 200만 명의 학생이 ADHD를 지니고 있다는 것이다. 이는 20명의 아동 중 한 명꼴로 ADHD를 갖고 있으며, 일반적인 학교 환경에서 보면 미국 전체적으로 한 학급당 평균 한 명꼴로 ADHD 아동이 있다는 것을 의미한다. 그러므로 많은 교사가 이미 알고 있듯이 ADHD 아동과 함께 생활해야 한다는 것은 엄연한 현실이다. 그럼에도 불구하고 많은 교사는 아직도 학교가 ADHD를 이해하고 학생들에게 효과적인 치료를 제공하는 것이 얼마나 중요한 것인가를 제대로 깨닫지 못하고 있다. ADHD는 '사소한 문제'가 아니다. 그것은 만성적인(즉, 평생을 가는) 장애다. ADHD와 관련된 위험을 이해해야 효과적인 치료의 필요성이 분명해진다. ADHD가 초래하는 문제는 종종 개인의 삶에 매우 다양하고 치명적인 영향을 미친다.

ADHD 학생은 공통적으로 복합적인 학습 곤란을 겪는다. ADHD 학생은 평균적으로 읽기, 수학, 철자법에서 일반 학생에 비해 현저히 낮은 성취도를 보이며(Frazier, Youngstrom, Glutting, & Watkins, 2007), 한 학년 혹은 그 이상을 유급할 가능성이 높다(Weyandt, 2001). 또 그들은 일을 체계적으로 조직화하는 데 어려움을 겪는다. 예를 들면, ADHD 학생들은 준비물 없이 수업에 참가하고, 과제를 받아 적지 않고, 과제를 하는 데 필요한 자료를 집으로 가져가지 않으며, 과제물을 제시간에 제출하지 않는 경우가 많다(Gureasko-Moore, DuPaul, & White, 2007). 교사들은 ADHD 아동을 체계적이지 못하고, 주의가 산만하고, 멍하고, 침착하지 못하다고 표현한다. 이러한 학생은 자주 과제를 다 해내지 못하고 학업에 일관성이 없으며 신경을 쓰지 않는다(Hinshaw, 2002).

ADHD로 진단된 학생은 학교에서 중도 탈락을 할 가능성이 더 높고, 대학을 졸업하는 비율도 상대적으로 낮고, 직장에서도 자주 평균 이하의 업무 수행 능력을 보이며, 일반인보다 흡연과 약물중독의 가능성이 높다. ADHD를 가진 사람에게는 이 외에도 부정적인 사회적 효과가 더 있다. ADHD를 겪으면서 성장하는 아동은 10대가 되었을 때 임신할 가능성과 성병에 노출될 가능성이 더 높으며, 속도광이 될 확률과 다양한 자동차 사고를 낼 확률 또한 상대적으로 높다. ADHD를 갖고 있는 많은 청소년은 품행장애나 반항성 장애도 겪고 있으며, 우울증이나 다른 성격장애를 겪기도 한다. ADHD의 부정적인 영향은 성인기까지 지속된다. ADHD를 겪고 있는 성인은 ADHD가 없는 성인에 비해 교육받은 기간이 더 짧고 직장에서도 더 낮은 직위를 갖는 것으로 나타났다(Mannuzza, Klein, Bessler, Malloy, & Hynes, 1997). 또 그들은 급료도 더 낮으며, 고용 상태도 불안정하다. 한 연구에 따르면 ADHD를 겪고 있는 성인이 가진 가장 일반적인 직업의 형태는 숙련 노동이고, 그다음은 육체노동이다. 또 다른 연구는 ADHD를 가진 성인은 상대적으로 더 쉽게 해고당하고 있음을 보여 준다. 이처럼 분명히 ADHD는 학령기 아동에게만 영향을 미치는 것이 아니라 한 개인의 전체 삶에 심각한 영향을 미칠 수 있다. 그러나 우리는 ADHD의 심각성 정도가 다양하다는 점에 주목해야 한다. 많은 연구에서 언급된 사람들은 그 정도가 심각하여 특별한 치료시설에 의뢰된 사람들이었다. 또한 그들 중 많은 사람은 ADHD 외에도 다른 부수적인 문제를 갖고 있었기 때문에 ADHD가 이 모든 부정적인 결과에 책임이 있는 것은 아니다. 즉, ADHD가 항상 부정적인 결과와 관련된 것은 아니다.

앞서 살펴본 것처럼, ADHD는 한 개인의 학교, 사회, 가정생활에 잠재적으로 해로운 영향을 끼친다. 더군다나 그러한 문제점은 아동기에만 국한되지 않고 청소년기와 성인기에까지 지속적으로 영향을 미친다. 또한 ADHD는 직접적인 경제적 비용을 초래한다. 예를 들면, ADHD 진단을 받은 학생은 약물 처방을 포함한 의료 비용이 들고, 자주 추가적인 교육 서비스를 받아야 하며, ADHD와 관련된 다른 비용(예: 소송 비용)이 들 수도 있다. 이 모든 비용을 합산하면 ADHD로 인한 경제적 비용은 연간 425~525억 달러에 달할 것으로 추정된다(Pelham, Foster, & Robb, 2007). 믿기 어렵겠지만, 이 금액도 어림잡아 추정한 것이다. 만약 이 수치에 가족 구성원들이 일을 하지 못해 초래된 비용과 같은 다른 요인들까지 포함한다면 경제적 비용은 훨씬 더 많이 늘어날 것이다. 이렇게 보면 아무리 생각해도 ADHD는 개인적 수준과 사회적 수준 모두에서 심각한 문제가 아닐 수 없다.

3. 그동안 ADHD는 어디에 있었나?

비평가들은 ADHD가 1990년대에 이르러서야 분명한 장애로 인식된 최근의 '발명품'이라고 주장한다. 예를 들면, 스톨저(Stolzer, 2007)는 1950년대의 미국에는 ADHD가 존재하지 않았으며, 최근에 '만들어진' 현상이라고 주장한다. 그는 또 "왜 이 질병은 과거 여러 시기와 문명에 걸쳐서 아무런 기록이 없는가?"(p. 109)라고 묻는다. 또한 비평가들은 ADHD의 '급속한 확산' 혹은 ADHD의 '폭발적 증가'라는 용어를 인용한 후에, "ADHD 아동들은 그동안 어디에 있었는가?"라고 되묻는다. 이러한 비평의 핵심은 최소한 이 비평가들에게는 ADHD가 최근에 창조된 것이기에 '실제적인' 것이 아니라는 것이다. 그러나 사실상 ADHD의 역사는 100년 이상을 거슬러 올라가며, 여러 문명을 걸쳐 기록이 존재한다. 예를 들면, 1910년에 쓰인 오헨리(O'Henry)의 『붉은 추장의 몸값(*Ransom of Red Chief*)』이라는 고전 소설은 ADHD 아동을 양육하는 어려움을 매우 잘 묘사하고 있다. 좀 더 이전의 적절한 예로는 1863년 독일 의사 하인리히 호프만(Heinrich Hoffmann)이 만든 자장가 '산만한 필(Fidgety Phil)'을 들 수 있다. 바클리(Barkley, 2006)가 지적하고 있는 것처럼, 이 노래는 오늘날 우리가 ADHD라고 부르는 증상들을 보여 주는 아동에 관한 가장 초기의 기록 중 하나다.

> "필아, 벌레처럼 굴지 마라.
> 식탁 위를 기어 다니면 안 된단다."
> 아버지가 아들에게 말했네,
> 웃음기 없이 엄하게.
> 어머니는 아무 소리 없이
> 언짢은 얼굴로 쳐다보았네.

하지만 필은 꾸중에도 관계없이
하고 싶은 대로 다 하네.
이 의자 저 의자에서
뒹굴고
휘젓고
흔들고
당기고
"필아, 너의 그 별난 행동 더는 못 참겠구나."(Silver, 1999)

'산만한 필'이 ADHD의 기준에 부합하는지는 논쟁의 여지가 있지만, 호프만은 ADHD와 비슷한 행동을 보이는 아이의 행동을 정확하게 묘사하고 있다.

ADHD가 1950년대에는 존재하지 않았다는 주장은 사실이 아니지만, ADHD라는 용어가 1987년에 만들어졌다는 것은 사실이다('주의력결핍장애' 또는 ADD라는 용어는 1980년에 만들어졌다; American Psychiatric Association, 1980, 1987). 따라서 1950년대에는 ADHD에 관한 저술을 한 사람이 없었다. 그렇다고 해서 ADHD의 특징적 행동을 보이는 아동이 없었다는 것은 아니다. 사실 ADHD 형태의 행동을 보이는 아동에 대한 기록은 수 세기에 걸쳐 과학 학술지나 대중 문학에서 꾸준히 다루어져 왔다. 이 아동들은 긴 세월에 걸쳐 매우 다양한 명칭으로 불려 왔으며, 이러한 명칭의 변화가 혼란을 가중시켜 온 것이다. 〈표 1-1〉은 오늘날 ADHD라고 부르는 아동에게 붙여진 많은 다양한 명칭을 보여 준다. 여기서 주목해야 할 것은 이 명칭 중에서 많은 것이 원래는 학습장애 아동, 정서 · 행동장애 아동, ADHD 아동으로 구성된 이질적인 집단을 묘사하기 위해 사용되었던 용어라는 점이다.

ADHD로 진단받은 아이들의 수가 괄목할 정도로 증가했다는 점은 사실이다. 예를 들면, 1990년에서 1995년 사이에 ADHD로 진단받은 아동과 청소년의 수는 95만 명에서 230만 명으로 두 배 이상이 되었다. 1994년에 와서는 ADHD가 미국에서 가장 흔하게 진단받는 아동기 정신장애였다(Neufeld & Foy, 2006). ADHD로 진단받은 아

표 1-1 ADHD라고 불리는 장애

- 도덕적 통제력 결손(defect in moral control)
- 미세뇌기능장애(minimal brain dysfunction)
- 뇌염 후 행동장애(postencephalitic behavior disorder)
- 아동기 과잉 운동 반응(hyperkinetic reaction of childhood)
- 미세 뇌손상(minimal brain damage)
- 주의력결핍장애(attention deficit disorder)
- 뇌손상 아동(brain-injured child)
- 주의력결핍 과잉행동장애(attention-deficit/hyperactivity disorder)

동의 수가 급격하게 증가한 이유에 대해서는 논쟁의 여지가 많다. 여기서 분명한 것은 지속적인 연구 노력으로 의학계에 종사하는 전문가들의 ADHD에 대한 인식이 증가하였으며, 많은 대중매체의 보도는 부모들의 ADHD에 대한 인식을 증가시켜 왔다는 사실이다. 그 결과 더 많은 부모가 자신의 아이를 ADHD로 생각하게 되었고, 더 많은 의사가 ADHD 진단을 내리게 되었는지도 모른다. 이는 결코 이상한 일이 아니다. 예를 들면, 최근에 학습장애와 자폐 범주성 장애에 대한 진단이 급격하게 증가한 것도 같은 이유 때문이다. 이러한 증가 이유는 어떤 의도 때문이 아닌, 조건의 발생에 대한 인식이 증가했기 때문이다.

ADHD의 역사

ADHD의 역사는 19세기가 20세기로 바뀌는 시점으로 거슬러 올라간다. 우리가 ADHD라고 여길 수 있는 최초의 언급을 한 인물은 조지 스틸(George Still)이다(Barkley, 2006). 1902년 국립의과대학(Royal College of Physicians)에서 행한 세 번의 강연 모음집에서 스틸은 임상치료에서 만난 아동들에 대해 묘사하고 있다. 이 아동들은 전형적인 인지 능력을 갖고 있으면서도 주의력에 심각한 문제를 지니고 있었다. 또한 이 아동들은 매우 과잉행동을 하고, 공격적이고, 반항적이고, 규율에 저항적이었으며, 늘 지나치게 감정적이었다(Still, 1902). 스틸은 이러한 행동이 '도덕적 통제력 결손'에서 비롯된다고 믿었다. 행동에 대한 도덕적 통제란 '모두의 선(善)의 기준에 맞게 행위를 통제하는 것'을 의미한다. 스틸은 이 아동들이 사회의 기대치에 맞추어 자신의 행동을 통제하는 능력이 결핍되었다고 믿었다. 이러한 아동들의 통제력 부족은 사회가 규정하는 아동의 행동 규범과 맞부딪치게 된다.

스틸(1902)은 또한 그가 관찰한 아동들이 자신의 행동이 사회적 규범에 어긋난다는 사실을 이해할 수 있는 수준에까지 이르기는 하였지만, 그것이 자신의 부적절한 행동을 통제할 정도는 아니라는 사실에 주목하였다. 그는 우리의 의지와 의식이 우리의 행동에 영향을 미치며, 도덕적 결손은 지적 발달이 늦지 않은 경우에도 분명히 아이들에게 부정적인 행동을 하게 만든다고 믿었다. 스틸은 도덕적 통제력의 결손이 세 가지의 뚜렷한 결함, 즉 "① 주변 환경에 대한 인지적 관계 결손, ② 도덕의식 결손, ③ 억제 의지의 결손"(p. 1011)과 관계되어 발달한다고 결론지었다. 스틸은 또한 이러한 행동들에 대해 부모로부터 물려받았을 수 있는 생물학적 소인을 제시하였다(Barkley, 2006). 그의 이러한 견해는 오늘날 우리가 ADHD에 대해 이해하고 있는 것만큼이나 통찰력 있고 매우 정확한 묘사다.

ADHD에 대한 관심의 역사는 1917~1918년에 북아메리카에서 발생한 뇌염으로 거슬러 올라간다. 이 뇌 감염에서 살아남은 아이들 중 많은 아이가 이후 많은 행동장애와 인지장애를 경험하게 되었다. 즉, 그들 중 많은 아이가 오늘날의 ADHD의 특징인 부주의, 행동 조절 능력 결손, 충동성을 보였다. 또한 그들은 종종 사회적으로도 문제를 일으켰다. 오늘날 우리가 반항성 장애, 품행장애, 청소년 비행이라고 부르는 증상들 역시 관찰되었다. 매우 많은 아이가 이러한 유형의 행동을 보인 탓에, 뇌손상과 연관이 있는 '뇌염 후 행동장애(postencephalitic behavior disorder)'라는 용어가 널리 퍼지게 되었다. 이러한 행동에 뇌손상을 연관시킴으로써 뇌손상 증후군이라는 개념이 생겨났으며, 이후 수십 년에 걸쳐 연구자들은 학습장애와 다른 장애를 포함하여 오늘날 보통 ADHD로 부르는 장애의 특징과 뇌손상 사이의 연관성을 연구하는 데 많은 시간을 투자하였다(Barkley, 2006).

비록 많은 연구자 사이에서 뇌손상이 아동의 행동장애를 일으킬 가능성이 있다는 믿음이 폭넓게 존재하였지만, 아직까지 결정적인 증거가 있는 것은 아니었다. 당시의 의학 기술로는 뇌손상을 아동의 장애와 연관시킬 수 없었다. 일부 연구자는 아동의 행동을 영장류의 행동과 비교하였는데, 이는 뇌염이 발생하기 전 60년이 넘는 기간 동안 전두엽 연구의 주제였다. 전두엽에서 관찰되는 병변은 과도한 불안정, 목적 없는 방황, 활동에 지속적인 흥미를 갖지 못하는 상태를 유발한다고 알려졌다. 이 뇌손상 가설은 1940년대를 넘어서도 계속되었으며, 심지어는 아동의 병력에서 뇌 외상의 증거가 없는 경우에도 적용되었다. **미세 뇌손상**(minimal brain damage: MBD), 즉 MBD라는 용어는 1940년대에 최초로 사용되었으며, 1950년대에는 신경계의 문제와 관련이 있을 것으로 여겨진 학습 곤란 아동을 설명하기 위해 사용되었다. MBD로 확인된 일부 학생은 과잉행동과 주의 산만 징후를 보였다(Weyandt, 2001). 이 시기에는 '뇌손상 아동(brain-injured child)'이라는 개념이 도입되었고(Strauss & Lehtinen, 1947), 이 개념이 앞서 언급한 것처럼 어떠한 뇌손상의 증거도 없는 경우에까지도 과잉행동과 주의 산만 아동들에게 적용되었다(Barkley, 2006). 주목해야 할 점은 이 아동들이 학습장애나 다른 장애의 징후들도 쉽게 보일 수 있다는 것이다.

1950년대에 걸친 지속적인 관찰과 검증에도 불구하고 많은 MBD 아동에게서 그 어떤 뇌손상의 징후도 발견 하지 못하자, 연구자들은 문제의 본질은 뇌가 어떻게 구성되었는가가 아니라 뇌가 어떻게 기능하고 있는가와 관련이 있다는 결론을 내렸다. 또한 뇌손상을 입증할 수 없음을 인식하고 용어를 **미세뇌기능장애**(minimal brain dysfunction)로 바꾸었다(Silver, 1999). 연구자들이 MBD의 개념이 연구에 의한 뒷받침과 실용적 효용성을 지니지 않음을 깨닫게 됨으로써 MBD는 1960년대를 거치며 점차 사라지게 되었다. MBD가 천천히 사라져 가는 동안 연구자들은 나중에 ADHD로 불리게 된 장애의 가장 두드러진 특징인 과잉행동성이라는 행동 징후에 주의를 기울이게 되었다(Barkley, 2006).

수많은 연구자, 특히 스텔라 체스(Stella Chess)의 노력 덕분에 과잉행동이 그 장애를 규정하는 특징이고, 그 증상에 대한 객관적 입증 노력이 더 필요하며, 아동의 증상이 부모로부터 유전적으로 물려받은 것이 아니라는 점이 밝혀졌다. 체스는 '생리적 과잉 행동'으로 진단받은 36명의 아동에 대해 다음과 같이 기술하였다. 이 아동들은 대부분 6세 이전이었으며, 이 아동들에게는 교육과 관련된 어려움이 공통된 문제였고, 그들 중 많은 아동이 반항성 행동과 또래 관계의 어려움을 보였다. 또한 체스는 이 아동들이 주의집중 시간이 짧다는 점과 함께 충동성과 공격적 행동을 공통적으로 보인다는 점에 주목했다. 궁극적으로 ADHD로 알려지게 된 것에 대한 보다 현대적인 개념으로의 전환이 시작된 것이다(Barkley, 2006).

그러나 의학적 분류 체계에서 과잉행동을 보이는 아동에 대한 최초의 공식적 용어는 1960년대 후반에야 확립되었다. 1968년 『정신장애의 진단 및 통계 편람-제2판(*Diagnostic and Statistical Manual of Mental Disorders: DSM-II*)』(American Psychiatric Association, 1968)의 출간과 더불어, '아동기 과잉 운동 반응'이라는 용어가 도입되었다. 이 용어는 과잉행동, 즉 과잉 활동, 불안정함, 주의 산만, 짧은 주의집중 시간 등의 증상을 보이는 아동에게 붙이는 명칭이 되었다. 이후 60여 년 동안의 연구 노력 끝에, 오늘날 우리가 ADHD라고 알고 있는 장애에 대해 마침내 공식적인 의학적 인정이 내려졌다(Barkley, 2006).

1970년대에 들어서 연구자들은 과잉행동 외에도 지속적인 주의력 및 충동성 통제와 관련된 문제들을 강조하기 시작했다. 1983년에 버지니아 더글러스(Virginia Douglas)는 ADHD를 다음과 같은 네 가지 주요 결손으로 구성되어 있는 것으로 이론화하였다. 즉, ① 주의집중과 노력을 유지하지 못함, ② 충동적 행위를 억제하지 못함, ③ 상황에 따른 요구에 대처할 수 있는 각성 수준의 조절 능력 부족, ④ 즉각적인 강화를 지나칠 정도로 강하게 추구하는 성향이었다(Douglas, 1983). 그 결과, 과잉행동과 더불어 주의력 결핍과 충동성을 고려한 다른 이름이 생겨났다(Barkley, 2006). 1980년 DSM-III에서는 이 장애의 이름을 주의력결핍장애(attention deficit disorder: ADD)로 바꾸었다. 이에 더하여 더욱 구체적인 증상 목록이 제시되었고, 발생 연령과 증상의 지속기간에 대한 세부적인 지침이 표시되었으며, 증상의 원인으로서 아동기의 다른 정신의학적 조건들이 배제되어야 한다는 점이 제시되었다. 또한 과잉행동의 유무에 따라 ADD의 두 가지 하위 유형이 정의되었으나 이러한 하위 체계를 만든 것은 제기된 문제에 대한 실증적인 연구가 거의 없었기 때문에 논란이 되었다(Barkley, 2006).

1987년에 DSM의 새로운 개정이 이루어졌다. 따라서 DSM-Ⅲ-R에서 주의력결핍 과잉행동장애(attention deficit hyperactivity disorder)로 공식적인 분류가 변경되었다. 새로운 진단 준거는 다음과 같은 내용을 포함하고 있다. 즉, ① 단일 분류 점수에 따른 단일한 증상 목록, ② 증상을 아동의 나이에 맞지 않는 부적절한 발달 상태로 정립할 필요, ③ ADHD와 기분장애가 함께 존재할 수 있다는 점을 인정하는 것이다. 또 다른 핵심적인 변화는 ADHD가 이제는 행동장애로 분류된다는 점이었다(Barkley, 2006).

1994년에 DSM-IV의 출간과 함께 공식적 분류가 다시 한 번 변화하였다. ADHD라는 용어는 그대로 사용하였으나, ADHD의 세 가지 유형을 ① 주로 부주의한 증상을 보이는 주의력 결핍 우세형, ② 주로 과잉행동적이고 충동적인 면을 보이는 과잉행동-충동성 우세형, ③ 부주의하고 과잉행동적이고 충동적인 면을 보이는 복합형으로 세분화하였다. 새로운 DSM-IV의 변화는 순수한 주의력 결핍형의 ADHD 형태를 다시 도입하였으며, 장애에 대한 여러 장면에 걸친 폭넓은 증거를 요구하였고, 최소한 2개의 주요 생활 영역(가정, 학교 또는 일터)에서 장애를 보여야 한다는 점을 요구하였다(American Psychiatric Association, 1994; Barkley, 2006).

21세기에 들어서도 ADHD에 대한 연구는 계속되었다. 최근의 연구는 유전, 분자유전학, 신경촬영법 등을 더 강조하는 추세이며, 이러한 분야를 함께 연결하려는 노력을 하면서 ADHD를 일으키는 요인을 찾아내려고 애쓰고 있다. 몇몇 연구는 ADHD의 하위 유형을 정립하려는 시도를 해 왔으며, 그 결과 인지속도부진(sluggish cognitive tempo) 또는 SCT라고 불리는 가능성 있는 새로운 하위 유형을 이끌어 내기도 하였다. SCT의 특징은 주의력 결핍 우세형 ADHD로 진단받은 아동들의 30~50%에서 발견된다. 최근 연구의 주요한 초점은 공통적인 발생 요인이 없어도 다른 장애가 ADHD와 공존할 수 있다는 점을 규명하려는 것이다. 예를 들면, 학습장애는 일반적으로 ADHD와 연관되어 있지만, 이 두 장애는 서로 다른 발생 요인에서 비롯될 수도 있다(Barkley, 2006).

ADHD는 결코 새로 생겨난 장애가 아니다. 즉, 1990년대에 불쑥 생겨난 것이 아니라 긴 세월에 걸친 연구 역사를 갖고 있다. 이 장애에 대한 폭넓은 인식이 과거 20여 년에 걸쳐 비교적 새로운 것으로 등장했지만, ADHD 그 자체가 새롭게 생겨났다는 주장은 설득력이 없다. 앞에서 살펴본 것처럼 ADHD는 긴 세월에 걸쳐 다양한 이름으로 불려 왔으며, 이러한 다양한 이름 때문에 ADHD가 새로운 장애라는 생각을 하게 되었던 것이다. 그러나 이 장애의 특징들과 이 장애를 가진 아이들은 사실상 변함없이 늘 있어 왔다. ADHD가 우리 주변에 오랫동안 있어 왔다는 것을 받아들이는 것은 이 장애의 범주를 이해하는 데 매우 중요하다.

4. 정말로 하려고만 한다면 할 수 있을 것이다?

ADHD에 대한 이러한 오해는 ADHD 학생이 고의로 제멋대로 행동한다는 생각에서 비롯된다. 즉, ADHD 아동이 바람직한 노력을 집중한다면 이 장애의 부정적인 결과가 나타나지 않을 수 있다는 믿음이다. ADHD 아동도 집중할 수 있고, 과제를 완성할 수 있고, 교사(부모)가 하라는 대로 할 수 있다는 것이다. 이러한 오해는 ADHD 아동이 자기 일을 잘 할 때가 더러 있기 때문에 생겨났다. 인생에서도 어떤 이유에서인지는 모르지만 행운이 따를 때가 있다. 마찬가지로 ADHD 아동이 성실하게 수업에 임하고, 학습 문제를 다 풀고, 방해 요인에 개의치 않고, 돌아다니지 않고 얌전히 자리에 앉아 있을 때도 있다. ADHD 아동이 이렇게 잘 하는 광경을 목격했을 때, 교사는 ADHD 아동도 보통의 아이들처럼 이 정도로 잘할 수 있는 능력이 있다는 오해를 할 수 있을 것이다. 한 번 잘했다면 계속 잘할 수 있지 않겠는가?

불행하게도, 이러한 생각은 ADHD의 본질에 관한 매우 심각한 오해에 근거하고 있다. 간단히 말해서, ADHD 아동이 가진 핵심 문제 중의 하나는 그들이 '일관성 있게 일관적이지 못하다'는 점이다. ADHD 아동에게는 수행에서의 폭넓은 변동성이 예외가 아닌 일반적인 것이다. 이러한 변동성 혹은 비일관성이 이 장애의 한 부분이다.

ADHD 아동이 매일 '자신의 최고의' 수행을 보일 것이라고 기대하는 것은 비현실적이다. 이것은 마치 프로골프 선수가 매 샷에 홀인원을 하고, 육상 선수가 매 경기에 세계 기록을 갱신하는 것을 기대하는 것과 마찬가지다. 따라서 'ADHD 아동이 정말로 하려고만 한다면' 매일 자신의 최고의 수행을 보일 수 있다는 기대 역시 비현실적이다. 더욱 혼란스러운 것은 이러한 오해가 아동이 스스로의 힘으로 ADHD가 초래하는 문제들을 극복할 수 있다는 또 다른 오해를 낳기 때문이다. 성공하고자 하는 의지와 동기를 갖는 것은 아동의 책임이라는 것이다. 이것은 우울증에 빠진 사람에게 진정 원한다면 '즐거울' 수 있다고 말하는 것과 마찬가지다.

5. 반드시 그런 것은 아니다

이 절에서 우리는 ADHD의 원인에 관한 오해 몇 가지를 집중적으로 살펴보겠다. ADHD의 신경학적 원인을 시사하는 증거가 제기되고 있기는 하지만, 현재로서는 무엇이 ADHD를 유발하는지 확실하게 알 수 없다. 이는 다른 대부분의 장애의 경우에도 마찬가지다. 예를 들면, 50년이 넘는 연구를 해 왔음에도 불구하고 우리는 무엇이 학습장애나 행동장애를 유발하는지 확실하게 말할 수 없다. ADHD를 유발한다고 제시된 원인들(2장에서 자세히 다룰 것임)은 납 중독에서 형광등, 감기 예방 주사, 열린교육에 이르기까지 다양하다. 지속적인 연구 결과 이 원인들 중 대부분은 근거가 없는 것으로 밝혀졌다. 그러나 불행하게도 이러한 사실이 ADHD의 유발 원인에 대한 오해까지 없애지는 못했다. 많은 상반된 증거에도 불구하고 그러한 오해는 계속되고 있다. 아이러니컬하게도, 교사에게는 ADHD를 유발하지 **않는** 것이 무엇인가를 아는 것이 더 중요할지도 모른다. 이는 ADHD의 원인에 대한 오해들 중 많은 것은 해롭거나 큰 비용을 지불하게 하기 때문이다. 따라서 교사가 학생의 부모에게 정확한 정보를 제공할 수 있는 것은 매우 중요하다.

1) ADHD는 잘못된 부모 역할 때문에 생긴다?

ADHD의 유발 원인에 대한 나쁜 오해 중 하나는 ADHD가 잘못된 부모 역할 때문에 생긴다고 믿는 것이다. 그 논리는 다음과 같다. 즉, 훈육, 한계, 규칙이 없거나 또는 규칙을 지키지 않아도 대가를 치르지 않는 무질서한 환경에서 자란 아동은 어른의 지시를 따르고, 규율을 존중하고, 자신의 행동을 통제하는 법을 배우지 못할 것이다. 그리고 그 결과, 규칙을 지켜야 하고 교사의 말에 따라야 하는 학교에 입학하게 되면 그 아동은 문제가 되는 행동을 하게 될 것이라는 논리다. 사람들은 잘못된 부모 역할이 ADHD를 초래할 것이라고 쉽게 믿을 수 있다. 그런 가정에서 자란 아동은 그와 유사한 환경에서 문제를 지닐 수도 있을 것이다. 또 교사들이 왜 잘못된 부모 역할에 민감한지를 이해하는 것 역시 어렵지 않다. 그들은 매일 가정에서 생긴 문제 때문에 학교에서 나타나는 결과를 다루어야 하기 때문이다. 그러나 **잘못된 부모 역할이 ADHD를 초래한다는 근거는 없다.** 같은 가정에서 자란 두 아동이 서로 다른 결과를 보이는 경우, 즉 한 아동은 ADHD를 갖고 있고 다른 한 아동은 전혀 문제가 없는 경우를 찾기는 어렵지 않다. 사실 모범적으로 양육된 아동이라 할지라도 ADHD를 갖고 어려움을 보이는 사례는 많다(Barkley, 2006).

ADHD가 잘못된 부모 역할 때문에 생겨난다는 믿음은 ADHD 아동의 부모가 겪는 경험과 관련이 있는 것으로 보인다. 부모-자녀 상호작용에 관한 연구는 ADHD 아동의 부모가 보다 강압적인 양육 방식을 보이며, 그들 스스로 자신의 양육 기술이 부족하다고 여기는 경향이 많다는 사실을 보여 준다. 그들은 일반 아동의 부모보다 자녀를 더 탐탁치 않게 여기고, 통제적인 지시를 더 많이 하고, 요구 사항이 더 많으며, 더 비판적인 경향이 있다(Hechtman, 1996; Johnston, 1996; Kaplan, Crawford, Fisher, & Dewey, 1998; Marsh & Johnston, 1990; Thomas & Guskin, 2001). 과거에는 이러한 문제점들이 ADHD를 일으킬 것이라고 생각했던 때가 있었다. 그러나 지금 우리는 강압적인 양육 방식은 문제행동에 대한 반응이라는 점을 알고 있다(Barkley, 2006). 더군다나 효과적인 행동 관리 기법의 하나인 부모 역할 훈련을 통하여 양육 방식(그리고 아동의 행동)을 개선할 수 있다.

2) ADHD는 식습관 때문에 생긴다?

ADHD가 식습관 때문에 생긴다는 생각은 1970년대에 시작되었다. 즉, 식품 첨가물(예: 식용 색소, 방부제)의 역효과가 아이들에게 알레르기 반응을 일으키며(Feingold, 1975), 이 알레르기 반응이 ADHD와 관련된 문제행동을 일으킨다고 생각한 것이다. 이 이론을 지지하는 학자들은 모든 ADHD 사례의 반 이상이 식습관에서 비롯되었다고 주장한다(Barkley, 2006). ADHD를 피하기 위해서는 아이들이 식품 첨가물이 없는 음식을 먹어야 한다는 것이다. 이러한 주장은 1970년대에 폭넓게 받아들여졌으며, 많은 연구를 통하여 ADHD와 식품 첨가물의 관계를 검증하고자 하였다. 그러나 검증 결과는 대부분 식품 첨가물이 행동에 거의 혹은 아무런 영향을 미치지 않는다는 사실을 보여 준다. 1980년대에는 정제 설탕까지 ADHD의 유발 요인의 하나로 지목되기도 하였다. 이 주장은 일반적으로 용인되기는 하지만 부정확한 개념인 '슈가 하이(sugar high)'(역자 주: 설탕 과다 섭취 후 일시적으로 나타나는 환각 현상)와 일치하는 것이다. 그러나 설탕 소비량과 ADHD 사이의 연관성을 뒷받침하는 연구 결과는 아직까지 없다(Wolraich, Wilson, & White, 1995).

3) ADHD는 지나친 텔레비전 시청 때문에 생긴다?

행동 문제가 다양한 형태의 대중매체 때문에 발생한다는 주장은 오랫동안 제기되어 왔다. 예를 들면, 한때 만화책과 범죄 행동 사이의 연관성이 제기되었고, 행동 문제가 텔레비전과 연관이 있다는 주장은 여러 해 동안 대중매체에서 다루어진 적이 있다. 즉, 텔레비전의 장면이 매우 빠르게 전환되기 때문에 텔레비전을 지나치게 많이 보는(어느 정도가 '지나치게 많은가'는 사실상 정의된 바 없다) 아동은 지속적인 집중력을 발달시킬 수 없을 것이라는 생각이었다. ADHD와 텔레비전 시청 간의 관계를 다룬 연구는 극히 드물다(Christakis, Zimmerman, DiGuiseppe, & McCarthy, 2004; Geist & Gibson, 2000; Levine & Waite, 2000). 다만 한 연구가 주의력과 충동성 문제에 대한 교사 평정과 텔레비전 시청 간의 의미 있는 상관관계를 발견하기는 하였다. 그러나 그러한 평정에 부모의 평정이 반영되지 않았을뿐더러, 그러한 평정이 그 연구에서 행한 주의력에 대한 실험실 측정과도 일치하지 않았다(Levine & Waite, 2000). 국영 방송국에서 특집으로 다룬 적이 있는 또 다른 연구는 1세부터 3세까지의 텔레비전 시청 시간과 7세 때의 주의력 문제 간의 매우 의미 있는 상관관계를 보여 준다. 이 방송국은 이러한 결과를 아동 초기의 텔레비전 시청이 후에 집중력 문제를 야기하는 것으로 해석하였다.

대중매체가 보도한 이러한 연구와 해석의 문제점은 이러한 연구들이 일부의 경우에 있어서 텔레비전 시청과 집중력 문제 간에 상관관계가 존재하고 있음을 단지 보여주고만 있다는 점이다. 사실 바클리(2006)가 언급한 것처럼 이 대중매체들은 상관관계와 인과관계를 동일시하는 공통의 오류를 범하고 있다. 즉, 텔레비전 시청과 집중력 문제 사이에 상관관계가 있으니 텔레비전이 집중력 문제를 초래한다는 것이다. 사실 바클리(2006)의 지적처럼 우리는 ADHD가 아동으로 하여금 텔레비전을 시청하게 만든다고 그냥 손쉽게 결론지을 수도 있다. ADHD 아동이 텔레비전 시청을 더욱 즐기고 더욱 많은 시간 동안 시청한다는 주장을 뒷받침하는 연구들도 있다. 그러므로 과도한 텔레비전 시청이 ADHD 문제를 악화시킨다는 주장이 나올 수 있다(Acevedo-Polakovich, Lorch, & Milich, 2007). 그러나 지나친 텔레비전 시청과 ADHD를 관련짓기에는 아직 더 많은 연구가 필요하다.

요 약

이 장에서 우리는 ADHD에 관한 배경 정보를 제공하고 동시에 많은 오해를 바로잡았다. 사실 이 장에서 다루지 못한 더 많은 ADHD에 대한 다른 오해들이 있다. 다음 내용은 우리가 숙지해야 할 요점이다.

√ ADHD에 대해 매우 많은 잘못된 정보가 유포되어 있다. 신중하게, 특히 대중매체가 제공하는 정보를 가려서 받아들이라!

√ ADHD는 수백만에 달하는 사람들에게 심각한 문제다. ADHD의 충격은 부풀려진 것이 아니라 축소되어 있는 것이다.

√ ADHD는 '미국에서만 유행하는' 장애가 아니다. ADHD는 호주, 브라질, 인도, 우크라이나, 프랑스, 한국, 중국, 일본 등의 많은 나라에서 계속 연구하고 있다.

√ ADHD는 새로 생긴 장애가 아니다. ADHD는 의학과 심리학 분야의 오랜 연구 역사를 갖고 있다.

√ 비록 ADHD의 진단이 주관적이기는 하지만, ADHD를 정확하고 신뢰성 있게 평가할 수 있다.

√ ADHD 아동의 일관성 없는 수행은 일부러 그러는 것이 아니다. 오히려 그것은 ADHD가 지닌 본질적 문제에서 초래된 결과다.

√ 현재로서는 아직 무엇이 ADHD를 일으키는지 모르고 있다. 그러나 우리는 부모 역할, 식습관, 텔레비전이 ADHD를 일으키지는 않는다는 점은 알고 있다.

ADHD

Chapter 2

ADHD란 무엇인가

배움을 갈망하는
여섯 명의 인도인이
코끼리를 보러 갔네.
(그들 모두는 장님이었지만)

– 존 갓프리 색스(John Godfrey Saxe)

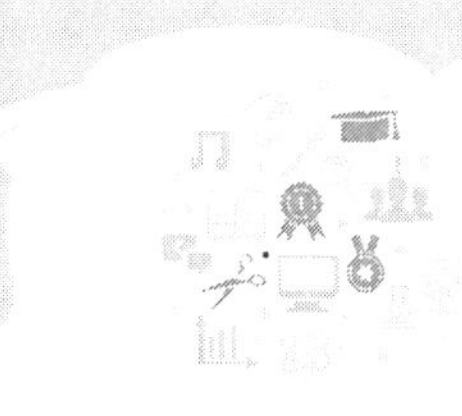

'장님과 코끼리'라는 고대 우화를 보면, 여섯 명의 눈먼 인도인에게 코끼리를 살펴보라는 일이 주어졌다. 여섯 명의 장님은 각각 코끼리를 살펴보았다. 그들은 서로 코끼리의 다른 부분을 살펴보았기 때문에 코끼리가 어떤 동물인가에 대한 결론이 서로 달랐다. 코를 만져 본 사람은 코끼리가 뱀을 닮았다 하고, 다리를 더듬은 사람은 코끼리가 나무 같다는 결론을 내렸다. 그들 각자의 관찰이 틀린 것은 아니지만, 그들 중 어느 누구도 코끼리의 전체 모습을 파악한 사람은 없었다. ADHD가 바로 이 우화 속의 코끼리와 매우 유사한 상황이다. ADHD는 매우 다양한 방식으로 나타나는 복잡한 장애다. 같은 진단을 받았다 하더라도, ADHD 아동들은 현저하게 서로 다른 형태를 보이는 매우 이질적인 집단이다. 또한 입장이 서로 다른 어른들(예: 부모, 교사)은 아동에게 각각 다른 요구와 기대가 주어지는 다양한 환경 속에서 아동을 보기 때문에 아동이 지닌 문제의 본질에 대해 서로 다르게 생각할 수 있다.

대부분의 경우에 ADHD는 다른 장애와 동시에 발생하기 때문에 그 복잡성은 가중된다. 이러한 이유 때문에 ADHD를 단순하고 직접적인 방식으로 특징짓기는 매우 어렵다. 간단히 말해서, ADHD의 '전형적인' 사례 같은 것은 없다. 이 장에서 우리는 ADHD의 본질을 개관할 것이다. 우리는 먼저 ADHD에 대한 현행 진단 기준과 현재 알려진 ADHD의 세 가지 유형을 살펴보는 것부터 시작할 것이다. 이후 ADHD 아동의 보편적인 특징 및 일반적으로 ADHD와 함께 발생하는 다른 장애들을 다룰 것이다. 또 ADHD를 규명하기 위해 노력해 온 몇 가지의 선도적인 이론도 간략히 소개할 것이다. 마지막으로, ADHD의 원인으로 제시된 몇 가지 요인을 살펴볼 것이다. 물론 이러한 내용을 철저하게 다 훑어볼 수는 없다. 그렇지만 이러한 개관을 통해 ADHD를 근본적이고 실질적으로 이해할 수 있을 것으로 기대한다.

1. ADHD 아동의 일반적 특징

ADHD 아동들은 매우 이질적이기 때문에 ADHD 아동의 공통적인 특징을 기술한다는 것은 매우 어려운 일이다. ADHD 아동을 신뢰성 있게 구별해 낼 수 있는 의학적 검사는 없으며, 화학적 또는 유전학적 특징 또한 없다. 나아가 ADHD 아동을 구별해 낼 수 있는 뚜렷한 신체적 특징도 없다. 그러나 ADHD의 몇 가지 폭넓은 특징 및 ADHD와 관련 없는 몇 가지 요인은 존재한다.

- 성별에 따른 뚜렷한 차이가 존재한다(Barkley, 2006). ADHD 진단을 받을 가능성은 남자아이가 여자아이보다 더 높다. 매우 엄격한 진단 기준을 적용한 연구 표본에 따르면 남녀의 비율은 대략 3대 1이며, 지역사회의 지엽적 표본에서는 약 7대 1이라는 훨씬 높은 비율을 보인다. 그 원인에 대해서는 보다 심도 있는 논의가 필요하다. 다만 남자아이가 여자아이보다 더 표현하려는(즉, 행동으로 나타내려는) 경향이 있으며, ADHD와 성별 사이에 유전적 관계가 있기 때문인 것으로 간주되고 있다.
- ADHD 집단과 비ADHD 집단 사이에는 지능 측정치에서 차이가 있다. ADHD 아동의 평균 점수는 비ADHD 아동보다 대략 1/2 표준편차(지능검사 점수로 약 8점) 정도 더 낮다(Frazier, Demaree, & Youngstrom, 2004). 이 자료는 조심스럽게 해석해야 한다. ADHD 집단의 점수 범위는 비ADHD 집단의 점수 범위를 그대로 보여 준다(즉, ADHD 집단의 점수는 평균 이하에서부터 평균을 훨씬 상회하는 정도까지의 분포를 보인다). 낮은 점수는 지능검사 시 동기가 낮고 집중력을 유지하지 못한 문제 때문일 가능성이 높다. 또한 이 결과는 의뢰의 편향을 반영할 가능성도 있다. 즉, 지능이 낮은 학생들은 학교에서 문제를 경험할 가능성이 더 높고, 따라서 진단에 의뢰되어 ADHD로 판정받을 가능성이 그만큼 더 높다는 것이다.
- ADHD 아동은 학업에서 실패할 가능성이 높다. 이러한 실패에는 교과목 낙제,

학년 유급, 학교 중도 탈락, 특수교육 서비스에의 의뢰 등이 포함된다(Barkley, 2006). 대부분의 아동은 대처해야 할 요구 사항이 많아지는 초기 학령기인 5세에서 9세 사이에 ADHD 진단을 받는다.

- ADHD는 특정한 인종 집단이나 민족에 국한되지 않고 모든 사회경제적 지위의 집단에서 발생한다(Barkley, 2006). 낮은 사회경제적 지위는 가정의 역경과 환경적 스트레스에 노출될 가능성을 높이기 때문에 ADHD 유발 위험 요인으로 간주된다(Counts, Nigg, Stawicki, Rappley, & von Eye, 2005).

2. ADHD 진단 기준

『정신장애의 진단 및 통계 편람-제4판(*DSM-IV-TR*)』(American Psychiatric Association, 2000)은 미국정신의학회에서 출간한 것이다(역자 주: 2014년에는 DSM-5가 출간되었음). 이 책은 ADHD를 포함하여, 미국정신의학회에서 인정한 모든 정신장애를 진단하기 위한 기준을 담고 있다. 이 책은 본질적으로 건강 전문가들이 사용할 목적으로 만들어진 일련의 정신장애 목록이다. 건강 전문가는 아동이 보이는 문제를 확인해서 그것을 『정신장애의 진단 및 통계 편람』의 장애 진단 기준과 비교할 수 있으며, 그 결과 이 기준에 맞는 장애 또는 장애들(아동이 복합장애를 가질 수도 있다)을 진단할 수 있다. DSM-IV-TR은 건강 전문가들(예: 내과 의사, 소아과 의사, 정신과 의사, 심리학자)의 진단 도구로 사용하기 위해 만들어진 것으로서 임상 훈련을 받지 않은 사람들을 위한 것은 아니다. 따라서 전문적 지식 없이 적용하면 잘못된 결과를 낳을 수 있다. ADHD의 진단을 위한 DSM-IV-TR 진단 기준은 〈표 2-1〉에 제시되어 있다(역자 주: 〈표 2-1〉 후반부에 DSM-5 진단 기준과 DSM-5에서 변화된 내용을 간략하게 요약하여 제시하였다). 〈표 2-1〉에서처럼, ADHD는 부주의, 충동성 그리고 과잉행동의 세 가지 주요한 증상을 특징으로 한다. 독립적으로 드러나든 복합적으로 드러나든 이 증상은 ADHD의 가장 전형적인 특징이다.

표 2-1 DSM-IV-TR 및 DSM-5의 ADHD 진단 기준

• DSM-IV-TR의 ADHD 진단 기준

A. (1) 또는 (2) 가운데 한 가지

(1) 부주의에 관한 다음 증상 가운데 여섯 가지 (또는 그 이상의) 증상이 6개월 동안 부적응적이고 발달 수준에 맞지 않을 정도로 지속된다.

부주의

(a) 흔히 세부적인 면에 면밀한 주의를 기울이지 못하거나 학업, 작업 또는 다른 활동에서 부주의한 실수를 저지른다.
(b) 흔히 일을 하거나 놀이를 할 때 지속적으로 주의를 집중할 수 없다.
(c) 흔히 다른 사람이 직접 말할 때 경청하지 않는 것으로 보인다.
(d) 흔히 지시를 완수하지 못하고, 학업, 잡일, 작업장에서의 임무를 수행하지 못한다(반항적 행동 때문이거나 지시를 이해하지 못해서가 아님).
(e) 흔히 해야 할 일과 활동을 체계화하지 못한다.
(f) 흔히 지속적인 정신적 노력을 요구하는 일(학업 또는 숙제 같은 일)에 참여하기를 피하고 싫어하며, 저항한다.
(g) 흔히 활동하거나 숙제하는 데 필요한 물건들(예: 장난감, 학습 과제, 연필, 책, 도구)을 잃어버린다.
(h) 흔히 외부의 자극에 의해 쉽게 산만해진다.
(i) 흔히 일상적인 활동을 잊어버린다.

(2) 과잉행동-충동성에 관한 다음 증상 가운데 여섯 가지 (또는 그 이상의) 증상이 6개월 동안 부적응적이고 발달 수준에 맞지 않을 정도로 지속된다.

과잉행동

(a) 흔히 손발을 가만히 두지 못하거나 의자에 앉아서도 몸을 움직거린다.
(b) 흔히 앉아 있도록 요구되는 교실이나 다른 상황에서 자리를 떠난다.
(c) 흔히 부적절한 상황에서 지나치게 뛰어다니거나 기어오른다(청소년 또는 성인에게서는 주관적인 좌불안석으로 제한될 수 있음).
(d) 흔히 조용히 여가활동에 참여하거나 놀지 못한다.
(e) 흔히 '끊임없이 활동하거나' 마치 '모터에 의해 작동되는 것'처럼 행동한다.

(f) 흔히 지나치게 수다스럽게 말한다.

충동성
(g) 흔히 질문이 채 끝나기 전에 성급하게 대답한다.
(h) 흔히 차례를 기다리지 못한다.
(i) 흔히 다른 사람의 활동을 방해하고 간섭한다(예: 대화나 게임에 참견함).

B. 장애를 일으키는 과잉행동 – 충동성 또는 부주의 증상이 7세 이전에 나타난다.

C. 증상으로 인한 장애가 두 가지 또는 그 이상의 상황에서 나타난다(예: 학교[또는 일터]나 가정에서).

D. 사회적 · 학업적 · 직업적 기능에 임상적으로 심각한 장애가 초래된다.

E. 증상이 광범위성 발달장애, 정신분열증 또는 기타 정신증적 장애의 경과 중에만 발생하지 않으며, 다른 정신장애(예: 기분장애, 불안장애, 해리성 장애 또는 인격장애)로 잘 설명되지 않는다.

• DSM-5의 ADHD 진단 기준
(역자 주: ADHD 진단 기준이 2013년에 개정되었으므로 여기에는 DSM-5의 진단 기준을 제시함)

A. 개인의 기능이나 발달을 저해하는 부주의 및 과잉행동 – 충동성의 지속적 패턴이 나타나며, 다음 1항과 2항 중에서 하나 이상에 해당해야 한다.

1. 부주의: 다음 증상 가운데 여섯 가지 (또는 그 이상의) 증상이 6개월 이상 발달 수준에 맞지 않으며, 사회적 · 학업적 · 직업적 활동에 직접적으로 부정적인 영향을 미친다.
   참고: 증상은 반항행동, 저항, 적대성 또는 과제나 수업의 이해 실패가 단독으로 나타나지 않음. 후기 청소년과 성인(17세 이상)에게는 다섯 가지 이상의 증상이 나타나야 함.
   a. 흔히 세부적인 면에 면밀한 주의를 기울이지 못하거나 학업, 직업 또는 다른 활동에서 부주의한 실수를 저지른다(예: 세부적인 면을 간과하거나 놓침. 일을 정확하게 하지 못함).
   b. 흔히 일을 하거나 놀이를 할 때 지속적으로 주의를 집중할 수 없다(예: 강의, 대화 또는 오랜 시간의 독서 중에 초점을 유지하기 어려움).
   c. 흔히 다른 사람이 직접 말할 때 경청하지 않는 것으로 보인다(예: 분명한 방해요인이 없을 때조차도 마음이 딴 곳에 있는 것 같음).
   d. 흔히 지시를 완수하지 못하고, 학업, 잡일, 작업장에서의 임무를 수행하지 못한다(예: 과제를 시작하지만 금방 초점을 잃어버리거나 쉽게 옆길로 샘).

e. 흔히 과업과 활동을 체계화하지 못한다(예: 계열적인 과제를 잘 다루지 못함, 자료와 소유물을 잘 정돈하지 못함, 일을 체계적으로 하지 못함, 시간 관리를 잘 못함, 기한을 맞추지 못함).

f. 흔히 지속적인 정신적 노력을 요구하는 과업에 참여하기를 피하고 싫어하며, 저항한다(예: 학업 또는 숙제, 후기 청소년이나 성인의 경우에는 보고서 준비, 문서 작성, 장문의 논문 검토).

g. 흔히 과제나 활동을 하는 데 필요한 물건들을 잃어버린다(예: 학습 자료, 연필, 책, 도구, 지갑, 열쇠, 서류, 안경, 휴대전화).

h. 흔히 외부의 자극(후기 청소년이나 성인의 경우에는 관련 없는 생각을 포함하여)에 의해 쉽게 산만해진다.

i. 흔히 일상적인 활동을 잊어버린다(예: 잡일하기, 심부름하기, 후기 청소년과 성인의 경우에는 전화 회신하기, 비용 지불하기, 약속 지키기).

2. 과잉행동과 충동성: 다음 증상 가운데 여섯 가지 (또는 그 이상의) 증상이 6개월 이상 발달 수준에 맞지 않으며, 사회적·학업적·직업적 활동에 직접적으로 부정적인 영향을 미친다.

참고: 증상은 반항행동, 저항, 적대성 또는 과제나 수업의 이해 실패가 단독으로 나타나지 않음. 후기 청소년과 성인(17세 이상)에게는 다섯 가지 이상의 증상이 나타나야 함.

a. 흔히 손발을 가만히 두지 못하거나 의자에 앉아서도 몸을 움직거린다.

b. 흔히 앉아 있도록 요구되는 교실이나 다른 상황에서 자리를 떠난다(예: 자리에 앉아 있도록 요구되는 교실, 사무실이나 작업장 또는 다른 상황에서 제자리를 떠남).

c. 흔히 부적절한 상황에서 지나치게 뛰어다니거나 기어오른다(청소년 또는 성인에게서는 주관적인 좌불안석으로 제한될 수 있음).

d. 흔히 조용히 여가활동에 참여하거나 놀지 못한다.

e. 흔히 '끊임없이 활동하거나' 마치 '모터에 의해 작동되는 것'처럼 행동한다(예: 레스토랑이나 모임에서 오랫동안 조용히 있지 못하거나 불편해함, 다른 사람들에게 가만히 있지 못한다거나 따라잡기 어렵다고 인식될 수 있음).

f. 흔히 지나치게 수다스럽게 말한다.

g. 흔히 질문이 채 끝나기도 전에 성급하게 대답한다(예: 다른 사람의 말을 가로채서 함, 대화할 때 차례를 기다리지 못함).

h. 흔히 차례를 기다리지 못한다(예: 줄을 서서 기다릴 때).

i. 흔히 다른 사람의 활동을 방해하고 간섭한다(예: 대화, 게임 또는 활동에 참견함, 부탁을 하거나 허락을 받지 않고 다른 사람의 물건을 사용함, 청소년이나 성인의 경우에는 다른 사람

이 하고 있는 일에 함부로 끼어들거나 떠맡으려 함).

B. 몇 가지의 부주의나 과잉행동 – 충동성 증상이 12세 이전에 나타난다.

C. 몇 가지의 부주의나 과잉행동 – 충동성 증상이 두 가지 이상의 상황에서 나타난다(예: 가정, 학교, 또는 작업장에서, 친구나 친척과의 관계에서, 다른 활동에서).

D. 이러한 증상이 사회적 · 학업적 · 직업적 기능을 방해하거나 그 질을 저하시킨다는 명백한 증거가 있다.

E. 이러한 증상이 정신분열증이나 다른 정신증적 장애의 경과 중에만 나타나는 것이 아니며, 다른 정신장애에 의해 더 잘 설명되지 않는다(예: 기분장애, 불안장애, 해리성 장애, 인격장애, 약물중독이나 금단).

■ **표현에 대한 구체적인 설명**

- **314.01 (F90.2) 복합 표현**: 지난 6개월 동안 진단 기준 A1(부주의)과 진단 기준 A2(과잉행동 – 충동성)를 모두 충족한다.
- **314.00 (F90.0) 주의력 결핍 우세 표현**: 지난 6개월 동안 진단 기준 A1(부주의)은 충족하지만 진단 기준 A2(과잉행동 – 충동성)는 충족하지 않는다.
- **314.01 (F90.1) 과잉행동/충동성 우세 표현**: 지난 6개월 동안 진단 기준 A2(과잉행동 – 충동성)는 충족하지만 진단 기준 A1(부주의)은 충족하지 않는다.

■ **조건에 대한 구체적인 설명**

- **부분적 완화**: 이전에는 모든 진단 기준을 충족했을 때, 지난 6개월 동안 더 적은 수의 진단 기준만 충족했으나 증상이 여전히 사회적 · 학업적 · 작업적 기능을 손상시키고 있다.

■ **현행 심각도에 대한 구체적인 설명**

- **경도(輕度)**: 진단에 요구되는 증상을 초과한 증상이 거의 없으며, 증상이 사회적 또는 직업적 기능에 가벼운 장애를 초래한다.
- **중등도(中等度)**: '경도'와 '중도(重度)' 사이의 증상이나 기능 장애가 나타난다.
- **중도(重度)**: 진단에 요구되는 증상을 초과한 증상이 많이 있거나, 실제적으로 심각한 몇 가지의 증상이 나타나거나, 증상이 사회적 또는 직업적 기능에 현저한 장애를 초래한다.

※ 참고 자료: ADHD 진단 기준에 대한 DSM-IV-TR과 DSM-5의 주요 차이점
(역자 주: DSM-5에 포함된 ADHD 진단 기준에 대한 주요 변화를 제시한 것임)

DSM-5에서 제시하는 ADHD에 대한 진단 기준은 DSM-IV의 진단 기준과 유사하다. DSM-IV에서와 마찬가지로 똑같은 18개의 증상이 사용되고 있으며, 계속해서 두 가지의 증상 영역(부주의와 과잉행동/충동성)으로 구분되고, 진단에는 두 영역 중 어느 한 영역에서 6개 이상의 증상이 요구된다. DSM-5에는 다음과 같은 몇 가지의 변화가 있다. 첫째, 전 생애에 대한 적용을 용이하게 하도록 진단 기준 항목에 몇 가지의 예를 첨가했다. 둘째, 상황 간 요구가 각 상황에서 '몇 가지' 증상으로 강화되었다. 셋째, 발생 기준이 '장애를 일으키는 과잉행동-충동성 또는 부주의 증상이 7세 이전에 나타난다.'에서 '몇 가지의 부주의나 과잉행동-충동성 증상이 12세 이전에 나타난다.'로 변화되었다. 넷째, 하위 유형을 표현에 대한 구체적인 설명으로 대치하였다. 다섯째, 자폐 범주성 장애와의 동반장애가 허용되었다. 여섯째, 어른에 대한 최소 증상의 수가 변화되었다. 즉, 부주의와 과잉행동/충동성 모두 아동에게는 6개의 증상이 요구되지만, 어른에게는 5개의 증상이 요구된다. 일곱째, DSM-5에서는 ADHD와 두뇌발달의 관련성을 반영하기 위해 ADHD를 신경발달장애를 다루는 장에 포함하였으며, DSM-IV에서 유아기, 소아기, 청소년기에 흔히 처음으로 진단되는 장애를 다루었던 장을 DSM-5에서는 삭제하였다.

출처: American Psychiatric Association (2000, 2013).

1) 부주의

'주의'는 다른 것은 배제하고 한 가지 것에만 선택적으로 집중하는 것을 의미한다. 예를 들면, 수업 시간에 교사의 말을 듣는 아동은 주의 집중을 하는 것이다. 주의력에 문제가 있는 것(부주의)은 ADHD의 핵심적 증상이다. 〈표 2-2〉에서는 부주의와 공통적으로 관련된 특징을 나열하였다. (앞에서 인용한 시에서의 코끼리처럼) ADHD에서의 부주의는 복합적인 방식으로 드러나기 때문에, 부주의를 고려할 때는 신중해야 한다(Barkley, 1988, 1994; Hale & Lewis, 1979; Mirsky, 1996; Strauss, Thompson, Adams, Redline, & Burant, 2000). 주의는 다음과 같은 것을 의미한다.

- **지속적 주의**: 지속적 주의는 한 가지 과제에 끝까지 집중하는 것을 의미한다. 지

표 2-2 부주의와 공통적으로 관련된 행동 표현

• 듣지 않는 것처럼 보인다.	• 감독 없이 독립적으로 일하지 못한다.
• 몽상에 빠진다.	• 반복적으로 지시해야 한다.
• 자주 물건을 잃어버린다.	• 한 가지 일을 마무리하지 않고 다른 일을 시작한다.
• 집중하지 못한다.	• 혼란스러워하고 어찌할 바를 모르는 것 같다.
• 쉽게 산만해진다.	

출처: Barkley et al. (1990); Stewart, Pitts, Craig, & Dieruf (1966).

속적 주의는 부주의 유형을 가진 ADHD 아동이 가장 어려워하는 것이다. 다시 말해서, 이러한 아동은 종종 한 가지 과제를 끝까지 해내는 지속성이 부족하다. 이러한 경우는 아동에게 재미없고 반복적인 과제를 시키는 상황에서 가장 흔히 볼 수 있다(Barkley, DuPaul, & McMurray, 1990). 예를 들어, ADHD 아동에게 오랜 반복 훈련이나 연습처럼 특별한 동기부여가 되지 않는 과제가 주어진다면 그 아동은 주의를 지속시키는 데 어려움을 겪을 것이고, 그래서 그 과제를 성공적으로 해내는 것이 매우 힘들 것이다.

- **전환적 주의**: 전환적 주의는 서로 다른 인지적 활동이 필요하거나 개인에게 서로 다른 요구를 하는 과제가 한꺼번에 주어졌을 때 과제 간에 주의를 이동하는 능력을 의미한다. 예를 들면, 과학 시간에 학생이 하나의 동일한 활동에서 수학 기술, 듣기 기술, 글쓰기 기술을 한꺼번에 발휘해야 하는 경우가 있을 수 있다. 이때 만약 그 학생이 그 활동의 여러 다른 부분에서 요구되는 각 기술로 주의를 이동하지 못한다면 주어진 과제를 하는 데 어려움을 겪을 것이다. 이처럼 주의의 이동을 요하는 과제는 ADHD 아동에게 문제를 일으킬 수 있다.
- **집중적 주의**: 집중적 주의는 과제의 중요한 측면에 집중하여 반응할 수 있는 능력과 특정한 상황에 반응할 수 있는 여러 가지 선택지 중 하나를 선택하여 적절하게 적용할 수 있는 능력을 말한다. 예를 들면, 신호등이 있는 네 방향 교차로에서 그 교차로를 통과할 수 있는 방법은 한 가지 이상이 있지만, 어떤 방법을

선택할 것인지는 위치에 맞는 기본적인 교통 법규에 달려 있다. 따라서 올바른 선택을 위해서는 적절한 주의가 필요하다.

- **선택적 주의:** 선택적 주의는 초점을 유지하여 산만하게 될 가능성을 차단하는 능력을 말한다. 따라서 '산만함으로부터의 해방'이라고 불리기도 한다. 산만함은 아마도 부주의의 가장 뚜렷한 형태 중 하나일 것이다. 예를 들면, 읽기나 쓰기 또는 수학 문제 풀이를 해야 할 학생이 대부분의 시간을 창밖만 바라보고 있다면 그 학생은 산만한 것이다.

학생이 지속적인 주의에 문제가 있는 것인지, 아니면 산만함에 문제가 있는 것인지를 판별하는 것은 꽤 어렵다. ADHD 학생은 종종 자신에게 주어진 과제보다는 과제와 관련 없는 행동을 하면서 더 많은 시간을 보낸다(Sawyer, Taylor, & Chadwick, 2001). 얼핏 보면 이러한 모습은 학생이 쉽게 산만해지는 것으로 보일지 모르지만, 사실은 아동이 주의력을 유지하는 데 많은 어려움을 겪고 있는 것일 수 있다. 즉, 산만한 것이 아니라 단지 다른 학생들처럼 주의를 지속할 수 없는 것일 수 있다. 이것을 정확하게 구분하는 것은 어려운 일이지만, 쉽게 산만해지는 것과 적절한 주의를 유지하지 못하는 것이 실질적으로 다르다는 사실을 유념해야 한다(Hoza, Pelham, Waschburch, Kipp, & Owens, 2001). 학급의 다른 학생들이 하고 있는 활동에 더 많은 관심을 보이는 학생은 실제로는 수학 문제나 읽기 자료에 집중하는 데 큰 어려움을 겪고 있는 것일 수 있다. 따라서 학생에게 과제 이외의 다른 활동이 어떻게 보이는지가 산만함에 영향을 줄 수 있다. 만약에 다른 활동이 즉각적인 만족을 제공하거나 강화하는 것으로 보인다면, 아동은 시시하고 보상이 훨씬 적은 과제를 하기보다는 다른 활동에 마음을 빼앗기게 될 것이다(Barkley, 2006).

2) 충동성

'충동성'은 충동에 끌려 마음이 흔들리는 것을 의미한다. ADHD 아동은 종종 적절한 반응이 무엇인지 또는 추가적인 지침이나 지시가 있을 수 있는지를 생각해 보지도 않고 성급하게 반응한다. 이러한 행동은 자주 부정적이거나 해로운 결과를 초래하는 부주의한 실수나 실패로 이어진다. 〈표 2-3〉에는 ADHD 아동이 공통적으로 보이는 몇 가지 충동적인 행동을 나열하였다. 이러한 행동을 보이는 아동의 첫인상은 종종 자기통제가 부족하고 지나치게 수다스러우며, 미숙하거나 '무례한 것'으로 보인다. 그 결과, 이 아동들은 어른들에게 ADHD를 겪고 있지 않는 또래 아동보다 더 많은 처벌을 받고 꾸중을 듣는다. 이러한 증상들과 관련이 있는 억제력과 통제력의 부족은 ADHD 아동이 보이는 몇 가지 집중력 문제를 초래할 수도 있다. 이는 부주의 증상이 실제로 충동성의 징후가 될 수도 있음을 의미한다. 그러한 집중력 문제는 충동성과 과잉행동으로 나타나는 일차적 행동조절장애의 이차적인 문제일 수 있다(Barkley, 2006). ADHD와 연관된 충동성은 자주 집행 기능 손상을 포함한다(Scheres et al., 2004). 집행 기능에는 전략적 계획, 인지적 유연성, 자기 조절, 목표지향 행동이 포함된다(Weyandt, 2005). 집행 기능 결손은 ADHD를 가진 사람들에게서 자주 나타나는 현상이다. 집행 기능이 부족하면 행동을 통제하지 못하고, 반응을 적절히 억제하지 못하며, ADHD와 매우 밀접하게 관련된 충동적 행동과 성급한 반응을 초래하게 된다.

표 2-3 충동성의 특징

- 흔히 장기적인 보상보다는 즉각적인 보상이 제공되는 일을 더 선호한다.
- 일을 할 때 손쉬운 방법을 선택하고 최소한의 노력만 한다.
- 약속을 즉시 지키라고 다른 사람을 계속 조른다.
- 게임이나 집단놀이 상황에서 자기 순서를 기다리는 것이 어렵다.
- 다른 사람의 감정을 배려하지 않고 경솔하게 말한다.
- 분별없이 불쑥 대답한다.
- 다른 사람들의 대화에 불쑥 끼어든다.

출처: Barkley (2006).

3) 과잉행동

'과잉행동'은 동작이나 목소리에서 나타나는 과도하거나 발달적으로 부적절한 수준의 행동을 의미한다. 과잉행동은 빈번하게 가만히 있지 못하고 나대며, 혹은 불필요하게 많이 움직이는 것을 뜻한다. 이러한 신체 행동은 당면 과제와 관련이 없거나 상황에 적절하지 않기 때문에 문제가 된다. 〈표 2-4〉는 과잉행동을 설명하는 일반적인 행동 표현들이다. 과잉행동은 ADHD 아동에게서 수많은 방식으로 나타난다. 과잉행동을 지닌 아동은 하루 종일 또래 아동보다 눈에 띄게 더 행동적이고, 가만히 있지 못하며, 나댄다. 이 아동들은 교사의 허락도 없이 교실을 돌아다니거나 수업과는 관계없는 물건을 갖고 노는 행동을 자주 한다. 이러한 일은 지속적인 주의를 요하는 활동을 하는 중에 자주 발생한다. 그들은 또한 불필요한 소리를 내거나 주변에서 일어나고 있는 활동을 중계하는 경향이 있다(Barkley, 2006).

표 2-4 **과잉행동과 관련된 공통적인 행동**

- 늘 들떠 있거나 끊임없이 뭔가를 한다.
- 마치 모터에 의해 작동되듯이 행동한다.
- 과도하게 기어오른다.
- 가만히 앉아 있지 못한다.
- 지나치게 수다스럽게 말한다.
- 헛기침을 자주 하고 이상한 소리를 낸다.
- 몸을 꼼지락거린다.

출처: DuPaul, Power, Anastopoulos, & Reid (1998).

4) ADHD의 유형

ADHD의 세 가지 유형은 ADHD 주의력 결핍 우세형(ADHD-IA), ADHD 과잉행동-충동성 우세형(ADHD-HI), ADHD 복합형(ADHD-C)이다. 이러한 ADHD 진단 유형은 아동의 문제가 부주의와 과잉행동-충동성 중 어느 것과 관련이 있는지, 아니면 두 가지 모두와 관련이 있는지에 따라 결정된다. 주로 부주의가 두드러지는 ADHD는 ADHD-IA로 진단하며, 주로 과잉행동이나 충동성이 두드러지면 ADHD-HI로 진단하고, ADHD-IA와 ADHD-HI의 두 가지 기준에 모두 부합하는 아동은 ADHD-C로 진단한다(American Psychiatric Association, 2000). ADHD-IA와 ADHD-C는 두드러질 정도로 가장 보편적인 유형의 ADHD다. 한편, ADHD-HI는 상대적으로 드물며, 특히 학령기의 아동에게서는 찾아보기 어렵다.

주목해야 할 점은 〈표 2-1〉에 나열된 증상 이외에 진단 시 반드시 추가적으로 고려해야 할 다른 기준도 있다는 점이다. 추가 기준에는 다음과 같은 것이 있다.

- 증상들을 **적어도 6개월 동안** 지속적으로 보여야 한다. ADHD는 일시적이거나 '나타났다 사라졌다 하는' 장애가 아닌, 평생을 따라다니는 문제다.
- 증상들이 **나이에 비해 정상 범주에서 벗어난** 정도로 발생해야 한다. 행동들이 또래 집단에 비해 극단적이어야 한다. 예를 들면, 극단적으로 높은 수준의 동작 활동은 3세 아동에게서는 흔한 일이지만, 12세의 아동에게서는 그렇지 않다.
- ADHD 증상들이 7세 이전에 **나타난다**(역자 주: DSM-5에서는 12세 이전으로 변경되었음). ADHD와 관련된 행동은 어린 시기부터 나타나야 한다. 대부분의 부모는 아이가 3세 혹은 4세 정도에 문제를 보이기 시작했다고 한다. ADHD 관련 행동은 7세 이후나 청소년기에 갑자기 **나타나지 않는다**.
- 이 증상으로 인한 손상이 **두 가지 이상의 상황**에서 나타나야 한다. ADHD 증상이 상황적인 것(즉, 오직 집에서만 또는 학교에서만 나타나는 것)이어서는 안 된다. 문제가 오직 한 가지 상황에서만 발생한다면, 그것은 ADHD 때문이 아닐 수도 있다.
- 심각한 손상이 있다는 분명한 증거가 있어야 한다. ADHD는 사회적·학업적·직업적 기능에 있어서 심각한 문제를 야기해야 한다. 여러 가지 ADHD 증상을 보이면서도 학업적·사회적 기능을 효과적으로 잘 해내는 아동도 있을 수 있다는 점을 유념할 필요가 있다.

- 배제해야 할 요인들이 있다. 이러한 요인들 때문에 ADHD로 진단해서는 안 된다(예: 정신분열증). 더군다나 증상이 다른 문제(예: 기분장애)로 더 잘 설명되는 경우에는 ADHD로 진단해서는 안 된다. 이는 다른 장애들도 부주의, 충동성, 과잉행동이라는 증상을 초래할 수 있기 때문이다.

새로운 DSM 개정판인 DSM-5는 현재 개편 작업 중에 있다. 새로운 개정판에서는 진단 기준이 다소 바뀔 수도 있을 것이다(역자 주: DSM-5는 2013년에 개정되었음. DSM-IV-TR과 DSM-5의 주요 차이점은 앞의 〈표 2-1〉 후반부를 참고하기 바람).

3. ADHD와 관련 장애

ADHD가 하나 또는 그 이상의 추가적인 장애와 함께 발생할 때, 이를 '동반장애'라고 부른다. ADHD 아동은 동반장애를 가질 위험이 높다. 윌렌스 등의 연구(Wilens et al., 2002)에 따르면 전문적인 정신과 클리닉에 의뢰된 취학 전 아동의 75%와 학령기 아동의 80%가 ADHD 이외에 적어도 한 가지의 다른 장애를 가지고 있었다. 현재로서는 동반장애가 왜 그렇게 자주 ADHD와 함께 발생하는지를 설명할 수 없다. 교사는 다음과 같은 두 가지 이유에서 증가하는 동반장애의 위험을 인식하고 있어야 한다. 첫째, 교사는 ADHD의 증상과 매우 유사한 몇몇 장애(예: 우울, 불안)의 증상을 인식하고 있어야 한다. 왜냐하면 다른 장애가 ADHD 증상을 보다 잘 설명할 수도 있기 때문이다. 둘째, 교사는 한 가지의 장애도 적절하게 다루기가 어렵다는 점을 이해해야 한다. 하물며 학생에게 동반장애가 나타날 때는 훨씬 더 힘든 일이 된다. 특히 부모에게는 더욱 그렇다. 교사는 이러한 문제에 대해 민감하게 대응할 필요가 있다. 동반장애에 대해 논의하기 전에 한 가지 주의해야 할 사항이 있다. 많은 경우에 동반성 추정치는 높게 나타나는 경향이 있는데, 그 이유는 그러한 추정이 주로 정신과 클리닉에 의뢰된 아동이나 중증장애 아동을 대상으로 이루어지기 때문이다.

1) 반항성 장애

반항성 장애(oppositional defiant disorder: ODD)는 가장 일반적으로 나타나는 동반장애다. 반항성 장애는 부모나 교사 등 권위적인 인물에게 반항적이고 적대적이며, 비순응적 행동 패턴을 6개월 이상 일관적으로 지속하는 특성을 보인다. 반항성 장애와 연관된 행동은 종종 매우 공격적이다(예: 화내기, 어른과 말다툼하기, 어른의 지시를 강하게 거절하기, 고의로 사람들이 싫어하는 행동하기). 반항성 장애로 진단되기 위해서는 이러한 행동들이 같은 연령대 또는 같은 발달단계의 아동에게서보다 더 자주 나타나야 하고, 사회적·학업적·작업적 상황에서의 심각한 손상으로 이어져야 한다(DSM-IV-TR; American Psychiatric Association, 2000). ADHD 아동은 비ADHD 아동보다 반항성 장애를 가질 확률이 10배가 넘는다(Angold, Costello, & Erkanli, 1999). ADHD 아동의 45~85%는 단일 반항성 장애 또는 품행장애를 동반한 반항성 장애의 진단 기준에 부합할 것이다(Barkley & Biederman, 1997; Barkley et al., 1990; Biederman, Farone, & Lapey, 1992; Cohen, Velez, Brook, & Smith, 1989; Faraone & Biederman, 1997; Fischer, Barkley, Edelbrock, & Smallish, 1990; Pfiffner et al., 1999; Wilens et al., 2002).

2) 품행장애

품행장애(conduct disorder: CD)는 타인의 기본 권리를 침해하거나, 나이에 맞는 사회규범을 위반하는 행동 패턴을 지속하는 것으로 정의할 수 있다. 품행장애와 관련된 문제행동은 다음과 같은 네 가지 항목으로 분류할 수 있다. 즉, ① 사람과 동물에 물리적인 위해를 가하거나 협박하는 공격적 행동, ② 비공격적이지만 재산을 손실하거나 파괴하는 행동, ③ 사기 또는 도둑질, ④ 심각한 규칙 위반이다. 〈표 2-5〉는 이 네 가지 품행장애 항목과 연관된 구체적인 행동들을 나열한 것이다. 품행장애로 진단받기 위해서는 세 가지(또는 그 이상)의 항목이 12개월 동안 지속되고, 적어도 1개 항목이 6개월 동안 지속되어야 하며, 이러한 문제행동이 사회적·학업적·작업적 기능을 심각하게 손상해야 한다. 품행장애와 ADHD의 동반성에 대한 추정치는 아동의 15~56%에서부터 청소년의 44~50%에 이르기까지 그 범위가 매우 넓다(Wilens et al., 2002).

품행장애는 자주 반항성 장애와 함께 발생한다. 사실 단순한 품행장애보다는 반항성 장애와 품행장애가 함께 진단되는 것이 훨씬 더 일반적이다. 그래서 얼핏 보면 품행장애와 반항성 장애가 많은 공통점을 지니고 있는 것처럼 보인다. 그러나 반항성 장애와 품행장애의 중요한 차이점은 종종 반항성 장애와 연관된 파괴적인 행동이 품행장애와 연관된 파괴적인 행동보다 덜 심각하다는 점이다. 예를 들면, 반항성 장애를 가

표 2-5 품행장애와 관련된 네 가지 유형의 행동

- 공격적 행동
  - 다른 사람을 괴롭히거나 위협하거나, 협박하는 행동하기
  - 빈번하게 육체적인 싸움 걸기
  - 심각한 신체적 손상을 일으킬 수 있는 무기 사용하기
  - 사람이나 동물에 신체적으로 잔혹하게 대하기
  - 피해자와 대면한 상태에서 도둑질하기
  - 다른 사람에게 성적 행위 강요하기
- 의도적인 타인의 재산 파괴
  - 심각한 손상을 입히려는 의도로 고의로 불 지르기
  - 깨뜨리거나 구멍을 내는 등의 방법으로 타인의 재산을 고의로 파괴하기
- 사기 또는 도둑질
  - 다른 사람의 집, 건물, 차에 무단으로 침입하기
  - 물건이나 호감을 얻기 위해, 또는 빚이나 의무를 피하기 위해 자주 거짓말하거나 약속 어기기
  - 피해자가 없는 상황에서 귀중품 훔치기(예: 상점에서 주인 몰래 물건 훔치기)
- 심각한 규칙 위반
  - 부모의 금지에도 불구하고 밤늦도록 귀가하지 않기
  - 가출하기
  - 무단 결석하기

출처: American Psychiatric Association (2000).

진 사람은 전형적으로 타인이나 동물에 대한 공격성을 보이지 않을 뿐만 아니라, 재산 파괴나 사기 또는 도둑질을 하지 않는다. 그러나 반항성 장애의 거의 모든 특징은 보통 품행장애에서도 나타난다(DSM-IV-TR; American Psychiatric Association, 2000).

3) 우울증

심각하게 우울한 기분을 갖거나 모든 활동에 대해 흥미 혹은 즐거움을 갖지 못하는 것이 적어도 2주간 지속된다면 우울증이라고 할 수 있다. 아동이나 청소년에게 있어서 이러한 기분은 슬픈 것이라기보다는 오히려 과민한 것일 수 있다. 또한 이러한 증상은 적어도 다음과 같은 네 가지의 추가적인 증상을 포함하고 있어야 한다. 즉, 식욕이나 체중의 변화, 활력 감소, 무가치감 또는 죄책감, 사고나 집중의 곤란, 죽음이나 자살에 대한 반복적인 생각(DSM-IV-TR; American Psychiatric Association, 2000)이다. ADHD 아동은 비ADHD 아동에 비해 우울장애를 가질 확률이 다섯 배나 더 높다(Angold et al., 1999).

심리사회적 위험 요인(사회적 발달 및 심리적 발달 모두와 관련된 사건)은 동반장애를 초래할 수도 있다(Drabick, Gadow, Sprafkin, 2006). 불화가 많은 가정 출신의 아이들처럼 사회적 문제를 일으켰던 소년들은 우울 증상을 보일 가능성이 훨씬 높았다. 이러한 발견을 통해서 우리는 때에 따라 하나의 장애가 두 번째 장애를 초래하는 보다 쉬운 환경을 만들어 낸다는 점을 알 수 있다. 자녀의 ADHD가 심각한 가족 스트레스를 유발하는 경우가 그 예에 해당한다. 그러한 경우에 아동의 ADHD는 가족 구성원 간의 엄청난 긴장과 다툼을 불러일으키게 된다. 그리고 만약에 아동이 이러한 가정 문제를 일으킨 것에 대한 책임감을 느낀다면, 아동은 우울 증상으로 이어질 수 있는 죄책감을 키우게 될 수 있다.

4) 불안장애

불안장애는 공황장애, 사회공포증, 외상후 스트레스 장애, 급성 스트레스 장애와 같은 몇 가지 특수한 장애를 포함한다. 이러한 각각의 불안장애에서 불안감은 개인의 심신을 쇠약하게 만들 정도로 최고조에 이르기도 한다(DSM-IV-TR; American Psychiatric Association, 2000). 앙골드 등(Angold et al., 1999)은 아동이 ADHD를 갖고 있으면 그 아동이 불안장애 역시 갖게 될 확률이 세 배나 더 높다는 것을 밝혀냈다. ADHD 아동의 경우 25~35%가 불안장애를 경험하는 것으로 추정된다(Biederman, Newcorn, & Sprikh, 1991; Tannock, 2000). 또한 임상적으로 불안장애로 진단받은 아동의 약 15~30%가 ADHD를 가질 가능성이 있는 것으로 나타났다(Tannock, 2000).

5) 강박장애

강박장애(obsessive-compulsive disorder: OCD)는 개인이 극단적으로 시간을 허비하거나 심각한 고통을 일으키거나, 현저한 손상을 초래할 정도로 심각한 강박적 사고와 행동을 반복적으로 경험할 때 발생한다. 이러한 강박적 사고와 행동은 투약이나 약물 남용으로 인한 생리적 영향으로 발생하는 것이 아니며, 질병이나 수술과 같은 일반적인 의학적 상태로 생기는 것도 아니다. 다른 모든 장애와 마찬가지로, 손상에 이르게 되는 증상의 심각도가 이 장애의 존재를 진단하는 데 매우 중요하다(DSM-IV-TR; American Psychiatric Association, 2000). ADHD와 강박장애 간의 동반성을 평가한 연구는 찾아보기 힘들다. 다만 ADHD 아동의 3~5%가 강박장애 또한 갖고 있다는 사실은 일반적으로 인정된다. 브라운(Brown, 2000)은 강박장애를 갖고 있는 아동의 6~33%가 ADHD도 갖고 있다고 추정한다. 이 두 장애 간의 관련 가능성을 이해하기 위해서는 보다 많은 연구가 이루어져야 하지만, 강박장애가 ADHD와 관련이 있다는 자료는 충분히 많다(Barkley, 2006).

6) 양극성 장애

양극성 장애(bipolar disorder: BPD) (이전에는 조울증으로 통용됨)는 복잡한 정신장애다. 가장 빈번하게 나타나는 양극성 장애의 형태는 그 장애를 조증과 관련된 행동으로 특징지을 수 있는지, 우울증 관련 행동(우울증 일화는 앞서 이미 살펴보았음)으로 특징지을 수 있는지, 아니면 두 가지의 혼합 행동으로 특징지을 수 있는지에 따라 독립적인 진단 기준을 지닌다. 조증 관련 행동은 비정상적으로 의기양양하거나, 과대하거나 과민한 기분이 적어도 1주일 동안 지속되는 특징이 있다. 이러한 기분에는 극단적인 자존감, 수면 욕구의 감소, 사고의 비약, 주의 산만이 포함될 수 있다. 이러한 증상과 관련된 장애가 사회적 또는 직업적 기능을 현저하게 손상시키거나 입원이 필요하거나, 정신증적 양상(예: 환각, 환청)이 수반될 정도로 심각해야 한다. 양극성 장애를 가진 사람은 급격하게 기분이 변하며(희열, 과민성, 슬픔), 마음의 동요, 불면증, 불규칙적인 식욕, 정신증 특징, 자살 등과 같은 증상을 보인다(DSM-IV-TR; American Psychiatric Association, 2000).

대부분의 연구는 양극성 장애와 ADHD의 동반성을 대략 10~15%로 보고 있으며(예: Biederman, Farone, & Lapey, 1992; Milberger, Biederman, Faraone, Murphy, & Tsuang, 1995), 몇몇 연구는 이 비율의 거의 두 배로 보기도 한다(Wilens et al., 2002). 여러 연구가 ADHD와 양극성 장애의 공존에 대해 서로 다른 비율을 제시하기 때문에 두 장애가 얼마나 많이 중복적으로 발생하는가를 단정해서 말하기는 어렵다. 아동들의 양극성 장애에 대해서는 다소 논란이 있다. 지난 10년 동안에 양극성 장애로 진단받은 아동의 수가 특히 ADHD 아동들 사이에서 40배나 증가하였기 때문이다(Blader & Carlson, 2007). 이러한 결과에 대해 일부 연구자는 상당수의 아동이 양극성 장애로 잘못 진단받고 있다고 주장한다. 또 일부 연구자는 감정 조절을 매우 잘 못하는 아동이 양극성 장애의 증상과 유사한 행동을 보이며, 그래서 양극성 장애로 잘못 진단받을 수도 있다고 주장한다.

7) 동반성에 대한 결론적 견해

ADHD를 가진 사람은 하나 이상의 또 다른 장애를 동시에 지닐 위험이 매우 높다. 따라서 교사는 반드시 이러한 추가 장애가 존재할 수 있음을 인식하고 있어야 한다. 어떤 장애는 ADHD 증상과 같은 증상을 보일 가능성이 매우 높다. 우리가 지금까지 ADHD와 자주 동반되는 몇몇 장애에 대해 간략하게 살펴본 내용은 ADHD 아동이 추가적인 증상을 나타낼 때 매우 유용하게 활용할 수 있을 것이다. ADHD 한 가지만 다루는 것도 어려운데 추가적인 장애가 있을 경우에는 훨씬 더 어렵고 많은 노력이 필요하다. ADHD 아동의 부모나 아동을 돌보는 사람을 대할 때 이 점을 꼭 기억하라.

4. ADHD 이론

현재까지 ADHD를 적절하게 설명하는 것으로 받아들여지는 일반적인 이론이나 연구는 없다. 〈표 2-6〉에서는 ADHD에 대한 다소 영향력 있는 이론들을 요약하였다. 교사가 교실에서 유용하게 활용할 수 있는 가장 중요한 이론은 바클리의 이론(Barkley, 1997a)이다.

1) 바클리의 이론

바클리의 이론에 따르면 ADHD는 자기 조절의 결손 때문에 생긴다. 그는 행동 억제의 문제를 ADHD 행동의 일차적 요인으로 보고 있다. ADHD 아동은 상황에 대한 초기 반응을 멈추지 못할 수 있다. 이 초기 반응은 너무나 빠르고 자동적으로 일어나기 때문에 행동을 정상적으로 통제하는 집행 기능을 압도해 버린다. ADHD 아동은 상황을 모니터하지 못하고, 어떤 행위가 그 상황에 적절한지를 평가하지 못하며 계획적으로 행동하지 못하고, 또는 자신의 행위가 초래할 결과를 예측하지 못한다. 이러한

표 2-6 ADHD 이론

• 억제된 BIS

이 이론은 우리의 뇌에 행동억제 체계(behavioral inhibition system: BIS)와 행동활성화 체계(behavioral activation system: BAS)가 있다는 믿음에 근거하고 있다. 키-그레이(Quay-Gray) 모델에 따르면 행동활성화 체계는 보상 혹은 회피와 탈출의 신호로 활성화되며, 행동억제 체계는 처벌 또는 좌절된 비보상 신호로 활성화된다. 키에 따르면, 일반적으로 ADHD와 연관된 충동성은 뇌의 행동억제 체계 기능 감소 때문에 발생할 수 있다. 즉, ADHD 아동은 행동을 하지 말아야 한다는 신호에 적절하게 반응하지 못한다는 것이다(Quay, 1988a, 1988b).

• 경쟁 모델

경쟁 모델(race model) 역시 ADHD의 억제 결손과 관련이 있다. 이 이론은 로건(Logan)이 제안한 '경쟁' 모델에 토대를 두고 있는데, 환경적 자극은 뇌의 활성화 반응과 억제 반응 모두에 신호를 제공한다는 것이다. 즉, 자극에 대한 반응을 만들어 내는 활성화 신호는 자극에 대한 반응을 억제하는 신호와 '뇌에 도달하기 경쟁'을 하며, 먼저 도달하는 신호에 따라 반응이 달라진다는 것이다. ADHD를 갖고 있는 사람은 억제 반응을 더 늦게 하며, 또 개인적인 과제에서 반응 조절이 필요할 때 반응 조절 역시 더 늦게 한다(Schachar, Tannock, & Logan, 1993).

• 지연 혐오

ADHD의 특징인 충동성은 지연 혹은 기다림에 대한 혐오에서 비롯된다. 이 이론에 따르면 ADHD 아동은 지연을 끝내고 만족감을 얻기 위해 비ADHD 또래 아동보다 더 빠르게 행동한다(Sonuga-Barke, 2002; Sonuga-Barke, Taylor, & Hepinstail, 1992).

• 보상 기능 장애

이 이론은 ADHD에는 규칙이나 과제의 동기유발 요소에 따라 행동이 조절되기 어렵다는 점이 있음을 설명한다. ADHD의 근본적인 어려움은 행동적 결과에 대한 반응 결손이라는 것이다. 즉, ADHD 아동은 행동을 조절하는 데 있어서 '보상 기능 장애(reward dysfunction)' 문제를 갖고 있다(Haenlein & Caul, 1987).

• 최적 자극(optimal stimulation)

이 이론에서는 ADHD가 충분한 각성을 유지하는 데 어려움이 있는 것으로 본다. ADHD를 가진 사람은 자극이 적은 과제나 상황에서 자극 추구 행동에 몰두한다. 이러한 행동으로 인해 과잉행동과 기다림/반응지연의 어려움이 초래될 수 있으며, 당면 과제에 주의를 집중하지 못하게 되는 이상한 상황을 선호하게 된다(Zentall, 2006).

것을 할 수 없기 때문에 충동적인 행동이 나타난다. 예를 들어, ADHD 아동이 수업 중에 연필심이 뭉툭하다는 것을 알아챘다고 하자. 그 아동의 즉각적인 반응은 아마 (매우 합당하게) 벌떡 일어나서 연필을 깎으러 가는 것일 것이다. 그러나 그 아동은 이러한 행동이 수업 중에는 적절하지 않으며, 선생님을 화나게 할 수도 있고, 심지어 벌을 받을 수도 있다는 점을 생각하지 못한다. 유명한 만화인 〈개구쟁이 데니스(Dennis the Menace)〉에서, 데니스는 "'뭘 할까?' 하고 생각하면, 난 벌써 그것을 하고 있어."라고 말한다. ADHD는 기술이나 지식이 부족해서 생기는 것이 아니다. 바클리가 지적하고 있듯이, ADHD는 무엇을 해야 할 것인지를 아는 문제가 아니라 알고 있는 것을 어떻게 하느냐의 문제다(Barkley, 2006). 바로 이 점이 교사가 ADHD 아동으로 인해 자주 심한 좌절감을 겪는 이유의 하나다. ADHD 아동은 문제를 일으킬 것이라는 사실을 알면서도 (후에 되돌아보면) 그 행동을 한다. 교사는 이런 행동이 ADHD 아동에게는 일반적이라는 점을 알 필요가 있다. 이런 형태의 문제가 ADHD의 핵심인 것이다.

바클리의 이론은 많은 행동 억제의 문제를 설명해 준다. 그의 이론은 행동의 자기 조절에 중요한 네 가지 과정에 초점을 맞추고 있다. ① 비언어적 작동기억으로, 자기 인식, 시간 개념, 회고적 기능(사후 판단), 전망적 기능(사전 판단)을 포함한다. ② 말의 내면화로, 자기 의문과 문제 해결을 포함한다. ③ 정서, 동기, 각성의 자기 조절로, 객관성을 포함한다. ④ 재구성(계획하기)으로, 행동의 분석과 계획하기를 포함한다.

2) 비언어적 작동기억

비언어적 작동기억은 다양한 자극에 대한 반응을 통제하는 데 사용되는 정보를 기억할 수 있는 능력으로, 주어진 상황에서 기억이나 기술을 적절히 이용하는 능력을 말한다. 우리는 과거의 경험에서 학습한 것을 나중에 그와 유사한 상황에 처했을 때 상기해 낼 수 있다. 비언어적 작동기억은 우리가 과거의 경험을 통합하고, 그러한 경험에 대한 기억을 사용하여 행동을 조절하게 한다. 앞서 예를 들었던 연필을 깎는 경우에서처럼, 우리는 수업 도중에 자리에서 벌떡 일어나는 것이 옳지 않음을 기억할 수 있다. 비언어적 작동기억은 우리에게 복잡한 행동 계열을 모방하거나, 또는 다른 사람이 특정한 기술을 활용하는 것을 관찰함으로써 그 기술을 배울 수 있는 능력을 제공한다. 비언어적 작동기억은 회고적 기능(사후 판단)의 개념, 즉 경험을 회고하고 반성할 수 있는 능력을 포함하며, 또 전망적 기능(사전 판단), 즉 미래를 생각하면서 특정한 목표를 달성하기 위해 어떤 행위를 해야 하는지 또는 행위로 인해 발생할 수 있는 미래의 결과가 어떠할지를 고려할 수 있는 능력을 포함한다. 이처럼 사건들의 계열을 기억할 수 있는 능력으로 인해 우리는 시간 개념을 갖고, 시간과 관련된 행동(즉, 시간 관리)을 관리할 수 있게 된다.

3) 말의 내면화

말의 내면화는 '혼잣말'의 개념이다. 이것은 문제를 해결하거나 상황에 대처하는 방법에 대해 조언을 하는 '머릿속의 작은 음성'이다. 혼잣말은 말 그대로 일을 처리하면서 자신에게 말을 함으로써 문제를 다루는 데 도움이 된다. 대부분의 경우에 혼잣말은 내면적이지만(즉, 머릿속에서 일어나지만), 때로는 외면화되어 실제로 소리를 내어 자신에게 말하는 경우도 있다. 사람들이 상황에 어떻게 대처할지를 생각하면서 자신과 대화를 하는 경우의 예는 아주 많다. 운전 중에 자동차 타이어가 펑크 난 사실을 안 경우를 예로 들어 보자. 운전자는 다음과 같은 내면적 대화를 할 것이다. "이런! 펑크가 났군. 뭘 해야 하지? 먼저 차를 도로변에 세워야겠지. 트렁크에 예비 타이어가 있나? 음, 그래. 전에 본 적이 있어. 차를 들어 올리는 도구도 있지. 좋아, 타이어를 충분히 바꿀 수 있겠어." 이 짧은 '혼잣밀' 속에서는 상황에 대한 평가와 적절한 대처가 이루어지고 있다. 이러한 형태의 자기 말은 기술과 숙고로 여겨진다. 즉, 우리는 발생하는 모든 일을 머릿속에 기술한다. 그리고 곧 그 상황에 어떻게 반응해야 할 것인지 숙고한다. 다른 형태의 혼잣말로는 자기 질문("이 문제를 푸는 공식이 뭐더라?"), 규율 지배 행동("저 선생님은 껌 씹는 걸 싫어하시지. 씹던 껌을 버려야겠다."), 도덕적 추론("누가 나를 저런 식으로 대하면 기분이 나쁘겠구나. 나는 친구를 저런 식으로 대하지 말아야

겠다.") 등이 있다.

4) 정서, 동기, 각성의 자기 조절

환경에 대한 반응으로 우리의 감정, 동기 수준, 일반적 각성 수준을 스스로 조절하는 능력은 매우 중요하다. 정서적 반응에 근거한 행위를 통제할 수 있다는 것은 자기 조절의 매우 중요한 부분이다. 외부의 사건은 신체적 반응을 일으킬 수 있는 정서적 반응을 발생시키는 힘을 갖고 있다. 우리는 대부분 그러한 감정을 통제하여 과도하게 반응하지 않을 수 있는 능력을 지니고 있다. 예를 들면, 우리가 응원하는 팀이 경기에 지면 화가 나기는 하지만 좌절감으로 텔레비전을 부수지는 않는다. 우리는 또한 자신의 동기를 스스로 조절할 수 있는 능력을 갖고 있다. 동기의 자기 조절은 목표를 달성하도록 노력을 유지시키는 데 도움이 된다. 사람에 따라 자기 동기의 수준에 차이가 있기는 하지만, 어떻게 해야 되는지를 알고 있는 일이 주어지면 우리는 대부분 그 일을 해낼 수 있는 방법을 찾아낸다. 마지막 요소인 각성의 자기 조절은 우리가 방심하지 않고 목적 지향적 행위를 지향하면서 초점을 맞춰야 한다는 점에서 동기와 밀접하게 관련되어 있다. 각성은 과제를 지속적으로 추구하는 능력과도 밀접한 관련이 있다. 동기와 각성 모두 욕구, 의지력, 결심, '끝까지 참고 해내기' 등의 특성들과 밀접한 관계가 있는데, ADHD 아동에게는 이 모두가 어려운 것들이다(Barkley, 2006).

5) 재구성

재구성은 자신이나 타인의 행동을 분석하고 그러한 행동들을 조합하여 여러 가지 상황을 다루는 데 필요한 새로운 행동을 만들어 내는 능력을 말한다. 계획하기, 전략적 행동, 유연한 문제 해결이 재구성의 핵심 요인이다. 예를 들어, 등교하기 전에 책, 학생증, 준비물 등을 찾으며 소란을 피우는 10대 여학생을 상상해 보자. 그녀는 틀림없이 제시간에 학교에 갈 준비를 다 마치지 못할 것이며, 어머니에게 꾸중을 들을 것이다. 그래서 그녀는 이러한 패턴을 지속하기보다는 모든 준비물을 모아서 미리 책상 위에 챙겨 두고 제시간에 학교에 가리라는 결심을 하게 될 것이다. 이 여학생은 문제점을 분석하고 계획을 짜고, 전략을 실천한 것이다. 재구성에는 새로운 행동 조합이 어떤 결과를 낳을 수 있는지를 머릿속으로 미리 모의 실험해 보거나 상황 속의 자신의 모습을 볼 수 있는 능력도 포함된다. 앞서 예로 든 여학생의 경우, 그녀는 머릿속으로 자신의 전형적인 행동(미친 듯이 책을 찾아다니고, 어머니는 서서히 화가 나고 있는 상황)과 비교했을 때, 미리 책상 위에 챙겨 놓은 책들을 간단하게 가방에 담는 것이 얼마나 더 간편한 일인지 알게 될 것이다. 하지만 불행하게도 ADHD 아동은 이러한 형태의 분석을 혼자서는 거의 할 수 없다. 요약하면, 재구성은 구체적인 목표에 도달하기 위해 우리의 행위를 계획적으로 배열하는 것을 의미한다.

5. ADHD 유발 가능 요인

집중적인 노력과 수십 년 동안의 연구에도 불구하고 아직까지 ADHD를 초래하는 요인에 대해서는 밝혀진 바가 없다. 간단히 말해서, 우리는 무엇이 ADHD를 유발하는지, 또는 ADHD 유발 요인을 안다고 해도 그것이 하나인지 아니면 복합적인 것인지도 모른다. 많은 경우에 연구가 '해답'을 제시하지는 못하지만, 대신에 새로운 의문이나 새로운 방향을 제시하는 경우는 종종 있다. ADHD 연구도 예외가 아니다. ADHD 연구가 최종적이고 명백한 요인을 찾아내지는 못했지만, 여러 가지 가능성을 제시한 덕택에 ADHD를 초래하는 요인에 대한 추론은 가능하게 되었다. 다음에서는 이러한 몇 가지 가능성 있는 요인에 대해 살펴보기로 하자.

1) 신경학적 요인

뇌는 주요 연구 분야 중 하나다. 행동 문제가 뇌의 특수 부위와 명백한 관계가 있다는 사실은 신경학적 요인이 ADHD를 초래한다는 믿음에 대한 강력한 근거가 된다(Barkley, 2006). 관련 연구는 ADHD가 뇌의 앞부분에 위치하고 있는 전두엽, 기저핵, 소뇌부의 구조적 또는 기능적 이상과 어느 정도 관련이 있다고 주장한다. 뇌의 전두엽, 선조체, 소뇌부 영역과 관련된 집행 기능 결손은 일반적으로 ADHD 증상과 관계가 있다. 이러한 결손에는 행동 반응을 통제할 수 없고, 작동기억과 언어 구사력에 어려움이 있으며, 계획하기를 잘 못하는 것이 포함된다. 또한 운동 협응과 배열에 대한 어려움도 포함된다. 이러한 결손은 많은 ADHD 아동이 겪고 있는 문제이기 때문에 ADHD에 대한 신경학적 근거로 제시되는 것이다(Barkley, 2006).

최근의 연구들은 ADHD 아동의 경우 대뇌피질의 발달이 수년간 지체될 수 있음을 제시하고 있다(Shaw et al., 2007). 발달 지체가 가장 두드러지는 부분은 주의력과 운동 계획을 포함하는 인지 과정의 통제에 중요한 전두엽이다. 그러나 이러한 지체에도 불구하고 피질의 구조에서는 전혀 이상이 없었다. 다른 연구는 뇌의 뒷부분에 있는 신경전달 섬유에 초점을 맞췄다. 신경전달 섬유는 뇌의 각 부분에 화학적 신호를 보내고 받는 기능을 수행한다. ADHD 아동은 신경전달 섬유의 수가 더 적으며, 그 결과 신호 전달이 부족하여 뇌의 앞부분이 덜 활성화되는 것으로 밝혀졌다. 뇌의 뒷부분은 이전 상황에서 오는 정보에 접근하는 기능을 담당하는 반면에, 전뇌는 그 지식을 현재의 상황에 직접 적용하는 기능을 담당한다. ADHD 아동이 바로 이러한 영역에서 어려움을 겪고 있음이 밝혀짐으로써 신경전달 섬유의 수가 적다는 점과 ADHD가 관련될 수 있다는 점을 알게 되었다(Semrud-Clikeman & Pliszka, 2005). 비효율적인 연결 역시 문제가 될 수 있다. 비효율적인 연결은 완전한 기능 손실은 아니지만 기능의 수준을 약화시키는 비효율적인 전달을 초래할 수 있다(Goldman-Rakic, 1987; van Zomeren & Brouwer, 1994). 어떤 연구는 별개로 분리된 뇌의 연결망이 협력하여 주의집중 기능을 수행한다고 주장한다. 이러한 연결망 사이의 연결이 손상되면 복합적이고 중복적인 요구에서의 주의를 필요로 하는 과제를 수행하는 데 어려움을 겪을 수 있다(Corbetta & Shulman, 2002).

뇌의 구조와 기능을 더욱 자세하게 살펴볼 수 있는 기술의 발전으로 인해 뇌 연구는 지난 수십 년 동안 괄목할 만한 진전을 보였다. 신경학적 과정 및 ADHD와 관련하여 이미 많은 자료가 축적되었기 때문에, ADHD에 대한 신경학적 근거를 추론하는 것은 그다지 어렵지 않다. 비록 ADHD를 유발하는 명백한 신경학적 요인은 아직까지 밝혀지지 않았지만, 현재까지의 연구는 뇌의 무엇인가가 ADHD를 유발시킨다는 점을 강력하게 시사한다.

2) 유전적 요인

많은 연구가 ADHD가 유전적 근거를 갖고 있다는 강력한 증거를 제시하고 있다. 연구에 따르면 ADHD 아동의 직계가족 중에서 10~35%와 형제자매의 약 30% 역시 ADHD를 겪을 위험이 있다(Biederman, Farone, Keenan, et al., 1992; Biederman, Keenan, & Faraone, 1990; Levy & Hay, 2001; Welner, Welner, Stewart, Palkes, & Wish, 1977). 만약 부모 중 한 사람이 ADHD를 갖고 있다면, 그들의 자녀가 ADHD를 겪을 확률은 50%가 넘는다(Biederman, Farone, et al., 1995). 일란성 쌍생아는 동일한 유전 구조를 갖고 있기 때문에 유전학 연구에서 일반적인 연구 대상이 된다. 일란성 쌍생아 중에서 한 명이 ADHD를 갖고 있다면 나머지 한 명 역시 ADHD를 가질 확률이 매우 높다는 사실은 수많은 연구를 통해 입증된 바 있다. 이러한 사실은 ADHD가 유전적 근거를 갖고 있음을 추론할 수 있는 강력한 증거가 된다. 많은 연구에서 ADHD가 몇몇 특정한 유전인자와 관련이 있다는 가설을 제기하였지만, 확실한 입증을 위해서는 보다 많은 연구가 필요하다. 신경학적 연구 결과와 마찬가지로, ADHD의 유전적 근거를 추론할 수 있는 증거는 충분하지만 아직 ADHD가 유전적 근기를 갖고 있다고 단언하기는 어렵다(Barkley, 2006). 오히려 '유전적 근거'를 올바르게 해석하는 것이 중요하다. ADHD는 부모에게 눈 색깔을 물려받는 것과는 다르며, 훨씬 더 복잡하다. 사람들이 ADHD 형태의 행동을 보일 질병 소인을 부모에게서 물려받는다고 말하는 것이 보다 정확한 표현이다. ADHD는 단일한 유전인자에 의해 초래되는 것 같지는 않다. 그보다는 ADHD와 관련된 복합적인 유전인자가 있을 가능성이 더 많다.

3) 기타 가능한 요인

식품 첨가물/식습관, 환경 독성물질, 출산 전 흡연과 음주 노출, 임신 중 산모 흡연, 저체중 등이 모두 ADHD 유발 가능 요인으로 제기되었으며(Banerjee, Middleton, & Faraone, 2007), 심리사회적 요인 역시 제시되었다. 이 절에서는 이러한 가능 요인들에 대해 살펴보기로 한다.

(1) 환경 독성물질

환경 독성물질에 노출되면 ADHD와 유사한 문제들이 유발된다. 납 중독은 주의 산만, 과잉행동, 안절부절못함, 그리고 낮은 지적 기능을 초래한다. 이러한 특성들은 ADHD의 진단 기준과 유사하다(Needleman, 1982). 망간에 노출되는 경우 역시 ADHD에서 보이는 행동과 유사한 행동 특성을 초래한다(Collipp, Chen, & Maitinsky, 1983). 그러나 ADHD로 진단받은 학생 중에서 어떤 형태로든 납 중독으로 고통받는 학생은 거의 없다(Barkley, 2006). 따라서 독성물질에 노출되는 것이 ADHD 발생을 설득력 있게 설명할 수 있는지, 그리고 이러한 경우에 ADHD로 진단하는 것이 적절한 것인지에 대해서는 여전히 의문의 여지가 많다.

(2) 출산 전 흡연과 음주 노출

태아가 산모의 흡연과 음주에 노출되는 경우의 영향에 대해서는 상세하게 알려져 있다. 산모의 지나친 음주는 전반적인 지적 수행, 학습과 기억, 언어, 주의집중, 반응 시간 그리고 집행 기능을 포함하는 태아의 인지 능력 손상으로 이어질 수 있다(Huizink & Mulder, 2006). 임신 중 산모의 흡연은 아동기와 청소년기의 인지 발달과 행동에 해로운 영향을 미칠 수 있다(Wasserman et al., 1999). 그러나 환경 독성물질의 경우처럼 ADHD 중 얼마나 많은 사례가 태아의 흡연 및 음주에의 노출로 인해 발생했는지는 확실하지 않다.

(3) 심리사회적 요인

몇 가지의 심리사회적 요인이 ADHD와 연관이 있다. 육체적으로 성적 학대를 받은 경험이 있는 아동은 ADHD와 반항성 장애의 발생률이 주목할 정도로 높다(Famularo, Kinscherff, & Fenton, 1992; McLeer, Callaghan, Henry, & Wallen, 1994). 부모 불화, 가족 역기능, 어머니의 정신병리 역시 ADHD 유발 위험 요인으로 꼽힌다(Biederman, Milberger, et al., 1995).

요 약

이 장에서는 ADHD의 본질, 이론, 유발 요인을 살펴보았다. ADHD와 관련된 행동에 대해서는 엄청나게 많은 정보가 존재한다. 그러므로 교사는 ADHD의 핵심 문제들(즉, 부주의, 충동성, 과잉행동)을 이해할 필요가 있다. 우리가 ADHD에 대해 알고 있는 지식에는 많은 차이가 있다는 사실은 분명하며, 이는 반드시 고려되어야 한다. 교사가 ADHD 이론과 유발 가능한 요인에 대해 실질적인 지식을 가지고 있다면 여러모로 효과적일 수 있다. 특히 ADHD 아동의 부모를 대할 때 더욱 유용하다. 그러나 학교 현장에서 ADHD 아동을 효과적으로 지도하기 위해 교사가 ADHD의 발생 요인을 반드시 알고 있어야 할 필요는 없다.

- √ ADHD는 복합적이다. 많은 다양한 문제가 있고 여러 가지 문제가 결합된 것도 있다. 결과적으로 '전형적인' ADHD 아동은 존재하지 않는다.
- √ 부주의, 충동성, 과잉행동이 ADHD의 주요 문제다.
- √ 충동성이 ADHD의 핵심적인 결손일 가능성이 높다.
- √ ADHD로 진단하기 위해서는 반드시 두 가지 이상의 환경에서 최소한 6개월 이상 **심각한 결손**이 발생해야 한다.
- √ ADHD 아동은 반항성 장애, 품행장애, 우울 또는 불안과 같은 문제들 역시 보일 수 있다. 이러한 동반장애는 부모와 교사가 ADHD 아동을 지도하는 것을 훨씬 더 어렵게 한다. **이**

점을 늘 염두에 두어야 한다.

√ ADHD는 자기 조절 문제로 인해 생기는 결과일 수도 있다. 이는 행동 조절과 관련된 집행 기능이 손상된 결과다. 따라서 계획하기와 조직화의 문제가 공통적으로 나타난다.

√ ADHD는 무엇을 해야 하는지를 알아야 하는 문제가 아니라, 아는 것을 어떻게 행하느냐의 문제다(Barkley, 2006). ADHD의 이러한 문제를 의도적인 반항과 혼동해서는 안 된다.

√ 우리는 아직까지 ADHD를 초래하는 원인이 무엇인지 알지 못한다. 하지만 이 점은 교육의 실제에서 교사에게 그다지 중요한 것이 아닐 수 있다.

ADHD

Chapter 3

ADHD 평가

아무리 복잡한 문제라 할지라도
나는 그 문제를 보아야 한다.
내가 올바르게 본다면 적어도 문제가
더 복잡해지지는 않을 것이다.

– 폴 앤더슨(Poul Anderson)

ADHD 평가가 항상 쉬운 과정인 것은 아닌데, 이는 다음과 같은 몇 가지 이유 때문이다. 첫째, ADHD를 객관적으로 그리고 확정적으로 진단할 수 있는 검사가 아직 없다는 것이다. ADHD의 진단은 다분히 주관적이기 때문에 반드시 정보에 근거한 판단을 토대로 이루어져야 한다. 둘째, 하나의 단일한 평가 방식이 존재하지 않는다는 것이다. ADHD 진단은 독특한 개별적 토대 위에서 이루어져야 한다(Barkley & Edwards, 2006). 예를 들면, 심각한 수준의 부주의를 보이는 아동이 충동성으로 인한 문제를 보이는 아동과 정확하게 같은 방식으로 평가되지 않을 수 있다. 셋째, ADHD 진단은 증상을 초래하는 다른 가능한 요인(예: 우울증, 불안장애)을 배제해야 하기 때문이다. 마지막으로, ADHD 평가 과정에는 교사와 부모가 참여해야 하며, 여러 다양한 환경을 통해 정보를 수집해야 한다는 것이다. 현재 추천되는 평가 모델은 ADHD **중다방법** 평가다. 이 중다방법 접근 방식은 다양한 상황에서 아동을 지도한 경험이 있는 복수의 정보 제공자(예: 교사, 부모, 보호자)가 제공하는 복수의 정보(예: 인터뷰, 평정척도, 관찰)를 포함한다. 이러한 정보는 ADHD 증상의 범위와 심각도, 손상의 정도에 관한 자세한 내용을 제공한다. 이러한 자료를 통해 건강 전문가나 학교 당국은 아동이 DSM 진단 기준에 부합하는지를 결정할 수 있다.

ADHD 평가를 위한 중다방법 접근 방식은 오진의 가능성을 줄이기 위한 것이다. ADHD 오진은 대부분 한 명의 진단자가 하나의 정보원과 환경에서 습득한 제한된 정보를 토대로 진단을 하는 경우에 발생한다. 장애를 잘못 진단하게 되면 치료와 서비스에서 심각한 결과를 초래할 수 있다. 예를 들면, 잘못 진단받은 아동은 아무 효과가 없는 약물치료를 처방받을 수 있다. 따라서 평가 과정은 가능한 한 철저해야 하며, 충분한 시간을 갖고 모든 적절한 정보를 수집한 후에 최종 결론을 내려야 한다. 수집된 정보가 많을수록 최종 진단은 그만큼 더 정확해질 것이다(Handler & DuPaul, 2005).

교사는 평가 과정에서 가장 중요한 정보 제공자인데, 규칙적으로 학생의 행동을 관찰하고 학업 수행을 점검하기 때문이다. 교사는 학생을 매일 관찰하기 때문에 학생의 일상 행동에 관한 정보를 제공할 수 있다. 교사는 종종 ADHD의 증상이 되는 행동을 가려낼 수 있다. 더군다나 교사는 학생들의 정상적인 행동을 잘 알고 있기 때문에 특정 학생이 발달적으로 부적절한 행동을 하면 이를 쉽게 알 수 있다. 또한 교사는 학생이 학업에 어려움을 겪고 있는지를 알아챌 수 있으며, 학생이 어떤 어려움(예: 과제를 수행하는 데 어려움을 겪고 있는지, 시험을 잘 못 치는지 등)을 겪고 있는지를 잘 알고 있다. 또한 교사는 학생이 겪고 있는 어려움이 수업 시간 중의 부주의, 지시를 잘 따르지 못함, 자주 과제 외 행동을 하는 것과 같은 ADHD 증상 때문인지를 평가할 수 있는 위치에 있다. 일반적으로 교사의 역할은 정보의 제공에 한정될 것이다. 교사가 평가에 중요한 정보를 제공하는 것은 사실이지만, 교사에게는 결코 결과를 해석하거나 ADHD 진단을 확증하는 결정을 내릴 수 있는 책임이 없다.

이 절에서는 ADHD의 중다방법 평가가 어떻게 작용하며, 그 과정에서 교사의 역할이 무엇인지를 설명하고자 한다. 이 설명은 ADHD 진단에 유용한 가장 널리 사용되는 도구를 망라하고 있다. 이러한 도구에는 면담, 평정척도, 학생에 대한 직접 관찰, 학업 기록 검토, 학업 성취도 평가, 의학적 검사 등이 있다. ADHD를 진단한다는 것은 단지 평가의 한 부분에 불과하다는 점을 유념할 필요가 있다. 다른 단계들, 즉 치료 계획의 개발, 구체적인 치료 목표의 설정, ADHD 치료 과정에서 개인의 진전도를 점검하는 것은 이후 계속되는 장들에서 논의할 것이다(Pelham, Fabiano, & Massetti, 2005).

1. 면담

ADHD 평가 과정은 대개 면담으로 시작한다. 면담은 학생에 대한 기본적인 정보를 얻을 수 있는 단순하면서도 효과적인 방법이다. 면담의 형식에는 구조화된 면담과 반구조화된 면담이 있다. 구조화된 면담은 면담을 진행하는 사람이 문항 내용을 인쇄된 그대로 정확하게 정해진 순서대로 읽는 방식이다. 이때 정보 제공자는 대개 '예.' 또는 '아니요.'로 응답한다. 반구조화된 면담에서는 면담자가 보다 자유롭게 학생 행동의 특정한 측면에 대해 물어볼 수 있으며, 후속 질문도 가능하다. 또 반구조화된 면담은 면담자가 행동의 심각도(예: 혼란의 어느 정도가 학생의 과제 외 행동 때문에 발생하는지, 또 학생의 부주의 행동에 대해 교사가 끊임없이 지시를 반복해야 하는지)에 대해 보다 면밀한 점검을 할 수 있게 한다. 어떤 형식의 면담을 진행하든 면담의 주요 목표는 학생이 지닌 구체적인 문제행동 목록을 만드는 것이다. 그런 다음에 이 목록을 DSM의 ADHD 진단 기준과 비교하게 된다(Anastopoulos & Shelton, 2001).

부모 또는 보호자는 대개 최초의 면담 대상자가 된다. 이는 ADHD 진단에 매우 중요한 몇몇 정보가 단지 부모나 보호자에 의해서만 제공될 수 있기 때문이다. 예를 들어, ADHD 진단에서 증상은 7세 이전(역자 주: DSM-5에서는 12세 이전으로 변경되었음)에 나타나야 하기 때문에 증상이 나타나는 나이가 중요하다. 부모에게는 아동의 배경 정보에 대한 질문을 할 것이다. 이 배경 정보는 아이가 ADHD를 시사하는 행동 문제를 이전부터 갖고 있었는지, 아동의 발달 과정에서 비정상적이라고 할 만한 것이 있었는지, 아동이 정서장애의 징후를 보인 적이 있었는지, 아동이 사회적인 적응에 문제가 있었는지 등을 결정하는 데 사용될 수 있다. 부모는 아동의 병력과 이전에 사정/평가를 받은 적이 있었는지에 대해서도 정보를 제공할 수 있다. 그들은 또한 문제행동이 최초로 발생한 시기와 관련된 정보도 제공할 수 있다. 후에 다시 논의하겠지만, 발생 시기는 매우 중요한 정보다. 또 부모는 가족사에 대한 정보를 제공할 수도 있는데, 이를 통해 아동의 가족 중에서 ADHD를 지닌 다른 인물이 있는지의 여부를 알아볼 수 있다. 만약 아동의 가족 중에 ADHD 진단을 받은 사람이 있다면, 이는 아동의 ADHD 진단을 뒷받침하는 것이 될 수 있을 것이다.

교사 면담 또한 매우 중요한 평가 정보를 제공한다. 교사는 발달적으로 정상적인 행동에 대해 잘 알고 있으며 정상 범주에서 많이 벗어난 행동을 쉽게 구별할 수 있기 때문에, 대부분의 경우에 ADHD가 초래할 수 있는 아동의 증상을 최초로 알아차리는 사람이다(Sax & Kautz, 2003). 교사는 일상적인 일과 활동 과정에서 ADHD 조짐을 보이는 학생의 교실 행동을 직접적으로 관찰한다. 교사 면담에서는 DSM의 ADHD 진단 기준(예: 부주의, 충동성)에 해당하는 행동이 나타나는지를 구체적으로 알아볼 수 있는 질문들이 주어진다. 또 교사 면담에서는 학생의 문제행동이 환경적 영향에서 비롯된 것인지 여부를 판단할 수 있는 정보를 모아야 한다. 이를 위해 학생의 문제행동을 유발하거나 지속시키는, 문제행동과 연결지을 수 있는 선행 사건을 규명해야 한다. 예를 들면, 학생의 문제행동이 개인적인 과제에서 더 두드러지는가, 아니면 집단 과제에서 더 두드러지는가? 한 활동에서 다른 활동으로 전환하는 과정에서 학생이 특정한 문제를 보이는가? 문제행동은 교실 내의 다른 학생들이 그 행동에 대해 보이는 반응에 따라 달라지는가? 교사 면담에서는 또한 학생의 행동을 다루는 데 효과가 있었던 특별한 교실 관리 기법에 대해 반드시 물어보아야 한다. 이러한 정보가 다음 단계의 평가와 중재 계획 수립에서 매우 유용하기 때문이다(DuPaul & Stoner, 2003).

교사 면담은 또한 학생의 학업 수행과 사회적 적응에 대한 정보를 제공한다. 대부분의 ADHD 학생은 학업 기술의 결손을 보이기 때문에 학생의 학업 수행에 관한 정보는 중요하다. ADHD 학생은 일반 학생에 비해 읽기가 어려울 정도로 글씨를 잘 못 쓰며, 학업 과제에 관심이 없고, 학습 자료의 정리도 잘 못할 가능성이 많다. 교사 면담은 학생이 이러한 형태의 문제를 갖고 있는지를 확인할 수 있다(Barkley, 2006). 교사 면담에서는 또한 행동 문제를 일으키는 다른 장애가 관찰되는지에 대해서도 질문을 한다. 예를 들면, 학습장애 학생은 종종 주의집중을 하는 데 문제를 보인다. 증상들을 더 잘 설명할 수 있는 다른 장애를 배제하거나, 동반장애의 존재를 확인하는 것은 중요하다. 마지막으로, 교사에게 사회적 기능에 대해 물어본다. 교사가 학생의 사회적 상호작용 및 또래 아동과 잘 어울리는지 여부를 관찰하는 것은 학생에게 사회적 기술의 결손이 있는지 여부를 판가름하는 데 도움이 된다. 사회적 기술의 결손은 ADHD 아동에게 일반적이다. 예를 들면, 많은 ADHD 아동은 또래 아동과의 관계에서 통제적이고 공격적인 상호작용 패턴을 보이며, 이로 인해 자주 사회적 거부를 경험한다(Stormont, 2001).

2. 평정척도

행동 평정척도는 ADHD 평가 과정에서 흔히 사용되는 것이다. 평정척도는 다양한 출처를 통해 학생에 관한 중요한 행동적 자료를 수집할 수 있는 효율적인 방식이다. 평정척도는 사용하기 단순하고 비교적 빠른 시간(약 15분 가량)에 끝마칠 수 있다. 일반적으로 평정척도는 수량적 평정(예: 1 = 거의 없음, 2 = 가끔, 3 = 자주, 4 = 매우 자주)을 포함한 일련의 진술문(예: 일을 마무리하지 못함)으로 구성된다. 사용자는 지난 6개월 동안의 아동의 전형적인 행동을 기초로 각각의 진술문에 대해 아동을 평정해야 한다. 평정척도는 ADHD 증상의 존재와 심각도를 직접적으로 평가할 수 있기 때문에 유용하다. 또한 많은 평정척도는 한 아동을 또래 집단과 비교할 수 있는 규준을 갖고 있다. 철저한 평가를 위해서는 교사와 부모 모두 평정척도를 작성해야 한다(Anastopoulos & Shelton, 2001). 평정척도의 결과는 ADHD를 진단하는 중요한 근거가 된다.

행동 평정척도에는 두 가지 유형이 있다. 하나는 넓은 범위의 평정척도이고, 다른 하나는 좁은 범위의 평정척도다. 넓은 범위의 평정척도는 ADHD에만 국한되지 않는 광범위한 행동과 증상을 평가할 수 있으며, 다른 많은 장애(예: ADHD, 반항성장애, 품행장애)의 진단에도 사용될 수 있다. 또한 넓은 범위의 평정척도는 증상의 원인으로 다른 장애의 존재를 배제하거나 동반장애의 가능성을 제시할 수 있기 때문에 중요하다. 넓은 범위의 평정척도에는 여러 가지가 있다. 각 척도는 경우에 따라 보다 적합하게 선택하여 사용할 수 있도록 각각 다른 특징을 지닌다. 예를 들면, 몇몇의 넓은 범위의 평정척도는 컴퓨터를 이용한 채점 방식을 도입하고 있기 때문에 결과를 즉시 확인할 수 있다. 또 어떤 척도는 면담 형태의 질문을 통해 그 척도가 보여 주고자 하는 특정 분야의 관심사에 대해서도 상술하도록 하는 특징을 갖고 있다. 넓은 범위의 평정척도는 여러 가지 다양한 장애의 가능성을 평가하는 데 사용되기 때문에 좁은 범위의 평정척도보다 그 내용이 훨씬 더 많다. 이 평정척도의 문항 수는 80문항부터 122문항에까지 이른다. 또 몇몇 넓은 범위의 평정척도는 연령대별로 형태가 다르다(예: 5~12세

표 3-1 ADHD 평가에 일반적으로 사용되는 넓은 범위의 평정척도

• CRS-R

코너스 평정척도-개정판(Conners' rating scales-revised: CRS-R; Conners, 1997)은 문제행동을 평가하기 위해 개발되었으며, 현재 ADHD를 진단할 때 가장 보편적으로 사용되고 있다. 부모용, 교사용, 아동 자기보고용이 있는데, 각각은 모두 단축형과 정규형이 있다. 두 가지 형태 모두 평정자가 4점 리커트 척도상에 행동의 빈도를 평정하도록 되어 있다. 교사용 단축형은 28개 문항으로 구성되어 있으며, 정규형은 59개 문항으로 구성되어 있다. 문항을 완성하는 데는 두 가지 유형 모두 10~20분 정도의 시간이 소요된다. 하위척도 점수는 반사회성, 인지적 문제/부주의, 과잉행동, 불안-수줍음, 완벽주의, 사회성 문제, 신체화, 전체 지표, ADHD 지표, DSM-IV 증상 하위척도를 알아보기 위한 것이다. 교사용 단축형의 표준화는 학생 표본 3,870명을 대상으로, 정규형의 표준화는 학생 표본 6,880명을 대상으로 이루어졌다.

• BASC-2 TRS

아동행동 평가체제-2 교사평정체제(behavior assessment system for children-2 teacher rating system: BASC-TRS; Reynolds & Kamphaus, 1992)는 학생의 기능을 종합적으로 평가하기 위해 개발되었다. 이 척도는 학생관찰체제(student observation system: SOS)를 포함한다. 교사는 아동의 행동을 4점 척도상에 평정하는데, 이 척도는 아동의 연령에 따라 최소 100개의 문항을 포함한다. 이 척도를 완성하는 데는 대략 10~20분이 소요된다. 이 평가를 통해 행동증상, 외현화 문제, 내재화 문제, 학교 문제 그리고 적응기술에 대한 다섯 가지의 종합점수가 산출된다. 또 적응력, 공격성, 불안, 주의력 문제, 비정형성, 품행문제, 우울, 과잉행동, 지도성, 학습문제, 사회적 기술, 신체화, 학습기술, 위축 등의 점수도 산출될 수 있다. 이러한 TRS를 위한 표준화는 4,650명의 학생 표본을 대상을 이루어졌다(Gladman & Lancaster, 2003).

• CBCL-TRF

아동행동평정척도-교사용(child behavior checklist-teacher report form: TRF; Achenbach & Rescorla, 2001)은 118개 문항을 포함한다. 응답자는 각각의 행동에 대해 '전혀 아니다(0)' '어느 정도 또는 가끔 그렇다(1)' '매우 또는 자주 그렇다(2)'로 평정한다. TRF는 위축, 신체증상, 불안/우울, 사회적 미성숙, 사고 문제, 주의집중 문제, 비행, 공격성에 대한 점수를 제공한다. 또 CBCL은 활동 참여도, 사회적 관계, 학업 수행, 집안일, 흥미 등에 관한 문항도 포함하는데, 이는 세 가지 능력 척도로 요약되어 산출된다. CBCL을 위한 표준화는 2,368명의 아동 표본을 대상으로 이루어졌다.

의 아동을 위한 척도와 13~18세의 청소년을 위한 척도가 있다; Anastopoulos & Shelton, 2001). 〈표 3-1〉은 일반적으로 사용되는 몇 가지 넓은 범위의 평정척도를 간략히 서술한 것이다.

좁은 범위의 평정척도는 ADHD의 증상이 되는 구체적인 행동(예: 부주의와 과잉행동/충동성)만을 다룬다는 점에서 넓은 범위의 평정척도와는 다르다. 따라서 이러한 척도는 다른 장애를 확인하기 위해서는 사용될 수 없다. 이러한 좁은 범위의 평정척도 중에서 일부는 ADHD의 구체적인 증상 기준을 넘어서는 경우도 있는데, 이는 ADHD를 나타내는 추가적인 경고 신호를 확인하기 위한 것이다. 예를 들면, 청소년 행동평정척도(adolescent behavior checklist: ABC)는 품행문제, 미숙한 작업습관, 사회적 문제/유능감(ADHD 아동에게서 일관성 있게 단점으로 지적되는 요소들) 등과 같은 추가적 지표들을 나타내는 점수를 포함한다(Anastopoulos & Shelton, 2001). 〈표 3-2〉는 일반적으로 많이 사용되는 좁은 범위의 평정척도에 대해 간략히 기술한 것이다.

넓은 범위의 평정척도와 마찬가지로, 좁은 범위의 평정척도 또한 신뢰할 수 있고 유용한 특징을 지닌다. 예를 들면, 몇몇 척도는 부모용과 교사용을 모두 지니기 때문에 부모의 평정과 교사의 평정을 비교할 때 매우 유용하다. 또 ADHD 증상은 반드시 복수의 환경(예: 집, 학교)에서 발생해야 한다는 점을 감안해 보면, 이러한 척도는 매우 중요한 평가 정보를 제공할 수 있다.

몇몇 척도는 각각의 ADHD 증상(예: 부주의, 충동성, 과잉행동)에 대해 독립된 점수를 제공한다. 또 다른 척도는 다양한 연령대별로 사용할 수 있는 형태를 지닌다(예: 초등학교 교사는 중·고등학교 교사와 다른 형태의 평정척도를 작성한다). 이러한 방식은 문제행동과 환경적 요구가 시간이 지남에 따라 달라지기 때문에 유용하다. 어떤 평정척도는 15분 정도면 완성할 수 있을 정도로 실시하기에 매우 간편한 반면, 또 다른 평정척도는 훨씬 더 많은 내용을 포함하고 있고 직접적인 관찰 자료와 같은 추가적인 특징을 통합하고 있기도 하다. 이러한 척도들의 한 가지 중요한 특징은 다양한 연령대를 위한 구체적인 규준을 갖고 있다는 점이다.

〈표 3-3〉은 일반적으로 많이 사용되는 좁은 범위의 평정척도의 한 예로서, ADHD

표 3-2 ADHD 평가에 일반적으로 사용되는 좁은 범위의 평정척도

• ADHD 평정척도-IV

ADHD 평정척도-IV(ADHD rating scale-IV; DuPaul, Power, Anastopoulos, & Reid, 1998)는 부모용과 교사용이 있다. 두 가지 모두 각각 18문항으로 구성되어 있으며, 평가 시간은 대략 10분 정도다. 각 문항은 '전혀 없다'에서 '매우 자주'까지의 4점 척도상에 표시하며, 부주의와 충동성/과잉행동 점수를 산출하고, 총점은 부주의와 충동성/과잉행동 하위척도 점수를 합해서 산출한다. 부모용 척도와 교사용 척도를 위한 표준화 표본은 2,000명의 학생을 대상으로 하였다.

• ADDES-2

주의력결핍장애 평가척도-2(attention deficit disorders evaluation scales-2: ADDES-2; McCarney, 1995)는 부모를 위한 것과 교사를 위한 것이 모두 있다. 학교용은 4~19세에 이르는 아동을 위한 것이다. 가정용은 46개 문항을 포함하고 있으며, 학교용은 60개의 문항을 포함하고 있다. 평가 시간은 대략 15~20분 정도 소요된다. 두 가지 모두 똑같은 응답 형식으로 구성되어 있는데, 각 문항에 대해 '그런 행동이 나타나지 않음(0)'에서부터 '시간당 1회 이상 나타남(4)'까지 5점 척도상에 평정하여 부주의와 과잉행동/충동성 증상에 대한 하위척도 점수를 산출한다. 가정용을 위한 표준화 표본은 2,415명의 아동을, 학교용은 5,795명의 학생을 대상으로 하였다(Angello et al., 2003).

• SNAP-IV

SNAP-IV(Swanson, 1992)는 SNAP 질문지의 최신 개정판이다. 이 척도는 DSM-IV의 ADHD 증상 목록에서 뽑은 부주의 증상 아홉 가지와 충동성-과잉행동 증상 아홉 가지로 구성되어 있다. 교사와 부모 모두 동일한 형식의 척도를 사용한다. SNAP-IV는 각 문항에 대해 4점 척도(0=전혀 아님, 1=조금, 2=꽤 많이, 3=매우 많이)로 평정하여 부주의, 과잉행동/충동성, 복합형 ADHD에 대한 판별 점수(cut score)를 산출한다. SNAP-IV는 인터넷(http://www.myadhd.com/snap-iv-6160-18sampl.html)에서 이용할 수 있다.

평정척도-IV-학교용(ADHD rating scale-IV, school version) (DuPaul, Power, et al., 1998)을 보여준다. 이 척도는 부주의에 대한 아홉 가지 DSM-IV 기준과 충동성/과잉행동에 대한 아홉 가지 DSM-IV 기준을 번갈아 가며 (부주의는 홀수 문항에, 충동성/과잉행동은 짝수 문항에) 제시하고 있다. 척도를 작성하기 위해 교사는 18개 문항을 읽고 학생이 보이는 특정 행동의 빈도에 가장 알맞다고 생각하는 번호(0=전혀 또는 거의 아니다, 1=가끔, 2=자주, 3=매우 자주)에 ○ 표시를 한다. 모든 문항에 응답하고 나면 홀수 문항에 응답

한 점수를 합하여 부주의 하위척도의 원점수를 산출하고, 짝수 문항에 응답한 점수를 합하여 과잉행동–충동성 하위척도의 원점수를 산출한다.

표 3-3 ADHD 평정척도-Ⅳ-학교용

문항	전혀/거의 없음	가끔 있음	자주 있음	매우 자주 있음
	0	1	2	3
1. 세부적인 것에 주의를 집중하지 못하거나 학업에서 부주의한 실수를 한다.				
2. 의자에 가만히 앉아 있지 못하고 손과 발을 꼼지락거리거나 몸을 꿈틀거린다.				
3. 과제나 놀이 활동에 지속적인 주의를 집중하기 어려워한다.				
4. 교실이나 자리에 앉아 있어야 할 상황에서 자리를 이탈한다.				
5. 상대방이 자기에게 직접 말을 할 때에도 듣는 것 같지 않다.				
6. 뛰어다니거나 기어오르는 행동을 해서는 안 되는 상황에서 그러한 행동을 한다.				
7. 지시 사항을 따르지 않고 과제를 끝마치지 못한다.				
8. 놀이나 여가활동을 조용히 차분하게 하지 못한다.				
9. 과제나 활동을 준비하는 데 어려움을 겪는다.				
10. 끊임없이 움직이거나 마치 모터에 의해 작동되는 것처럼 행동한다.				
11. 지속적인 정신적 노력이 요구되는 과제(예: 학업, 숙제)를 회피한다.				
12. 과도하게 말을 많이 한다.				
13. 과제나 활동에 필요한 것들을 잃어버린다.				
14. 질문이 채 끝나기도 전에 불쑥 대답을 한다.				
15. 쉽게 산만해진다.				

16. 자기 차례를 지키는 것을 어려워한다.				
17. 일상적인 일들을 태만히 한다.				
18. 다른 사람을 방해하거나 간섭한다.				

출처: DuPaul, Power, Anastopoulos, & Reid (1998).

이후에 모든 점수를 합해서 총점을 산출한다. 또 원점수는 백분위 점수로 환산될 수 있다. 이 척도에는 5~7세, 8~10세, 11~13세, 14~18세의 4개 연령 집단의 남학생 규준과 여학생 규준이 각각 따로 있다. 예를 들면, 과잉행동/충동성 하위척도에서 원점수의 최대치인 27점을 받은 7세 남자아이가 있다고 가정해 보자. 원점수 27은 백분위 점수 99에 해당한다. 이는 이 아동이 그와 같은 연령과 성별 집단에서 상위 1% 이내에 해당하는 점수를 받았음을 의미한다. 이 점수는 ADHD로의 진단을 뒷받침하는 점수다. 그러나 이것은 단지 진단을 **뒷받침할** 뿐이라는 점을 유념해야 한다. 평정척도의 그 어떠한 단일 숫자도 그 자체만으로 저절로 ADHD로 진단된 것으로 간주해서는 안 된다. 그 학생은 2장에서 언급한 다른 기준(예를 들면, 그러한 행동이 기능적으로 심각한 문제를 초래하고, 증상들이 7세[역자 주: DSM-5에서는 12세] 이전에 나타나야 한다)에 부합해야 하며, 다른 문제(예: 우울증)일 가능성은 배제해야 한다. ADHD 평정척도-IV의 매뉴얼은 상세한 판별 점수에 대한 정보를 담고 있다. **판별 점수**(cut scores)는 ADHD의 존재 여부를 예측하는 임계치다. 예를 들면, 어떤 학생의 부주의 백분위 점수가 90 이상이면, 그리고 나머지 다른 진단 기준도 맞는다면 그 학생은 ADHD-I의 진단 기준에 부합할 가능성이 매우 높다. 이와 반대로 부주의의 백분위 점수가 90 미만인 학생은 ADHD 진단 기준에 부합하지 않을 가능성이 매우 높다. 과잉행동-충동성과 ADHD 복합형 점수의 경우도 이와 같다(DuPaul et al., 1998).

요약하면, 교사는 평정척도가 '만능'은 아니라는 점을 반드시 유념해야 한다(Anastopoulos & Shelton, 2001). 또한 교사는 상황에 따라 ADHD 평가를 받는 다양한 학생에게 맞는 다양한 평정척도를 사용해야 한다는 점을 인식해야 한다. 경우에 따라서는 한 학생에게 하나 이상의 척도를 사용할 필요도 있을 것이다. 사실 철저한 평가에서는 한 교사에게 넓은 범위의 평정척도와 좁은 범위의 평정척도를 모두 사용하도록 요구할 것이다. 넓은 범위의 평정척도는 동반장애의 존재 여부를 확인하기 위해 사용되며, 좁은 범위의 평정척도는 ADHD에 초점을 맞추기 위해 사용될 것이다. 만약 교사가 좁은 범위의 평정척도만 사용하게 되면, 다른 장애의 존재를 확인하기 어려울 수 있다. 좁은 범위의 평정척도만 사용해도 되는 유일한 상황은 다른 동반장애의 존재를 의심할 만한 이유가 없는 경우다(DuPaul & Stoner, 2003).

3. 직접 관찰

가정이나 교실 환경에서 학생을 직접 관찰하는 것은 매우 가치 있는 평가 도구다. 관찰은 ADHD 증상에 대한 즉각적인 증거를 제공할 수 있다. 직접 관찰을 해 보면, 학생이 빈번한 과제 외 행동, 대근육 운동 활동(몸을 꼼지락거리기), 부적절한 소리 내기(예: 상황에 맞지 않는 엉뚱한 말하기, 불쑥 끼어들어 말하기, 동물 소리 내기)와 같은 ADHD 증상에 해당하는 행동을 하는지를 쉽게 가려낼 수 있다. 직접 관찰은 학생이 혼자서 학업을 수행하고 있을 때 수회에 걸쳐서 이루어져야 한다. 이러한 관찰을 통해 ADHD의 어떤 증상(부주의, 충동성, 과잉행동)이 학생이 겪고 있는 학업적인 어려움과 관련되어 있는지에 대한 정보를 얻을 수 있다. 〈표 3-4〉는 ADHD 평가에 유용하게 사용될 수 있는 일반적인 관찰 도구를 나열한 것이다(Anastopoulos & Shelton, 2001).

직접 관찰이 ADHD 평가의 '모범 사례'로 간주되긴 하지만, 실제로는 많이 사용되고 있지 않다(Handler & DuPaul, 2005). 의사, 심리학자 또는 정신과 의사가 자기 사무실을 떠나서 아동의 학교나 가정을 방문하여 아동의 행동을 관찰하는 경우는 거의 없다. 그 대신에 많은 건강 전문가는 면담과 평정척도 점수를 통해 얻은 정보에 의존하여 진단을 한다. 사실상 그들은 면담을 하고 평정척도를 작성하는 교사나 부모를 관찰자로 여기고 있는 것이다. 즉, 교사와 부모가 건강 전문가의 눈과 귀가 되어 의사

표 3-4 ADHD 평가에 유용하게 사용할 수 있는 직접 관찰 도구

• DOF

직접 관찰 서식과 프로파일(direct observation form and profile: DOF; McConaughy & Achenbach, 2004)은 교실 상황에서 5~14세에 해당하는 287명의 아동을 관찰하여 얻은 규준을 토대로 개발된 96개의 문항으로 구성되어 있다. 이 시스템은 과제지향(on-task), 내재화(internalizing), 외재화(externalizing), 그리고 총 문제행동점수에 대한 도표를 제공한다. 이후 관찰 과정이 모두 완료되고 나면 컴퓨터로 채점된 프로파일을 산출하는데, 이 프로파일에는 위축-세심(withdrawn-attentive), 신경증-강박증(nervous-obsessive), 우울(depressed), 과잉행동(hyperactive), 주의집중-요구적(attention-demanding) 그리고 공격성(aggressive)의 여섯 가지 추가 척도가 포함되어 있다. 또한 DOF에는 관찰자가 학생의 행동에 대해 보다 상세하게 기술하는 항목도 있다.

• BASC SOS

BASC 학생 관찰 시스템(BASC student observational system: BASC SOS; Kamphaus & Reynolds, 1992)은 직접 관찰된 적응적 또는 부적응적 교실 행동을 기록한다. 15분간의 관찰 후에 관찰자는 세 가지 항목을 기입한다. 첫 번째 항목은 열세 가지 범주(적응적 네 가지, 부적응적 아홉 가지)의 65개 행동에 대한 빈도 체크리스트다. 두 번째 항목은 15분에 걸쳐 30개의 3초 동안 관찰된 행동을 기록하는 것이다. 세 번째 항목은 아동의 행동에 대한 교사의 반응 또는 아동이 행동을 하는 동안의 교사-학생 근접성을 포함한 추가적인 관찰 내용을 적는 부분이다. 이 시스템을 통해 관찰자는 아동의 특정 행동이 수업을 방해하는지 그렇지 않은지를 기록할 수 있다. SOS 시스템은 특정한 부적응 행동이 수업을 방해하는 심각성의 정도를 기록할 수 있기 때문에 유용하며, 또 적용된 중재의 효과성을 결정하는 데도 유용한 것으로 밝혀졌다.

• AD/HD 행동 기록 시스템

AD/HD 행동 기록 시스템(AD/HD behavior coding system; Barkley, 1990)은 독립적인 학습 활동을 하고 있는 아동이나 청소년을 관찰하는 것이다. 여기서는 학습 활동 중인 아동의 행동을 15분 동안 관찰해서 다섯 가지 범주로 기록한다. 다섯 가지 범주는 과제 외 행동, 몸을 꼼지락거리는 행동, 자리이탈 행동, 소리 내기 행동, 그리고 장난감이나 물건을 가지고 노는 행동이다. 관찰자는 매 30초마다 이 다섯 가지 행동에 해당하는 어떤 행동이라도 나타나면 표시를 한다. 이후 각 행동의 백분율과 모든 행동의 총 발생빈도를 산출한다. 또한 기입된 문제의 수도 계산한다. 그다음에 학교심리학자는 진단 과정을 위해 관찰 자료를 평정척도 점수 및 면담을 통해 얻은 정보와 통합한다.

가 직접 관찰을 함으로써 발견할 수 있는 여러 가지 유형의 정보를 말하고 제공하는 것이다(Handler & DuPaul, 2005). 직접 관찰은 학교기반 평가에서 보다 많이 활용되는데, 이런 경우에는 학교심리학자가 아동의 교실을 방문하여 관찰을 한다.

4. 기록 검토

중다방법 평가의 또 다른 중요한 부분은 학생의 학교 기록에 대한 검토다. 이 검토는 이전에 ADHD로 간주될 만한 행동이 있었는지의 여부를 알아보기 위한 것이다. 이러한 신호는 유급, 과제 수행의 어려움, 지속적인 낮은 성적 등 학업상의 어려움과 관련된 전력을 포함한다. 학교 기록은 이전에 행동 문제가 있었는지를 확인하기 위해서도 검토되어야 한다. 예를 들면, 정학이나 상담실 호출과 같은 징계 처분은 ADHD와 관련된 문제가 있었을 가능성을 시사한다. 또 학생이 과거에 학교생활 과정에서 선별에 의뢰된 적이 있었을 수도 있다. 많은 학교에서 교사는 학생의 학업 습관과 행동의 수준에 대해 등급을 매기고, 그러한 등급을 생활통지표에 기록한다. 이러한 통지표는 학생의 학업 습관에 대한 정보를 제공할 수 있다. 또한 교사는 종종 학생이 학업을 위한 노력과 행동에서 낮은 등급을 받게 된 이유에 대한 자신의 견해를 기록한다. 따라서 이러한 견해는 학생이 언제부터 ADHD 증상을 보이기 시작했는지에 대한 추가적인 증거를 제공할 수 있다(DuPaul & Stoner, 2003).

기록의 검색은 학생의 서류를 검토해서 관련된 정보를 메모하는 것과 같은 매우 단순한 작업이 될 수도 있다. 그러나 이러한 메모 같은 체계적이지 못한 방법은 매우 중요한 정보를 놓칠 수 있다. 이에 비해 학교기록물 검색(school archival records search: SARS)(Walker, Block-Pedego, Todis, & Severson, 1998)과 같은 체계적인 방법으로 기록을 검토하면 여러 가지 장점이 있다. SARS는 출석일수, 결석 횟수, 학업 성적·학업적·행동적 의뢰 등과 같은 열한 가지 범주에 관련된 정보를 수집하기 위해 표준화된 형식을 사용한다. 따라서 중요한 정보를 빠뜨리는 오류를 줄일 수 있다. 이 열한 가지의 각 변인에 대해 얻은 자료는 방해(disruption), 욕구 조력(needs assistance), 낮은 성취(low achievement) 세 영역의 점수를 산출하는 데 사용된다. 이러한 각 영역에서의 잠재적인 문제는 그것을 의미하는 표준화된 판별 점수가 있기 때문에 규준집단과의 비교가 가능하다. ADHD 학생이나 다른 행동장애를 가진 학생들은 자주 방해와 낮은 성취를 나타내는 점수를 받는다. 이때 SARS와 같은 체계적인 방법이 ADHD 진단에 적절한 정보를 수집하는 표준화된 방법을 제공하기 때문에 ADHD 평가 과정에서 유용하게 사용될 수 있다(DuPaul & Stoner, 2003).

5. 학업적 검사

대부분의 경우에 ADHD는 학업 수행에 영향을 미치므로, 학업적 검사는 ADHD 평가 과정의 매우 중요한 부분이다. 표준화 검사와 교육과정중심 측정 중에서 어떤 유형의 정보가 가장 유용하며 또 수집되어야 하는지에 대해서는 약간의 논쟁이 있다. 표준화 검사는 학생의 인지적·학업적 장점과 약점에 관한 가치 있는 정보를 제공하며, 검사 결과를 규준집단과 비교할 수도 있다. 또한 표준화 검사는 학생이 ADHD와 관련이 없는 다른 유형의 장애를 갖고 있는지, 아니면 ADHD와 관련된 장애(예: 학습장애)를 갖고 있는지를 결정하는 데도 매우 유용하다. 통상적으로 이러한 정보는 일상적인 성취도 검사 과정을 통해서도 얻을 수 있을 것이다. 한편, 표준화 검사의 단점은 매우 일반적인 정보를 제공한다는 점이다. 즉, 성취도 검사를 통해 학생의 읽기 수준이 낮다는 것은 알 수 있지만, 학생이 지닌 특수한 문제나 매일의 수행에 관한 정보를 얻을 수는 없다. 몇몇 연구자는 학생의 학업 과제 수행을 매일 직접 평가하는 것이 유용하다고 주장한다. 그들은 또한 수업 중 과제와 숙제의 완수율 및 정확도, 교육과정을 통해 배우고 있는 기술의 습득, 조직화 기술을 점검해 보는 것이 중재에 필요한 더욱 유용한 정보를 제공할 수 있다고 믿는다. ADHD 아동은 자주 이러한 영역에서 어려움을 겪기 때문에, 이러한 영역에 대한 학생의 수행 수준을 측정하는 것이 평가 과정에 반드시 포함되어야 한다(DuPaul & Stoner, 2003). 이러한 정보가 유용하다는 점은 의심할 여지가 없다. 더군다나 수집하기도 쉽다. 부여된 과제의 완수율은 학생이 완수해야 할 과제의 양을 학생이 완수한 과제의 양과 비교함으로써, 또는 학급의 동료 학생이 완수한 과제의 양과 비교함으로써 산출할 수 있다. 또한 과제 정확도는 정확하게 완수한 문항의 수를 계산하여 산출할 수 있다. 교육과정중심 측정(curriculum-based measurement: CBM) (Shinn, 1998)은 교과과정을 통해서 배우는 기술 중에서 학생이 습득한 정도를 측정하기 위해 사용될 수 있다. 학생의 조직화 기술은 관찰을 통해 평가할 수 있다(예: 어떤 학생이 책상과 학습 자료를 얼마나 잘 정리하는가는 다른 학생들과의 비교를 통해 알 수 있다). 매일의 수행 정보가 중요한 자료를 제공할 수 있는 것은 틀림없는 사실이다. 그러나 이러한 정보는 잠재적인 문제점을 지니고 있기도 하다. 무엇보다도 선입견이 평가에 영향을 미칠 수 있다는 단점이 있다. 예를 들어, 어떤 아동이 ADHD를 갖고 있을 것이라는 강한 믿음을 갖게 되면 자료 조사는 ADHD를 암시하는 정보에만 초점을 맞추고 그와 반대되는 정보는 무시할 수 있다. 또는 학생이 과제물을 한 번 잃어버린 것을 가지고 조직화 기술에 심각한 문제가 있을 것이라고 생각할 수도 있다. 따라서 다시 한 번 강조하지만, 이러한 정보를 앞에서 살펴본 다른 유형의 정보들과 종합해서 사용해야 한다는 점을 유념해야 한다.

6. 의학적 검사

의학적 검사는 평가에 포함될 수도 있고 그렇지 않을 수도 있다. 만약 의학적 검사가 실시되었다면 ADHD처럼 보이는 증상에 대한 다른 잠재적인 원인들은 배제할 수 있다(Barkley, 2006). 수면장애, 갑상선 기능 이상, 뇌진탕, 중추신경계 감염, 알레르기, 빈혈, 시각 및 청각 장애 등의 많은 의학적 건강 상태 역시 ADHD와 유사한 증상을 초래할 수 있다(Barkley, 2006; Hoban, 2008; Leo, Khin, & Cohen, 1996; Monastra, 2008). 또 천식이나 발작장애의 치료를 위한 약물의 부작용이 부주의 및 충동성 문제와 관련되어 있을 수도 있다. 이러한 유형의 문제들을 배제하기 위해 ADHD 평가에 신체검사를 포함하는 의사들도 있다.

7. 위험신호 평가

ADHD 평가의 일부 측면에 대한 이해는 아직까지도 부족하다. 이 절에서는 평가에 영향을 미칠 수 있는 네 가지 요인인 성별, 인종, 발병 연령, 후광효과에 대해 살펴볼 것이다. 교사는 학생이 ADHD 진단에 적절하게 의뢰되었는지, 또는 정확하게 진단되었는지 여부에 이러한 요인들이 영향을 미칠 수 있음을 유념해야 한다.

1) 성별

2장에서 언급한 것처럼, ADHD 진단을 받은 아동들 사이에는 현저한 성별 차이가 존재한다. 남녀의 비율은 지역사회기반 표본(community-based sample)을 사용했는지, 아니면 진료기반 표본(clinic-based sample)을 사용했는지에 따라 4:1에서 9:1까지 달라진다(Barkley, 2006). 이러한 성별 차이는 지난 40년간 비교적 큰 변화 없이 유지되어 오고 있는데, 그 원인에 대한 정확한 규명은 아직 이루어지지 않고 있다. 한 가지 가능한 설명은 남성이 여성보다 ADHD 형태의 행동을 하는 경향이 더 높다는 것이다. 흥미롭게도, DSM-IV에서 ADHD 증상을 정의하기 위해 사용한 행동들은 주로 남성으로 구성된 표본에서 추출한 것이다(Frick et al., 1994; Lahey et al., 1994). 또 다른 설명으로는 일반적으로 남자아이들이 부모와 교사를 힘들게 하는 방해 행동과 동반성 반항성 장애나 품행장애를 더 자주 보이는 경향이 있다는 것이다. 예를 들면, ADHD를 가진 남학생이 여학생에 비해 정학 또는 퇴학을 당하는 비율이 높으며(Bauermeister et al., 2007), 여학생은 ADHD 과잉행동과 충동성 증상이 더 낮게 평정된다(Gaub & Carlson, 1997; Gershon, 2002). 또한 ADHD를 가진 여학생은 대부분 주의력결핍 우세형이 많으며, 일반적으로 남학생에 비해 동반성 우울이나 불안장애를 보이는 경향이 더 많다(Barkley, 2006; Gaub & Carlson, 1997; Gershon, 2002). 이러한 이유로 여학생이 남학생에 비해 교실 방해 행동을 덜 나타내고, 따라서 남학생보다 주목을 덜 받고 있는 것일 수도 있다. 불행히도, ADHD 아동들 간의 성별 차이에 대한 연구가 부족한 탓에 상충된 연구 결과가 많다. ADHD를 가진 남자아이와 여자아이 간의 차이에 초점을 두고 진행한 최근의 몇몇 연구에 따르면, 장애가 나타나는 방식, ADHD와 관련된 위험 요소, 동반되는 장애, 학교와 가정에서의 기능에 있어서 남녀 간에 거의 차이가 없는 것으로 나타났다(Bauermeister et al., 2007; Biederman et al., 2005; Silverthorn, Frick, Kuper, & Ott, 1996).

연구 결과를 보여 주는 또 다른 성별 차이는 여자아이가 일반적으로 남자아이에 비해 행동 평정척도에서 더 낮게 평정된다는 사실이다(예: Reid et al., 2000). 여기서 주목할 점은 만약 규준이 남자아이들의 결과와 여자아이들의 결과를 합산하여 산출한 평균에 토대를 두고 있다면, 남자아이들의 수는 지나치게 많이 확인되는 반면에 여자아이들의 수는 지나치게 적게 확인되는 경향이 있을 수 있다는 점이다. 한 연구가 다른 여학생들에 비해 높은 평정척도 점수를 받은 여학생 하위 집단을 찾아낸 바 있다(Waschbusch & King, 2006). 이 높은 평정척도 점수를 받은 여학생들은 평균 범위에 있는 여학생들에 비해 부주의, 과잉행동, 반항성 행동과 관련된 문제를 주목할 만큼 더 많이 지니고 있었다. 그런데도 이 높은 평정 점수를 받은 여학생들이 DSM-IV-TR의 ADHD 진단 기준에는 부합하지 않았다. 결과적으로 이 연구는 ADHD를 갖고 있으면서도 ADHD로 진단받지 않은 여학생이 있을 수 있다는 사실을 보여 준다. 이러한 사실은 교사가 교실에서 어려움을 겪고 있는 여학생들이 나타내는 ADHD와 비슷한 행동에 보다 면밀한 관심을 가져야 함을 의미한다. 우리가 가장 간과하기 쉬운 여학생은 행동으로 드러내는 여학생이 아니라 위축되고 부주의하며, 준비를 잘 못하는 여학생이다.

2) 문화적 다양성

문화적으로 차이가 있는 특수아동의 평가는 현안 문제다. 소수 인종은 다수 인종에 비해 꾸준히 불균형적이리만치 높은 비율로 장애 범주로 분류되어 왔다(Dunn, 1968; Mercer, 1973). 예를 들면, 미국 흑인 학생이나 남미 출신 학생은 일반적으로 기대되는 비율보다 더 높은 비율의 학생들이 장애 진단을 받고 특수교육에 배치되고 있다(Coutinho & Oswald, 2000; Oswald, Coutinho, Best, & Singh, 1999). ADHD 평가 과정에서 문화적 다양성의 영향에 대한 이해는 아직도 미진하다. 그러나 지난 수십 년 동안 소수집단 출신 아동의 수가 극적으로 증가하였으며, 곧 전체 소수집단이 주류 집단을 형성할 것이기 때문에 문화적 다양성은 중요한 관심사다. 그러므로 교사는 문화가 ADHD 평가 과정에 미칠 수 있는 가능한 영향에 대해 인식할 필요가 있다. 주요 관심 영역은 다양한 문화적 배경을 가진 학생들에게 평정척도를 사용하는 문제다. 백인 학생과 흑인 학생에 대한 교사의 평정은 일관성 있게 차이를 나타낸다. 즉, 흑인 학생들이 일관성 있게 높은 평정 점수를 받고 있는 것이다. 반면에 백인 학생과 남미 출신 학생에 대한 평정은 일관성이 없는 것으로 나타났다. 즉, 어떤 연구에서는 차이가 있는 것으로 나타났지만, 또 다른 연구에서는 차이가 없는 것으로 나타났다. 이러한 사실은 특정 인종 집단에서 ADHD가 과다 출현할 수 있는 평정자 편견(즉, 교사의 평정이 인종에 따라 부풀려질 수 있음)의 가능성 때문에 중요하다.

인종 집단 간의 차이에 대해서는 몇 가지 설명이 가능하다. 첫 번째 가능성은 일부 교사가 자신의 문화적 기대에 어긋나는 행동에 대해 덜 관대할 수 있다는 것이다(Gerber & Semmel, 1984; Lambert, Puig, Lyubansky, Rowan, & Winfrey, 2001). 몇몇 연구 결과는 백인 교사가 흑인 학생의 문제행동에 대해 관용의 정도가 더 낮다고 주장한다(Puig et al., 1999). 다른 가능성은 백인 학생의 수를 실제보다 적게 나타내는 평정을 하고 있다는 것이다(Hosterman, DuPaul, & Jitendra, 2008). 또 다른 가능성은 인종 집단에 따라 실제적인 행동의 차이가 있다는 것으로, 이러한 생각을 지지하는 몇 가지 증거가 있다. 엡스타인 등(Epstein et al., 2005)은 ADHD를 가진 백인 학생과 흑인 학생을 비교한 결과, 두 집단 간에 교실 활동의 양에서 분명한 차이가 있음을 발견했다. 그러나 그러한 차이는 두 집단의 교실 환경의 차이 때문에도 생겨날 수 있다. 전반적으로 흑인 ADHD 학생이 있는 교실은 백인 ADHD 학생이 있는 교실에 비해 활동은 더 많고 과제지향 행동은 더 적은 경향이 있었다. 그렇지만 평균적인 교실 활동 수준을 통제했을 때는 집단 간의 차이가 미미했다. 다시 말해서, 흑인 학생의 활동 수준이 전반적인 교실 활동 수준보다 더 두드러진다고 할 수 없다는 것이다. 문제를 보다 복잡하게 만드는 것은 인종 집단에 따라 사회경제적 지위에 차이가 있다는 점이다. 그러나 사회경제적 지위를 통제하고 보면 그 차이는 없다.

이 주제에 대해서는 더 많은 연구가 필요하지만, 앞에서도 언급했듯이 인종적으로 다양한 학생에게 평정척도를 사용하여 평가를 할 때는 매우 주의해야 한다(Hosterman et al., 2008). 평정척도를 이용하여 얻은 결과를 확신하기 위해서는 반드시 추가적인 자료를 수집하고 검토해야 한다. 예를 들면, 학교 당국은 ADHD가 의심되는 학생의 행동 수준과 부주의의 정도를 또래 아동들과 비교할 수도 있다. 또한 학교는 관심의 대상이 되는 행동의 어디까지가 부적응적인 것인지를 반드시 고려해야 한다. 교사는 평정척도가 모든 학생에게, 특히 소수 인종 학생에게 ADHD를 진단하는 유일한 도구가 되어서는 안 된다는 점을 반드시 명심해야 한다(Reid et al., 1998).

3) 발병 연령

어떤 학생이 ADHD의 다른 모든 진단 기준에 부합하고, 복수의 환경에서 심각한 손상을 초래하는 분명한 증상을 보이지만 그러한 증상이 7세 이전에 나타났다는 증거가 없을 경우, 이는 그 학생이 ADHD를 갖고 있지 않다는 것을 명백하게 의미하는가? DSM-IV-TR에서 ADHD로 진단되기 위해서는 "손상을 초래하는 과잉행동-충동성 또는 부주의 증상이 7세 이전에 있었다."는 조건을 충족해야 한다(American Psychiatric Association, 2000). ADHD 진단에 발병 연령을 처음부터 포함한 이유는 7세 이전에 증상을 보인 경우와 그렇지 않은 경우에 뚜렷한 차이가 있다고 간주했기 때문이다. DSM-IV-TR 기준의 현장 시험에 참여한 ADHD 환자들 중에서 6세 또는 그 이전에 ADHD 증상을 보인 사람은 6세 이후에 발병한 사람에 비해 보다 심각하고 지속적인 문제점을 갖고 있었다. 추가적인 연구에 따르면, 그들이 겪는 이러한 어려움은 정도의 문제이지 유형의 문제가 아니라는 점이 밝혀졌다. 즉, 증상이 7세 이전에 나타난 경우에 장애의 정도가 좀 더 심각할 수는 있지만, 7세 이후에 증상이 나타난 사람 역시 동일한 문제를 지니고 있다는 것이다. 따라서 7세 이전과 7세 이후에 ADHD 증상을 보인 사람들 간에 분명한 질적 구분이 있는 것은 아니다(Barkley, 2006). 또한 ADHD 아동 중에서 거의 10%에 해당하는 아동들은 7세 이전에 발병하지 않았음을 보여 주는 증거도 있다(Todd, Huang, & Henderson, 2008). 따라서 DSM의 다음 개정판에서는 발병 연령에 관한 요구 조건이 바뀌게 될 것이다(역자 주: 앞서 제시한 〈표 2-1〉 후반부의 ADHD 진단 기준에서 DSM-IV-TR과 DSM-5의 주요 차이를 참조하기 바람).

4) 후광효과

'후광효과'(halo effect)(Guilford, 1954)는 하나의 행동 체계에 대한 인식이 그와는 상관없는 다른 행동 체계에 대한 인식에 어떻게 영향을 미칠 수 있는지를 설명한다. 간단히 말해서, 우리가 하나의 행동을 보고 그 결과로서 실제로 일어나지 않은 행동을 보고 있다고 믿는 것이다. 후광효과를 고려해야 하는 이유는 그것이 행동 평정척도의 결과에 잠재적으로 영향을 미칠 수도 있기 때문이다. 학생의 반항 행동(예: 불복종, 저항)은 교사로 하여금 ADHD 증상 행동이 있는 것으로 확신하게 하여, 결과적으로 부정확한 진단으로 이어질 수도 있다. 또한 인종에 대한 편견과 낮은 사회경제적 지위 같은 요인이 후광효과를 낳고 평정 결과가 부풀려지는 결과를 가져올 수 있다는 연구 결과도 있다(Stevens, 1980). 후광효과가 ADHD 평가에 미치는 영향에 관한 연구는 그다지 주목받지 못하고 있으나 후광효과가 교사의 ADHD 증상 평정에 지대한 영향을 미칠 수 있음을 보여 주는 증거는 많다. 초등학교 교사에게 ADHD 및 반항성 장애(ODD)와 관련된 행동을 보이는 학생을 동영상으로 먼저 보여 주었을 경우, 교사들은 그 학생의 부주의와 과잉행동(즉, ADHD 증상)에 대해 정확하게 평가하였다. 그러나 학생들이 ADHD가 아닌 반항성 장애와 관련된 행동(예: 반항, 불복종)을 하는 동영상을 보여 주었을 경우에는 교사들이 그 학생이 ADHD 관련 행동을 하지 않았는데도 학생의 행동을 ADHD와 관련된 것으로 확신하였다(Abikoff, Courtney, Pelham, & Koplewicz, 1993; Jackson & King, 2004; Stevens, Quittner, & Abikoff, 1998). 이러한 사실은 학생이 단지 반항적 행동만을 보였음에도 교사는 학생이 ADHD 증상과 관련된 행동도 보인다고 잘못 생각하고 있음을 의미한다. 성별 역시 후광효과를 낳을 수 있다. 잭슨과 킹(Jackson & King, 2004)은 남학생과 여학생이 똑같은 수의 반항성 장애 증상을 보일 경우, 교사는 남학생이 상대적으로 더 많은 ADHD 증상을 보인다고 평정하는 경향이 있음을 밝혀낸 바 있다. 그러나 ADHD에 대해서는 이와 정반대의 경향이 드러난다. 즉, ADHD 증상을 보이는 여학생이 남학생보다 반항성 장애 증상이 더 높게 평정된다.

평가 과정에서 후광효과의 영향을 가늠하기는 쉽지 않다. "이 경우는 분명한 후광효과다."라고 단정하는 것이 어렵기 때문이다. 후광효과를 가려내는 유일한 방법은 후광효과를 가려낼 수 있도록 적절한 훈련을 받은 사람의 관찰을 통하는 것이다. 이러한 사실은 ADHD 평가 과정에 복수의 평가 방식이 필요하다는 것을 의미한다. 성차 혹은 반항적 행동과 같은 요인이 후광효과를 낳을 수 있다는 사실을 인지함으로써 후광효과의 잠재적 영향력을 줄일 수 있을 것이다. 불행하게도, 평가 과정에서 후광효과를 전적으로 배제하기란 사실상 불가능하다. 후광효과가 차별과 동의어가 아니라는 점에 유념할 필요가 있다. 왜냐하면 교사들이 실제로 존재하지 않는 행동을 일부러 보려고 하는 것이 아니기 때문이다. 보다 적절한 비유는 후광효과를 일종의 착시현상으로 보는 것일 것이다. 착시 현상이 우리의 눈을 현혹시키듯이, 때로는 반항적 행동이나 ADHD 행동이 교사의 인식을 왜곡할 수 있다. 이러한 점 역시 ADHD의 평가가 복수의 방법으로 이루어져야 한다는 것을 강조한다.

요 약

이 장에서는 ADHD 평가 과정의 개요와 그 속에서 교사가 해야 할 역할에 대해 살펴보았다. 지금까지 살펴본 것처럼, ADHD 평가가 X-ray 검사나 혈액검사처럼 그렇게 단순한 과정이 아니라는 점은 분명하다. ADHD 평가는 다분히 주관적이다. 그리고 동반장애의 존재는 평가 과정을 더욱 복잡하게 만들 수 있다. 교사에게 실질적인 진단을 하도록 책임을 지워서도 안 된다. 평가는 건강 전문가(예: 의사, 소아과 의사, 정신과 의사, 임상심리학자)의 영역이다. 학교심리학자 중에서 석사학위를 가지고 있으면서 ADHD를 진단할 수 있도록 훈련받은 사람은 찾아보기 힘들다. 또 학교심리학자 중에서 단지 23%만이 ADHD 평가를 적절하고 빈틈없이 수행할 수 있는 것으로 보고되었다(Handler & DuPaul, 2005). 그러나 교사와 학교심리학자는 학생의 학교 기능에 대해 매우 중요한 정보를 제공하는 사람이다.

√ ADHD를 진단하는 **객관적인** 방법은 존재하지 않는다. ADHD를 진단하기 위한 **단일 검사나 단일한 정보원은 없다.**

√ 교사는 평가 과정에서 매우 중요한 역할을 담당한다. 교사는 건강 전문가의 눈과 귀가 되어야 할 것이다.

√ 교사와 부모는 평정척도, 면담 그리고 관찰을 통해 학생에 대한 다양한 유형의 정보를 제공하게 된다.

√ 직접 관찰과 기록 검토 역시 평가 과정에 포함되어야 한다.

√ 동반장애가 의심될 때는 평가 과정에서 동반장애 역시 다루어야 한다.

√ DSM의 ADHD 발병 연령 기준은 DSM 차기 개정판에서 변경되거나 삭제될 수 있다.

√ 학업 활동은 ADHD 평가 과정의 한 부분이 되어야 한다. 여기에는 성취도 평가 점수를 검토하는 것과 교육과정중심 측정이 포함될 수 있다.

√ ADHD를 가진 여학생은 간과되기 쉽다. 특히 행동으로 드러내 보이지 않는 여학생의 경우가 더욱 간과되기 쉽다.

√ 다른 문화권 출신의 학생을 평가할 때는 잠재적인 오진의 가능성이 있으므로 신중해야 한다.

√ 반항적인 행동을 하는 학생을 평가할 때는 후광효과의 가능성이 있기 때문에 신중해야 한다. ADHD와 반항성 장애를 구분하기 위해서는 숙련된 전문가가 필요하다.

ADHD

Chapter 4

학교에서의 ADHD

학교와 교육을 혼동해서는 안 된다.
학교는 편안함을 주는 곳이다.

– 작자 미상

학교는 엄청난 책임을 지니고 있다. 기술, 재능, 요구가 천차만별인 수백만 명의 학생을 교육해야 하기 때문이다. 학교는 고급 미적분학을 배울 필요가 있는 영재학생, 기능적인 생활 기술을 습득해야 하는 발달장애 학생, 그리고 그 사이에 있는 모든 학생의 교육을 책임지고 있다. 학교는 또한 ADHD 학생의 교육도 책임지고 있는데, ADHD 학생은 종종 만성적인 행동 문제, 학업적인 어려움, 기타 문제들(예: 대인관계의 어려움)을 함께 나타내 보이기 때문에 학교에 어려움을 준다. 그러므로 학교는 이러한 학생들을 도울 수 있는 프로그램을 반드시 준비하고 있어야 한다. 또한 학교는 ADHD 학생의 법적 권리와 연방 법률이 규정하는 서비스에 대해 반드시 알고 있어야 한다. ADHD가 의학과 교육 분야 양쪽에 다 걸쳐 있기 때문에, ADHD 학생의 경우에는 이러한 권리와 서비스가 혼란스러울 수도 있다. ADHD는 교육의 범주가 아닌 의학적 진단이지만, 대부분은 ADHD 학생은 교육법에 의해 서비스와 보호를 보장받는다. 2장에서 살펴보았듯이 학업적인 문제가 ADHD 학생의 가장 일반적인 문제이며, 학교 환경에서 효과적으로 기능하는 문제가 진단 기준에 명백하게 언급되어 있다. 비록 ADHD 학생 모두가 학교와 관련된 문제를 겪고 있는 것은 아니지만, 이러한 경우는 일반적인 것이 아닌 예외적인 것이다. 교사는 ADHD 학생의 법적 권리와 그들이 받아야 할 서비스 및 보호에 대해 분명하게 알고 있어야 한다. 이 두 가지는 모두 학생과 학교를 위한 것이다. 이 장에서는 ADHD 학생을 위한 서비스에 직접적으로 영향을 미치는 두 가지의 연방법, ADHD 학생의 법적 권리와 보호, 그들이 이용할 수 있는 서비스에 대해 살펴볼 것이다.

1. ADHD 학생을 위한 법률: 장애인교육법과 재활법 504조

1) 장애인교육법

장애인교육법(individuals with disabilities education act: IDEA)은 공법 94-142 및 전장애아교육법의 현대판으로, 장애 아동의 교육받을 권리를 보호하려는 목적으로 1975년 8월에 미국 의회를 통과하였다. IDEA는 출생부터 21세까지에 이르는 모든 학생에게 적용된다. 이 법은 13개의 장애 영역을 규정하고, 각 장애 영역에 대한 기준을 제공하고 있다. IDEA에 근거하여 서비스를 제공받기 위해서는 최소한 한 가지의 장애 영역 요건에 부합해야 한다. IDEA는 장애가 있는 것으로 확인된 모든 학생에게 서비스를 제공할 수 있도록 각 주와 지방 교육 당국에 연방 자금 지원을 제공한다. IDEA의 취지는 모든 지역교육청이 특수한 요구를 지닌 모든 학생에게 적절한 교육을 제공하도록 하기 위한 것이다. IDEA는 ADHD 학생을 포함하여 특수한 요구를 지닌 학생에게 영향을 주는 세 가지의 핵심적인 항목을 담고 있다. 이 세 가지는 장애학생을 위한 ① 적절한 무상 공교육(free and appropriate public education: FAPE), ② 최소제한 환경(placement in a least restrictive environment: LRE), ③ 개별화교육계획(individualized education plan: IEP)이다.

적절한 무상 공교육의 제공은 IDEA의 핵심이다. 그 취지는 특수한 요구를 지닌 학생에게 교육 혜택을 받을 수 있는 기회를 제공하기 위함이다. IDEA는 모든 장애학생에게 적절한 교육 서비스를 제공할 것과 이러한 서비스를 공적 예산으로 제공할 것을 의무화하고 있다. 부모는 자녀의 교육과 관련된 적절한 서비스 비용에 대한 책임을 지지 않는다. 더 나아가 IDEA는 특수교육 서비스가 반드시 공적 관리와 감독하에서 이루어져야 하며, 반드시 적절한 취학전 교육, 초등학교 교육, 중등학교 교육을 포함해야 함을 명시하고 있다. 또 적절한 무상 공교육은 적절한 평가와 확인을 할 수 있는 권리를 포함하고 있다. 이 말은 적절한 무상 공교육이 ADHD 학생이 적절한 학교기반 평가를 받을 수 있음을 보장하고 있다는 것과, 이렇게 하는 것이 다시 학교기반 중재를 개발하고 실행하는 데 도움이 된다는 것을 의미한다(U.S. Department of Education, 2006a). 이는 또한 학교가 ADHD 학생에게 적절한 조정 및 서비스를 제공할 의무를 지님을 의미한다(이는 5장과 6장에서 다룰 것이다).

최소제한 환경의 개념은 특수한 요구를 지닌 학생이 또래 학생들로부터 효과적으로 격리되는 학교 환경 속에 배치될 수도 있으리라는 염려에서 생겨났다. 최소제한 환경의 취지는 각 개인이 처한 상황을 고려하면서 학생은 가능한 한 '정상'과 밀접한 환경에서 교육을 받아야 한다는 것이다. 학교는 가능한 한 최대한으로 특수한 요구를 지닌 학생을 반드시 또래 집단과 함께 교육해야 한다. 만약 어떤 ADHD 학생이 다양한 조정을 제공받을 때 모든 정규수업에 성공적으로 참여할 능력을 갖고 있다면, 그때는 정규수업이 그 학생의 최소제한 환경이 될 것이다. 이와는 반대로, 만약 어떤 ADHD 학생에게 특정 과목에서 보다 집중적이고 직접적인 중재가 필요하다는 것이 분명하다면, 그때는 한 시간 이상의 학습도움실이 최소제한 환경으로서 정당화될 수 있을 것이다. 최소제한 환경에서 **최소**와 **제한**이라는 용어는 모두 경우에 따라서 매우 다르게 해석될 수 있으므로 배치에 대한 논의를 어렵게 한다(U.S. Department of Education, 2006b). 학생의 배치에 대해서는 이 장의 뒷부분에서 보다 자세히 다룰 것이다.

ADHD 학생과 관련된 IDEA의 세 번째 항목은 개별화교육계획의 수립이다. IDEA는 학교가 모든 특수교육 대상 학생을 위해 IEP를 개발하고 실행할 것을 요구하고 있으며, 또 이러한 학생이 교육의 혜택을 받는 데 필요한 조정과 서비스를 학교가 제공할 것을 규정하고 있다. IEP는 장애학생에게 매우 중요한 문서다. IEP는 다음과 같은 내용을 포함한다. 즉, ① 학생의 현재 교육 수행 수준, ② 장애로 인해 생긴 학생의 요구를 충족하는 데 필요한 측정 가능한 연간 목표와 단기 목표, ③ 학생에게 제공할 특수교육, 관련 서비스, 부가적인 조력/서비스, 프로그램 수정, ④ 학생이 국가 수준 또는 지역 수준 평가에 참여하기 위해 필요한 시간, 장소 등의 적절한 조정(만약 학생이 그러한 평가에 참여하지 못한다면 그 이유를 밝히고 다르게 평가할 수 있는 방법을 기술해야 함), ⑤ 서비스 시작 날짜와 예상 기간, ⑥ 정규 수업에 참여하지 않는 범위에 대한 설명, ⑦ 14세에 시작되는 전환교육 서비스, ⑧ 연간 목표에 대한 학생의 진전도 측정 방법이다. 이처럼 IEP는 ADHD 학생에게 매일 직접적으로 영향을 미치는 많은 양의 정보와 함께 학생이 학교에서 어떻게 서비스를 받고 있는지에 대한 내용을 담고 있다(U.S. Department of Education, 2006a).

지역교육청이 특수한 요구를 지닌 학생에게 적절한 서비스와 조정을 확실히 제공하도록 하기 위해 IDEA는 자녀의 교육을 걱정하는 장애 아동 부모가 준용할 수 있는, 적법 처리절차라고 부르는 법적 보호 장치를 포함하고 있다. IDEA가 보장하는 이러한 권리는 미국 특수교육지원청(U.S. Office of Special Education)이 수행하고 있다. 연방기관인 특수교육지원청은 각 주의 교육청과 협력하여 지역교육청의 IDEA 준수 여부를 감시하는 책임을 진다. 〈표 4-1〉은 IDEA의 몇 가지 핵심 조항을 요약하여 제시하고 있다.

2) 재활법 504조

ADHD 학생은 1973년에 제정된 재활법 504조에 의해서도 서비스를 받을 수 있다. 504조 그 자체는 교육법이 아니라 차별을 막기 위한 공민법이다. 이 법은 연방정부의 지원을 받는 모든 기관이 장애를 이유로 어떠한 차별도 하지 못하도록 금하고 있다. 또한 '하나 이상의 주요 일상 활동(예: 걷기, 숨쉬기, 말하기, 듣기, 보기, 학습하기, 매뉴얼 업무 실행하기, 자신 돌보기)을 실질적으로 제한하는 신체적 혹은 정신적 장애'를 지닌 학생은 504조에 의한 서비스를 받을 자격이 있음을 명시하고 있다. 이러한 주요 일상 활동에 학습하기가 포함되기 때문에, 많은 ADHD 학생이 504조에 의한 서비스를 받을 자격을 갖게 된다. 더 나아가 504조는 특정한 학생이 과거에 주요 생활 기능에 손상을 입었거나 현재 그러한 손상을 겪고 있는 것으로 판단되면 그 학생은 장애를 가진 것으로 간주할 수 있다고 규정하고 있다. 미국 내의 거의 모든 공립학교는 연방정부의 지원을 받고 있기 때문에 504조의 영향력 아래 있다. 그러나 IDEA와는 반대로, 504조에 따라 제공되는 서비스에 필요한 재원은 지원받지 못한다. 504조는 IDEA의

표 4-1 장애인교육법(IDEA)의 핵심 조항

- IDEA는 출생부터 21세까지에 이르는 모든 장애인에게 적절한 무상 공교육을 받을 권리를 보장하고 있다. 이 권리에는 특수교육과 관련 서비스가 포함되며, 그 비용은 부모가 부담하지 않는다.
- 만약 어떤 학생이 장애를 가진 것으로 의심될 때는 종합평가를 받을 수 있다. 이러한 공식 평가를 통해 학생이 장애를 가지고 있는지, 그리고 그 학생이 특수교육이나 관련 서비스를 받을 필요가 있는지를 결정하게 된다. 그 학생이 장애를 가지고 있다고 판정된 경우, IEP 팀이 그 학생을 위한 개별화교육계획(IEP)을 수립한다.
- IEP 팀은 학생의 부모, 교사, 특수교육 교사, 관련 서비스 제공자, IDEA의 요구를 잘 알고 있는 지역교육청 대표를 포함해야 한다. 학생의 참여가 적절한 경우라면, 대상 학생도 IEP의 작성, 실행, 연간 평가의 모든 과정에 참여할 수 있다.
- IEP는 다음의 내용을 포함한다. 즉, ① 학생의 현재 교육 수행 수준(present level of educational performance: PLOP), ② 장애로 인해 생긴 학생의 요구를 충족하는 데 필요한 측정 가능한 연간 목표와 단기 목표, ③ 학생에게 제공할 특수교육, 관련 서비스, 부가적인 조력/서비스, 프로그램 수정, ④ 학생이 국가 수준 또는 지역 수준 평가에 참여하기 위해 필요한 조정(만약 학생이 그러한 평가에 참여하지 못한다면 그 이유를 밝히고 다르게 평가할 수 있는 방법을 기술해야 함), ⑤ 서비스 시작 날짜와 예상 기간, ⑥ 정규 수업에 참여하지 않는 범위에 대한 설명, ⑦ 14세에 시작되는 전환교육 서비스, ⑧ 연간 목표에 대한 학생의 진전도 측정 방법이다.
- IEP는 매년 재검토해서 학생의 능력이나 요구의 변화를 반영한 새로운 IEP를 작성해야 한다.
- 학생이 장애의 기준에 맞는지를 알아보고 학생의 능력과 요구에 관한 최신 정보를 얻기 위해 3년마다 학생에 대한 종합평가를 해야 한다.
- ADHD는 IDEA에서 지정한 특수한 장애 조건에 해당하지는 않는다. 그러나 ADHD 학생은 IDEA의 기타 장애 영역 중 하나에서 규정한 서비스를 받을 자격이 있다. 가장 일반적으로, ADHD 학생은 기타 건강장애(other health impaired: OHI), 특정 학습장애(specific learning disability: SLD) 또는 정서장애(emotional disturbance: ED)의 명칭으로 IDEA에서 규정한 서비스를 제공받는다.

출처: U.S. Department of Education (2006a).

보완책으로서의 중요성을 지닌다. 어떤 학생이 IDEA에 의한 서비스를 받을 기준에는 부합하지 않더라도 504조에 의한 서비스를 받을 자격은 갖추고 있을 수 있기 때문에, ADHD 학생에게 504조는 중요하다(U.S. Department of Education, 2006a). 특정한 학생에게 504조에 의한 서비스를 제공해야 할 것인지를 결정하기 위한 공식적인 지침은 없다. 스미스와 패튼(Smith & Patton, 1998)은 다음과 같은 경우에 504조를 적용할 것을 제안하고 있다.

학생이
- 정학 또는 퇴학을 당한 경우
- 지속적으로 문제행동을 하는 경우
- ADHD를 가지고 있다고 판단되는 경우
- IDEA 서비스를 받기 위한 심사를 받았지만 기준에 부합하지 않은 경우
- IDEA 서비스에 의뢰되었지만 평가를 받지 않은 경우

〈표 4-2〉는 504조의 핵심 조항 중 몇 가지를 나열하고 있는데, 여기에는 이 법에 포함된 주요 일상 활동의 예가 폭넓게 제시되고 있다. IDEA에는 주요 일상 활동에 대한 정의가 명확하게 내려져 있지 않기 때문에, 504조는 IDEA보다 그 해석의 여지가 더 넓다. 즉, 어떤 사람이 장애를 가진 것으로 분류될 수 있는지에 대한 약간의 재량을 제공하고 있다는 것이다. IDEA와 마찬가지로, 504조는 장애를 가진 모든 학생에게 지역교육청이 적절한 무상 공교육을 제공하도록 의무화하고 있다. 학교는 반드시 장애를 가진 것으로 의심되는 모든 학생을 평가해야 한다. 그렇지만 학교가 지켜야 할 평가 과정에 대해서는 명확하게 기술되어 있지 않다. 만약 어떤 학생이 504조의 기준에 부합하여 추가적인 교육 지원과 서비스를 받을 수 있다면, 그 학생의 장애에 조정을 제공하는 데 필요한 조치를 취하기 위해 504 계획이 마련될 것이다. 학생에게 서비스를 제공하는 것은 특수교육의 책무가 아닌 일반교육의 책무라는 점을 유념해야 한다. 504 계획은 IEP와 매우 유사하다. 그러나 IDEA가 IEP의 수립과 실행에 대한 점검을 의무화하는 데 비해, 504조는 IEP를 공식적으로 의무화하지는 않는다(U.S. Department of Education, 2006a).

만약에 학교기반 평가의 결과가 학생이 장애를 갖고 있지 않은 것으로 나왔고, 학생의 부모가 지역교육청의 결정에 동의하지 않는 경우, 504조는 부모가 따라야 할 지침을 제공하고 있다. IDEA와 504조는 많은 공통점을 지니고 있지만 중요한 차이점도

있다. 〈표 4-3〉은 IDEA와 504조를 비교하고 있다. 다음 절에서는 학교에서 ADHD 학생이 어떻게 지원을 받을 수 있는지에 대해 보다 직접적으로 살펴보고자 한다.

표 4-2 재활법 504조의 핵심 조항

- 재활법 504조(P.L. 93-112)는 장애인 차별을 금하는 연방 공민법이다. 504조는 민권사무국(Office of Civil Rights: OCR)이 시행한다.
- 504조와 관련된 연방정부의 자금 지원은 없다. 그러나 OCR은 지역교육청이 504조를 준수하지 않았을 때 해당 교육청에 대한 연방정부의 자금 지원을 보류할 수 있는 권한을 갖고 있다.
- 504조에서 '장애인'의 정의는 '하나 이상의 주요 일상 활동(예: 걷기, 숨쉬기, 말하기, 듣기, 보기, 학습하기, 매뉴얼 업무 실행하기, 자신 돌보기)을 실질적으로 제한하는 신체적 혹은 정신적 장애를 지닌 모든 사람'이다.
- 앞서 제시한 장애인의 정의에 근거하여, IDEA에서 규정한 서비스를 받을 자격이 없는 많은 ADHD 학생이 504조에서 규정하는 서비스를 받을 자격을 가질 수 있다.
- 504조는 학생을 평가할 때, 교사, 행정가, 평가 과정에 능통한 교육실천가로 구성된 학생 지원팀 또는 학생 연구팀에 의뢰하여 개인이 아닌 팀에 의한 평가를 하도록 요구하고 있다. 이러한 평가는 학생의 부모가 요구할 수도 있다.
- 평가를 한 후 만약에 어떤 학생이 504조에서 규정한 서비스를 받을 자격이 있는 것으로 판단되면, 그 학생을 지원하기 위한 504 계획이 수립된다. IDEA에서 요구되는 IEP와 달리, 504 계획은 더 간단하며, 특수교육의 책무가 아닌 일반교육의 책무에 속한다.
- 504 계획에는 학생이 학업을 성공적으로 수행하는 데 필요하다고 평가팀이 동의한 중재와 조정이 포함되어야 한다. 이러한 중재와 조정을 적절히 실행하는 것은 학생을 담당하는 교사의 책임이다.
- 504조는 부수적인 도움과 서비스를 제공하더라도 일반교육 환경에서 교육하기가 어렵다고 증명되는 경우를 제외하고는 반드시 장애학생도 일반학급에서 교육을 받도록 규정하고 있다.
- IDEA에서 규정한 서비스를 받을 자격이 있는 학생은 504조에 의해서도 보호를 받는다.

출처: U.S. Department of Justice (2000).

표 4-3 IDEA와 재활법 504조 비교대조표

	IDEA	재활법 504조
목적	• 장애학생에게 서비스를 제공하려는 국가의 노력 지원 • 아동과 부모의 권리 보장	• 넓은 의미의 민권법 • 국가예산으로 운용되는 프로그램이나 활동에서 개인의 권리 보호 • 학교에 예산을 지원하지 않음.
자격 해당자	• 13개 장애 영역 중 한 가지에 해당하는 3~21세까지의 아동. 일반적으로 ADHD 아동은 보통 기타 건강장애, 정서장애, 특수한 학습장애, 말 또는 언어장애로 평가되어 자격을 가짐.	• 하나 이상의 주요 일상 활동(예: 학습하기)을 실질적으로 제약하는 장애를 가졌거나 현재 가지고 있거나, 현재 가지고 있는 것으로 간주되는 아동
적격 판단 근거	• 사전 동의를 구한 후에 종합평가가 요구됨. 부모와 지역교육청이 필요 없다고 하는 경우를 제외하고, 최소한 3년마다 한 번씩 재평가를 해야 함. • 구체적인 장애의 적격 여부는 중다학문팀에 의해 결정됨. • 부모가 학교의 평가자료에 동의하지 않는 경우에는 학교의 비용으로 교외의 독립적인 평가를 할 필요가 있음.	• 공식적인 개인 평가가 요구되지 않음. • 부모의 동의를 요구하지 않고, 단순히 통보만 함. • 평가팀 구성원은 학생과 평가자료 등에 대해 잘 알고 있어야 하며, 제공할 서비스와 조정 계획에 동의해야 함. • 재평가는 단지 배치를 변화시켜야 할 때만 요구됨.
서비스	• 문서화된 IEP를 요구함. • 일반교육을 포함하여, 관련서비스의 제공과 배치의 연속성을 요구함. • 재평가 없이도 IEP의 변화가 가능함.	• 계획은 요구되지만 반드시 문서화할 필요는 없음. • 개인지도나 시험 방식의 변경과 같은 합리적인 조정이 요구됨.
법적 권리	• 평가, 장애의 확인, 배치를 실행하기 전에 부모나 보호자에게 서면 통지를 하고 동의를 구하도록 함. • 제공되는 서비스의 개괄적인 내용과 기간을 담고 있는 개별화교육계획(IEP)을 요구함. • IEP에 언급된 서비스에 대한 동의가 요구됨.	• 중요한 배치의 변화가 있는 경우에만 부모나 보호자에게 통보하도록 함.

출처: U.S. Department of Education (2006a); U.S. Department of Justice (2000).

2. IDEA의 분류

IDEA에 대해 살펴보기 전에, IDEA에서 분류하는 장애 영역은 **교육 시스템**에서 가져온 것임을 알고 있어야 한다. 이와 반대로, ADHD는 의학적 진단이다. 따라서 이 두 시스템은 서로 구분되는 독립적인 것이다. 이와 마찬가지로 진단 영역들도 서로 구분되고 독립적인데, 예를 들면 어떤 학생은 ADHD를 갖고 있지만 학습장애는 갖고 있지 않을 수도 있다(그 반대의 경우도 가능하다). ADHD 학생의 약 절반 정도가 IDEA에서 분류하는 장애 영역 가운데 하나 이상의 진단 기준에 부합하기 때문에 특수교육 서비스를 받을 수 있다(Reid, Maag, & Vasa, 1994). 또한 IDEA에 의해 특수교육 서비스를 받고 있는 학생의 약 60% 역시 ADHD를 갖고 있다(Schnoes, Reid, Wagner, & Marder, 2006). 아동이 ADHD의 진단을 받았다고 해서 자동적으로 IDEA에서 규정하는 서비스를 받을 자격이 있는 것은 **아니라는** 점을 유념해야 한다. ADHD는 IDEA에서 분류하는 장애 영역이 아니다. 학생이 IDEA에서 규정하는 서비스를 받을 자격을 갖추기 위해서는 반드시 법률이 정한 장애 영역 가운데 하나 이상의 장애 기준에 부합해야 한다. 각 장애 영역에 대한 기준은 서로 다르다. 그러나 모든 장애 영역에 대해서 가장 중요한 진단 요소는 반드시 문서상으로 나타난 **성취의 문제**가 있어야 한다는 점이다. 성취의 문제가 없는 학생은 IDEA에서 규정한 서비스를 받을 자격이 없다. 서비스를 받을 학생을 가려내기 위해 학교가 개입할 수 있는 방법은 다양하다. 어떤 경우에는 의학적 진단이 필요할 수도 있고, 또 다른 경우에는 학교기반 평가만으로도 충분할 수 있다.

거의 대다수의 ADHD 학생은 학습장애, 정서 · 행동장애, 기타 건강장애, 말-언어장애가 함께 있는 것으로 진단되기 때문에 서비스를 받을 자격을 지닌다. ADHD 학생의 수는 특수교육을 받는 학생의 수 중 상당 부분을 차지하고 있다. 최근에 국가가 수행한 연구에서는 각 장애 영역 중 ADHD 학생이 차지하는 비율이 학습장애에서 20%, 정서 · 행동장애에서 57%, 기타 건강장애에서 65%, 말-언어장애에서 5%에 해당하는 것으로 나타났다(Schnoes et al., 2006). 이러한 장애 영역들은 ADHD 학생이 가장 일반적으로 서비스를 제공받고 있는 영역이다. 물론 ADHD 학생은 다른 많은 장애 영역에서도 서비스를 제공받고 있다. 예를 들면, 어떤 아동이 청각장애나 시각장애를 갖고 있으면서 ADHD도 갖고 있을 가능성은 분명히 있다. 다음에서는 네 가지 장애 영역인 학습장애, 정서 · 행동장애, 기타 건강장애, 말-언어장애에 대하여 간략히 살펴보고, 이러한 장애 영역들이 ADHD와 어떻게 관련되는지를 살펴볼 것이다.

1) 학습장애

IDEA에서 학습장애(learning disability: LD)는 구어든 문어든 언어를 이해하고 사용하는 것과 관련된 기본적인 심리적 과정의 장애로 규정되며, 이는 생각하기, 말하기, 읽기, 쓰기, 철자법 또는 수학 계산 능력의 결함으로 나타난다(U.S. Department of Education, 2006a).

학습장애는 일반적으로 읽기, 쓰기 표현, 수학 계산의 세 유형으로 나눌 수 있다(Fletcher et al., 2002; Fletcher, Morris, & Lyon, 2003; Lyon, Fletcher, & Barnes, 2003). 많은 학자가 학습장애의 원인에 대해 서로 다른 기준을 적용하고 있기 때문에, ADHD 학생 중에서 학습장애도 함께 갖고 있는 학생 수에 대한 추정치는 그 폭이 매우 크다. 엄격한 방식으로 학습장애를 규정한다면, ADHD 학생 중에서 대략 8~39%가 읽기장애, 12~30%가 수학장애, 12~27%가 철자쓰기장애도 함께 갖고 있는 것으로 추정할 수 있다. 여기서 주목해야 할 것은 ADHD와 학습장애가 동의어가 아니라는 점이다. 이 둘은 서로 별개의 개념이며 구분되는 것이다. 학생들 중에는 ADHD만 가진 아동도 있고, 학습장애만 가진 아동도 있으며, 이 둘을 모두 가진 아동도 있다.

ADHD 아동이 자주 학업 수행과 성취에서 문제를 보이기 때문에 ADHD와 학습장애는 서로 밀접한 관련이 있는 것처럼 보인다. ADHD 진단을 받은 학습장애 학생의 공통적인 특징은 학교에서의 수행을 잘 못한다는 점이다. 그 이유는 부분적으로는 학교에서 반드시 문제를 경험해야 하는 것으로 규정된 진단 준거 때문이다. ADHD

와 학습장애를 동시에 갖고 있는 학생의 수는 왜 ADHD 학생들이 공통적으로 심각한 학업 문제를 지니는지를 설명해 줄 수 있는 근본적인 이유 중 하나가 될 수 있다. ADHD 학생은 읽기, 철자쓰기, 수학, 독해력 표준화 검사에서 자주 학급 학생들에 비해 10~30점 낮은 표준점수를 보인다(Barkley et al., 1990; Brock & Knapp, 1996; Cantwell & Satterfield, 1978; Casey, Rourke, & Del Otto, 1996; Dykman & Ackerman, 1992; Fischer et al., 1990; Semrud-Clikeman et al., 1992). 그러나 ADHD와 관련된 어려움으로 인해 초래된 문제(예: 잊어버리고 과제물을 제출하지 않는 것, 학업을 포기하는 것)와 학습장애와 관련된 어려움으로 인해 초래된 문제(예: 조음 처리 문제, 수 개념 문제)를 구분하는 것이 중요하다. 교사들은 ADHD와 학습장애를 동반 조건으로 여기는 것이 최선일 것이다. 즉, 학습장애가 ADHD의 문제를 심각하게 증대시키고, 마찬가지로 ADHD가 학습장애의 문제를 심각하게 증가시키는 것으로 여기는 것이다.

2) 정서 · 행동장애

정서 · 행동장애(emotional-behavioral disorder: EBD)는 아동이 다음 다섯 가지 특성 중에서 한 가지 이상을 보일 때 진단된다. 즉, ① 지능, 감각 또는 건강 요인으로 설명할 수 없는 학습의 무능력, ② 또래 친구 혹은 교사와 원만한 대인관계를 형성하거나 유지하지 못함, ③ 정상적인 상황에서 부적절한 행동과 감정을 보임, ④ 일상적이고 광범위한 불행감과 우울, ⑤ 개인적인 문제 혹은 학교 문제와 관련하여 신체적 증상이나 공포를 보이는 경향(U.S. Department of Education, 2006a)이다. 이러한 문제가 반드시 장기간 두드러지게 발생하고 학생의 교육적 수행에 나쁜 영향을 미쳐야 한다. 여기서도 다시 한 번 유념할 것은 ADHD와 정서 · 행동장애가 서로 별개의 개념이며 구분된다는 점이다. 연구에 따르면 정서 · 행동장애로 특수교육을 받고 있는 대부분의 학생은 ADHD 진단을 받은 것으로 드러났다(Schnoes et al., 2006).

이처럼 정서 · 행동장애로 진단받은 ADHD 학생의 수가 많은 것은 정서 · 행동장애의 특성(예: 공격적 행동과 불복종)이 ADHD와 동반적으로 발생하는 장애(예: 반항성 장애와 품행장애)를 반영한다는 사실 때문일 것이다. 따라서 ADHD와 정서 · 행동장애 간에 많은 부분이 중복되는 것은 그렇게 놀라운 일이 아니다.

3) 기타 건강장애

기타 건강장애(other health impaired: OHI) 학생은 체력, 활력 또는 주의력이 약하여 교육 환경에 대한 주의력이 부족한 학생들이다. 기타 건강장애에는 또한 환경 자극에 대한 주의력이 과도하게 고조된 학생도 포함된다. 이러한 부족한 주의력은 만성적인 건강 문제로 인해 초래되며, 반드시 학생의 교육적 수행에 나쁜 영향을 미쳐야 한다. IDEA는 ADHD를 기타 건강장애 진단에 해당하는 만성적 건강 문제 중의 하나로 규정하고 있다(U.S. Department of Education, 2006a). 기타 건강장애에 대한 연방 수준의 정의에 ADHD가 포함된 것은 '부족한 주의력(limited alertness)'의 개념이 추가된 1991년의 법령 수정에 따른 것이다(Davila, Williams, & McDonald, 1991). 이러한 개정을 통해 많은 ADHD 학생이 기타 건강장애 영역하에서 특수교육을 받을 수 있는 자격을 갖게 되었다. 이것은 1998년에서 2002년 사이에 기타 건강장애로 새롭게 분류된 학생의 68%가 ADHD 진단을 받은 사실을 통해서도 알 수 있다(Forness & Kavale, 2002). 또한 현재 기타 건강장애를 갖고 있는 학생의 대다수 역시 ADHD를 갖고 있다(Schnoes et al., 2006). 이러한 경향이 지속된다면 기타 건강장애와 ADHD는 같은 의미로 사용될 수도 있을 것이다.

IDEA는 주정부나 지역교육청이 학생이 만성적인 건강 문제를 가지고 있다는 사실을 어떻게 입증해야 하는지에 대해 구체적으로 제시하고 있지 않다. 대부분의 주정부는 학생이 만성적인 건강 문제를 갖고 있음을 확인하는 의사의 진단서를 요구하고 있다. 만약에 학교가 의사 진단서를 요구한다면, 병원은 무료로 부모에게 발급해 주어야 한다(Grice, 2002). 진단서를 제출한 경우에는 학생이 또한 **학업 손상이라는 기타 건강장애 기준에도 반드시 부합해야 한다.** IDEA는 건강 문제가 학생의 학업 수행에 어떻게 부정적인 영향을 미치는지를 규명하기 위한 뚜렷한 지침을 포함하고 있지 않다. 학생의 건강 문제가 학업적인 어려움을 초래한다는 것을 입증하기 위해 주정부는 다양한 형태의 문서(예: 성취도 검사 결과, IQ 검사 결과, 심각하게 낮은 성취도를 보여 주는 교육과정 중심 측정 결과)를 요구한다. 학업적인 어려움을 입증하는 서류가 있는 경우에도 만성적인 건강 문제를 입증하는 의사의 진단서가 없다면 그 학생은 기타 건강장애의 자격을 부여받지 못한다. 하지만 그러한 경우라 하더라도 그 학생은 기타 건강장애가 아닌 다른 특수교육 영역의 서비스를 받을 자격이 있을 수 있다.

4) 말-언어장애

말-언어장애(speech-language impairment: SLI)는 언어 또는 음성 장애를 포함하여, 아동의 교육적 수행에 부정적인 영향을 미치는 의사소통장애로 정의된다(U.S. Department of Education, 2006a). ADHD 학생의 경우, 언어에 관련된 문제가 가장 심각하다. 말-언어장애 영역은 가장 적은 비율의 ADHD 학생을 포함한다. 예를 들면, 리이드, 배서, 매그와 라이트(Reid, Vasa, Maag, & Wright, 1994)는 ADHD 학생 중 7.8%가 말-언어장애 영역의 서비스를 받고 있는 것을 확인하였으며, 쉬노즈 등(Schnoes et al., 2006)은 말-언어장애 학생의 4.5%가 ADHD 역시 갖고 있는 것을 확인하였다.

ADHD 아동에게 말과 언어의 문제가 있다는 것은 충분히 입증되어 있다. ADHD는 언어 발달을 지체시킬 위험이 있으며(Hartsough & Lambert, 1985; Szatmari, Offord, & Boyle, 1989), 표현언어 문제와도 관련이 있다(Barkley et al., 1990; Munir, Biederman, & Knee, 1987). 말-언어장애 아동의 64%는 동반장애를 갖고 있을 가능성이 있다. 이러한 동반장애 중에서 가장 일반적인 것이 ADHD로서, 말-언어장애 아동의 16~46%가 ADHD를 가진 것으로 밝혀졌다(Baker & Cantwell, 1987; Cohen et al., 1998).

ADHD 학생 중에서 일부는 조리 있게 준비하여 말하는 과제에 직면했을 때 말을 더 적게 하는 경향이 있고, 더 어눌하게 말하며(예: 말이 자주 끊어지고, '음'과 같은 불필요한 소리를 자주 내며, 알아듣기 어려운 말을 한다), 평소보다 말을 조리 있게 하지 못한다(Hamlett, Pelligrini, & Conners, 1987; Purvis & Tannock, 1997; Zentall, 1985). 이러한 말의 문제는 대부분 말-언어장애와 관련이 있다. 교사는 특히 언어와 관련된 문제의 가능성을 인지하고 있어야 한다. 표현언어 문제나 수용언어 문제는 학교에서의 수행에 직접적인 영향을 미칠 수 있다. 예를 들면, 이러한 학생은 자신의 생각을 형성하기 어렵기 때문에 글로 표현하는 과제물을 완성하는 데 어려움을 겪을 수 있다. 그들은 구어를 처리하는 데 어려움을 겪기 때문에 교사의 지시를 따르는 것 역시 어려워한다. 이러한 문제점들이 대부분 언어와 관련된 문제 때문에 생겨나지만, ADHD와 관련된 문제(예: 조직화 부족, 부주의) 때문인 것으로 나타날 수도 있다는 점을 유념해야 한다. 이러한 점 또한 ADHD 진단을 어렵고 복잡하게 만드는 요인이 된다.

3. 배치

ADHD 학생이 어느 곳에서 서비스를 받을 것인지 결정하는 것을 '배치'라고 하며, 이 서비스를 받기 위해서는 학생이 재활법 504조 또는 IDEA에서 규정하는 서비스를 받을 자격을 갖추어야 한다. 재활법 504조에 의해 서비스를 받는 학생의 배치는 매우 간단하다. 이러한 학생은 모든 시간을 일반학급에서 지낸다. 반면에 IDEA에 의해 서비스를 받는 학생의 배치는 좀 더 복잡하다. 이러한 학생의 대부분은 다음 세 가지의 교육 환경 중에서 하나에 배치된다.

- **일반학급**(genaral education classroom): 학생은 일반학급에서 서비스를 받는다. 대개 교사에게 지원(예: 특수교육 보조원, 전문가의 자문)이 제공되며, 필요한 학업적·행동적 조정이 제공된다.
- **학습도움실**(resource): 학습도움실은 소규모 집단 혹은 일대일의 형태로 특수교육을 제공하기 위한 학급이다. 일반적으로는 학업에 초점을 두고 있지만, 행동에 초점을 맞춘 학습도움실도 있다. 학습도움실에 배치된 학생은 학교 일과 시간

중의 일부분을 일반학급을 떠나 학습도움실에서 보낸다. 그러나 일반적으로는 일과 시간의 대부분을 일반학급에서 보낸다.

- **독립학급**(self-contained): 독립학급은 학생들이 집중교육을 받을 수 있는 특수학급이다. 대개 교사가 각각의 학생에게 시간을 할애하여 집중적인 관심을 기울일 수 있도록 소수의 학생으로 구성된다. 학생은 학교 일과 시간의 모두 또는 거의 대부분을 독립학급에서 보낸다. 그러나 학생은 대개 하루 일과 시간 중의 최소한의 시간만을 일반학급에서 보낸다.

이 세 가지가 가장 보편적인 배치다. 물론 ADHD 학생을 위한 다른 배치 방식도 있다. 그 증상이 매우 심한(예: 극단적인 형태의 방해나 공격을 가하는) 소수의 학생은 특수학교나 기숙학교에서 서비스를 받을 수도 있다. 실제로 특수학교나 기숙학교 학생의 상당수는 ADHD를 지니고 있다(Casey et al., 2008). ADHD 학생을 위한 교육적 배치와 관련된 연구는 그다지 많지 않다. 〈표 4-4〉는 ADHD를 지닌 특수교육 대상 학생과 ADHD를 지니지 않은 특수교육 대상 학생이 일반학급에서 보낸 시간을 비교한 전국 수준의 조사연구 자료다. 이 표에 따르면 ADHD를 가진 특수교육 대상 학생

표 4-4 ADHD를 지닌 특수교육 대상 학생과 ADHD를 지니지 않은 특수교육 대상 학생이 일반학급에서 보낸 시간 비율

일반학급에서 보낸 시간	ADHD 학생(N=467)	비ADHD 학생(N=952)
일반학급에서 보낸 시간의 평균 비율	63.1%*	69.4%
일반학급에서 보낸 시간 비율		
80% 이상	28.33%**	44.1%
61~80%	33.9%*	24.5%
21~60%	30.8%	22.3%
1~20%	2.9%	4.5%
없음	4.2%	4.7%

*p<.05, **p<.001

출처: Schnoes, Reid, Wagner, & Marder (2006).

의 대다수는 학교 일과 시간의 대부분을 일반학급에서 보낸다. 이는 **ADHD가 단지 특수교육의 문제만은 아니라는 사실**을 강조하는 것이다. 일반교육 교사는 ADHD 학생에 대한 주된 책임이 자신에게 있다는 사실을 늘 인식하고 있어야 한다.

학생을 위한 최적의 배치를 결정하는 것은 **최소제한 환경(LRE)**에 근거한다. LRE는 학생이 개인적인 환경이 마련된 상황에서도 가능한 한 또래 학생들과 가까운 환경에서 교육을 받아야 함을 의미한다. 만약 어떤 ADHD 학생이 다양한 조정의 제공을 통해 모든 정규 학습 과정을 성공적으로 수행할 수 있다면, 그 학생에게는 일반학급이 LRE로 고려될 수 있다. 반대로 어떤 특수한 요구를 지닌 학생이 보다 집중적인 서비스를 분명히 필요로 한다면, 그때는 한두 시간 동안의 학습도움실이 LRE로 적절하다.

ADHD 학생을 위한 최적의 배치는 다양한 요인으로 결정된다. 가장 중요한 요인은 학생이 ADHD로 얼마나 심각한 영향을 받고 있는가, 즉 학생이 나타내 보이는 ADHD 증상의 범위와 심각도다. 또 다른 요인은 동반장애(예: 반항성 장애 또는 품행장애)의 존재 여부다. 그 이외의 요인으로는 학생의 전반적인 학업 능력(학생이 자신의 학년에 맞는 기본 학습 기술을 갖고 있는가, 아니면 집중적인 치료교육이 필요한가?), 대규모 학급에서 적응할 수 있는 학생의 능력(학생은 학습도움실이나 독립학급과 같은 학생 수가 적은 학급에서 교육 서비스를 더 잘 받을 수 있는가?), 학교 환경에서 학업과 교우 관계를 성공적으로 수행하기 위해 ADHD 학생에게 필요한 직접적인 조력의 정도 등이 있다. ADHD 학생은 종종 과제의 수행과 조직화 기술에서 심각한 어려움을 겪기 때문에 배치 결정을 할 때 이 두 가지 측면을 추가적으로 고려해야 한다. 요약하면, ADHD 학생을 위한 배치 결정은 간단한 문제가 아니기 때문에 매우 세심한 고려가 필요하다.

학교 서비스

학교는 ADHD 학생에게 넓은 범위의 서비스를 제공할 필요가 있다. 〈표 4-5〉는 학교가 제공하는 다양한 학업적 서비스와 비학업적 서비스를 받는 ADHD 학생과 비ADHD 학생의 비율을 제시하고 있다. 이에 따르면, 대략 90%의 ADHD 학생이 어떤

표 4-5 ADHD를 지닌 특수교육 대상 학생과 ADHD를 지니지 않은 특수교육 대상 학생에게 제공되는 서비스 비율

제공되는 서비스	ADHD 학생(N =464)	비ADHD 학생(N = 932)
학업 서비스	91.0%**	80.3%
행동 관리 프로그램	37.1%***	10.1%
정신건강 서비스	21.2%***	3.1%
행동 중재	16.7%***	1.8%
사회복지 서비스	12.7%**	2.5%
가족상담/서비스	8.3%*	1.4%
말-언어치료	23.0%***	5.3%
작업치료	10.8%	9.4%
자기옹호 훈련	5.5%	4.4%

*p<.05, **p<.01, ***p<.001
출처: Schnoes, Reid, Wagner, & Marder (2006).

형태로든지 학업적 서비스를 제공받고 있다(학업적 서비스에 관한 보다 구체적인 사항은 5장을 참조하기 바람). 특수교육을 받고 있는 ADHD 학생 중에서 약 2/3는 학교에서 적어도 한 가지의 비학업적 서비스(예: 행동 관리 프로그램, 정신건강 서비스, 작업치료)를 받는다. 또 사회적 서비스나 가족 상담/훈련도 제공될 수 있음을 유념할 필요가 있다. 이러한 아동의 정서적·사회적 요구는 그들의 행동적 또는 학업적 문제 못지않게 중요하게 다루어야 할 것이다. 이 통계치는 IDEA에서 규정한 서비스를 받고 있는 ADHD를 지닌 특수교육 대상 학생이 ADHD를 지니지 않은 특수교육 대상 학생보다 특수한 서비스를 받을 가능성이 더 높다는 점을 시사한다.

요 약

이 장에서 우리는 ADHD 학생을 위한 서비스의 제공, 법적 권리와 보호, 그리고 ADHD 학생이 선택 가능한 서비스 제공 등에 영향을 미치는 연방 법률을 개괄적으로 살펴보았다.

√ 대부분의 ADHD 학생은 재활법 504조나 IDEA에서 제공하는 서비스를 받을 자격이 있다.

√ 교사는 재활법 504조와 IDEA 조항을 잘 숙지하여 ADHD 학생에게 적용할 수 있어야 한다. 이 규정들은 사소한 관습법이 아닌 **연방법**이다. 따라서 이 법규의 위반은 학교나 교사 모두에게 법률적인 처벌을 초래한다.

√ ADHD는 단순히 특수교육만의 문제이거나 일반교육만의 문제가 아님을 명심하여야 한다. 일반 교사와 특수교사 모두가 다 ADHD 학생의 교육에 관여해야 한다.

√ ADHD 학생 중에는 재활법 504조나 IDEA의 기준에 부합하지 않는 학생이 있을 수 있다. 그러한 학생을 돕기 위해 교사는 공식적인 통보를 **기다릴 필요가 없다**. 5장에서 다루겠지만, 교사가 ADHD 학생에게 사용할 수 있는 많고도 단순한 '상식 수준의' 조정이 있다.

√ 학교는 교실을 벗어나는 보다 폭넓은 범위의 서비스까지 제공할 필요도 있을 것이다.

Chapter 5

학교기반 ADHD 치료

학교는 지옥이다.

– 맷 그로닝(Matt Groening)

게임을 한다고 상상해 보자. 큰 내기가 걸린 아주 중요한 게임이다. 정말 잘하고 싶고 또 이기고 싶지만, 정작 당신은 그 게임을 매우 싫어한다. 그런 게임은 당신을 매우 당혹스럽게 할 것이다. 그 게임 생각에 하루를 망치고, 하루 종일 실패하리라는 좌절감에 사로잡혀 있을 것이다. 그 게임은 마치 돌멩이가 든 신발을 신고 먼 거리를 걷는 것처럼 짜증나는 일이다. 당신은 정말로 최선을 다한다. 그러나 아무리 열심히 노력해도 결과는 늘 엉망인 것 같다. 그 게임에 규칙은 있지만, 이상하게 그 규칙은 이해할 수가 없으며, 심지어는 규칙이 특별한 이유도 없이 바뀌는 것 같다. 결국 게임 중에 당신은 많은 실수를 저지른다. 하지만 당신은 종종 그것이 잘못되었다는 것도 모른다. 당신과 함께 게임을 하면서 당신에게 도움을 줄 수 있는 친구가 있다면 좋겠지만, 아무도 당신과 함께 게임을 하려고 하지 않는다. 더군다나 그 게임은 매우 길어서 언제 끝날지도 모른다. 무려 6시간이나 걸리는 긴 게임이다. 이제 그 게임이 월요일부터 금요일까지 정기적으로 9개월 동안 계속된다고 상상해 보라. 그 게임은 당신이 매일 생각하는 것이고, 심지어 두려워하기까지도 하는 것이다. 더군다나 그 게임은 의무적으로 해야 하는 것이며, 그 어떤 다른 선택도 할 수 없이 무려 12년 동안을 해야 하는 것이다. 이런 이야기가 재미있게 들리는가?

많은 ADHD 학생에게 학교란 이런 게임과 매우 비슷하다. ADHD 학생에게 학교보다 더 어렵고 좌절감을 안겨 주는 환경은 거의 없다. 어느 누구도 의도적으로 ADHD 학생에게 학교를 혐오스러운 곳으로 만들려고 하지는 않는다. 단지 학교에서의 전형적인 활동과 학교의 기대가 ADHD 학생에게는 커다란 장애가 되는 것이다. 활동 수준이 높은 아동에게 가만히, 그것도 오랫동안 앉아 있을 것을 요구하는 것이다.

주의를 집중하고 유지하는 데 문제가 있는 아동에게 주의집중을 요구한다. 오랫동안 한자리에서 노력하기 어려운 아동에게 특별한 동기부여가 되지 않은 과제(예: 숙달이나 연습과 같이 반복적이지만 꼭 해야 하는 과제)를 해내도록 요구한다. 훈육 문제 역시 발생한다. 때로는 ADHD와 관련된 문제(예: 일을 끝마치지 못해서 제자리에 앉아 휴식 시간을 빼앗기게 되는 것) 때문에, 때로는 사회적 단서(예: 교사가 지시를 하고 있을 때 새로 산 자전거 얘기를 꺼내는 것은 적절치 않다)를 인식하지 못하기 때문에 이러한 훈육 문제가 발생한다. 사회적으로 관련된 문제도 공통적으로 발생한다. ADHD 학생은 친구가 거의 (또는 전혀) 없다. 게다가 문제를 더욱 악화시킬 수 있는 불안이나 우울과 같은 동반장애를 가지고 있을 가능성도 있다. 이것이 ADHD 학생이 학교에서 겪고 있는 현실일 수 있다.

교사가 ADHD 학생의 관점에서 학교를 바라본다면 ADHD로 인하여 생긴 어려움을 보다 쉽게 이해할 수 있을 것이다. 교사가 ADHD 학생과 함께 생활하면서 ADHD 학생의 요구와 다른 학생들의 요구 사이에서 균형을 잘 맞추기란 매우 어려운 일이다. 그렇지만 ADHD 학생에게 학교는 결코 안락한 곳이 아님을 늘 염두에 두어야 한다. 학교에서 ADHD는 늘 다루기 어려운 것이다. ADHD 학생은 최적의 치료를 받는 경우에도 학교에서 어려움을 겪는다. ADHD 문제를 확실하게 해결할 수 있는 마술적인 방법은 없다. ADHD는 학생의 학교 교육 기간 내내 (그리고 평생 동안) 지속되는 만성적인 문제다. 그러나 잘 계획되고, 조정되고, 적극적인 치료 계획이 마련된다면 성공적인 결과로 이어질 가능성은 훨씬 더 크다. 이와 반대로, ADHD를 치료하지 않고 그대로 둔다면 성공 가능성은 훨씬 더 낮아지게 된다.

효과적인 학교기반 치료는 ADHD를 위한 모든 치료에서 매우 중요하다. ADHD 학생과 관계된 모든 학교 교직원은 ADHD의 치료에 결정적인 역할을 한다(부모의 역할 역시 매우 중요하다. 이 점은 6장에서 다룰 것이다). 학교는 ADHD와 관련된 많은 문제가 발생하는 곳이며, 그러한 문제가 가장 심각해지는 곳이기도 하다. 학교는 아동이 가장 많은 시간을 보내는 곳이다. 다음의 사실들을 고려해 보자. ADHD 학생의 치료에 참여하는 전문가 중에서 많은 이는 ADHD 학생과 함께하는 시간이 매우 적다. 병원 의사는 고작해야 일 년에 2~4시간 정도 만날 것이다. 매주 만나는 심리학자는 일

년에 50시간 정도 면담을 할 것이다. 반면에 ADHD 아동이 학교기반 전문가(대부분 담임교사)와 1년 동안에 만나는 시간은 1,000시간이 넘을 것이다. 이를 아동의 전체 교육 기간으로 환산해 보면 1만 2,000시간이 넘게 된다. 이러한 비교는 매우 의미심장한 것이다. ADHD를 치료하지 않고 방치해 둔다면, ADHD와 관련된 문제는 학생의 교육적 성취에 막대한 지장을 미칠 것이고, 그 파급효과는 학생의 미래에도 심각하게 지속될 것이다. 치료를 하지 않으면 사회적 기능에도 영향을 미칠 수 있으며, 또한 동반장애(예: 불안, 우울증)의 발병 가능성도 높아질 수 있다.

이 장에서는 ADHD의 치료를 위한 학교기반 중다양식 모델을 소개한다. 그리고 중다양식 치료 모델의 각 구성 요소와 모델을 수행하는 데 필요한 지침에 대해 개괄적으로 살펴볼 것이다. 각각의 구성 요소는 다음 장에서 자세히 다룰 것이다. 그런 다음에 ADHD 학생을 위해 모든 학교에서 활용할 수 있는 중재 프로그램의 예를 제시할 것이다. 마지막으로, 연구로 입증되지 않은 다소 의심스러운 중재 방법들에 대해서도 개괄적으로 살펴볼 것이다.

1. 중다양식 치료 모델

ADHD는 일반적으로 인지 · 행동 · 정서 기능에 영향을 미치는 장애다. 그러므로 최적의 치료 계획은 이 세 가지 영역 모두를 다루어야 한다. [그림 5-1]은 중다양식 치료 모델이 다루는 영역을 보여 준다. 제시된 모델은 파이프너, 바클리와 듀폴(Pfiffner, Barkley, & DuPaul, 2006)이 제안한 학교기반 ADHD 치료에 근거하고 있다. 이 모델은 네 가지의 주요 영역, 즉 의료적 관리, 행동 관리, 수업 조정, (부모와 아동 모두를 위한) 심리적 지원을 포함하고 있다. 이 모델은 새로운 것이 아니다. 여러 연구자는 이와 같이 여러 가지 치료법을 조합하는 것이 ADHD 아동의 치료 결과를 긍정적으로 변화시키는 데 매우 효과적일 수 있다는 사실을 이미 수십 년 전부터 잘 알고 있었다(예: Satterfield, Satterfield, & Cantwell, 1980, 1981). 많은 연구는 계속해서 의료적 관리, 행

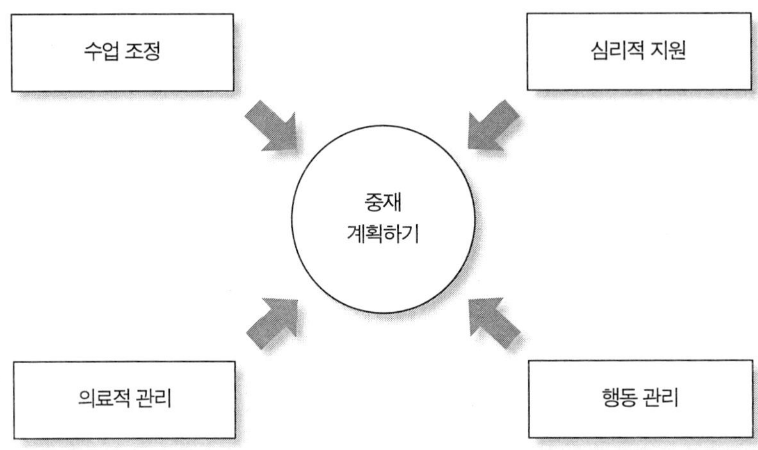

[그림 5-1] 중다양식 치료 모델

동 관리, 수업 조정, 심리적 지원의 영역을 포괄하는 통합된 치료 계획의 필요성을 지지하고 있다. 이러한 영역을 조합한 방법이 어느 한 분야에 국한된 치료법보다 더 효과적이며 학교나 부모들이 더 잘 수용한다(Conners et al., 2001; Pisecco, Huzinec, & Curtis, 2001; Power, Hess, & Bennett, 1995; Swanson et al., 2001).

이 모델을 실행하기 위해서는 반드시 고려해야 할 두 가지 주요 사항이 있다. 첫 번째이자 가장 중요한 고려 사항은 학교기반 치료를 어떻게 실행할 것인가다. 즉, 어떤 실제적인 중재 방법(예: 일일통지표, 자기 조절)을 사용할 것인가의 문제다. 이는 다음 장에서 논의할 것이다. 부모를 포함시키는 것도 매우 중요하다. (만약에 약물을 처방받았다면) 약물에 대한 반응을 관찰할 필요도 있을 것이다. 모델을 실행하기 위한 두 번째 고려 사항이자 종종 간과되고 있는 것은 치료 계획을 책임지는 전문가가 중다양식 치료의 실행 계획을 관리할 수 있어야 한다는 점이다. 예를 들면, 담당 전문가는 직원 훈련의 필요성, 책임 분담, 자원의 배분 등을 고려해야 한다. ADHD의 치료는 가정, 학교, 병원, 사회적 상황에 걸쳐서 이루어지기 때문에 효과적인 의사소통 망을 구성하고 유지하는 것에도 관심을 두어야 한다. 시간 또한 중요한 요소다. 중다양식 모델의 실행을 위해서는 모든 당사자의 장기간에 걸친 시간과 노력의 투입이 요구된다. 자원과 전문적 기술에 관한 현실적인 제약을 감안해 보면 학교가 모델의 모든 요소를 실행한다는 것은 사실상 불가능하다. 그러나 더 많은 요소를 실행하면 할수록 교사나 다른 학교 전문가의 노력이 ADHD 학생에게 긍정적이고 지속적인 행동 변화를 가져올 가능성이 그만큼 더 많아질 것이고, 때로는 그 성과가 극적일 수도 있다.

중다양식 치료의 실행

중다양식 모델에서는 ① 학생을 다양한 관점(예: 복수의 정보자와 환경)에서 체계적으로 평가하고, ② 치료 계획이 학생의 필요에 맞추어 수립되고, ③ 그 계획은 학교 환경 안에서 실행되며, ④ 진행 과정을 지속적으로 모니터링한다. 〈표 5-1〉은 중다양식 치료의 실행에 포함되는 몇 가지 단계를 보여 주고 있다.

표 5-1 학교기반 치료의 실행 단계

	중재	평가/모니터	교육
의료적	• 약물이 처방대로 일관성 있게 제공되도록 하라.	• 기초선을 수립하라(행동 관찰 또는 행동평정척도). • 의사와의 연락망을 구축하라. • 행정, 소비, 재공급의 모니터링을 위한 기제를 만들라. • 시간과 행동을 연계하여 약물치료 반응을 지속적으로 평가하라. • 부작용을 모니터하라.	• 잠재적인 부작용과 그 증상을 확실하게 정하라. • 관계자들 모두가 약물치료, 약물치료의 효과, 약물치료의 부작용에 대해 숙지하도록 하라. • 교직원들에게 행동 관찰 기법과 행동평정 기법을 교육하라. 지속적인 모니터링의 필요성을 강조하라.

행동적	• 문제행동과 그러한 문제를 일으킬 수 있는 요인에 초점을 둔 기능적 접근을 활용하라. • 사례관리자를 임명하라. • 중재에 관한 전문지식을 갖고 있는 직원을 찾으라. 또는 • 중재 '메뉴'를 만들어 내라.	• 목표 행동(들)을 정의하라. • 문제행동에 관한 기초선 정보를 수집하라. • 평가정보를 활용하여 중재 방법을 선택하라. • 중재가 제대로 이루어지고 있는지를 모니터하라. • 자료를 수집하여 효과를 평가하라.	• 기능적 접근을 강조하라. • 중재의 정확한 실행과 자료 수집에 관련된 직원을 교육하라.
학업적	• 문제 영역과 그러한 문제를 일으킬 수 있는 요인에 초점을 둔 기능적 접근을 활용하라. • 목표 행동을 정의하라. • 중재 방법을 개발하라. 또는 • ① 환경, ② 자료, ③ 수업의 변경을 통해 조정할 수 있는 중재 '메뉴'를 만들어 내라.	• 문제행동에 관한 기초선 정보를 수집하라. • 평가정보를 활용하여 중재 방법을 선택하라. • 자료를 수집하여 효과를 평가하라.	• 교사에게 ADHD 학생의 행동에 관한 정보를 제공하라. • 교사에게 적절한 조정에 관한 정보를 제공하고 조정의 실행을 지원하라.
심리적 (가족)	• 가능하다면 가정 – 학교 중재에 참여하게 하라. • 효과적인 행동 관리 기법에 관한 훈련을 제공하라. • 지지집단에 관한 정보를 제공하라. • 보호자의 휴식을 위한 장애 아동 일시위탁(respite care) 관련 정보를 제공하라.	• 가정 – 학교 간 의사소통망을 구축하라. • 가정에서의 행동 변화를 모니터하라.	• ADHD의 발생 원인, 치료, 결과에 관한 정보를 제공하라.

심리적 (아동)	• 필요하다면 상담서비스를 준비하라. • 필요하다면 사회적 기술을 가르치라. • 사회적 참여가 가능한 환경을 조성하라.	• 학교, 가정, 사회에서의 기능을 모니터하라. • 정서적 문제, 우울, 불안을 모니터하라.	• ADHD에 관한 정보를 제공하라.

(1) 전문성 개발

중재와 조정에서 교사와 교직원을 훈련하고 그들이 ADHD에 대해 더 많은 지식을 습득하도록 돕는 것은 중다양식 치료를 실행하는 데 있어서 매우 중요한 일이다. ADHD의 특성을 이해하지 못하고 치료의 필요성을 파악하지 못하는 교사가 중재를 효과적으로 실행할 가능성은 낮다(Pfiffner et al., 2006). 교사들은 ADHD에 대한 효과적인 중재 방법을 습득할 수 있는 훈련 기회를 지속적으로 희망해 왔으며, 훈련의 부족을 ADHD 학생을 효과적으로 돕는 데 대한 커다란 장벽으로 여기고 있다(Arcia, Frank, Sánchez-LaCay, & Fernández, 2000; Reid, Vasa, Maag, & Wright, 1994). 훈련의 부족은 일반 교사에게서 특히 심각하다. 일반 교사는 학교 일과 시간의 대부분을 ADHD 아동과 함께 지내지만, 대부분 교사 양성 과정에서 ADHD 아동을 지도하는 데 필수적인 기술(예: 행동 관리 기법)에 대해서는 체계적인 교육을 받지 못했다. 그뿐만 아니라 그들은 의료적 관리, 효과적인 조정, 부모와의 협력, 심리적 지원에 관한 지식도 부족할 수 있다. 훈련의 필요성은 매우 중요하다. 왜냐하면 충분히 훈련받지 못한 교사는 중재를 부정확하게 실행하거나 중재를 비효과적으로 만들어 버릴 수 있다는 점이 입증되고 있기 때문이다(Arcia et al., 2000; Fabiano & Pelham, 2003). 일반 교사는 몇몇 중재 방법의 실행을 더욱 꺼리는데, 특히 수업의 변경을 포함하는 중재를 꺼린다(Zentall & Stormont-Spurgin, 1995).

(2) 실행 고려 사항

ADHD 학생들은 매우 이질적이기 때문에 적용되는 중재는 학생에 따라 매우 다양할 것이다. 그렇지만 중재 프로그램에는 일관성 있는 전반적인 측면이 있다.

- 첫째, 계획하기는 매우 개별화되며, 교실에서의 효과적인 기능을 가장 방해하는 구체적인 문제행동에 초점을 둔다. 그러므로 교실에서의 효과적인 기능에 가장 큰 영향을 주는 행동을 변화시키는 데 우선순위를 둔다. 모든 ADHD 학생의 모든 문제에 효과적인 하나의 중재 방법이나 조정이 있다면 좋겠지만, 불행하게도 ADHD에 대한 보편적인 치료법은 심지어 약물치료라 하더라도 존재하지 않는다. ADHD 학생에게는 그들이 경험하는 문제뿐만 아니라 가장 효과적인 치료법도 매우 다양하다. 그렇기 때문에 다양한 정보원(예: 부모, 교사, 상담자)과 환경(예: 가정, 학교, 운동장)으로부터 정보를 수집하고 분석할 필요가 있다. 계획에는 가능한 한 전문가와 부모 모두의 도움을 포함해야 하며, 가정환경이 치료의 성공이나 실패에 결정적인 요인이 될 수 있다는 점을 유념해야 한다.
- 둘째, 치료 요법은 집중적이고 장기적이다. 2장에서 살펴본 것처럼, ADHD와 관련된 문제는 평생 동안 지속된다. 그러므로 중다양식 치료는 6주 정도 만에 끝나는 것이 아니다. 치료는 보통 몇 년 동안 계속된다. 더군다나 ADHD와 관련된 문제의 속성이 학생이 청소년기로 성숙해 감에 따라 변화하기 때문에, 학교를 다니는 동안 학생의 변화에 맞춰 자주 치료 방법을 변경할 필요가 있다(Robin, 2006). 이는 학교가 학생이 고학년으로 진급하거나 상급학교로 진학하더라도 효과적으로 적용할 수 있는 치료 요법을 유지할 수 있어야 한다는 것을 의미한다.
- 셋째, 치료에는 치료의 충실성과 학생의 진전을 정기적으로 평가하는 것도 포함된다. 치료의 충실성은 '중재가 의도한 대로 잘 실행되었는가?'를 묻는 다른 방식이다. 즉, 사용된 중재가 올바르고 일관성 있게 실행되고 있는가? 이는 매우 상식적인 고려 사항이다. 만약에 중재가 정확하고 일관성 있게 실행되지 않는다면 바람직한 결과를 가져올 수 없기 때문이다. 연구에 따르면 올바르고 일관성 있게 실행된 중재가 더 효과적이다(Borrelli et al., 2005). ADHD 학생의 경우에는 충실한 치료가 매우 중요하다(Fabiano & Pelham, 2003).

- 넷째, 치료의 계획 수립과 실행은 반드시 **조정되고 통합되어야 한다**. 치료에는 수많은 전문가(예: 담임교사, 특수교육 교사, 학교심리학자, 건강 전문가)가 관여하고 있다는 점을 명심해야 한다. 가족으로부터 얻은 정보와 아동을 위한 전문가로부터 얻은 정보는 중재를 결정하는 데 활용되어야 한다. 이러한 정보를 토대로 하여 부모와 전문가는 치료 결과를 평가하고, 지금까지의 진전 상황에 대한 결정을 내리며, 앞으로 어떤 행동 방침을 고려해야 할 것인지를 결정할 수 있다. 또한 부모는 가능한 한 최대한으로 참여해야 하며, 치료는 종종 학교, 가정, 다른 환경도 포함해야 한다는 점도 명심해야 한다. 치료 팀은 반드시 정기적으로 만나서 중재를 평가하고 정보를 공유해야 한다. 팀 구성원들이 각자의 책무뿐만 아니라 전체적인 치료 프로그램도 인식하고 있어야 하는 것은 매우 중요하다. 이렇게 함으로써 각 팀원이 서로 방해가 되거나 중복된 노력을 하지 않도록 예방할 수 있다. 또한 치료의 한 측면의 변화가 아동 치료의 다른 측면에 영향을 미칠 수 있기 때문에 문제 해결에도 도움이 된다. 다양한 전문가 집단(예: 교사, 심리학자, 의사) 간의 의사소통과 전문가와 부모 간의 의사소통이 매우 중요하다는 점을 유념해야 한다. 다른 집단의 전문용어를 배우고 서로 오해가 발생할 수 있는 상황에 주의하는 것도 중요하다.
- 다섯째, 교사를 지원해 주어야 한다. 교사들은 자주 '잡무'에 시달린다. 잡무가 아주 큰 부담은 아니더라도, '이것은 안 해도 된다.'거나 '그 일을 하는 데 추가적인 자원을 주겠다.'는 등의 지원이 따르지는 않는다. 교사의 입장에서 보면, ADHD 아동을 지도하는 일은 기본적인 업무(예: 모니터링, 기록하기, 중재하기)를 넘어선 추가적인 시간과 노력이 요구되는 일이다. 이는 학급에 있는 30명의 학생을 지도해야 하는 일반교육 교사에게는 특히 힘든 일이다. 교사가 '추가적인' 문제를 담당하기 위해서는 학교행정의 지원이 필요하다. 파이프너 등(Pfiffner et al, 2006)은 일반 교사를 위한 다음과 같은 지원을 제안하였다. ① 교사에게 가능할 때마다 (비록 하루 중 일부분일지라도) 활동 보조원의 도움을 제공해야 하며, ② 중재의 계획과 조정을 도와줄 수 있는 전문가(예: 학교심리학자, 행동 전문가)가

있어야 하고, ③ 교사의 노력을 인정해 주어야 한다. 이러한 인정에는 구두로 하는 칭찬, 추천장, 치료 계획 수립과 전문성 개발을 위한 추가적인 시간, 자료와 책을 구입할 수 있는 예산 등이 포함된다.

- 여섯째, 중재 방법을 선택할 때 교사의 개인적인 차이를 고려해야 한다. 어떤 중재 방법은 다른 사람들보다 교사가 더 잘 수용한다. 예를 들면, 교사는 부정적 결과를 수반하는 중재(예: 부적절한 행동을 한 아동에게 벌을 주는 것)보다는 긍정적 결과를 수반하는 중재(예: 긍정적인 행동을 한 아동에게 보상을 주는 것)를 더 선호하는 경향이 있다(Piseco et al., 2001). 중재의 실행에 필요한 시간과 전문 지식도 고려해야 한다. 교사는 시간이 많이 소요되거나 교실에서 적용하기에 복잡한 중재 방법을 꺼릴 수 있다. 교사가 싫어하는 중재를 강요하는 일은 가능한 한 피해야 한다. 효과적인 중재가 되기 위해서는 그 중재 방법을 올바르고 일관성 있게 실행해야 한다는 점을 명심해야 한다. 이러한 잠재적인 문제점을 해소하기 위해서는 단순하고 효과적인 것으로 확인된 3~4개의 수용 가능한 중재 방법 중에서 적용하고 싶은 중재 방법을 교사가 직접 선택하도록 하는 것이 바람직하다. 새로운 중재 방법의 수용은 전문성의 개발을 통하여, 그리고 새로운 중재 방법의 사용을 도와주는 팀의 협력 과정을 통하여 촉진될 수 있다는 점을 염두에 두어야 한다.
- 일곱째, 치료에 대한 분명한 책임 구분이 있어야 한다. 치료 프로그램을 총괄적으로 책임지는 사람이 분명히 정해져야 하며, 치료의 각 요소를 책임지는 사람 역시 분명하게 정해져야 한다. 치료 프로그램을 총괄적으로 책임지는 사람은 최종 결정을 내릴 수 있는 권한을 지녀야 하며, '정보교환 창구'의 역할을 담당해야 하고, 변화가 필요하거나 문제가 발생할 때 보고를 받아야 한다. 이 모델(중다양식 치료 모델)이 치료에 대한 팀 접근을 강조하고 있긴 하지만, 전반적인 책임을 지고 사례 관리자의 역할을 담당하는 사람이 있어야 한다는 점을 유념해야 한다. 사례 관리자의 역할은 특수교육 교사, SAT 팀 리더, 학교심리학자 또는 상담교사가 담당할 수 있을 것이다. 사례 관리자로 가장 적당한 사람이 누구인가

는 여러 가지 이유로 매우 달라질 수 있다(예: 학생이 504조에 의해 서비스를 받고 있는지, IDEA에 의해 서비스를 받고 있는지, 필요한 전문성을 가진 교직원의 활용 가능성은 얼마나 되는지, 학생이 서비스를 받는 환경이 어디인지에 따라 달라질 수 있다).

2. 실행 모델

지금까지 중다양식 치료 모델, 학교가 달성해야 할 과제, 모델을 실행하기 위해 고려해야 할 사항에 대하여 개괄적으로 살펴보았다. 주목해야 할 점은 이 모델이 **수행 모델**이 아닌 **치료 모델**이라는 것이다. 즉, 치료 모델은 무엇을 해야 하는지를 기술하며, 수행 모델은 치료 모델에서 상세하게 제시한 과제들을 **어떻게 달성하는지**를 기술한다. 중다양식 치료를 위해 일반적으로 받아들여지는 실행 모델은 없으며, 또 '최상의' 실행 모델도 없다. 그러나 연구를 통해 그 효과가 어느 정도 입증된 몇몇 학교기반 실행 모델은 있다. 일반적으로 이러한 실행 모델이 학교에서 폭넓게 실행되고 있다. 이러한 모델은 비단 ADHD 학생뿐만 아니라 학업 문제나 행동 문제를 가진 모든 학생에게 유용하다.

1) 협력적 자문

ADHD에 대한 학교기반 훈련은 그 좋은 취지에 비하여 종종 비효과적이다(Pfiffner et al., 2006). 대개 하루나 이틀 정도의 훈련으로 교사에게 ADHD에 관한 정보를 제공하고, 교사에게 효과적인 중재를 기대한다. 그러나 이렇게 단기간의 훈련으로는 교실에서 **효과적이고 독립적으로** 지식을 활용하거나 중재를 적용할 수 있을 정도로 교사의 지식과 기술을 향상할 수 없다. 교사가 이러한 수준에 도달하기 위해서는 필수적으로 추가적인 지원이 필요하다. 샤피로와 동료들(Shapiro, DuPaul, Bradley, & Bailey, 1996)이 개발한 협력적 자문은 먼저 교사 훈련을 실시하고, 그런 다음에 60일

동안의 집중적인 추수 지원 기간을 제공한다. 처음 훈련을 받고 난 후, 교사는 ADHD와 효과적인 중재에 관한 전문 지식 및 경험을 가진 자문위원을 만난다. 두 사람은 함께 학생의 문제를 논의하고, 적절한 중재 방법과 진행 과정 모니터링 절차를 함께 개발한다. 또 자문위원은 ADHD 학생을 확인하는 절차를 확립하도록 도와주며 의사와의 의사소통도 도와준다.

2) ABC 프로그램

ABC 프로그램(Pelham et al., 2005)은 학교 현장에서의 행동 문제를 다루기 위한 범학교용 프로그램이다. 이 프로그램은 펠험과 호자(Pelham & Hoza, 1996)가 ADHD 학생을 위해 개발한 치료 프로그램에서 사용되는 절차를 토대로 하고 있다. ABC 프로그램은 시작 단계에서 교직원 교육과 자문위원의 지원을 받는 것부터 시작하는데, 이를 통해 프로그램이 정확하고 일관성 있게 실행되도록 한다. 이 프로그램은 학교의 모든 교직원이 일반적으로 사용할 수 있도록 다음과 같은 요소를 포함하고 있다. ① 학교 교직원에게 사회적 강화를 효과적으로 사용하고, 지시하고, 말로써 꾸중하는 방법을 가르친다. ② 학교의 규칙을 체계적으로 가르치고, 학생의 준수 상황을 점검하며, 학생이 규칙을 준수하면 보상을 해 주고 규칙을 어기면 그 대가를 치르게 한다. ③ 규칙을 잘 지키는 학생에게 매일 긍정적인 기록을 해 준다. ④ 심각한 규칙 위반을 할 경우 타임아웃을 시행한다. ⑤ 정해진 수의 긍정적인 기록을 획득한 학생에게 금요일 오후에 자기 강화 활동(예: 게임, 스포츠)을 할 수 있는 자격을 부여한다. ⑥ 부모에게 숙제를 알려 주기 위해 숙제 알림장을 사용하고, 부모는 매일 저녁에 자녀가 숙제를 끝마치면 알림장에 서명을 해 주며, 학생이 부모의 서명이 된 알림장을 제출하면 보상을 해 준다. 만약 학생이 이러한 일반적인 요소에 반응을 보이지 않으면 개별화된 계획을 마련할 수도 있다. 또한 추가적으로 사회적 기술 훈련이 포함될 수 있다. ABC 프로그램과 같은 프로그램들이 학교 현장에 광범위하게 적용되고 정확하게 실행된다면, 이 프로그램들로 인하여 문제행동(예: 상담실 의뢰, 과잉행동/충동성 행동)이 급격히 감소할 것이며, 교사-학생 관계가 좋아지고, 교사가 평정한 학업 결손이 감소할 것이다(Waschbusch, Pelham, & Massetti, 2005).

3) 핵심 여론주도자 모델

앞에서 살펴본 것처럼, 교사에게 교실에서 효과적인 중재를 실행하도록 하는 것은 잘 알려진 문제다. 학교는 종종 교사를 훈련시키고 돕기 위하여 외부 전문가나 자문위원을 활용하며, 이러한 접근법은 성공적일 수 있다. 그러나 유감스럽게도 이러한 접근법 역시 문제가 있을 수 있다. 의사소통의 문제가 있을 수 있으며, 전문가를 '외부인'으로 보는 거부감이 있을 수 있고, 가장 흔한 문제는 전문가가 한정된 기간만 함께하고 이후에는 교사가 아무런 도움도 받지 못한 채 홀로 남겨진다는 점이다. 핵심 여론주도자(key opinion leader: KOL) 모델은 이러한 문제점을 극복하기 위해 고안되었다(Atkins, Graczyk, Frazier, & Abdul-Adil, 2003). KOL 접근법에서는 학교의 모든 교사에게 전문 지식이 많고 학생 문제에 대해 조언을 해 주거나 도와줄 수 있을 것으로 생각되는 동료 직원(KOL)을 정하게 한다. 그리고 KOL은 동료 직원을 위해 자문위원 역할을 할 것에 동의한다. 그런 다음 KOL은 ADHD 학생을 위한 효과적인 중재에 대해 집중 훈련을 받는다(예: 정적 강화, 반응 대가, 가정-학교 간 편지). KOL의 지원을 받은 학교의 교사들은 보다 효과적인 중재를 적용할 가능성이 높다(Atkins et al., 2003). KOL 접근법의 장점은 이 방법이 현장의 자원을 활용할 수 있다는 점이다. 또 추가적인 자원을 필요로 하지 않기 때문에 지속 가능하다는 장점도 있다(Atkins et al., 2003).

3. 대체 치료

ADHD 학생의 치료에 효과적인 것으로 입증된 많은 치료법이 있다. 또한 제대로 연구되지 않았거나 지지받지 못했거나, 논란이 많거나, 또는 효과가 없는 대체 치료

(alternative treatment)(보완 · 대체 의학이라고도 부름)도 있다. 일시적 유행, 사기, 기적의 치유법은 수세기 동안 있어 왔다. 이는 교육에서도 피할 수 없는 불행한 사실이다. 교육계에는 시판하기 전에 새로운 치료제의 효과 및 안전성을 입증하는 식품위생국(FDA)과 같은 역할을 하는 기관이 없다. 그 결과, 누구든지 그 효과를 입증할 부담 없이 새로운 치료법을 개발하고 상품화할 수 있다. 이러한 대체 치료를 지지하는 사람은 진정으로 ADHD 아동을 도와주고자 하는 순수한 목적을 가진 전문가부터 단지 쉽게 돈만 벌고자 하는 장사꾼에 이르기까지 온갖 사람이 다 있다. 그러나 한 가지 공통적인 사실은 그들이 너무나 자주 대체 치료를 별다른 노력 없이도 즉각적인 결과를 낳는 '기적의 치료법'으로 부른다는 점이다(Silver, 1987).

ADHD와 같은 장애를 가진 아동의 부모는 두 가지 이유로 인하여 '기적의 치료법'이라는 감언에 특히 현혹되기 쉽다(Silver, 1987). 첫째, ADHD 아동의 부모가 ADHD 문제에 대해 가능한 해결 방안을 찾으려는 노력은 전적으로 이해할 수 있다. 어떤 부모가 자신의 아이를 돕고자 하지 않겠는가? 별다른 노력 없이도 '빠른 치료'가 가능하다는 약속 또한 부모를 현혹시킨다. 둘째, 대체 치료는 흔히 인터넷상의 대중 언론과 전국적인 ADHD 단체의 웹사이트에 광고되고 있어서(Chan, Rappaport, & Kemper, 2003) 부모들이 쉽고 빈번하게 접하게 된다. 한 가지 예를 들자면, 'ADHD 대체 치료'를 인터넷 검색창에 입력하면 200만 개가 넘는 목록이 뜬다. 그 대부분이 그 상품을 사기만 하면 즉각적인 치료가 될 것으로 약속한다. 중다양식 치료 모델에 있는 방법처럼 수년에 걸쳐 공들인 연구 끝에 최근의 학술지에 발표되고 입증된 방법들과는 반대로, 이 '기적의 치료법'은 말 그대로 하룻밤 사이에도 인터넷이나 대중매체에 불쑥 나타날 수 있다. 불행하게도, 대부분의 부모는 학술지를 보지 않기 때문에 종종 대체 치료에 대한 정보를 교육자(예: 교사, 학교심리학자)에게 묻는다. 그러므로 교사는 대체 치료에 대한 실용적인 지식을 갖고 있어야 한다. '기적의 치료법'은 너무나 빠르게 나타났다 사라지기 때문에, 모든 대체 치료를 파악하기란 불가능하다. 따라서 교사는 효과가 의심스러운 치료임을 나타내는 '위험 신호'를 확인할 수 있도록 각 치료법이 주장하는 내용을 점검할 수단을 갖고 있어야 한다.

1) 대체 치료의 개관

〈표 5-2〉는 가장 일반적인 몇 가지 ADHD 대체 치료를 나열하고 있지만, 이것이 모든 대체 치료를 다 포함하고 있는 것은 아니다. 지금 이 순간에도 수많은 대체 치료가 등장하고 있다. 〈표 5-2〉에 있는 대체 치료에 대한 추가적인 정보와 다른 대체 치료에 대해서는 아널드(Arnold, 2002), 로하스와 챈(Rojas & Chan, 2005)을 참고하라. 대체 치료는 쉽게 간과할 수 없는 문제다. 상당수의 부모가 대체 치료를 선택하고 있다. 통계에 따르면 9~46%에 달하는 부모가 대체 치료를 시도하였으며(Bussing, Zima, Gary, & Garvan, 2002), 그 수는 점차 증가하는 추세다(Chan et al., 2003). 이 외에도 부모들 중 5%가 ADHD 치료에 종교나 믿음을 바탕으로 한 방법을 이용하고 있는 것으로 보고된 바 있다(Bussing et al., 2002). 당연한 결과지만, 인터넷을 자주 이용하는 부모들이 대체 치료를 더 쉽게 받아들이는 것으로 나타났다(Bussing et al., 2002).

표 5-2 논란이 많은 ADHD 치료법

치료	이론적 근거	입증
• 식단 제한 파인골드 식단, 올리고알레르기 식이요법/올리고항원 식이요법	ADHD는 음식 첨가물(예: 인공색소, 향료, MSG)에 대한 부작용이나 과민반응 때문에 생김. 치료법에는 첨가물 제거, '소식(小食)' 설탕 제거 방법이 있음.	소수의 ADHD 아동들이 식품 첨가물의 제거나 '소식'의 식단에 반응하긴 하지만 그 효과는 작음. 설탕 제거의 효능을 지지하는 근거는 없음.
• 비타민 일일권장량(RDA), 메가비타민 요법, 비타민 과다복용	ADHD가 비타민에 대한 요구를 증가시킴. 세 가지 방식이 있음. 일일권장량을 복용하는 RDA, 필요한 비타민을 대량으로 복용하는 메가비타민 요법, 특정 비타민을 극단적으로 과잉 복용하는 과다 복용이 있음.	RDA는 식단이 부실한 아동에게 유용할 수 있음. 메가비타민 요법이나 비타민 과다복용에 대한 과학적 근거는 없음. 비타민을 극단적으로 과다 복용하는 것은 실제로 독이 될 수 있음.

• 영양 보충 아미노산, 지방산	ADHD는 아미노산이나 지방산의 결핍에서 비롯된 뇌화학의 불균형에서 비롯됨.	ADHD 아동이 비교집단보다 낮은 수준의 아미노산이나 지방산을 갖고 있다는 것을 입증한 일부 연구가 있음. 아미노산의 보충이 효과가 있다는 과학적 근거는 없음. 지방산의 효과를 지지한 일부 연구가 있지만, 분명하지 않음.
• 미네랄 보충 철, 아연, 마그네슘	신경물질대사에 필요한 미네랄의 결핍이 ADHD를 초래함.	ADHD와 미네랄 결핍 간의 분명한 연관성은 없음. ADHD 아동이 비교집단보다 낮은 수준의 철, 아연, 마그네슘을 갖고 있다는 것을 입증한 일부 연구가 있음. 아연 결핍은 약물치료 반응에 부정적인 영향을 미칠 수 있음.
• 동종 요법 또는 생약 요법	우리의 신체는 생약이나 다른 자연 물질을 통해 질병이나 장애를 예방할 수 있음.	동종 요법의 효과는 없음. 생약 요법에 관련된 연구는 거의 없음.
• 바이오피드백	아동에게 주의집중을 유지하는 것과 관련된 뇌파 유형은 증가시키고 백일몽/주의 산만과 관련된 뇌파 유형은 감소시키는 법을 가르칠 수 있음.	이 주장을 지지하는 연구가 많이 있으나, 다른 요인에 의한 변화를 적절히 통제하지 못함. 치료에 시간과 경비가 많이 소요됨.
• 요가	요가는 아동의 초점과 집중도를 높일 수 있음.	한 편의 연구가 효과를 입증하고 있지만, 보다 많은 엄격한 연구가 요구됨. 전통치료법의 일부로 유용할 수 있음.
• 마사지/이완	아동을 이완시킴으로써 근육의 긴장과 ADHD 관련 문제를 감소시킬 수 있음.	두 편의 연구가 긍정적인 결과를 보였지만, 이 연구들 자체에 문제가 있기 때문에 더 많은 연구가 필요함.
• 녹색 환경	자연환경 속에서 아동의 초점과 과제 수행 능력이 향상됨.	한 연구가 희망적인 결과를 내놓았지만 많은 비판을 받고 있음.

(1) 식이요법 치료와 비타민

1970년대 이후에 파인골드(Feingold) 식단과 같은 식이요법 치료가 등장했다. 이 치료법은 ADHD가 음식물에 대한 역효과 때문에 발생한다는 전제에 근거하고 있다. 이 치료법은 아동의 식단에서 특정 음식이나 첨가제를 줄이거나 완전히 제거하는 방식이다. 인공 색소와 방부제를 식단에서 완전히 배제하는 파인골드 식이요법은 폭넓게 연구되어 왔으며, 이러한 방식이 치료에 도움이 된다는 사실이 입증되기도 하였다. 그러나 그러한 도움은 소수집단의 ADHD 아동에게 국한되었으며, 그 효과는 크지 않았다(Schab & Trinh, 2004). 올리고알레르기 식이요법과 올리고항원 식이요법(oligoallerginic and oligoantigenic diets)은 ADHD가 음식 알레르기나 과민 반응에서 생긴다는 생각에 근거하고 있다. 그리하여 이 식이요법은 식단에서 설탕, 유제품, 밀, 옥수수, 콩 등을 제거하거나 줄인다. 이 치료법에 대해 철저한 연구가 이루어지지는 않았지만, 그 효능을 지지하는 몇몇 연구가 있다(Rojas & Chan, 2005). 일일 권장량의 비타민 섭취를 강조하는 비타민 치료법은 한 연구에서 그 효과가 밝혀지기도 했지만, 그 효과는 식사가 매우 부실한 아동에게 국한되었다(Arnold, 2002). 정제된 설탕을 식단에서 배제해야 한다는 주장을 입증한 연구는 없다. 충분한 비타민과 미네랄 그리고 정제된 설탕의 양을 줄인 균형 잡힌 식단은 모든 ADHD 아동에게 어떤 경우에는 도움이 될 수 있을 것이다. 다량의 비타민을 투여하는 메가비타민 요법(megavitamins)은 ADHD에 효과적이지 않다(Arnold, 2002). 비타민 과다 복용은 독이 될 수 있기 때문에 반드시 의사의 처방을 통해서 이루어져야 한다.

(2) 식품보충제

식단을 보완하는 방법은 흔한 대체 치료법이다. 이러한 치료법은 ADHD가 신경물질 대사에 필요한 물질의 결핍으로 야기된 뇌화학의 불균형 때문에 발생한다는 생각에 근거하고 있다. 아미노산이나 지방산은 뇌가 기능하는 데 필요한 신경전달물질의 생성에 필수적인 요소다. 몇몇 연구가 지방산이 ADHD 치료에 도움이 된다고 주장하고는 있으나, 그 차이가 없다는 연구도 있다. 따라서 그 효과(설령 있다 하더라도)에 대한 명확한 판단은 내릴 수 없다(Rojas & Chan, 2005). 철, 아연, 마그네슘의 결핍은 ADHD를 초래할 수 있는 가능한 요인으로 제시되어 왔다. ADHD 아동이 이러한 광물질을 더 적게 지니고 있다는 연구가 하나 있음에도 불구하고, 이 광물질을 ADHD 아동의 식단에 첨가하여 ADHD 증상에 효과를 보았다는 분명한 증거는 없다. 과도한 철 흡수는 오히려 유해하다는 점을 명심해야 한다. 이 광물질 중 아연이 가장 많은 관심을 끌고 있고, 두 편의 연구가 아연 보충을 통하여 효과를 보았다고 보고하였지만(Arnold & DiSilvestro, 2005), 아직까지 그 효과를 결정적으로 입증하지는 못하고 있다.

(3) 동종 요법 또는 생약 요법

동종 요법 또는 생약 요법(homeopathic or herbal approaches)은 신체의 방어 기제를 자극하여 질병이나 장애를 이겨 내도록 하는 치료법이다(Rojas & Chan, 2005). 치료에서 분자의 '바이오에너지'를 사용하기 때문에, 이 치료는 외부적으로 거의 잘 드러나지 않는다. 동종 요법이 해를 초래할 가능성은 없어 보이지만, 그 효과 또한 의문시된다. 최근의 임상 실험에서도 동종 요법의 효과를 확인하지 못했다(Jacobs, Williams, Girard, Njike, & Katz, 2005). 생약 요법 역시 ADHD 치료에 사용된다. 생약 요법의 이용 규모에 대한 추정치는 매우 다양하지만, 한 연구에서는 ADHD 아동의 부모나 보호자 중 17%가 생약 요법 치료를 하고 있다고 응답하였다(Cala, Crisomon, & Baumgartner, 2003). 가장 많이 쓰이는 생약으로는 은행잎, 에키네시아(echinacea)(일명 자주루드베키아), 성요한초(St. John's wort)(일명 고추나물) 등이 있다. 생약 요법에 대한 연구는 아직 활발하지 못하며, 은행잎과 에키네시아의 ADHD에 대한 효능은 과학적으로 입증되지 않았다. 성요한초는 효과가 없는 것으로 나타나고 있다(Weber et al., 2008). 생약 요법은 식품위생국의 규제를 받고 있지 않다는 점을 명심해야 한다. 생약 요법은 심각한 부작용을 초래할 수 있으며 다른 약물과의 상호작용을 일으킬 수도 있다(Cala et a1., 2003). 생약 요법을 쓰고자 하는 부모는 이 치료법을 시작하기 전에 반드시 의사와 상담해야 한다.

(4) 바이오피드백

ADHD에 대한 바이오피드백 치료법은 긴 역사를 갖고 있다. 아직까지 크게 수용되고 있지는 않지만, ADHD 아동과 비교집단 간에는 뇌 활동에서 차이가 있다는 기록들이 있다(Loo & Barkley, 2005). 바이오피드백 치료법 지지자들은 아동의 뇌파에 변화를 주어 아동의 행동에 영향을 미칠 수 있다고 주장한다. 수많은 연구가 바이오피드백 훈련이 긍정적인 효과가 있다고 하지만, 그 연구들 자체에 문제점이 있다. 예를 들면, 바이오피드백에 관련된 많은 연구는 실험 참가자 한 명에 대해 연구한 사례 연구다. 또 연구자들은 이미 훈련 회기를 모두 끝마친 참가자에 대한 보고를 하고 있다. 그래서 연구자들은 연구 결과를 작성하기 전에 이미 그 실험 참가자가 바이오피드백 훈련에 반응을 보였다고 주장한다. 이는 마치 말의 경주가 끝난 후에 경마 내기를 하는 것과 마찬가지다. 만약에 실험 참여자가 반응을 보이지 않았다면 연구 보고서도 없었을 것이다. 즉, 단지 성공한 결과만 발표되었을 것이다. 바이오피드백 치료법에 관련된 또 다른 관심사는 바이오피드백이 실제로 변화를 만들어 내는지에 관한 것이다. 이는 다른 치료법들(예: 강화, 치료자의 관심)을 바이오피드백 치료와 함께 사용하기 때문이다. 아울러 치료에 필요한 시간(20~50회기)과 큰 비용이 요구된다는 점도 바이오피드백 치료의 문제다.

(5) 요가/마사지/녹색 환경

요가 훈련은 신체 기능(예: 심장 박동)에 영향을 미친다. 요가 치료를 지지하는 사람들은 요가 훈련이 ADHD 아동의 초점과 집중력을 향상할 수 있다고 주장한다. 아직 연구가 부족하기는 하지만, 요가의 효과를 지지하는 몇 편의 연구가 있다(Rojas & Chan, 2005). 마사지나 이완 요법은 이 방법이 근육의 긴장을 줄여 주고 ADHD 아동을 이완시킬 수 있다는 생각에 근거하고 있다(Rojas & Chan, 2005). 이 치료법 역시 아직 연구가 부족하지만, 그 효과를 입증하는 몇 편의 연구가 있다(Arnold, 2002). 녹색 환경 치료법(the green settings approach)(예: 잔디와 나무가 많은 공원으로 아이들을 데리고 나가는 것)은 ADHD 아동은 자연환경 속에서 과제를 더 잘 처리할 것이라는 생각에 근거하고 있다. 한 연구가 녹색 환경 치료법이 긍정적인 효과를 보였다고 보고하였지만, 그 연구의 결과는 의문시되고 있다(Rojas & Chan, 2005). 또한 이 치료법이 학교기반 치료에 얼마나 유용할지도 의문시된다.

요약하면, 많은 ADHD 대체 치료가 존재한다. 그러나 불행히도 연구를 통해 입증된 치료법은 거의 없으며, 어떤 치료법은 전혀 쓸모없는 것도 있다. 대체 치료의 문제에서 가장 중요한 것은 ADHD 아동에게 **대체 치료가 결코 주된 치료나 유일한 치료가 될 수 없다는** 점이다. 대체 치료는 오로지 효과적인 치료와 결합해서 사용되어야 한다. 대체 치료는 반드시 의사와 상의한 후에 행해져야 하며, 의사의 감독하에 실시되는 것이 더욱 바람직하다.

2) 대체 치료의 평가

앞에서 언급한 것처럼, ADHD 대체 치료는 놀라울 만큼 자주 등장한다. 가령, 부모가 교사에게 ADHD '치료' 또는 새로운 치료에 대해 질문을 한다고 가정해 보자. 어떤 방법으로 엉터리 치료와 잠재적으로 효과가 있는 치료를 구분해 낼 수 있겠는가? 사이비 과학에 기반을 둔 주장을 가려내는 데 저명한 파크(Park, 2003)는 엉터리 치료를 가려낼 수 있는 몇 가지 탁월한 지침을 제시하였다. 다음에 제시한 것은 의심스러운 주장을 보여 주는 주요 '위험 신호'를 가려내는 데 도움이 된다.

- **출처를 살펴보라**: 진정한 과학적 주장은 대중매체나 인터넷상에만 실리는 것이 아니라 과학 저널에 실린다. 과학 저널은 실린 내용을 보증하기 위하여 높은 기준을 유지한다. 특정한 연구가 과학 저널에 실리기 위해서는 연구가 지닐 수 있는 결함을 체계적으로 찾아내기 위해 일련의 전문가 집단이 모든 면에서의 철저한 검토를 해야 한다. **대중매체나 광고에만 등장하는 주장을 경계하라.** 또한 그럴싸하게 보이는 '단체'에서 만들어 낸 '보고서'도 경계하라. 그러한 보고서는 근거가 없고 그 단체 또한 사서함 번호만 존재하는 유령 단체일 가능성이 높다.

- **신중하게 발표된 지식**: 과학 단체는 새로운 지식이나 치료의 발표를 가급적 억제하는 경향이 있다. 과학자는 정리되지 않고 근거가 없는 주장을 받아들이지 못하도록 훈련받은 회의론자 집단이다. 그러면서도 동시에 과학자는 새로운 지식을 발표하는 것에 희열을 느끼는 집단이기도 하다. 새로운 발견에 대해 억제하지 못하고, 그것을 널리 알리고 싶어 하는 집단이 과학자이기도 하다.
- **성공 스토리/추천 글**: 추천 글과 입증되지 않은 일화적 증거는 강력한 정서적 호소력을 갖고 있기 때문에 주목하지 않을 수 없게 만든다. 우리 모두는 성공 스토리를 좋아한다. 필사적으로 무언가를 하려고 하는 ADHD 아동의 부모에게 추천 글은 매우 솔깃하게 들린다. 그러나 추천 글은 그 주장을 입증할 수 없기 때문에 신뢰할 수 없다.
- **고대의 처방**: 고대의 처방은 수세기 동안 사용되어 왔으며 현대 과학으로는 설명할 수 없다는 주장이 많다. 그러나 오랜 세월과 효능은 아무런 상관이 없다. 또한 파크(2003)가 지적한 것처럼, "당신은 고대의 민속적 지혜와 현대 과학 중 어느 것을 더 신뢰하는가?"
- **고독한 천재**: 이런 주장의 특징은 한 고독한 천재가 외부와 단절된 채로 수년 동안 연구한 결과 세상을 뒤집을 만한(각종 가능한 최상급의 형용사로 수식하면서) 엄청난 발견을 하였다는 것이다. 이는 순전히 거짓이다. 대부분의 진보와 획기적인 발견은 공개된 곳에서 수년간 애써 온 과학자들에 의해 느리지만 확실하게 이루어진다. 이와 유사한 것으로, '광신자'를 경계해야 한다. 대체 치료를 지지하는 사람은 대개 그 치료의 효과를 맹신한다. 불행하게도, 이러한 맹신은 실체가 없는 효과나 다른 요인에 의해 생긴 효과를 '보노록' 호도한다.
- **새로운 자연 법칙**: 어떤 대체 치료는 그 효능을 설명하기 위해 완전히 새로운 물리적·신경학적 메커니즘을 동원한다. 이런 주장은 전혀 믿을 것이 못 된다.

3) 믿을 수 있는 것

진짜 과학은 어떤 의미에서는 단점을 갖고 있는데, 그것은 과학적 발견이 교사나 부모가 쉽게 접하기 어렵고 재미가 없는 과학 저널에 실린다는 점이다. 따라서 많은 교사나 부모는 어느 정도는 대중매체에 의존하고 있다. 그렇다면 교사는 어떤 주장을 믿어야 하는가? 다음은 정보의 신뢰성을 알아볼 수 있는 몇 가지 팁을 제시한 것이다.

- **기사의 내용이 명성 있는 과학 저널에 실린 연구나 대학에서 실행된 연구의 내용을 언급하고 있는가?** 대부분의 신문기사나 신뢰할 수 있는 인터넷 사이트는 이러한 정보를 제공한다(예: '『뉴잉글랜드 의학 저널(*The New England Journal of Medicine*)』에 실린 최근 연구' 또는 '밴더빌트 대학 연구소는 새로운 연구 결과를 발표했다.'). 이런 형태의 기사는 그 정보가 신뢰할 만하다는 것을 보여 준다. 하지만 이러한 경우라 하더라도 새로운 발견은 감안해서 듣는 것이 좋다. 경우에 따라서는 예비 연구에서의 발견이 해당 연구에서는 확인되지 않는 경우도 있기 때문이다.
- **연구가 무선적인 임상 실험으로 이루어졌는가?** 무선적인 임상 실험은 치료의 효과를 평가하는 데 '절대적인 기준'이다. 이러한 형태의 연구는 실험집단과 통제집단 간에 발견된 차이가 오직 실험 처치에 의한 것이라는 점을 보증하기 위해 엄격한 통제 절차를 사용하며, 실험 참여자를 치료집단과 통제집단에 무선적으로 할당한다. 무선할당은 한 집단(실험집단)의 피험자와 다른 집단(통제집단)의 피험자가 서로 다르게 구성되는 것을 피하게 해 주는 매우 중요한 절차다. 예를 들면, 어떤 실험 처치에 자발적으로 참여한 사람들로 구성된 실험집단을 돈을 받고 실험에 참여한 통제집단과 비교하는 연구가 있다고 하자. 이와 같은 경우에는 연구 결과의 차이가 실험 처치에 의한 차이가 아닌 집단 특성의 차이 때문에 나타날 가능성이 매우 높다.
- **그 연구가 맹검(blinded) 또는 이중맹검(double-blinded)이 이루어졌는가?** 단순히 연구의 대상이 되었다는 것만으로도 행동의 변화가 있을 수 있다. 예를 들면, 자신의 딸

이 실험적인 ADHD 약물치료를 받고 있다는 사실을 알고 있는 어머니는 실제적으로는 아무런 변화가 없는데도 자녀가 호전되는 것을 보고 싶어서 딸이 호전되고 있다고 보고할 수도 있다. 마찬가지로 연구자 역시 자신이 알고 있는 사람이 실험에 참여했을 경우에 그 지인에 관한 자료를 수집할 때 부지불식간에 편향될 수도 있다. 이런 이유로 인하여 가장 엄격한 연구들은 '이중맹검' 절차를 사용한다. 이중맹검 절차에서는 피험자나 연구자 모두 누가 치료집단이며 누가 통제집단(즉, 실험 처치를 받지 않은 집단)인지 알지 못한다. 예를 들면, 약물치료 연구에서 참여자는 모두 알약을 하나씩 복용한다. 그러나 약을 먹는 피험자나 그 과정을 모니터하는 실험자 모두 그 약이 효과를 알아보고자 하는 실제 약인지 혹은 가짜 약(위약, 즉 아무런 효과가 없는 비활성 물질)인지를 알지 못한다. 이러한 절차는 실험 도중에 생길 수 있는 모든 편향의 가능성을 없애 준다. 이중맹검이 어려울 경우에는 피험자에게만 유지되는 단순맹검을 활용할 수 있다. 행동중재를 위한 연구에서는 이중맹검나 단순맹검이 가능하지 않을 때도 많다는 점을 유념하라. 다음 절에서 이러한 문제점을 다루는 방법을 논의하겠다.

- **그 연구는 위약 조건(placebo condition)을 사용하였는가?** 가끔 아무런 치료 없이도 행동의 변화가 진짜로 일어나는 경우가 있다. 이를 '위약 효과(placebo effect)'라고 한다. 약물치료 연구에서는 피험자가 아무런 효능이 없는 비활성 알약(예: 설탕으로 만든 알약)을 먹고 변화가 생겼다고 보고하는 경우가 자주 있다. 연구자는 이러한 현상을 알고 있기 때문에 실험용 약물치료의 결과를 위약의 결과와 비교한다. 실험용 약물치료가 효과가 있다고 판정하기 위해서는 반드시 실험용 약의 효과가 위약 효과보다 더 좋아야 한다. 놀랍게도, 위약의 효과가 실험용 약과 동일하거나 더 나은 경우가 허다하다. 이와 같은 방법이 행동치료에서도 활용된다. 실험적 행동 조건에 있는 아동은 평상시와는 다른 관심을 받게 되고, 그의 일상생활이 바뀌기 때문에, 그에게 일어나는 행동의 변화는 이러한 요인들로 인해 생기는 것일 수도 있다. 따라서 훌륭한 연구자는 실험집단과 통제집단 간에 이러한 요소에서 차이가 없도록 신경을 쓴다. 예를 들면, 통제집단의 아동들에게 해

가 없는 처치(예: 놀이를 하거나 활동에 참여하는 것)를 제공하여 그들에게 주어지는 관심이나 칭찬 등으로 인해 행동의 변화가 일어나지 않도록 한다.

요 약

이 장에서는 학교기반 ADHD 치료를 위한 중다양식 치료 모델의 개요를 살펴보았다. 또한 중다양식 치료 모델을 적용할 때 학교가 고려해야 할 과제를 요약하였으며, 그 모델을 실행할 수 있는 예들을 제시하였다. 다음은 꼭 기억해야 할 주요 사항을 정리한 것이다.

√ 학교기반 ADHD 치료는 중다양식 치료 모델이어야 하며, 반드시 약물치료, 학업적 관리, 행동적 관리, 심리적 기능에 관한 내용을 다루어야 한다.

√ ADHD는 학교와 가정생활 모두에 영향을 미친다. 따라서 치료는 가능한 한 두 환경을 모두 포함하여 다루어야 한다.

√ 중다양식 치료는 개별화되고 집중적이며, 장기적인 치료다.

√ 전문성 개발이 핵심적인 요소다. 교사는 중재를 효과적으로 실행하는 방법을 배워야 한다.

√ 중다양식 치료는 협력적이어야 한다.

√ ADHD 학생을 지도하는 교사를 지원해 주어야 한다.

√ 중다양식 치료를 실행하는 방법에는 여러 가지가 있으며, '최고'의 방법은 없다.

√ 교사는 대체 치료에 대해 잘 알고 있어야 한다. 대체 치료가 결코 주된 치료나 유일한 치료가 되어서는 안 된다. 교사는 대체 치료가 반드시 의사의 감독하에서만 이루어져야 함을 강조해야 한다.

√ 교사는 엉터리 치료를 구분해 낼 수 있어야 한다.

ADHD

Chapter 6

부모와의 협력

ADHD 아동을 키우는 것이야말로
세상에서 가장 힘든 일일 것이다.

– 러셀 바클리(Russell A. Barkley)

교사는 부모가 자녀의 교육에 적극적으로 참여하도록 유도해야 하는가? 이 질문은 평화, 어머니, 애플 파이를 좋아하느냐고 묻는 것만큼이나 매우 어리석은 질문이다. 물론 교사는 부모가 자녀의 교육에 참여하도록 도와야 한다. 부모는 자녀의 교육에 관여할 절대적인 권리를 지니고 있다. 부모의 참여는 공동체 의식을 만들어 내며, 학생의 학습을 극대화하기 위한 책임을 공유하게 한다. 부모의 참여는 학생의 학업 능력에 대한 교사의 높은 평정, 높은 학점, 높은 시험 성적과 상관이 있다. 또 부모의 참여는 학교에서의 더 낮은 중도 탈락률 및 더 높은 졸업률과 상관이 있다. 더 나아가 부모의 참여는 학교에서의 적응적인 행동(예: 과제 집중도)을 증가시키며, 학습 참여도를 개선한다(Hoover-Dempsey et al., 2005). 따라서 부모를 참여시키는 것은 교사가 적극 권장해야 할 일임에 틀림없다. 그러나 문제는 부모를 참여시키는 일이 항상 쉬운 것만은 아니라는 점이다.

부모의 참여를 가로막는 장벽의 하나는 스트레스다. 부모 역할은 갈수록 점점 더 어려워지고 있다. 오늘날 부모와 가정은 그 어느 시대보다 많은 스트레스를 겪고 있다(Knopf & Swick, 2008). 자녀를 기르는 것은 어려운 일이다. 자녀를 기르는 것은 최상의 환경에서도 힘든 일이며, 상당한 시간과 노력을 요하는 일이다. 경제적 불확실성, 사회적 변화, 확대가족 지원망의 부속, 다양한 가족 형태(예: 이혼 가정이 결합한 혼합 가정) 등의 요인이 부모의 스트레스를 가중시키며, 부모의 학교 참여를 어렵게 만든다(Knopf & Swick, 2008).

따라서 자녀 양육에 대한 요구가 부모를 정신적으로나 육체적으로 힘들게 만들 수 있다. 왜냐하면 이러한 부모들에게 학교에 참여하기 위해 시간을 내고, 에너지를 쏟고, 동기부여를 한다는 것은 결코 간단한 일이 아니기 때문이다. 이러한 문제 위에

ADHD 아동의 부모가 부딪히는 문제까지 더해 보자. 이 가정에서는 심지어 마트에 가는 것과 같은 사소한 일조차도 매우 어려운 일이 될 수 있다. 부모는 아동이 충동적인 행동을 하지 않는지 또는 말한 대로 하고 있는지를 끊임없이 지켜보아야 하기 때문이다. 취침 시간에도 소동이나 분노발작이 일어날 수 있다. 그들에게는 사소한 일도 힘든 일이 될 수 있다. 부모는 다른 아이들에게는 효과가 있는 양육 방법이 자기 자녀에게는 효과가 없어서 혼란스러워하고 좌절할 수 있다. ADHD 아동의 부모는 자기가 무언가를 잘못하고 있지 않은지 궁금해하며, 이러한 문제가 자기 때문이라고 자책하기도 한다. 그리고 이것이 스트레스를 한층 가중시킨다.

부모 참여를 어렵게 만드는 또 다른 잠재적인 문제는 때로 부모 스스로가 학교에서 환영받지 못한다고 느끼는 것이다. ADHD 아동 부모가 한 다음 말을 살펴보자.

> "지난번 학교 모임에 갔을 때 담임선생님, 학교심리학자, 사회복지사, 학습장애 전문가라는 사람, 상담선생님, 교장선생님 이렇게 여섯 분이 있었어요. 나는 그분들이 하는 말을 대부분 이해할 수 없었어요. 다음 모임에서 또 만나면 이런 당혹스러운 기분에서 어찌 벗어나야 할지, 그리고 내 아이에게 필요한 도움을 어떻게 얻을 수 있을지 도무지 모르겠어요."(Barkley, 2000, p. 11에서 인용)

> "학교에 갈 때마다 그들이 나를 가르치려고만 하는 것 같은 느낌이 들어요. 도대체 내 아들에게 문제가 있다는 사실을 아무리 말해도 그대로 받아들이는 것 같지가 않아요."(Reid, Hertzog, & Snyder, 1996, p. 77에서 인용)

불행히도, 이러한 경험을 하는 부모는 적지 않다. 바클리(Barkley, 2000)는 ADHD 아동의 부모는 교사와 만나고 난 후에 자주 굴욕감을 느낀다고 지적하였다. 그들은 뭘 어찌해야 할지 모르는 혼란을 느꼈거나 교사로부터 오해를 받은 것 같은 느낌이 들었다고 말했다. 그들은 학교가 자기 자녀의 문제를 어떻게 다루어야 하는지에 대한 자신의 생각과 의견을 존중하지 않고 자주 무시한다고 믿고 있다. 그들은 학교의 전문가들이 빨리 결론에 도달하기를 바라며, 자기 자녀에게 가장 도움이 되는 것보다는 학교의 편의에 가장 맞는 것을 하려 한다고 느낀다. 그 결과, 부모는 "부모-학교 관계에 대한 환멸, 불만족, 불신을 경험하게 되고, 또한 자신이 자기 자녀에게 아무것도 해 줄 수 없다는 상실감"에 빠지게 된다(Barkley, 2000, p. 11). 한 연구에 따르면 ADHD 아동의 부모는 일반 부모에 비해 자신의 자녀를 돕는 데 더 많은 무력감을 느끼고, 자녀의 학교에서 덜 환영받는다고 느끼며, 자녀의 교육에 관여할 수 있는 시간과 노력이 더 부족하다고 느낀다. 그러면서도 그들은 학교로부터 참여 요구를 더 많이 받는다고 느낀다(Rogers, Wiener, Marton, & Tannock, 2009).

우리는 교사가 의도적으로 부모를 홀대하고 있다거나, 학교가 ADHD 아동의 부모가 참여하는 것을 원치 않는다고 말하려고 하는 것이 아니다. 부모와 교사가 효과적으로 협력한 사례들도 있다(예: Reid et al., 1996). 더군다나 교사가 부모를 지원하는 중요한 자원이 될 수 있음을 보여 준 연구도 있다(Bussing, Gary, Mills, & Garvan, 2003). 그러나 일부 부모는 학교로부터 자신의 참여가 중요하지 않거나 바람직하지 않다는 메시지를 받기도 한다. 학교로부터 지원을 받기는커녕 오히려 비난받고 무시당한다고 느끼는 것이다.

이 장에서는 교사가 ADHD 아동의 부모와 함께 효과적으로 협력할 수 있는 방법에 대한 정보를 제공하고자 한다. 이를 위해 첫째, 부모-교사 관계, 자녀 양육, 가정-학교 연계 치료에의 참여에 영향을 미칠 수 있는 심리적 스트레스와 가족 스트레스에 대해 살펴볼 것이다. 둘째, ADHD 아동의 부모를 위한 정보 출처에 대해 살펴볼 것이다. 물론 이러한 정보 출처는 교사에게도 유용한 것이다. 셋째, 교사가 부모의 참여 가능성을 높일 수 있는 방법을 제시할 것이다. 마지막으로, 부모-교사 의사소통을 증진시키고 아동의 행동을 개선할 수 있는 효과적인 가정-학교 중재의 예를 제공하고, 부모와 교사가 숙제 문제를 다루는 데 도움이 되는 지침을 제공할 것이다.

1. 가정 스트레스 요인

ADHD 아동의 부모는 심리적 고통과 심한 가정불화를 겪을 가능성이 더 높다. 비교집단에 비해 ADHD 아동의 부모는 그 자신이 ADHD를 지니고 있을 가능성이 높다. ADHD 아동의 부모 중에서 12~20%의 어머니와 50%에 달하는 아버지가 ADHD의 증상을 보이는 것으로 보고되었다(Barkley, 2006). ADHD 아동 부모에게서 기분장애는 보다 일반적이다(Johnston & Mash, 2001). ADHD 아동의 어머니는 특히 우울증에 취약하며, 우울증과 ADHD 증상이 함께 나타나는 경우가 많다. 즉, ADHD를 가진 어머니는 우울증을 경험할 가능성이 더 높았다(Chronis-Tuscano et al., 2008; Johnston & Mash, 2001). 43%에 달하는 어머니가 기분장애 증상, 특히 우울 증상을 보고하였다. 만약 아동이 반항성 장애나 품행장애와 같은 동반장애를 가지고 있다면, 이 어머니는 비교집단 부모보다 우울증을 경험할 가능성이 다섯 배나 높다. 더군다나 ADHD 아동의 어머니(15~17%)와 아버지(13~31%) 모두 아동기에 반항성 장애나 품행장애를 가졌던 것으로 나타났다(Chronis et al., 2003). 흥미로운 것은 ADHD를 가진 어머니가 그렇지 않은 어머니에 비해 자녀의 문제행동에 대해 실제로 보다 더 긍정적이고 애정 어린 반응을 보일 수 있다는 점이다(Psychogiou, Daley, Thompson, & Sonuga-Barke, 2008). 여기에서 유념할 점은, 교사는 ADHD 학생의 부모가 심리적인 문제를 가지고 있을 것으로 추정해서는 안 된다는 것이다. '그럴 가능성이 높다'는 것이 ADHD 학생 부모의 모두 또는 대부분이 심리적 고통을 겪고 있음을 의미하는 것은 아니다. 이는 단지 ADHD 아동의 부모가 다른 부모와 비교했을 때 위험에 처할 가능성이 더 높다는 것을 의미할 뿐이다. 즉, 교사는 ADHD 학생의 부모가 심리적 고통을 겪을 가능성에 민감해야 한다는 점을 강조하고자 하는 것이다.

스트레스 역시 문제다. ADHD 아동의 부모는 상당히 높은 수준의 스트레스를 겪고 있으며(Barkley, 2006), 스트레스는 아동기 초기에 시작되고(DuPaul, McGoey, Eckert, & VanBrakle, 2001) 만성적이어서 오랫동안 지속된다(Treacy, Tripp, & Bird,

2005). 그들은 보편적인 문제(예: 일상 문제를 다루는 것)와 양육에 관계된 문제(예: 양육 기술이 낮은 것) 모두에서 높은 수준의 스트레스를 겪고 있다(Podolski & Nigg, 2001). 가족 간의 갈등 또한 자주 문제가 된다. ADHD 아동의 부모는 결혼생활의 만족도가 낮고 더 자주 싸우며, 이혼율이 높은 것으로 나타났다(Wymbs et al., 2008). 따라서 ADHD 아동의 부모는 가정불화를 겪을 가능성이 더 높다(Biederman, Faraone, & Monteaux, 2002). ADHD 아동이 반항성 장애 또는 품행장애를 동시에 갖고 있거나, 남자아이인 경우에 일반적으로 부모의 스트레스 수준이 더 높다(Barkley, 2006; Bussing et al., 2003). ADHD 아동의 양육과 관련된 어려움은 높은 수준의 스트레스를 유발하는 것으로 여겨지고 있다(Barkley, 2006). 높은 수준의 스트레스는 비효율적이고 강압적이며, 부적응적인 양육 유형과 관련이 있기 때문에 스트레스 수준이 상승되는 것은 문제가 된다. 양육 문제 역시 스트레스를 높일 수 있다(Johnston & Mash, 2001). 어떤 가정에서는 악순환적인 상호작용 때문에 지속적으로 가정불화가 생겨서 부모와 자녀 모두에게 스트레스를 주는 경우도 있다. 그 악순환적인 상호작용은 자녀의 불복종에서 시작하며, 그렇게 되면 부모는 질책이나 다른 부정적인 반응을 하게 되고, 이는 다시 자녀의 불복종을 증가시킨다. 이러한 악순환적인 상호작용은 아동이 미래에 품행장애를 가질 가능성을 증가시킨다(Chronis-Tuscano et al., 2008).

어떤 가정은 자녀의 양육과 관련된 문제를 갖고 있다(Chronis-Toscano et al., 2008; Weiss, Hechtman, & Weiss, 2000). 가장 자주 보고되는 양육 문제는 다음과 같다.

- 자녀의 활동을 잘 관찰하지 않거나 잘 모르고 있음.
- 관심을 받고자 하는 자녀의 행동에 대한 반응이 부족함.
- 부정적 · 비판적 반응 또는 질책하는 반응을 자주 함.
- 가혹한 체벌 혹은 신체적 체벌을 함.
- 일관성 있는 규칙을 유지하지 못함.
- 행동에 대한 결과를 경험시키지 않고 보상을 사용하지 않음.
- 결과를 경험시키는 것을 부적절하고 일관성 없이 사용함.

• 나쁜 행동에 대해 반응하지 않음.

이러한 문제는 아동의 문제행동을 악화시키고 부모의 스트레스 수준을 증가시킬 수 있기 때문에 심각하게 여겨야 한다. 또 이러한 문제는 가정-학교 치료를 방해할 수도 있다. 만약에 부모 중 어느 한 사람이라도 ADHD를 갖고 있다면, 치료 협조(예: 아동의 긍정적인 행동에 대해 보상을 해 주어야 함을 기억하는 것)와 관련된 문제가 특히 문제가 된다. 교사는 부모와 함께 하는 치료를 계획할 때 이 점을 고려해야 한다. 또 교사는 부모가 자신의 양육 기술과 자녀와의 관계를 어떻게 지각하고 있는지를 파악하고자 노력해야 한다. 양육 문제를 매우 힘들어하거나 자녀의 행동을 다룰 수 없을 것 같다고 하는 부모에게는 다음에서 제시하는 추가적인 정보 출처가 도움이 될 것이다.

2. 부모를 위한 정보 출처

교사가 부모에게 그들 자신의 자녀를 보다 효과적으로 다루도록 도울 수 있는 방법 중 하나는 그들에게 ADHD에 대한 정보와 도움을 받을 수 있는 출처를 알려 주는 것이다. 이러한 일은 부모가 자녀의 ADHD를 의심하고 있거나 ADHD 진단을 받은 직후에 특히 중요하다. 이 기간에 부모는 자녀의 ADHD 진단에 직면하고 자녀의 문제행동을 더 잘 다룰 수 있는 방법을 찾기 위해 노력한다. 여기에서 주목해야 할 점은 비교적 나이가 많은 자녀를 둔 부모는 필요한 정보가 있는 출처와 지원 네트워크를 이미 알고 있을 수도 있다는 점이다. 교사가 부모에게 제공할 수 있는 세 가지 중요한 정보 출처는 ADHD에 관한 정보, 부모교육 프로그램에 관한 정보, 그리고 부모 협력 단체에 관한 정보다.

1) ADHD에 관한 정보

부모가 ADHD의 특성을 이해하고 자녀의 성공을 돕기 위해 무엇을 할 수 있는지를 다룬 훌륭한 책은 많다. 또한 아동으로 하여금 ADHD가 자신에게 어떻게 영향을 미치는지를 이해하도록 돕기 위한 책도 있다. 부모가 ADHD의 특성을 더 잘 이해할수록, 그리고 ADHD가 자녀에게 어떻게 영향을 미치는지에 대한 이해가 많을수록 부모의 스트레스는 실질적으로 감소할 수 있다. 또한 부모의 죄책감(즉, 자신이 ADHD로 생기는 문제에 어느 정도의 책임이 있다는 죄책감)을 더는 데도 도움이 될 수 있다(Harborne, Wolpert, & Clarke, 2004). 〈표 6-1〉은 부모와 교사에게 유용한 정보를 담고 있는 몇 권의 책을 소개하고 있다. 인터넷에도 훌륭한 정보가 많이 있다. 〈표 6-2〉는 ADHD에 대한 신뢰할 수 있는 정보를 제공하는 전문단체나 대학에서 운영하는 몇 개의 사이트를 소개하고 있다. 물론 인터넷상에는 ADHD에 관한 잘못된 정보 역시 매우 많이 있다는 사실을 주의해야 한다. 어떤 사이트는 매우 그럴싸한 이름으로 명성 있는 전문가 집단과 제휴하고 있는 것처럼 현혹하지만 실제로는 단지 상품을 팔기 위한 것에 불과한 경우도 많다. 교사는 부모에게 이러한 상황을 정확하게 알려 주고 전문가 집단이나 학교가 보증하는 신뢰할 수 있는 사이트를 활용하도록 도와주어야 한다. 부모가 정보에 밝은 소비자가 되는 것은 중요하다(Barkley, 2000). 그렇지 않으면 부모가 효과적인 치료보다는 비효과적인 치료를 채택할 위험이 있기 때문이다.

표 6-1 ADHD 아동의 부모를 위한 도서

- 러셀 바클리(Russell A. Barkley), *Taking Charge of ADHD: The Complete, Authoritative Guide for Parents* (rev. ed.)(Guilford, 2000): 저자는 ADHD 분야의 최고 권위자로 평가받고 있다. 이 책은 부모와 교사를 위한 최상의 정보를 제공하고 있다. 이 책은 ADHD의 원인, 이 장애의 심리사회적 측면, 실제적인 양육과 관련된 논쟁점(예: 언제 아동이 ADHD 평가를 받아야 하는가), 효과적인 행동 관리 기법, 문제 해결 방법, 약물치료법을 모두 망라하고 있다. 저자는 부모들이 사례관리 접근법을 채택할 것을 제안하고 있다.

- 래리 실버(Larry B. Silver), *The Misunderstood Child: Understanding and Coping with Your Child's Learning Disabilities* (4th ed.)(Three Rivers, 2006): 이 책은 부모와 교사에게 적합하다. 이 책은 ADHD는 물론 학습장애까지 다루고 있으며, 부모가 '정확한 정보를 알고 있는 소비자 및 학습장애에 대한 적극적인 옹호자'가 되는 것에 초점을 맞추고 있다. 또한 이 책은 정상적인 발달, 학습장애의 영향, 현재 활용되는 학습장애 진단법과 치료법을 다루고 있고, 교육에 관련된 연방법도 다루고 있다.

- 로스 그린(Ross W. Greene), *The Explosive Child: A New Approach for Understanding and Parenting Easily Frustrated, Chronically Inflexible Children*(Harper, 2010): 이 책은 자주 심한 감정적 발작을 보이며 분노하는 아동을 다루고 있다. 즉, 분노를 참지 못하고, 보상이 지체되는 것 등을 참지 못하여 언어적 · 행동적으로 자주 감정을 폭발시키는 아동을 다룬다. 저자는 이러한 행동의 이해에 필요한 개념적 틀을 제공하며, 폭발적인 행동 이면에 존재하는 신경과학에 관한 정보를 제공하고 있다. 또한 그러한 폭발의 징후를 미리 알아차리고 긴장을 줄이며, 욕구불만 수준을 낮추는 방법을 제공한다.

- 대니엘 에이먼(Daniel G. Amen), *New Skills for Frazzled Parents: The Instruction Manual That Should Have Come with Your Child*(Mind Works, 2000): 이 책은 양육 방법을 다루고 있으며, 목표 설정, 규칙 정하기, 일관성의 필요성과 같은 효과적인 양육기법을 어떻게 사용할 것인지 설명하고 있다. 또한 ADHD에 관한 기본적인 내용을 개괄적으로 소개하고 있다.

- 패트리샤 퀸과 주디스 스턴(Patricia O. Quinn & Judith M. Stern), *The New Putting on the Brakes: Understanding and Taking Control of Your ADD or ADHD* (2nd ed.)(Magination, 2008): 부모가 자녀에게 ADHD에 대해 설명하는 것은 힘든 일이다. 이 책은 부모가 그것을 쉬운 용어로 자녀에게 설명할 수 있도록 도와준다. 이 책은 ADHD의 특성뿐만 아니라 자녀와 부모가 ADHD를 다루는 방법까지 가르쳐 준다. 초등학교 고학년에서 고등학생까지를 대상으로 한다.

- 바버라 잉거솔(Barbara D. Ingersoll), *Distant Drums, Different Drummers: A Guide for Young People with ADHD*(Cape, 1995): 이 책은 개인적인 차이의 가치를 강조함으로써 ADHD의 긍정적인 측면을 보여 준다. ADHD 아동을 탐험가나 모험가로 묘사하는 이 책의 시각은 ADHD와 싸우고 있는 아동과 청소년이 자신을 긍정적인 측면(예: 과잉행동이 아닌 무한한 에너지)에서 바라볼 수 있도록 돕는다.

표 6-2 인터넷상의 정보 사이트

- www.nimh.nih.gov/health/topics/attention-deficit-hyperactivity-disorder-adhd/index.shtml

국립정신건강연구소(The National Institute of Mental Health)는 정신질환 치료를 위한 선구적인 정부 기관이다. 홈페이지에 있는 ADHD 항목은 ADHD의 핵심 증상, ADHD 진단 과정에서의 기술, ADHD 치료와 관련된 연구들을 잘 요약해 놓고 있다. 그뿐 아니라 이 사이트는 누구나 내려받아 볼 수 있는 28쪽짜리 ADHD 책자도 제공하고 있다.

- www.chadd.org

CHADD(Children and Adults with Attention Deficit/Hyperactivity Disorder)는 ADHD 아동과 성인을 돕기 위한 훌륭한 부모 협력 단체다. 이 사이트는 ADHD 아동의 양육에 관련된 정보, ADHD와 관련된 교육적 쟁점에 관한 정보, ADHD 치료 경력을 지닌 의학 전문가나 상담 전문가를 쉽게 찾을 수 있는 인명부를 제공하고 있다. 또한 이 사이트는 ADHD 연구와 관련된 정보를 제공하는 국립정보제공센터(National Resource Center)와 연계되어 있다.

- www.ldonline.org/adhdbasics

LD Online은 ADHD와 학습장애를 다루는 사이트다. ADHD의 기초라고 명명된 이 사이트의 ADHD 항목은 여러 쪽에 걸쳐서 ADHD의 많은 핵심적인 내용을 요약하고 있다. 이러한 내용은 ADHD와 관련된 장애, 가족이 ADHD에 효과적으로 대처하는 방법, ADHD 학생이 필요한 교육적 지원을 받을 수 있는 방법에 대한 전문가의 조언 등을 포함하고 있다.

- www.additudemag.com

이 사이트는 계간지 ADDitude의 홈페이지다. 이 계간지는 개인과 가정이 ADHD와 학습장애에 효과적으로 대처할 수 있도록 돕는 것을 목표로 하고 있다. 이 사이트는 ADHD 아동의 양육에 관한 항목을 포함하고 있는데, 이 항목에는 행동과 훈육, 계획하기와 준비하기, 스포츠와 취미 같은 쟁점에 초점을 맞춘 하위 항목이 있다. 이 외에도 이 사이트에는 ADHD의 치료, 학교에서 ADHD와 학습장애를 다루는 방법에 관한 항목도 있다.

- school.familyeducation.com/learning-disabilities/add-and-adhd/34474.html

이것은 ADHD에 초점을 둔 가족교육 사이트의 일부다. 여기에는 ADHD의 이해와 진단, ADHD의 치료, 학교에서의 ADHD, 학교 밖에서의 ADHD를 다루는 하위 항목이 있다. 학교에서의 ADHD 항목은 학교 관련 쟁점, 중재, ADHD와 특수교육에 관한 정보를 담고 있다.

• www.guilfordjournals.com/loi/adhd
러셀 바클리(Russell A. Barkley)와 다른 저명한 전문가들이 공동 집필한 『ADHD 보고서(*The ADHD Report*)』는 ADHD의 본질, 진단, ADHD로 인한 결과들을 살펴보고, 임상적 관리와 교육 분야에서 최신의 신뢰할 만한 지침을 제공한다. 또 ADHD와 관련된 연구 결과와 함께 ADHD에 관련된 최근 소식도 제공한다.

2) 부모교육 프로그램에 관한 정보

어떤 부모는 단순한 정보 제공 이상의 도움을 원할 수도 있다. 이런 부모에게는 부모교육 프로그램이 유용할 수 있다. ADHD 아동을 위한 부모교육 프로그램은 보통 다음과 같은 세 가지 내용을 제공한다(Anastopoulos, Hennis Rhoads, & Farley, 2006). 즉, ① ADHD에 관한 기본적인 정보(예: 증상, ADHD 진단 방법, 일반적인 치료, 동반 조건), ② ADHD 아동을 위한 효과적인 행동 관리법(예: 칭찬, 토큰법의 사용, 반응 대가 등과 같은 행동 관리 전략), ③ 부모-자녀 상호작용을 개선하는 전략(예: 부정적인 대화 대신에 긍정적인 대화하기, 부적절한 행동은 무시하고 적절한 행동에 관심 주기)이다. 〈표 6-3〉은 부모교육 프로그램에 공통적으로 포함되는 주제들이다. 일반적으로 프로그램은 6~12회의 훈련 회기로 구성되고, 각 회기는 한 시간에서 두 시간 정도 진행된다. 부모교육 프로그램은 문제행동(예: 반항적 행동)과 부모-자녀 갈등을 줄일 수 있다. 또 부모교육 프로그램은 부모의 현행 스트레스 수준을 낮추고 자녀의 문제행동에 잘 대처할 수 있다는 자신감까지 증대시킬 수 있다(Anastopoulos et al., 2006). 부모교육 프로그램은 의료시설이나 ADHD를 전공한 건강 전문가를 통해 제공받을 수 있다. 인터넷을 통해서도 부모교육에 관한 정보를 확인할 수 있다. 예를 들면, CHADD 웹사이트(〈표 6-2〉 참조)는 부모교육 프로그램을 받을 수 있는 기관의 위치 서비스를 제공하며, 미국 정신건강 서비스 센터(U.S. Center for Mental Health Services)는 정신건강에 관련된 정보를 제공받을 수 있는 기관의 위치 서비스를 인터넷상에 공지하고 있다(store.samhsa.gov/mhlocator).

표 6-3 부모교육 프로그램의 공통 요소

요소	설명
ADHD의 개요	ADHD의 역사, 약물치료, 동반장애, 증상, ADHD의 진단
의사소통 기술	부정적 의사소통 피하기, 긍정적 의사소통에 집중하기, 효과적인 지시하기
행동 관리	행동 관리의 원리, 행동 이해하기, 강화(예: 칭찬, 토큰법), 처벌(예: 타임아웃, 반응대가)
주의집중 기술	긍정적인 행동에 집중하기, 부적절한 행동 무시하기
문제 해결 기술	문제행동 정의하기, 해결 방안에 대한 브레인스토밍하기, 수용 가능한 해결 방안 협의 및 결정하기, 해결 방안 실행하기
아동 중심 기술	아동에게 구체적인 기술 가르치기(예: 친구 사귀는 법, 문제 해결 기술)
일반화 전략	집이 아닌 다른 환경에도 적용할 수 있도록 전략 수정하기
향후 활용을 위한 반응 계획	미래에 발생 가능한 문제를 다루는 방법에 대해 브레인스토밍하기
학교와의 협의와 의사소통	교직원과 대화하는 법, 교직원과 협력하기
인지적 재구성	양육에 관한 잘못된 생각과 신념을 찾아내어 재구성하기

3) 부모 협력 단체

앞에서 언급한 것처럼, ADHD 아동의 부모는 높은 수준의 스트레스를 경험하고 우울증이나 다른 정서장애를 경험할 위험에 노출되어 있다. 그들은 자신의 양육 기술에 의문을 가지고 있으며, 자기 자녀의 문제가 극복할 수 없는 것이라고 느낄 수 있다. 이러한 이유 때문에 ADHD 아동의 부모가 적극적인 지원 네트워크를 갖는 것은 중요한 일이다. 그러나 한 연구에서는 많은 ADHD 아동의 부모가 자녀의 행동적·정서적 문제의 걱정에 대해 대부분 친족으로 구성된 소규모의 지원망에 의지하고 있는 것으로 나타났다(Bussing et al., 2003). 하지만 이러한 지원 네트워크는 문제행동을 다룰 수 있는 효과적인 방법에 관한 지식이 부족하고 ADHD 아동의 요구를 경험해 본 적이 없기 때문에 ADHD 아동의 부모에게 적절한 정서적 도움을 줄 수 없고 양육에 관한 좋은 조언도 해 줄 수 없다. 그래서 부모들은 추가적인 지원의 필요성을 느낀다. 이때 부모 협력 단체가 이러한 욕구를 충족해 줄 수 있다.

부모 협력 단체는 ADHD를 다루는 경험을 나누기 위해 정기적으로 만나는 ADHD 아동의 부모들로 구성된다. 부모들은 ADHD 아동의 요구에 대처하면서 느낀 경험, 문제점, 성공 경험을 공감대를 가진 다른 부모들과 함께 나누고 공유할 수 있다. 또 이 협력 단체는 부모들이 공통적으로 인식하는 문제들을 다루는 방법과 정보도 공유할 수 있다. 이러한 부모 협력 단체에 참여함으로써 부모의 스트레스 수준을 낮출 수 있고, 자녀와 함께 효과적으로 노력할 수 있는 자신감을 높일 수 있으며, ADHD에 관한 지식을 증대시킬 수 있다. 그리하여 결과적으로 부모들은 더욱 주도적인 자녀 양육을 할 수 있게 된다(Singh et at, 1997). 주목할 만한 사실은 ADHD 아동을 위한 협력 집단은 아동의 자기 수용과 자기 가치감을 높이는 데에도 효과적이라는 점이다(Frame, Kelly, & Bayley, 2003).

가장 크고 가장 잘 조직된 부모 협력 단체는 CHADD(Children and Adults with Attention Deficit/Hyperactivity Disorder; www.chadd.org)다. CHADD는 전국 규모의 비영리 단체로 대부분의 주에 지부를 두고 있다. 여타의 지원 그룹들과는 달리, CHADD는 특정 약품이나 상업적 치료 프로그램, 또는 인터넷에 많이 떠도는 상품을 홍보하지 않는다. CHADD 웹사이트는 ADHD에 관한 최신의 정보, 연구 경향, 추천할 만한 치료법(예: 행동 중재, 약물 요법), 법적 권리, 학교와 협력하는 방법 등을 알려주는 훌륭한 정보 출처다. 각 지역의 지부를 쉽게 찾을 수 있도록 위치 서비스도 제공한다. 아울러 CHADD는 ADHD 아동이나 성인을 도울 수 있는 해당 지역의 전문가에 대한 정보를 제공하기도 한다. 또한 CHADD는 부모가 자신의 경험이나 문제를 공유하고 토론할 수 있는 온라인 서비스를 제공한다. 이러한 서비스는 협력 집단에의 접근이 어려운 부모(예: 농촌 지역에 있는 부모)에게는 매우 소중하다. CHADD는 또한 특별히 훈련받은 부모가 ADHD를 효과적으로 다루는 방법을 가르치는 '부모 대 부모' 교육 프로그램을 제공하기도 한다. 이 부모 대 부모 수업 역시 온라인으로 수강이 가능하다.

3. 부모 참여 격려하기

교사는 부모가 자녀의 치료에 적극적으로 참여하도록 격려해야 한다. 부모가 자신의 ADHD 자녀의 치료에 적극적으로 참여할 때 아동의 치료에 큰 도움이 된다(Power & Mautone, 2008). 부모의 참여에는 크게 세 가지 유형이 있다(Fantuzzo, McWayne, Perry, & Childs, 2004). 첫째는 학교중심 참여다. 이것은 부모가 학교 내의 활동이나 학교와 협력하는 활동에 참여하는 것이다(예: 교실 자원봉사, 부모-교사 단체에 가입하기, 행사 계획 돕기). 둘째는 가정-학교 의사소통(home-school communication)으로, 이것은 학생의 교육적 경험 및 진전에 관한 학교 직원과 부모 간의 의사소통을 말한다(예: 학업의 진전과 어려움에 대해 학부모와 대화하는 것). 셋째는 가정중심 참여(home-based involvement)다. 이것은 가정에서 부모가 자녀의 행동을 개선하고 가정의 긍정적인 학습 환경을 조성하기 위해 행하는 노력이다(예: 가정에서 학습 기회 제공하기, 교육의 가치 강조하기). 부모의 참여를 이끌어 내기 위해 투입한 교사의 노력과 시간은 학생이 큰 성과를 보이는 결과로 나타날 수 있을 것이다.

1) 학교중심 참여

학교중심 참여는 가장 대표적인 부모의 참여 유형이다. 많은 학교가 부모를 학교 활동에 참여시키기 위해 많은 전략을 고안하고 있다(예: '이 학교는 우리 학교입니다.'라는 표지판 세우기, 부모-교사 단체, 자원봉사 프로그램). 학교중심 부모 참여를 증가시키는 가장 효과적인 방법 중 하나는 참여할 수 있는 기회를 알려 주는 가정통신문을 보내는 것이다(Hoover-Dempsey et al., 2005). 부모가 참여하는 학교중심 참여는 아동의 주의력을 향상하고 품행 문제의 수준을 낮출 수 있다는 점에서 바람직하다(Fantuzzo et al., 2004). 학교중심 참여가 효과적인 이유는 아직 명확하게 밝혀져 있지 않다. 다만 학교에서 부모를 본다는 것이 아동의 입장에서는 학교와 가정 간의 견고한 연결을 만들어 내는 것으로 추정할 수 있다(Pantuzzo, Tighe, & Childs, 1999). 유감스럽게도, 구체적으로 어떤 활동(예: 학급 자원봉사, 야외 현장학습 봉사)이 다른 활동에 비해 더 효과적인지 또는 부모가 어느 정도까지 참여해야 하는지를 다룬 연구는 아직 없다.

2) 가정-학교 의사소통

교사-부모 상호작용은 부모 참여에서 가장 중요한 부분이다. 부모가 교사와 편안하게 대화할 수 있을 때, 교사가 자신의 자녀에 대해 염려하고 있다고 믿을 때, 그리고 자녀와 어떻게 함께 노력할 것인지에 대한 부모의 아이디어에 교사가 관심을 보인다고 생각할 때 부모는 가정중심 활동이나 학교중심 활동에 더 잘 참여하는 것으로 볼 수 있다(Hoover-Dempsey et al., 2005). 따라서 가정과 학교 간의 효과적인 의사소통은 부모 참여를 이끌어 내는 데 필수적이다. 그러나 대화의 부족은 ADHD 학생의 부모가 공통적으로 지적하는 불만 요인이다. ADHD 학생의 부모는 자녀가 학교에서 어떻게 하고 있는지에 대해 전혀 모르고 있으며, 교실에서 자녀를 위해 어떤 중재가 실시되고 있는지도 알지 못하고, 또 교사가 자녀의 문제에 대해서도 모르고 있다고 생각한다(Reid et al., 1996).

교사는 가정-학교 의사소통 체제를 만들어서 일 년 내내 상시적으로 활용해야 한다(Bos, Nahmias, & Urban, 1999). 이를 위해 가장 먼저 해야 할 일은 부모와 효과적으로 의사소통할 수 있는 최선의 방법을 정하는 것이다(Knopf & Swick, 2008). 예를 들면, 교사는 가정통신문을 보내서 부모가 원하는 의사소통의 방법(예: 전화, 이메일, 가정-학교 통신문, 부모-교사 면담)과 횟수(예: 한 주에 한 번, 두 주에 한 번)를 물어볼 수 있다. 이때 '최상의' 의사소통 방법이 있는 것은 아니라는 점을 염두에 둘 필요가 있다. 부모가 선호하는 의사소통 방법은 여러 가지 요인에 따라 달라진다. 어떤 부모는 전화로 개인적인 대화를 하는 것을 선호하지만, 어떤 부모는 전화 상담을 불쾌하게 여길 수도 있다. 어떤 부모는 이메일의 편리함을 좋아하지만, 어떤 부모는 이메일을 사용하지 않는다. 가정-학교 통신문이 효과적인 방법이기는 하지만, 그 통신문을 집과 학교로 전달하는 학생의 입장에서는 매우 성가신 일이 될 수도 있다. 어떤 부모는 직접 대면하여 나누는 대화를 선호하지만, 정기적인 면담에 참여할 시간을 내기가 힘든 부모도 있다.

교사가 다음으로 해야 할 일은 의사소통의 일정을 짜는 것이다. 일단 일정이 정해지면, 교사가 그것을 유지하는 것이 매우 중요하다. 교사 자신이 정해진 일정을 따르지 않으면 부모에게 신뢰를 얻기 어렵다. 부모들 중에는 학교와의 의사소통을 학생을 돕기 위해 가정과 학교가 실제적인 정보를 교환하는 것으로 보지 않고 그저 형식적인 활동으로만 여기는 사람도 있을 수 있다. 예를 들면, 한 부모는 다음과 같은 불만을 털어놓았다. “그 선생님은 앞으로 가정통신문을 작성해서 꾸준히 보내 주겠다고 말했어요. 그렇지만 올 한 해 동안 한 번도 집으로 보낸 적이 없어요.”(Reid et al., 1996, p. 79) 적절한 시점을 잘 맞춘 대화 또한 중요하다. 그래야 작은 문제가 보다 큰 문제로 확대되는 것을 미연에 방지할 수 있다. 한 부모는 다음과 같이 불만을 표출하였다. “통신문이 사태가 악화되기 일주일 전에만 우리에게 왔더라면 지금처럼 현장 학습을 못 나가는 일은 없었을 것입니다.”(Reid et al., 1996, p. 81)

교사는 의사소통의 내용뿐만 아니라 어조에도 세심한 관심을 기울여야 한다. 교사가 학부모에게 전달하는 내용과 방법 모두 효과적인 대화를 위해 매우 중요하다. 예를 들면, 교사가 하는 의사소통의 모든 내용이 문제와 관련되는 경우가 있다. 즉, ‘전부 안 좋은 이야기만 한다.’는 것이다. 어떤 부모는 교사가 보낸 가정통신문이나 전화를 받는 것을 두려워하기도 한다. 함께 일하던 한 부모는 저녁에 전화 벨소리만 울려도 가슴이 덜컹 내려앉는다고 고백한 적이 있다. 그러나 불행히도 바쁜 업무에 시달리는 교사는 자신도 모르게 이 ‘안 좋은 이야기만 하는’ 덫에 빠져 든다. 교사가 일부러 부정적인 이야기만 하려고 하는 것이 아니라, 단지 긍정적인 측면도 많이 있다는 사실을 잊고 있는 것이다. 이와 관련된 문제로서, 가끔 교사는 자신도 모르게 아동의 교실 행동 문제에 대한 책임을 부모에게 전가하는 것 같은 인상을 주는 경우가 있다(예: “캐런은 가만히 의자에 앉아 있지를 않아요. 그럴 때 부모님은 어떻게 하시나요?”). 부모는 자녀의 학교에서의 문제행동 때문에 자신이 비난받는다고 느낄 때 당황하며 어떻게 해야 할지를 모른다.

팅리(Tingley, 2009)는 교사가 부모와 효과적으로 의사소통할 수 있는 몇 가지 유용한 조언을 하였다.

- **긍정적으로 대하라**. 교사는 부모에게 아동의 문제를 알려 줄 필요가 있다. 그렇지만 계속해서 문제점이나 부적절한 행동에 대해서만 이야기한다면, 부모는 이를 무시해 버릴 수도 있다. **모든 아동은 장점과 긍정적인 면을 지니고 있다**. 이러한 긍정적인 면을 부모에게 알려 주는 것은 중요하다. 아동에게 좋은 일이 있을 때는 반드시 부모에게 알려 주도록 하라. 예를 들면, 부모에게 "캐런이 수요일에 누가 시키지도 않았는데 전혀 자리를 이탈하지 않고 공부했어요."라고 알려 주는 것은 매우 훌륭한 자극이다. 부모와 아동 모두 이러한 긍정적인 자극이 필요하다. 이런 행동들은 부모가 자녀를 칭찬할 수 있는 행동들이다. ADHD 아동의 부모는 자녀와 긍정적으로 상호 소통할 수 있는 기회를 가질 필요가 있다. 아동과 관련된 좋은 소식이란 대단한 것이 아니다. 그저 "레슬리는 학급 일을 참 잘 도와요." 또는 "스티브는 활력이 넘쳐요."와 같은 정도로도 충분하다. ADHD 아동에게는 '별다른 일이 없는' 하루나 일주일마저도 매우 긍정적인 일이라는 점을 명심해야 한다. 교사가 아동에 관련된 소식을 긍정적으로 전하는 것이 아동의 부모에게 교사에 대한 신뢰감을 심어 준다는 사실 또한 명심해야 한다. 이로써 부모는 교사가 문제행동에만 관심을 기울이고 있지 않다는 점을 알 수 있게 된다.
- **구체적으로 말하라**. 부모에게 아동의 긍정적인 행동과 부정적인 행동을 모두 구체적으로 알려 주라. 예를 들면, "로저가 또 사고를 쳤네요." 대신에, "로저가 줄을 서서 기다리라는 지시를 따르지 않았네요."라고 말하는 것이 좋다. 이러한 구체적인 정보는 부모에게 도움이 된다. 마찬가지로, "캐런이 받아쓰기를 잘했어요." 대신에, "캐런이 매주 치르는 받아쓰기에서 10점 만점 중 8점을 맞았어요. 정말로 열심히 했어요!"라고 말하는 것이 좋다.
- **적시에 말하라**. 문제행동이 발생하는 즉시 부모에게 알리라. 부모에게 곧바로 알려 주면 부모는 중재할 수 있는 시간을 가질 수 있다. 또 부모는 그러한 문제행

동이 발생하는 이유에 대한 통찰을 제공할 수도 있다(예: 로저가 줄서기를 싫어하는 것은 친구들이 놀리기 때문이다). 만약 사소한 문제가 심각한 문제로 확대되어 간다면, 적어도 부모는 무슨 일이 일어나고 있는지를 알게 될 것이다. 부모에게 적시에 알려 줌으로써 부모 입장에서는 갑작스럽게 나타난 문제에 의해 당황하게 되는 일이 없게 된다.

- **분별력 있게 판단하라.** 교사가 모든 것을 다 알려 줄 필요는 없다. 특히 학생이 단지 교사를 성가시게 하는 행동을 한다고 해서 이를 알려 주는 것은 좋은 일이 아니다. 예를 들면, 많은 ADHD 학생은 습관적으로 물건을 만지작거리거나(예: 연필 두드리기), 자리에 가만히 앉아 있지 못한다. 부모에게 알려 줄 것인지 말 것인지는 학생의 행동이 그의 학업적·행동적·사회적 기능에 영향을 미치는지의 여부에 따라 달라져야 한다.
- **사전에 알려 주라.** 교사는 나타날 가능성이 있는 문제를 미리 예측하고 그 문제를 다루기 위해 부모와 협력해야 한다. 예를 들면, 현장 학습을 가기 위해 부모의 서명이 필요하다면 이러한 사실을 부모에게 미리 알려 주고 학생에게 서명 용지를 보내면서 다시 한 번 상기시켜 주는 것이 좋다. 그러면 부모는 잊지 않고 확실하게 서명한 동의서를 학교에 보낼 수 있을 것이다.

3) 가정중심 참여

교사가 부모와 효과적인 의사소통을 하는 것은 중요하다. 또한 동시에 교사는 부모가 가정중심의 활동에 참여하도록 노력해야 한다. 가정 활동에 참여함으로써 부모는 아동의 치료에 적극적인 협력자가 된다. 연구 결과에 따르면 가정에서의 치료에 대한 가족의 적극적인 참여는 학교에서 ADHD 문제행동을 줄이는 데 매우 효과적인 것으로 나타났으며(Fantuzzo et al., 2004), 특히 이러한 참여가 학교중심 치료 또는 학교-가정 의사소통과 결합될 때 매우 효과적인 것으로 나타났다. 그러므로 교사는 부모가 가정중심 활동에 참여하도록 독려해야 한다. 이상적인 상황은 교사와 부모가 학생을 위한 공동의 목표를 설정하고, 서로 협력하여 가정과 학교를 아우르는 치료에 참여하며, 가정과 학교 모두에서 목표를 향한 학생의 진전 과정을 면밀히 지켜볼 수 있는 환경을 조성하는 것이다(Bos et al., 1999).

부모를 협력자로 끌어들이기 위해서 교사는 협력적인 분위기를 조성하고 효과적인 작업 관계를 확립할 필요가 있다. 간략히 말하자면, 교사는 부모의 참여가 매우 가치 있을 뿐만 아니라 바람직하다는 사실을 부모에게 알려 주어야 한다(Knopf & Swick, 2008). 교사-부모 협력 관계를 확고히 해 줄 수 있는 두 가지 요인은 ① 부모가 학생에 대한 책임감을 교사와 공유하고자 하는 것(즉, 교사와 부모 모두 학생의 치료에 필요함)과 ② 자신의 행위가 학생의 치료에 도움이 된다는 부모의 믿음이다(Hoover-Dempsey et al., 2005). 그러므로 교사는 치료 과정에서 부모가 동등한 파트너로서 대접받는 '우리는 하나'라는 팀 접근을 강조해야 하며, 부모에게 '함께할 수 있다'는 태도를 인식시켜 주어야 한다(Cox, 2005). 이러한 동료 의식을 부모에게 심어 줄 수 있는 가장 적절한 장소는 부모-교사 모임(예: IEP 모임, 부모-교사 회의)이다. 교사는 이 점을 확실하게 인식하고 모임에서 이러한 목표를 이루어야 한다. ADHD 학생의 경우에 이러한 모임은 가능한 한 학기 초에 일찍 하는 것이 바람직하며, 또한 모임은 많을수록 좋다. 〈표 6-4〉는 부모를 협력자로 참여시키고 부모와 효과적인 작업 관계를 확립할 수 있도록, 부모-교사 모임의 효과적인 개최 요령을 제시하고 있다.

표 6-4 부모와 모임을 가질 때 유의할 점

• 모임 시간

가급적 융통성 있게 일정을 조정하라. 많은 부모가 모임에 참여할 수 있는 시간이 제한되어 있다. 첫 모임은 특별히 충분하게 시간을 잡으라. 늦은 시간에도 모임을 할 수 있도록 하라.

• 모임 장소

가능하다면 매번 교실에서 모임을 가지라. 공식 회의실은 피하도록 하라. 마주 보고 앉는 것은 교사와 부모 간에 심리적 거리감을 조성하므로 피하는 것이 좋다. 책상에 나란히 앉도록 하라. 성인용 의자를 준비하여 부모들이 작고 불편한 아동용 의자에 앉지 않도록 하라!

• 준비

모든 관련 정보(예: 시험점수, 학습 활동 샘플, 관찰 기록)를 구비하여 언제든지 보여 줄 수 있도록 하라. 이전 학년 담임선생님과 협력하여 어떠한 교육적 조정과 중재가 실시되었으며 얼마나 효과적이었는지를 함께 검토하라. 부모의 이름을 알아두라. 혼합가정이 많은 요즘에는 조 존스의 아버지가 탐 존스가 아닌 탐 폴립닉일 수도 있다.

• 대화 분위기를 조성하라

부모의 생각, 관심, 견해를 듣고 싶다고 말하라. 부모가 한 말을 받아 적어도 좋은지 물어보라(어떤 부모는 자신의 말을 교사가 받아 적는 것을 싫어한다). 부모의 얼굴을 똑바로 쳐다보고, 시선을 맞추고, 질문을 하고, 적절히 반응을 하면서 부모의 말에 관심을 기울이고 있음을 보여 주라(예: "그래서 아이의 사회적 기술이 걱정이라는 것이지요?").

• 명확한 목표를 설정하라

모든 모임은 명확한 목표가 있어야 한다. 모임의 의도와 목적을 분명하게 보여 주는 의제를 설정하라. 목표는 모임 전에 설정하고 참석자 전원에게 알려 주어야 한다. 목표는 또한 구체적이어야 하고 확인된 문제와 연관이 있어야 한다. 예를 들면, 구체적인 목표는 '린다가 완수해야 할 자습 과제의 양 늘리기'로 설정할 수 있다.

• 실제적으로 하라

문제와 해결에 초점을 맞추라. 문제를 구체적인 행동으로 정의하라(예: "스티브가 과제물을 절반도 못해 왔어요."). 가능한 실행계획(예: 과제물 도표, 완성한 과제물에 대한 칭찬 스티커)을 명시하라. 어떤 계획을 채택할 것이고 누가 그 계획을 실행할 것이며, 그 효과를 어떻게 점검할 것인지 결정하라.

• 구체적으로 하라

구체적인 선택사항을 준비하라(예: "우리가 그 문제를 다룰 수 있는 세 가지 방법이 있습니다."). 치료에 대한 선택권을 부모에게 주고, 치료에 대해 그들이 갖고 있는 생각이나 원하는 수정 방안을 알아보라.

• 마무리

모임이 끝날 때 모임에서 결정된 내용을 기록하라. 모두가 동의하는지 확인하라. 특정한 구체적인 행위나 활동이 결정되었다면, 누가 책임을 지고 언제까지 할 것인지를 기록으로 남기라. 만약에 후속 점검활동이 필요하다면(예: 과제 이행의 점검), 그 활동을 어떻게 하고 그에 따른 정보를 어떻게 전달할 것인지를 정하라.

출처: Seplocha (2004); Bos et al. (1999); Kroth & Edge (2007).

교사는 부모에게 질문을 함으로써 자녀의 문제와 자녀에게 필요한 것에 대해 부모가 인식하고 있는지를 명확하게 확인할 수 있다. 또 그렇게 함으로써 치료에 필요한 정보를 제공받을 수 있다. 다음과 같은 질문이 좋은 예다.

- "자녀가 강점을 갖고 있는 영역은 무엇입니까?"
- "특히 자녀의 어떤 영역이 나아지기를 바라십니까?"
- "학교에 대해 가장 걱정되는 것은 무엇입니까?"
- "자녀가 흥미를 갖고 있는 활동이나 취미는 무엇입니까?"
- "자녀에 대해 제가 알아야 할 필요가 있다고 생각하는 것이 있습니까?"
- "ADHD에 대한 정보의 출처를 알고 싶습니까?"
- "자녀와 함께 노력할 수 있는 방법에 대해 더 많이 알고 싶습니까?"
- "ADHD 자녀를 둔 다른 부모님을 만나 볼 의향이 있습니까?"

교사는 부모마다 ADHD에 대한 지식과 ADHD로 인해 생길 수 있는 문제를 다루는 숙련성에 상당한 차이가 있다는 점을 알고 있어야 한다. ADHD에 대해 해박한 지식과 문제행동을 다루는 나름의 전략을 갖고 있는 부모와 협력하는 것은 이제 막 자녀의 ADHD를 인식하기 시작한 부모와 협력하는 것과 매우 다르다. 이제 막 자녀의 ADHD에 대해 인식하기 시작한 부모는 ADHD로 인해 생긴 문제의 본질을 제대로 이해하지 못하며, 아직 문제행동을 다룰 전략을 개발하지도 못한다. ADHD에 대한 폭넓은 배경지식을 지닌 부모는 학생을 위한 효과적인 조정과 중재에 관한 정보를 교사에게 제공할 수 있다. 물론 배경지식이 거의 없는 부모의 경우에도 교사에게 유용한 정보를 제공할 수 있다. 따라서 교사는 부모에게서 가능한 한 많은 정보를 얻어 내려고 노력해야 한다.

교사는 또한 ADHD 학생의 부모도 다른 일반 학생의 부모처럼 참여 가능성과 참여 의지에 차이가 있다는 점을 유념해야 한다. 적극적으로 참여하고자 하는 부모가 있는가 하면, 소극적이면서 과묵한 부모도 있다. 또한 부모의 참여도는 시기에 따라 달라질 수도 있다(예: 학생이 사춘기에 접어들면 부모의 참여도가 떨어진다)(Hoover-Dempsey et al., 2005). 이 밖에도 교사는 잠재적인 문제들에 대해서도 알고 있어야 한다. 심리적 고통이나 다른 스트레스 요인이 부모-교사 상호작용에 영향을 미칠 수 있다. 예를 들면, ADHD를 갖고 있는 부모는 준비성에 문제가 있을 수 있다. 그들은 모임에 늦게 오거나 아예 불참하기도 하며, 때로는 필요한 서류 양식을 갖고 오지 않거나 필요한 정보를 제공하지 않을 수도 있다. 또 그들이 자녀의 치료에 참여하고 있는 경우에는 마무리 행동을 잊어버리는 경우도 있다(예: 적절할 때 아동에게 보상을 주는 것을 잊어버리는 것). 그들은 또한 회의에 집중하지 않고, 화제를 바꾸거나 화제와 관련이 없는 이야기를 하기도 한다(Weiss et al., 2000). 우울증을 지니고 있는 부모는 자신이 무기력하다고 느끼기 때문에 모임 참여 자체를 꺼릴 수 있다. 무기력감 또는 절망감이 우울증의 일반적인 증상이다. 높은 수준의 불안과 스트레스는 치료 방법을 찾는 행동을 증가시킨다(Bussing et al., 2003). 만약 어떤 부모가 비현실적인 서비스를 요구하고 끊임없이 새로운 서비스를 원한다면, 이러한 태도는 높은 수준의 불안 혹은 스트레스와 관련된 것일 수 있다. 물론 이것을 학생에게 법적으로 부여된 서비스 또는 조정과 혼동해서는 안 된다. 마지막으로, 교사는 한부모 가정이나 경제적 어려움(예: 부모가 두 가지 직업을 갖고 있는 것)과 같은 요인에 대해서도 민감할 필요가 있는데, 이러한 문제도 모임 참석을 어렵게 할 수 있기 때문이다.

4. 가정-학교 활동

학생의 치료를 위해 부모와 교사가 협력할 수 있는 방법은 많다. 어떤 활동은 가정을 중심으로 이루어지는 반면에, 다른 활동은 가정과 학교 모두에서 이루어지기 때문에 교사와 부모 간의 협력이 필요하다. 여기서는 일반적인 가정중심 활동, 하나의 구체적인 가정중심 활동(숙제를 도와주는 것), 하나의 효과적인 가정-학교 중재(일일 보고 카드)에 대해 살펴볼 것이다.

1) 가정중심 활동

학생의 학습을 촉진하고 학교 행동을 개선할 수 있는 단순한 가정중심 활동은 많다. 예를 들면, 파워와 모톤(Power & Mautone, 2008)은 부모들에게 다음과 같은 활동을 제안한다.

- 교육의 중요성에 대해 자녀와 대화하라. 학교생활을 성공적으로 잘해야 할 필요성과 교육의 가치를 강조하라. 부모는 자녀에게 학교가 중요하다는 점을 납득시켜야 한다.
- 혼자서 글을 읽는 것이 가치 있다는 것을 인식하게 하기 위해 가족 글 읽기 시간을 정하라. 모델링을 통해 글 읽는 습관을 몸소 보임으로써 글 읽기가 중요한 것임을 자녀에게 인식시키라. 자녀가 어리다면 읽어 주거나 같이 읽어도 무방하다.
- 자녀가 숙제를 힘들어할 때는 도와주라. 부모의 도움이 필요할 때면(그러나 꼭 필요할 때만) 도와주라. ADHD 학생은 어려운 과제를 꾸준히 지속하기 힘들어하는 문제를 안고 있다. 적절한 도움은 과제를 끝마치는 데 도움이 된다.
- 학업적 성공에 대한 적절한 기대를 하게 하라. 학업의 향상을 위한 목표를 설정하고, 이를 자녀와 상의하라. 실현 가능하고 의미 있는 목표를 설정하라.
- 학업의 향상과 행동의 개선을 점검하라. 자녀와 함께 학교에서의 성공과 실패에 대해 알고 있는 점을 이야기하라. 이러한 대화는 부모가 학교 활동, 그리고 학교 활동의 중요성에 관심을 가지고 있음을 자녀에게 보여 준다.
- 텔레비전, 비디오게임, 컴퓨터 오락 등을 제한하라. 이러한 놀이를 제한하는 것이 문제행동과 학업 기능을 개선하는 데 효과가 있음을 보여 주는 증거가 있다. 이러한 놀이를 적절한 행동과 학업적 성취에 대한 보상으로 활용하라.

2) 숙제

ADHD 학생은 일반적으로 숙제를 끝마치는 데 어려움을 겪는다(DuPaul & Stoner, 2003). 그들은 종종 숙제의 내용을 받아 적지 못하고 부랴부랴 학교 공부를 해치우며, 심한 스트레스와 좌절감을 경험하고, 부주의한 실수를 저지른다. ADHD 학생은 또한 정해진 시간에 규칙적으로 숙제를 시작하고, 숙제에 집중하고, 숙제를 기억하고, 학습 자료를 준비하고, 시간을 관리하는 데 어려움을 겪는다. 중 · 고등학교에서는 학생이 보다 독립적인 학습자가 되어야 하기 때문에, 숙제와 관련된 문제는 학생의 학년이 높아질수록 가중된다(Meyer & Kelley, 2007). 이러한 상황은 부모가 밤마다 '숙제 전쟁'을 치르는 것과 같은 가족 간의 갈등 요인이 되기도 한다. 숙제 문제를 효과적으로 다루기 위해서는 가정중심의 활동과 학교중심의 활동이 모두 필요하다.

(1) 숙제 완수를 높이기 위한 가정중심 활동

숙제 문제로 힘들어하는 부모를 돕기 위해, 교사는 먼저 학교의 숙제 절차를 부모에게 알려 주어야 한다(Margolis & McCabe, 1997). 예를 들면, 어떤 학교는 학생이 교사가 내준 숙제 목록을 부모에게 보여 주었음을 입증할 수 있도록 부모의 서명을 요구하기도 한다. 또 어떤 학교는 학생이 숙제 기록장을 사용할 것을 요구한다. 교사는 이러한 모든 절차를 부모에게 알려 줄 필요가 있다. 또한 교사는 학생이 숙제를 끝마치는 데 대략 얼마만큼의 시간이 필요한지를 알려 주어야 한다. 학생의 숙제 완수를 높이기 위해 부모가 취할 수 있는 권장 행동은 많다.

- **숙제를 하기에 적당한 장소를 제공하라.** 자녀에게 숙제를 할 쾌적하고 밝은 공간을 제공하라. 숙제를 하는 동안에 TV를 보지 않도록 하고, 사람들이 오가는 거실 같은 산만한 장소에서 숙제를 하지 않도록 하라. 어떤 아동에게는 배경 소음(예: 음악, 백색 소음)이 도움이 되는 경우도 있음을 유의하라(Zentall, 2006).
- **자녀가 숙제를 하는 데 필요한 종이, 연필, 사전 등을 사용할 수 있도록 준비하라.** 자녀

에게 필요한 것이 있는지 묻고, 있다면 미리 구해 주라.

- **숙제를 하는 규칙적인 절차를 확립하라.** 날마다 숙제를 하는 시간을 정해 두고 그 시간을 지키라. 자녀가 숙제를 미루다가 잠자기 직전에야 하려고 하지 않게 하라. 같은 반 친구들과 함께 해야 하는 다소 시간이 걸리는 숙제는 주말 오전이나 오후에 하도록 하라. 숙제를 하는 정해진 절차를 잘 따르면 칭찬을 해 주라.
- **시간 관리를 하도록 도와라.** 숙제의 진행 과정을 점검하라. 숙제를 끝마치는 데 필요한 시간을 정하라(예: 글쓰기 연습 10분). 타이머를 사용하여 자녀가 숙제 활동을 하면서 보낸 시간이 얼마나 되는지를 알게 하라.
- **자녀가 어떤 것이 어렵고 어떤 것이 쉬운 숙제인지를 이해하도록 도우라.** 자녀에게 어려운 숙제를 먼저 하게 하라. 그러면 자녀가 가장 어려운 숙제에 집중하고 긴장하는 데 도움이 된다.
- **자녀가 도움을 요청하면 필요한 만큼만 도와주라.** 부모가 자녀를 대신하여 숙제를 해 주어서는 안 된다. 답을 알려 주면 아동이 배우려고 하지 않게 된다. 지나친 도움은 아동이 문제 해결을 위한 노력보다는 다른 사람의 도움을 기대하도록 만든다.
- **자녀가 보이는 실패와 좌절감의 표현을 주시하라.** 자녀가 좌절하거나 집중하지 못하면 잠깐 쉬게 하라. 일정한 간격을 두고 규칙적으로 짧은 휴식을 갖는 것이 도움이 된다(예: 30분마다 5분씩 휴식).
- **숙제에 진전이 있으면 보상하라.** 자녀가 성공적으로 숙제를 마치면 칭찬을 해 주라. 자녀가 열심히 했기 때문에 부모가 칭찬을 하고 있다는 점을 강조하라. 시간이 많이 걸리고 어려운 숙제를 잘 마쳤다면 그 노력을 강화하기 위해 특별한 이벤트(예: 피자, 산책, 공원에서 놀기)로 성공을 축하하라(U.S. Department of Education, 2003).

(2) 숙제 완수를 높이기 위한 학교중심 활동

교사의 행동은 아동이 숙제를 끝마치는 데 직접적인 영향을 미칠 수 있다. 교사가 숙제와 관련해 중점을 두고 다루어야 할 세 분야는 숙제의 계획, 피드백, 강화다. 잘 계획된 숙제 절차는 매우 중요하다. 교사는 숙제를 내주고, 모으고, 고쳐 주고, 평가하고, 등급을 매기고, 집으로 보내는 것과 관련된 정해진 규칙과 절차를 마련하고 준수해야 한다(Epstein, Polloway, Foley, & Patton, 1993). 교사는 또한 이러한 규칙과 절차를 학생에게 가르치고, 필요하다면(예: 학생이 규칙을 어겼을 경우) 정기적으로 반복하여 주지시켜야 한다. 교사는 또한 학생에게 숙제 기록장을 제공하는 것과 같은 도움을 주어야 한다(Zentall, 2006). 주의해야 할 점은 단순히 기록장을 제공하는 것에 그치지 말고, 그 기록장을 어떻게 활용할 수 있는지 알려 주어야 한다는 것이다(Margolis & McCabe, 1997). 또 교사는 숙제를 확실하게 제출할 수 있는 방법에 대해 학생과 함께 생각해 보아야 한다(예: "숙제를 끝마치는 즉시 가방에 넣어라. 그리고 학교에 오는 즉시 숙제함에 넣어라."). 마지막으로, 교사는 학생이 숙제 기록장을 잘 사용하고 있는지 점검해야 한다(예: 학생이 기록장을 꾸준히 사용하고, 숙제 내용을 정확하게 잘 받아 적고 있는가?).

숙제에 관련된 가장 일반적인 문제점은 숙제가 학생에게 너무 어렵다는 점이다(Salend & Schliff, 1989). ADHD 학생은 어려운 숙제에 좌절감을 갖고, 결국 해내지 못한다. 따라서 교사는 학생의 능력에 맞는 숙제를 내주어야 한다. 예를 들면, 읽기는 학생이 혼자서 할 수 있는 수준이 되어야 한다(즉, 어려움 없이 거의 모든 단어를 읽을 수 있어야 한다). 처음에는 쉬운 숙제로 시작하여 점차 어려운 숙제로 난이도를 올려 가야 하며, 숙제는 수업 중에 내주고, 학생이 어려워하면 숙제의 난이도를 조정해야 한다. 학생이 숙제의 어떤 부분을 어려워하는지에 대해 함께 논의하고, 숙제를 통해 배워야 할 것이 무엇인지를 학생이 이해하도록 해야 한다(Margolis & McCabe, 1997).

교사는 또한 숙제의 양에도 유의해야 한다. 최상의 환경이라 해도 ADHD 학생은 오랫동안 집중할 수 없다. 따라서 ADHD 학생은 숙제의 양이 너무 많다고 느끼면 숙제를 끝마치려고 시도조차 하지 않을 것이다. 그러므로 숙제의 양을 줄이는 것은 대부분의 경우에 ADHD 학생에게 바람직한 일이다. 특히 학생이 동반 학습장애를 지니고 있다면 "적을수록 더 좋다."(Zentall, 2006) 다른 학생들이 짧은 시간에 해낼 수 있는 숙제를 ADHD 학생은 오랜 시간 매달려 있어야 한다는 점에 유의해야 한다(Margolis & McCabe, 1997). ADHD 학생에게는 종종 학교 자체가 스트레스가 된다는 사실을 명심하여, 그들에게 '긴장을 풀어 주는' 편안한 시간을 제공해야 한다. 일반적으로 숙제의 양에 관한 좋은 지침은 '10분 법칙'을 따르는 것이다(Cooper, 2007). 즉, 1학년은 하루에 10분, 2학년은 20분이 넘지 않도록 하며, 고등학생의 경우 최대 2시간이 넘지 않도록 숙제의 양을 조절하는 것이다. 이러한 양도 ADHD 학생에게는 많을 수 있다. ADHD 학생에게 적당한 숙제의 양을 정할 때, 교사는 부모에게 학생이 집중력을 유지하는 시간이 어느 정도인지 물어보는 것이 좋다. 또 교사는 다양한 종류와 형식의 숙제를 통해 ADHD 학생을 도울 수 있다. 색다른 방식의 숙제는 ADHD 학생의 흥미를 끌 수 있는데, 예를 들면 여러 숙제 중에서 마음에 드는 숙제를 하나 골라서 해 오라고 한다든지, 학생이 원하는 방식으로 숙제를 해 올 수 있도록 배려하는 것이다(예: 컴퓨터 게임을 통해 수학 문제 이해하기)(Zentall, 2006).

ADHD 학생에게는 즉각적으로 숙제에 대한 피드백을 해 주는 것이 매우 중요하다. ADHD 학생은 자신의 수행 수준을 잘 알지 못하며(Barkley, 2006), 또한 자신의 학업 수행에 대해서도 잘 알지 못한다. 교사는 학생이 제출한 숙제에 대해 어떤 부분을 잘했으며, 어떤 부분에 좀 더 노력하면 더 잘할 수 있는지 서면으로 피드백해 주어야 한다(예: '수학 공식을 참 잘 외웠습니다! 숫자를 줄에 잘 맞추어 쓰기 바랍니다. 줄이 틀리면 오답이 나올 수 있습니다.'). 또 교사는 도표나 그래프를 통해 장기간에 걸친 학생의 숙제 수행 현황을 피드백해 줄 수 있다. 예를 들면, 교사는 매일 학생이 완수한 숙제의 비율이나 수학 숙제의 정답 비율을 그래프로 보여 줄 수 있다. 이러한 피드백은 학생의 성과에 대한 유익하고 즉각적인 피드백이 되며, 동시에 큰 동기부여가 될 수 있다.

요약하자면, 교사는 숙제가 지닌 잠재적인 문제를 예측하고 대비해야 한다. 숙제 문제에 효과적으로 대처하기 위해서는 가정중심의 활동과 학교중심의 활동이 모두 필요한데, 부모는 숙제를 끝마칠 수 있는 적절한 환경을 조성하고 규칙적인 숙제 절차를 확립해야 하며, 교사는 숙제의 난이도와 양을 적절하게 조절할 필요가 있다. 이 밖에도 ADHD 학생이 성공적으로 숙제를 끝마치도록 교사가 도울 수 있는 방법이 있다. 이에 대해서는 이어지는 장들에서 다룰 것이다.

3) 일일 보고 카드

일일 보고 카드(daily report card: DRC)는 가장 널리 사용되는 가정-학교 중재로서 이것을 통해 교사-부모 의사소통을 높이고 문제행동을 개선할 수 있다(Cox, 2005; Pelham, Wheeler, & Chronis, 1998). 일일 보고 카드는 학교에서 폭넓게 사용되어 왔으며, 교사의 입장에서는 처음 계획한 후 별다른 노력이 필요하지 않은 손쉬운 방법이다(Murray, Rabiner, Schulte, & Newitt, 2008). 일일 보고 카드를 사용하기 위해서, 먼저 교사는 매일 달성해야 할 수행 목표가 담겨 있는 '보고 카드'([그림 6-1], [그림 6-2] 참조)를 만들어야 한다. 일일 보고 카드를 사용할 때, 처음에는 교사가 학생이 학교생활을 하는 데 가장 중요한 한두 가지의 목표에 초점을 두어야 한다. 교사는 매일 학생의 수행 결과에 대해 등급을 매기고, 일일 보고 카드를 부모에게 보낸다. 부모는 일일 보고 카드 결과에 대해 자녀와 함께 의논하고, 학생의 수행 수준에 따라 구체적인 보상을 한다. 일일 보고 카드의 실행 절차에 대한 훌륭한 자료는 많으며, 일일 보고 카드에 대한 자세한 설명과 도움이 되는 많은 관련 자료들 또한 인터넷에 있다(Pelham, 2002). 일일 보고 카드의 실행 절차(Pelham, 2002)는 다음과 같다.

① **개선이 필요한 영역을 정하라.** 교사와 부모는 협력하여 개선이 필요한 영역을 정한다. 교사와 부모는 학생이 가장 부족한 영역이 무엇인지 알아내고 개선이 필요한 구체적인 부분을 정한다. 친구 관계 개선, 학업 성적 향상, 규칙/시시 준수 등이 흔히 정해지는 목표 영역이다.

② **목표 행동을 정의하라.** 변화할 수 있는 목표 행동을 구체적으로 지정하라. 목표 행동은 다음과 같아야 한다. ⓐ **의미 있는 것이어야 한다.** 즉, 교실에서의 아동의 기능에 많은 영향을 미칠 수 있는 의미 있는 행동이어야 한다. ⓑ **매우 구체화되어야 한다.** 즉, 행동은 객관적으로 정의되어야 한다(예: 교사가 시킨 모든 과제를 완수

하기, 수업 시간 내내 자리에서 일어나지 않기). ⓒ **관찰 가능해야 한다.** 즉, 목표 행동이 일어났는지 일어나지 않았는지를 교사가 직접 관찰할 수 있어야 한다. ⓓ **평가하기 쉬운 것이어야 한다.** 즉, 행동은 측정 가능하거나 발생 횟수를 세기 쉬운 것이어야 한다.

이름:
날짜:

	특수학급		국어		수학		독서		과학	
손들고 호명받을 때까지 기다리기	예	아니요	예	아니요	예	아니요	예	아니요	예	아니요
정해진 시간 내에 숙제 끝마치기	예	아니요	예	아니요	예	아니요	예	아니요	예	아니요
모든 숙제 제출하기	예	아니요	예	아니요	예	아니요	예	아니요	예	아니요
지시 사항 고분고분 따르기 (지시 사항 두 번 이하로 어기기)	예	아니요	예	아니요	예	아니요	예	아니요	예	아니요
손과 발을 제자리에 두기	예	아니요	예	아니요	예	아니요	예	아니요	예	아니요

전체 '예'의 숫자 ______________
전체 '아니요'의 숫자 ______________
백분율: 90~100% = 별 3개
80~89% = 별 2개
70~79% = 별 1개
교사 서명: ______________
평가: ______________

[그림 6-1] 일일 보고 카드 (1)

출처: Reid & Johnson (2012).

[그림 6-2] 일일 보고 카드 (2)

출처: Reid & Johnson (2012).

③ **행동을 선택하고 목표 행동에 대한 준거를 설정하라.** 일일 보고 카드에 어떤 행동을 포함할 것인지 정하라. 교사와 부모가 보기에 변화가 쉽다고 판단되는 두세 가지의 행동으로 시작하는 것이 좋다. 이렇게 하면 학생은 쉬운 행동 변화를 통해 즉각적인 성공과 보상을 경험하게 되며, 이는 다시 다른 행동의 개선까지 유발할 것이다. 목표 행동을 설정했으면, 교사는 준거 수준(즉, 보상을 받기 위해 필요한 행동 변화의 정도)을 정해야 한다. 예를 들면, 10분 동안 의자에 앉아 있기, 받아쓰기 세 번 하기, 수학 문제 모두 풀기 등이 행동에 대한 준거가 될 수 있다. 행동에 대한 준거 수준을 설정하기 위해서는 먼저 관찰, 평가, 기록 검토 등을 통해 현재의 행동 수준을 파악해야 한다. 그런 다음에 행동에 대한 준거 수준을 설정한다(예: 스티브는 얼마나 오랫동안 의자에 앉아 있는가? 캐린은 과제를 얼마나 끝

마쳤는가?). 준거 수준은 조심스럽게 설정할 필요가 있으며, 아동이 합리적으로 달성 가능한 수준에서 설정되어야 한다. 처음에 수준을 너무 낮게 설정하는 실수가 수준을 너무 높게 설정하는 실수보다는 낫다. 만약에 수준이 너무 높아 아동이 보상을 받지 못한다면 행동 변화가 일어나기 어렵다. 아울러 일일 보고 카드를 시작할 때는 하루 전체에 대한 준거를 설정하기보다 하루를 나누어서(예: 하루를 몇 개의 시간대로 나누어서) 여러 부분에 대한 준거를 설정하는 것이 보다 바람직하다. 이렇게 하면 아동은 정해진 각 시간대에서 보상을 받을 수 있다. 일일 보고 카드를 사용하는 초기에는 많은 학생이 하루 전체를 하나의 단위로 하기 때문에 설정된 목표를 달성하기 매우 어려울 것이다.

④ **일일 보고 카드에 대해 학생에게 설명하라.** 학생과 만나서 일일 보고 카드를 보여주고 설명을 해 주라. 학생 자신의 행동에 따라 보상을 받을 수 있다는 점도 설명하라. 학생에게 목표 행동과 준거 수준을 확실하게 이해시키라. 교사가 정해진 시간대마다 일일 보고 카드를 작성할 것이라는 점도 설명해 주라. 일일 보고 카드 양식은 학생의 수행에 대한 피드백을 제공한다. 많은 ADHD 학생이 스스로 얼마나 잘 하고 있는지 또는 얼마나 잘 못하고 있는지를 모르기 때문에 이러한 피드백은 가치가 있다. 어린 학생에게는 그림을 더 많이 사용하는 양식이 더 적절할 수 있다. 또한 일일 보고 카드를 매일 집으로 가지고 가서 자신이 목표 행동을 얼마나 많이 달성했는지에 따라서 보상을 받게 된다는 점도 설명해 주어야 한다.

⑤ **가정중심의 보상을 설정하라.** 부모와 상의하여 '보상 메뉴'를 만들라. 보상 메뉴는 부모와 교사가 생각하기에 학생이 원하는 활동이나 구체적인 물품으로 구성해야 한다(예: 재미있는 이야기 시간, 간식, 컴퓨터 게임). 부모는 학생이 스스로 보상물을 결정하게 할 수도 있다. 예를 들면, 한 학생은 정해진 시간 동안 자신이 원하는 곳으로 부모가 운전을 해 주는 '차 타고 가고 싶은 곳 가기'를 보상으로 결정하였다. 학생에게 보상 메뉴에서 스스로 원하는 것을 고를 수 있게 하라. 학생이 보상을 직접 고르는 것은 매우 중요하다. 보상의 가치가 학생 자신의 시각에서

결정되기 때문이다. 그렇지 않으면 보상이 학생을 준거 수준에 도달하도록 강화하기 어려울 것이다. 〈표 6-5〉는 보상의 예를 보여 주고 있다. 보상은 수준별로 설정해야 한다. 즉, 더 높은 수행 수준에 대해서는 더 바람직한 보상이 주어져야 한다. 보상 수준에는 명칭을 붙이는 것이 좋다(예: 별 하나짜리 보상, 별 2개짜리 보상). 보다 자세한 보상 목록은 펠험(Pelham, 2002)을 참고하라.

⑥ **행동 수행을 점검하고 필요하면 수정하라.** 날마다 학생의 행동 수행을 기록하라(예: 얼마나 많은 '예'를 받았는가). 학생이 준거 수준에 도달하는 행동을 일정하게 하고 있으면 준거를 높이고, 반대로 학생이 준거 수준에 자주 도달하지 못하면 준거를 낮추어야 한다. 학생이 특정한 행동의 준거 수준에 일정하게 도달하면, 그리고 그 준거가 교실에서 수용될 만한 수준이면 그 행동은 일일 보고 카드에서 제외하라. 그리고 필요하다면 다른 행동으로 대체하라. 학생에게 왜 그 행동을 제외했는지 설명해 주고, 학생의 행동이 개선되었기 때문에 제외했다는 점을 강조하라. 만약에 학생의 하루 단위의 일일 수행이 모든 목표 행동의 준거에 일관성 있게 부합한다면 주 단위의 보고 체제로 바꾸어야 한다. 이 경우 역시 학생에게 이렇게 변경한 이유를 설명해 주고, 학생의 긍정적인 변화 때문이라는 점을 강조해 주어야 한다. 만약 학생이 일정 기간 교실에서 일관성 있게 적절한 행동을 한다면, 일일 보고 카드는 더 이상 활용하지 않을 수 있다. 이후 문제가 다시 발생할 경우에 다시 일일 보고 카드를 활용하도록 한다.

⑦ **문제점을 해결하라.** 일일 보고 카드가 학생의 행동에 아무런 영향도 미치지 못한다면, 어떤 문제가 있는지를 검토해 보아야 한다. 〈표 6-6〉은 가장 일반적으로 발생하는 문제다. 심각한 문제 중 하나는 부모가 가정중심의 보상을 학생에게 해 주지 않는 경우에 발생한다. 이러한 경우에 교사는 학교중심의 보상으로 바꾸어야 한다. 이를 통해 학생은 일일 보고 카드를 계속 사용할 수 있으며, 또 이 일일 보고 카드를 통해 여전히 부모에게 학생의 학교 행동에 대한 정보를 제공할 수 있다.

표 6-5 가정중심 보상의 예

- 별 3개 보상
  - 비디오게임방 가기
  - 낚시 가기
  - 쇼핑 가기
  - 영화 보기
  - 볼링, 미니 골프 하기
  - 친구와 방에서 밤새 놀기
  - 친구 집에서 자고 오기
  - 가족이 함께 볼 영화 고르기

- 별 2개 보상
  - 친구 불러서 놀기
  - 보너스 용돈 받기
  - 엄마, 아빠와 함께 좋아하는 놀이하기
  - 하기 싫은 일 하루 동안 안 하기
  - 부모/가족과 함께 할 놀이 고르기
  - 팝콘 만들기
  - 공원 가기
  - 아이스크림 먹기

- 별 하나 보상
  - ○분 동안 침대에 누워서 쉬기
  - ○분 동안 컴퓨터 게임하기
  - 가족이 볼 TV 프로그램 고르기
  - 친구에게 전화하기
  - ○분 동안 비디오게임하기
  - ○분 동안 밖에서 놀기
  - ○분 동안 좋아하는 음악 듣기

출처: Pelham (2002).

표 6-6 일일 보고 카드의 문제점 해결

문제	해결
• 학생이 보고 카드를 집으로 가지고 오는가?	• 책가방이나 폴더에 보고 카드가 있는지 확인하라. • 학생이 보고 카드를 챙겨서 집으로 가져오도록 교사에게 부탁하라. • 학생이 보고 카드를 가지고 오지 않을 경우 좋지 못한 기록이 있기 때문일 수 있다고 추정하라. • 보고 카드를 가지고 온 행동 자체를 칭찬하라.
• 목표 행동은 적절한가? - 목표 행동은 학생의 입장에서 분명하게 설정되었는가? - 목표 행동은 의미가 있는 것인가?/사회적으로 타당한 것인가? - 목표 행동은 교실 환경에서 합리적으로 달성할 수 있는 것인가?	• 학생의 입장에서 목표 행동을 다시 정의하라. • 목표 행동을 바꾸라. • 목표 행동을 바꾸든지, 아니면 교실 환경을 수정하라(즉, 교실 환경이 친구와 어울릴 수 있는 기회를 제공하지 못한다면 '친구와 어울리기'는 목표 행동이 될 수 없다).
• 학생이 목표 행동을 하루 종일 기억하고 있는가?	• 가시적인 시스템을 만들라(즉, 책상 위에 과제 목록을 붙여 두라).
• 성공의 준거가 현실적인가(즉, 기초선에 비하여 지나치게 높거나 낮지 않은가)?	• 학생의 현행 수준에 근거하여 준거를 높이거나 낮추라.
• 학생이 기준에 도달하는 데 방해가 되는 것은 없는가(예: 학생은 책상이 잘 정돈되지 않으면 숙제를 끝마치지 못할 수 있다)?	• 방해가 되는 것을 없애도록 노력하라(예: 정리정돈하는 기술을 향상하고, 수업 시간이나 구조를 수정하라).
• 학생이 시스템을 이해하는가? - 학생이 목표 행동과 긍정적인 평가를 얻기 위한 준거를 정확하게 알고 있는가? - 학생이 준거와 보상의 관계를 정확하게 알고 있는가?	• 필요하다면 눈으로 확인할 수 있는 시스템을 실행하라. • 학생이 시스템을 정확하게 이해할 때까지 학생과 함께 시스템을 복습하라. 학생이 여전히 이해하지 못하면 복습의 횟수를 더 늘리라. • 일일 보고 카드 시스템을 학생에게 설명하라. 필요하다면 이 시스템을 단순화하라.

• 점검 시스템은 제대로 운영되고 있는가? - 목표 행동은 교사가 점검하고 평가할 수 있을 만큼 명확하게 기술되어 있는가? - 점검 과정과 기록 과정은 교사가 정확하고 일관성 있게 할 수 있을 만큼 충분히 효율적인가?	• 목표 행동을 명확하게 정의하라. • 눈으로 보거나 소리로 들으면서 기록할 수 있는 수단을 제공하라. 점검과 기록 과정을 단순화하라.
• 학생이 자신의 진전 상태를 하루 종일 정확하게 점검할 수 있는가?	• 학생 스스로 기록해 볼 수 있는 기록양식(시각적 · 청각적 수단 포함)을 포함하는 점검 시스템을 고안하고 실행하라.
• 학생은 피드백을 충분히 받고 있는가? 학생은 이 피드백을 통해 준거와 비교해서 자신이 어느 위치에 있는지 알고 있는가?	• 학생에게 피드백을 제공하기 위한 교사의 절차를 수정하라(예: 학생이 가시적으로 확인할 수 있게 하고, 피드백의 즉시성, 연관성, 횟수를 높이라).
• 가정중심의 보상 시스템이 제대로 작동하고 있는가? - 가정중심의 보상이 학생에게 동기부여가 되는가? - 학생이 보상받을 행동을 하지 않았을 때도 부모가 보상을 해 주는가? - 부모의 보상 절차는 신뢰할 수 있는가? - 학생은 가정중심의 보상이 효과를 발휘할 수 있을 때까지 충분히 오랫동안 만족을 지연할 수 있는가?	• 가정중심 보상을 수정하라(예: 보상 메뉴의 선택지를 늘리고, 보상 체계를 바꾸라). • 부모와 함께 다시 한 번 보상절차를 검토하고, 보상은 반드시 학생이 보상받을 만한 행동을 했을 때만 제공하라. • 가정중심 보상 절차(예: 가시적 확인) 또는 가정중심 보상의 본질을 바꾸라. • 학교중심 보상을 제공하는 절차를 고안하고 실행하라.

출처: Pelham (2002).

요 약

이 장에서는 학생의 교육과 ADHD 치료에 부모의 참여를 유도할 때 교사가 사용할 수 있는 방법에 대해 살펴보았다. 부모의 참여는 매우 바람직한 것이다. 부모와 교사가 효과적으로 의사소통을 하고 공동의 목표를 향해 협력할 때 학생이 호전될 가능성이 높다. 다음은 교사가 유념해야 할 주요 사항이다.

√ ADHD 학생의 부모는 심한 스트레스를 겪을 수 있다. 또한 부모 자신이 ADHD를 갖고 있을 수도 있으며, 심리적 고통을 겪고 있을 수도 있다. 이러한 가능성을 늘 염두에 두어야 한다.

√ 부모가 필요할 때를 대비하여 부모를 위한 정보 출처를 숙지하고 있어야 한다. 필요한 정보를 제공하는 출처의 목록을 만들어 놓고 지역의 부모교육 프로그램이나 부모 협력 단체에 관한 정보를 찾아 두어야 한다.

√ 성공적인 의사소통은 부모의 참여를 촉진하는 데 필수적이다. 교사는 의사소통 체계를 구축하고 계획에 따라 규칙적으로 실행해야 한다.

√ 부모와 대화할 때 '안 좋은 이야기만 하는' 덫에 빠지지 않도록 해야 한다.

√ 효과적인 모임은 부모를 가정중심의 참여와 가정 – 학교 참여로 이끄는 데 필요하다.

√ 부모의 참여 여부는 부모에 따라 다르다는 점을 유념해야 한다. 또 부모의 참여 수준은 시간이 지남에 따라 달라질 수 있다는 점도 유념해야 한다.

√ 학생이 숙제를 끝마치도록 부모가 도울 수 있는 방법을 제시하라.

√ 학생에게 적절한 난이도와 적절한 양의 숙제를 내주도록 유념하라.

√ 일일 보고 카드와 같은 효과적인 가정 – 학교 중재를 실천 가능할 때마다 활용하라.

ADHD

Chapter 7

약물치료

천 가지의 처방전을 구하기는 쉽지만,
단 한 가지의 치료약을 구하기는 어렵다.

– 중국 속담

ADHD와 관련하여 가장 뜨겁게 논쟁이 되고 있는 분야 중 하나가 약물치료다. 약물치료에 대한 언론의 지대한 관심에 비추어 볼 때, 그것을 둘러싼 논쟁은 어느 정도 당연한 것일 수 있다(Jackson & Peters, 2008). 예를 들면, 약물치료는 주요 신문이나 방송에서 정기적으로 특집기사로 다룬다. 사회비평가들은 약물치료를 '교육의 수리(고치는) 약'이라 부르고(Divoky, 1989), 종교계에서는 정신을 오염시키는 사악한 것이라고 비난한다(Barkley, 2006). 어떤 이들은 우리가 "사회적 불이익 때문에 약물치료를 받고 있다."고 주장하기도 하고(Isaacs, 2006), 또 다른 이들은 약물치료를 중산층 현상이라고 주장하기도 한다(Diller, 1996). 또한 ADHD를 지닌 사람들에게 약물치료가 지나치게 남용되고 있다는 주장도 많다(Safer & Malever, 2000).

더군다나 비공식적인 것이기는 하지만 ADHD 아동의 약물치료에 대한 정보, 오보(誤報), 심지어는 '허위 정보'를 꾸준히 유포하는 매우 활발한 '유언비어 망'도 있다. 여기에는 아동의 행동, 학교 성적, 사회적 기능을 기적적으로 변화시켰다는 주장에서부터 거의 죽은 상태의 아동을 살려냈다는 이야기까지 무수히 많은 소문이 있다. 또 약물치료의 남용과 오용(일부 학생은 '환각 상태'에 빠지기 위해 약물을 사용하기도 한다)에 대한 관심도 급증하고 있다. 이렇게 많은 소문 속에서 교사나 부모가 정확하고 필요한 정보를 올바르게 구별하는 것은 쉽지 않다.

약물치료는 이전부터 ADHD의 가장 보편적인 치료법으로 여겨져 왔으며 앞으로도 그럴 것이다. 오늘날 어떤 사람들은 약물치료를 ADHD 치료에서 가장 먼저 시행해야 하는 치료로 간주하기도 한다(예: Pelham, 1993; Spencer, Biederman, Wilens, & Faraone, 2002; Waschbusch, Pelham, Waxmonsky, & Johnson, 2009). 지난 30년 동안 ADHD 아동에 대한 약물치료는 극적으로 증가하였다. 1980년대에는 소수의 ADHD

아동만이 약물치료를 받았는데(Mayes, Bagwell, & Erkulwater, 2008), 가령 1987년에 약물치료를 받은 취학 연령 아동의 수는 75만 명에 불과했다(Safer & Krager, 1988). 이러한 수치는 1990년대에 대략 180만 명으로 증가하였고(Diller, 1996; Olfson, Marcus, Weissman, & Jensen, 2002), 2003년에는 대략 250만 명의 아동이 ADHD 약물치료를 받았다(Centers for Disease Control and Prevention, 2005). 이는 취학 연령 아동의 4.5%에 달하는 수치다. 이것을 좀 더 구체적으로 말하자면, 전국의 모든 교실에서 적어도 한 명 이상의 아동이 ADHD 약물치료를 받고 있는 셈이다(Mayes et al., 2008). 오늘날 ADHD를 치료하는 정신건강 전문가들은 약물치료를 폭넓게 받아들여 사용하고 있으며, ADHD 아동을 위한 새로운 약물치료가 계속해서 등장하고 있기 때문에 약물치료의 사용은 줄어들 것 같지 않다.

교사가 약물치료를 하는 것은 불가능하지만 약물치료와 관련하여 교사가 알아야 할 것이 있다. 즉, 교사가 가르치는 학생 중에는 강력한 약물 처방을 받고 있는 학생이 있을 수 있는데, 이 경우 교사는 그들에 대한 약물의 효과를 점검해야 한다는 것이다(Barkley, 2006; Forness, Kavale, & Davanzo, 2002). 교사는 학교 일과 중에 약물치료의 효과를 정확하게 평가할 수 있는 적임자다. 더군다나 약물치료를 받고 있는 학생과 함께 생활하는 학교 교직원들은 약물치료의 잠재적 부작용에 대해 알고 있어야 할 윤리적·전문적 책임이 있다(Council for Exceptional Children [CEC], 2009). 교사가 학교에서 학생들에게 약물을 나누어 주어야 하는 경우도 있을 수 있다. 따라서 학교는 약물 보관과 처방에 관한 방침 및 절차를 마련할 필요가 있다. ADHD에 사용되는 약은 관리 대상 물질이기 때문에, 교사는 동료 교사, 부모, 건강 전문가 등과 같은 모든 관련자 간의 확고한 의사소통 시스템을 구축하여 모든 약물에 대한 적절한 설명이 이루어지도록 해야 한다(CEC, 2009). 부모는 자주 약물에 대해 걱정하고 궁금해하기 때문에, 교사는 부모에게 정확한 정보를 제공할 수 있어야 한다.

이처럼 교사가 ADHD의 치료에 사용되는 약물에 관한 신뢰할 수 있는 생생한 지식을 갖고 있는 것은 중요하다. 그러나 많은 교사가 교사 양성교육이나 현직 연수 프로그램에서 약물치료 분야에 관한 전문적인 교육을 거의 받지 못하고 있다. 이는 매우 오래 묵은 숙제다. 예를 들면, 1992년의 한 보고서에 따르면 교사의 95%가 약물치료와 관련된 교육을 거의 받지 못했으며, 50%는 약물치료의 결과로 부작용이 발생할 수 있다는 사실을 모르고 있었다(Kasten, Coury, & Heron, 1992). 약물치료에 관한 교사의 지식을 살펴본 최근의 연구에 따르면, 일반 교사(Snider, Busch, & Arrowood, 2003)와 특수교사(Ryan, Reid, & Ellis, 2008) 모두 약물치료에 관한 자신의 지식이 매우 부족하다고 평가하였고, 놀랍게도 ADHD에 가장 많이 처방하는 약물에 대해서도 잘 알지 못하는 것으로 드러났다. 교사 스스로가 이러한 지식의 격차를 인식하고 있었기 때문에 조사 대상 중 대부분의 특수교사(92.8%)가 약물치료에 관한 지식을 갖고 싶다는 바람을 보였다(Ryan, Reid, & Ellis, 2008).

이 장에서는 약물치료를 받고 있는 학생을 지도하는 교사의 역할과 책무에 대해 살펴볼 것이다. 첫째, 약물치료를 통해 기대할 수 있는 것과 없는 것을 알아보고, 약물의 사용에 대한 공통적인 관심사를 살펴볼 것이다. 둘째, ADHD 학생에게 사용하는 약물치료를 개략적으로 살펴볼 것이다. 셋째, 약물치료의 과정, 즉 학생이 처음으로 약물 처방을 받을 때와 그 이후의 과정에서의 교사의 역할에 대해 개괄적으로 살펴볼 것이다. 마지막으로, 부모와 관련된 문제에 대해 살펴볼 것이다.

1. 교사는 약물치료를 통해 무엇을 기대할 수 있는가

약물치료의 효과는 ADHD에서 가장 철저하게 연구된 분야다. 약물치료의 효과를 평가한 무선화된 임상 실험 연구는 200여 편 이상이 있으며, 소규모의 연구까지 포함하면 그 수는 훨씬 더 많다. 따라서 이 모든 연구를 일일이 소개하는 것은 불가능하다(Swanson et al., 1993). 그러나 이러한 많은 연구 덕택에 우리는 약물치료의 효과에 대한 폭넓고도 정확한 정보를 얻을 수 있다. 약물치료는 대부분의 학생에게 효과가 있어서 약 80%의 학생이 긍정적인 반응을 보였다. 이 학생들은 약물치료를 통해 학교 환경에 효과적으로 기능하는 능력에서 뚜렷한 긍정적 효과를 보이고 있다. 학생이 약물치료에 긍정적인 반응을 보인다면, 교사는 다음과 같은 효과를 기대해 볼 수 있다(Barkley, 2006; DuPaul & Stoner, 2003).

- ADHD 증상의 의미 있는 감소: 학생의 집중력이 증가할 수 있을 것이고 학업과 관련된 과제, 특히 어렵고 짜증나는 과제에 지속적인 관심과 노력을 기울일 수 있을 것이다. 과잉행동과 관련된 신체적 방해 행동(예: 물건을 만지작거리기)과 충동적 행동(예: 소리 지르기) 역시 대폭 감소할 것이다. 또한 교사의 지시를 더 잘 따르게 되고 공격적인 행동이 줄어들 것이다.
- 학업 기능의 향상: 학생은 인지적 기능의 향상(예: 단기기억의 향상, 언어적 정보 회상의 향상)을 보일 것이다. 학업(예: 자습)에서도 완수해 내는 양과 전체적인 정확도에서 향상을 보일 것이다. 그러나 표준화 검사로 측정할 수 있을 정도의 학습상의 장기적인 향상에 대한 증거는 없다.
- 사회적 기능의 향상: 일반적으로 학생과 교사 간의 부정적인 사회적 상호작용이 감소할 것이다. 이러한 효과는 학생이 지시에 더 많이 순응함으로써 생기는 것으로 보인다(예: 교사의 지시에 즉각적이고 긍정적으로 반응하는 것). 충동적인 행위가 줄어들기 때문에 교우 관계 역시 개선되고, 동료 학생들에게도 더 잘 수용될 수 있을 것이다.

이처럼 많은 학생에게서 약물치료의 효과가 있다는 사실은 반론의 여지가 없다. 그러나 교사는 약물치료에 대한 몇 가지 중요한 사실을 반드시 이해하고 있어야 한다. 첫째, 약물치료가 완전한 치료법은 아니라는 점이다. 약물치료가 학생의 모든 문제를 일시에 없애는 것은 아니다. 약물치료 후에도 학생은 여전히 ADHD와 관련된 문제를 갖고 있을 수 있다. 단지 문제행동의 정도나 횟수만 줄어들 뿐, 학생은 여전히 조정, 행동 관리, 기타 다른 중재를 필요로 할 것이다. 그러므로 교사는 약물치료만으로도 충분하다는 생각을 버려야 한다. 약물치료만으로 충분한 경우는 거의 없다. 더군다나 몇몇 연구에 따르면 약물치료의 효과는 행동 관리나 자기 점검 전략 등과 같은 다른 중재와 병행하여 사용할 때 더욱 커진다(DuPaul & Stoner, 2003). 둘째, 교사는 약물치료의 효과가 일시적이라는 사실을 알고 있어야 한다. 약물치료의 효과가 사라지면 ADHD와 관련된 문제는 다시 나타난다. 마지막으로, 교사는 많은 학생에게 약물치료가 장기적인 해결 방안이 될 수 없다는 점을 이해하고 있어야 한다. 연구에 따르면 약 50%의 학생이 1~2년 후에 더 이상의 효과를 보지 못하여 약물치료를 중단하였다(Bussing et al., 2005; Reid, Hakendorf, & Prosser, 2002). 또한 어떤 학생에게는 약물치료의 효과가 2~3년 후 급감하는 것으로 보고되었다(Gilchrist & Arnold, 2005). 요약하면, 교사는 약물치료가 결코 만병통치약이 아니라는 점을 이해하고 있어야 한다. 약물치료는 효과가 좋고 도움이 되는 하나의 치료 방법일 뿐이다. 일부 학생에게 약물치료는 학교 환경에서 보다 잘 적응하도록 돕는 요인이 될 수 있지만, 약물치료가 ADHD와 관련된 모든 문제를 없애 주는 소문난 '기적의 명약'은 결코 될 수 없다.

2. ADHD에 사용되는 약물

ADHD에 사용되는 약물의 수는 매우 많기 때문에 하나하나를 자세히 다루기는 어렵다. 여기에서는 약물의 주요 유형 몇 가지에 대해 살펴보기로 한다. 보다 자세한 내용은 약물치료를 광범위하게 다룬 덜컨(Dulcan)의 지침서(2007)와 같은 포괄적인 출처를 참고하기 바란다. ADHD 아동에게 주로 사용되는 약물의 유형은 크게 각성제와 항우울제의 두 가지가 있다. 이 외에도 세 번째로는 항고혈압제가 있다. 이는 앞의 두 가지보다 덜 사용되기는 하지만 살펴볼 필요는 충분히 있다. 이 절에서는 이 세 가시에 대해 차례대로 살펴볼 것이다. 구체적인 특정 약물에 대한 보다 상세한 정보는 식품위생국(FDA) 웹사이트를 참고하기 바란다. 이 사이트에는 약물에 대한 제조사의 지침서(www.fda.gov/Drugs/DrugSafety/ucm085729.htm)를 포함하여 상세한 정보가 탑재되어 있다.

1) 각성제

〈표 7-1〉은 ADHD에 일반적으로 많이 처방되는 각성제와 그러한 약물의 잠재적인 부작용을 소개하고 있다. 이 표에는 약물의 상품명(제조사가 지은 이름)과 성분명(약물의 화학적 성분)이 모두 포함되어 있는데, 건강 전문가들은 일반적으로 이 두 가지 명칭을 모두 사용한다. 이때 ADHD에 사용되는 각성제는 관리 대상 물질이라는 점을 유념해야 한다. 합당한 처방 없이 이 약물을 소지하는 것은 불법이다. 각성제는 ADHD 치료를 위해 가장 많이 처방되는 약물이다.

약물치료를 받고 있는 ADHD 학생 중 약 80%가 각성제를 처방받고 있다. 각성제는 예전부터 ADHD와 유사한 증상을 보이는 아동에게 처방되어 왔기 때문에 그들에게 각성제를 사용한다는 것은 새로운 사실이 아니다. 각성제는 ADHD 아동에게 사용된 오랜 역사를 갖고 있다. 이와 관련된 최초의 연구는 1930년대에 있었으며

표 7-1 ADHD에 사용되는 각성제

상표명(성분명)	일반적인 부작용	일반적이지는 않지만 보다 심각한 잠재적 부작용
Adderall/Adderall XR(amphetamines) Daytrana(methylphenidate) Desoxyn(methamphetamine) Dexedrine(dextroamphetamine) Dextrostat(dextroamphetamine) Focalin/Focalin XR (dexmethylphenidate) Metadate ER/Metadate CD (methylphenidate) Ritalin/Ritalin SR/Ritalin LA (methylphenidate) Vyvanse(lisdexamfetamine dimesylate)	• 복통 • 두통 • 메스꺼움 • 식욕감퇴 • 수면장애 • 신경과민 • 어지럼증 • 심장발작	• 가슴 통증, 호흡곤란, 실신 등의 심장 관련 문제 • 위축 • 무력감, 무망감, 무가치감 • 우울증 또는 우울증 악화 • 자해적 생각 또는 자해 행동 • 극단적인 걱정, 불안, 공포로 인한 공격적 행위 • 과민성 • 공격적 또는 폭력적 행동 • 과잉행동과 지나친 수다 • 광란적·비정상적 흥분

* 여기에 제시한 것이 부작용의 전부는 아님.
출처: www.fda.gov/downloads/Drugs/DrugSafety/ucm085910.pdf

(Bradley, 1937), 미국 식품위생국은 1961년에 과잉행동과 관련된 문제에 메틸페니데이트(methylphenidate)의 사용을 허가하였다(Mayes et al., 2008). 각성제는 또한 ADHD에 사용되는 약물 중에서 가장 연구가 잘 된 약물이다. 각성제에 관한 연구는 반세기가 넘게 지속되어 왔으며, ADHD 아동에 대한 각성제 치료의 효과를 규명한 연구는 수백 편이 있다. 이러한 연구는 각성제가 ADHD의 핵심 증상을 개선하는 데 매우 효과적이라는 사실을 분명하게 보여 준다. 각성제는 주의력을 향상하고 과제 지속성을 증가시킬 수 있으며, 산만성과 충동성을 감소시킨다.

교사는 각성제의 사용과 관련하여 두 가지의 실제적인 사실을 알고 있어야 한다. 첫째, 각성제 치료의 효과는 즉각적으로 나타나는 것이 아니라는 점이다. 각성제의 효과가 눈에 보일 정도가 되려면 사용 후 30분 정도가 경과해야 하며, 그 효과가 극대화되기 위해서는 1시간 정도가 지나야 한다. 둘째, 효과의 지속 시간은 각성제의 종류에 따라 매우 다양하다. 리탈린 SR(Ritalin SR)이나 애더럴(Adderall)과 같은 각성제는 그 지속시간이 4~5시간에 불과하다. 따라서 이런 종류의 각성제는 하루에 두세 번 정도 복용해야 한다(예: 아침에 한 번, 오후에 한 번). 다른 각성제는 8시간 이상의 지속적인 효과를 보이기 때문에 학생이 등교해서 하교할 때까지 그 효과를 볼 수 있다. 이처럼 지속적인 효과를 보이는 각성제로는 메타데이트 ER(Metadate ER), 포칼린 XR(Focalin XR), 리탈린 LA(Ritalin LA), 콘서타(Concerta) 등이 있다. 약물의 효과가 나타나는 데 걸리는 시간과 그 효과의 지속 시간은 실제적인 문제와 관련이 있다. 예를 들면, 학생이 학교에 도착하여 약물을 복용했을 경우, 2교시 이전에는 최상의 효과를 기대하기 어렵다. 그러므로 약물의 효과가 극대화될 때 학생이 가장 중요한 학업 활동을 하면 바람직할 것이다. 교사는 또한 몇몇 학생이 보이는 '반동 효과(rebound effects)'에 유의해야 한다. 반동은 각성제 치료의 효과가 사라지기 시작할 때 생긴다(Barkley, 2006). 반동이 일어나면 문제행동이 이전보다 더 심하게 일어날 수도 있다. 그러므로 약물 효과가 사라지기 전의 30~60분 사이에는 가급적 힘들지 않고 스트레스가 없는 활동(예: 이야기 듣기, 단어 찾기, 만화책 읽기)을 위주로 하는 것이 좋다.

2) 항우울제

〈표 7-2〉는 ADHD에 흔히 처방되는 항우울제와 그 잠재적 부작용을 제시한 것이다. 항우울제가 ADHD 증상을 줄여 주는 데 효과적이라는 사실이 연구를 통해 입증되었는데도(예: Spencer et al., 2002), ADHD 약물치료에서 항우울제를 가장 먼저 사용하지는 않는다. 그 이유는 항우울제의 잠재적 부작용이 각성제의 부작용보다 더 심각할 수 있기 때문이다. 일반적으로 항우울제는 각성제에 반응을 보이지 않거나 각성

표 7-2 ADHD에 사용되는 항우울제

상표명(성분명)	일반적인 부작용	일반적이지는 않지만 보다 심각한 잠재적 부작용
비전형 항우울제 Effexor(venlafaxine) Serzone(nefazodone) Wellbutrin(bupropion) 삼환계 항우울제 Anafranil(clomipramine) Pamelor or Aventyl(nortriptyline) Tofranil(imipramine) 세로토닌 노르에피네프린 재흡수 억제제 Strattera(atomoxetine) Edronax(reboxetine) 선택적 세로토닌 재흡수 억제제 Celexa(citalopram) Luvox(fluvoxamine) Prozac(fluoxetine) Zoloft(sertraline)	• 입안 건조 • 변비 • 시력 저하 • 졸림 • 두통 • 메스꺼움 • 수면장애 • 흥분(초조함) • 식은땀 • 설사 • 떨림 • 불안 • 동요 • 무관심/감정 상실	• 자살충동 • 정신혼란 • 환각 • 활동 증가(예: 말을 빠르게 하기) • 과민성 • 운동 틱 • 발작 • 심각한 행동 변화 • 배뇨 곤란 • 불규칙적 심장 박동 • 극심한 어지러움/구토 • 비정상적 출혈 • 극심한 알레르기 반응

* 여기에 제시한 것이 부작용의 전부는 아님.
출처: www.fda.gov/downloads/Drugs/DrugSafety/ucm085910.pdf

제 복용이 어려운 사람에게 사용한다.

ADHD에 사용되는 항우울제에는 네 가지 유형이 있다. 삼환계 항우울제(TCAs), 비전형 항우울제, 세로토닌 노르에피네프린 재흡수 억제제(SNRIs) 그리고 선택적 세로토닌 재흡수 억제제(SSRIs)다. 삼환계 항우울제, 비전형 항우울제 그리고 세로토닌 노르에피네프린 재흡수 억제제는 ADHD의 증상을 완화시키는 데 효과가 있다. 삼환계 항우울제는 심장 관련 부작용 때문에 최근에는 그 사용이 줄어들었다. 아동이 동반장애(예: 우울증)를 갖고 있을 경우에는 비전형 항우울제를 자주 사용하지만, ADHD 증상을 감소시키는 데 각성제만큼 효과적이지는 않다(Spencer et al., 2002). 세로토닌 노르에피네프린 재흡수 억제제는 보다 새로운 것으로서 ADHD 증상을 완화시키는 데 효과가 있을 것으로 기대되고 있다(Spencer et al., 2002). 오늘날 ADHD 약물치료에 일반적으로 많이 사용하는 항우울제는 세로토닌 노르에피네프린 재흡수 억제제의 일종인 스트라테라(Strattera[성분명: atomoxetine])다. 선택적 세로토닌 재흡수 억제제는 ADHD 증상에는 별 효과가 없고, 동반장애로 발생하는 우울증을 치료하기 위해 사용된다(Spencer et al., 2002). 이것은 흔히 각성제와 함께 처방된다. 교사는 각성제와 항우울제가 치료 효과가 나타나는 시점에서 매우 큰 차이를 보인다는 점을 알고 있어야 한다. 효과가 빠르게(한두 시간 안에) 나타나는 각성제와 달리, 대부분의 항우울제는 ADHD 증상에 대해 즉각적인 효과를 보이지 않는다. 일반적으로 항우울제의 효과는 수주가 지나서야 나타난다. 다만 항우울제 중에서 세로토닌 노르에피네프린 재흡수 억제제는 예외적으로 하루 정도면 그 효과가 나타난다.

3) 항고혈압제

항고혈압제는 ADHD의 약물로 가장 자주 사용되지는 않지만, 이 약물을 복용하는 학생도 적지 않다. ADHD에 흔히 사용되는 항고혈압제로는 클로니딘(Clonidine[성분명: Catapres])과 구안파신(Guanfacine[성분명: Tenex])이 있다. 두 약물 모두 ADHD 증상을 완화시키는 데 효과가 있다(Spencer et al., 2002). 두 약물은 운동 틱을 가진 학생이나 분노 혹은 반항적 행동 문제가 있는 학생에게 처방되며, 불면증에도 효과가 있다. 클로니딘은 알약 형태 또는 몸에 붙이는 파스 형태로 사용할 수 있으나, 구안파신은 오직 알약 형태로만 복용할 수 있다. 이 약물들을 사용할 때 유의해야 할 점은 **갑작스럽게 사용을 중단해서는 안 된다는 것**이다. 갑작스러운 중단으로 인해 심각한 반동 문제가 발생할 수 있기 때문이다. 일반적인 부작용으로는 피로감, 졸림, 입안 건조, 어지럼증, 변비 등이 있다. 일반적이지는 않지만 보다 심각한 부작용으로는 불규칙적 심장 박동, 극심한 어지럼증과 구토증, 호흡곤란, 극심한 알레르기 반응(예: 발진, 가려움증, 얼굴이나 혀, 목 등이 부어오름) 등이 있다. 또한 과다 복용할 경우에는 깨어 있기 어렵거나 정신이 몽롱한 상태에 빠질 수도 있다.

3. 약물치료에서 교사의 역할

미국의 대부분의 주와 교육청은 약물치료의 시행에 관한 정책을 수립해 놓고 있다(Center for Health Care in Schools, 2007). 교사는 정부와 교육청의 정책을 잘 알고, 그것이 올바르게 집행될 수 있도록 해야 한다. 어떤 학생의 ADHD 약물치료를 시작할 때는 그것에 참여하는 교사나 다른 교직원이 반드시 해야 할 과제가 몇 가지 있는데, 이 과제는 적절한 투약, 의사소통 창구의 확보, 약물치료에 대한 학생의 반응 평가, 부작용에 대한 점검 등이 있다.

투약 전 조치 사항

학교 일과 시간에 ADHD 약물치료를 해야 할 필요가 있는 학생의 수는 점차 감소하고 있는 것으로 보인다(DuPont, Bucher, Wilford, & Coleman, 2007; Ryan, Reid, Gallagher, & Ellis, 2008). 이는 아마도 가정에서 부모가 나눠 줄 수 있는 각성제가 많이 출시되고 있기 때문일 것이다. 그러나 여전히 학교에서 약을 받아야 하는 학생들이 상당히 많다. 학교 일과 시간에 투약을 하는 것은 법으로 규정되어 있다. IDEA와 재활법 504조는 모두 학생의 상태(예: ADHD)를 관리하는 데 필요한 약물 투여를 학교가 조정하여 시행할 것을 요구하고 있다. 여기에는 학생에게 약물 투여가 필요한지에 대한 결정, 필요한 경우에 학교에서의 투약, 투약의 감독, 투약을 위한 교직원 교육, 그리고 약물을 처방한 건강 전문가와의 의사소통 등이 포함된다(Copeland, 1995). 한편, IDEA의 규정에는 학생이 약물 수령을 거부할 권리도 포함되어 있음을 유념해야 한다. 학생이 학교에 다니고, 평가를 받고, 또는 특수한 형태의 특수교육이나 관련 서비스를 받는 조건으로 약물을 처방받을 것을 강요해서는 안 된다(Ryan & Katsiyannis, 2009). 학교에서 약물을 투여하기 전에, 교사는 투약과 관련된 모든 교직원이 적절한 훈련을 받았는지, 필요한 모든 정보를 잘 알고 있는지, 약물의 투여와 관리에 관한 적절한 절차가 마련되어 있는지를 확인해야 한다.

(1) 교직원 교육

미국소아과학회(American Academy of Pediatrics[AAP], 2009)는 학교에서의 약물치료에 관해 오직 훈련받은 교직원만 약물 투여를 하도록 규정하고 있다. 여기에 가장 이상적인 사람은 보건교사다. 그러나 보건교사 한 사람이 두세 학교를 담당하고 있을 경우에는 현실적으로 쉽지 않은 일이다. 그 대안으로서 약물치료 절차에 관한 훈련을 받은 미자격 보조원(unlicensed assistive personnel: UAP)이 보건교사의 감독하에 약물 투여를 하는 방법이 있다. 미자격 보조원은 건강 관리 절차에 대해 잘 알고 기초적인 응급처치 훈련을 받은 교직원(예: 보건교사 보조원)이어야 할 것이다. 담당 교직원에 대해서는 정기적으로 새로운 내용을 교육해야 한다. 훈련받지 않은 사람(예: 행성실 직원)이 학생에게 투약을 해서는 결코 안 된다(AAP, 2009). 이는 학생을 위험에 빠뜨릴 수도 있고, 학교가 법적 책임을 져야 하는 상황을 만들 수도 있다.

(2) 정보 얻기

투약을 하기 전에 학교는 다음의 사항을 갖추고 있어야 한다(AAP, 2009; CEC, 2009).

- 투약을 허용한 의료인과 부모의 서명이 첨부된 문서화된 허가서
- 약물을 처방한 의료인과 의사소통이 가능한 문서화된 동의서
- 약물을 처방한 의료인의 이름과 연락처
- 약물의 복용량과 투약 횟수
- 투약으로 나타날 수 있는 행동이나 증상
- 가능한 부작용 목록(이것은 약물의 용기나 포장지의 주의 사항에 나와 있다.)
- 적절한 보관 방법과 (필요한 경우) 폐기에 관한 정보

(3) 의사소통 창구 마련하기

교사가 부모 또는 의료인과 의사소통하는 것은 매우 중요하다. 투약하기 전에 교사는 부모로부터 의료인과 의사소통을 해도 좋다는 문서화된 동의서를 받아야 한다. 이 동의서는 약물 투여에 관한 동의서와 함께 받을 수도 있다. 서로 정보를 교환할 수 있는 방법에 대해서도 준비해 두어야 한다. 교사는 약물의 효과와 발생할 수 있는 부작용에 대한 정보를 쉽게 공유할 수 있어야 한다(약물의 효과에 대한 평가와 부작용의 점검에 대해서는 다음 절에서 다룰 것이다). 교사는 약물과 관련된 문제가 의심스러울 때 누구와 어떻게 접촉해야 하는지를 정확하게 알고 있어야 한다. 연구에 따르면 일반적으로 의사소통의 단절은 정보 교환을 위한 절차를 갖추고 있지 못한 경우에 발생한다(Sprague & Ullman, 1981).

또한 교사는 학생 개인의 사생활 보호에 대해서도 민감해야 한다. 즉, 학생이 약물을 복용하고 있다는 사실이 주변에 알려지지 않도록 유념해야 한다. 또한 교사는 학생이 약물을 복용하고 있다는 사실을 공개적으로 드러내는 행동을 해서는 안 된다(예: 다른 학생이 있는 곳에서 약을 먹었느냐고 묻는 행위). 1974년에 제정된 가족의 교육적 권리 및 사생활 보호에 관한 법률(family education and privacy rights act: FERPA)에 따르면, 학생의 모든 교육 기록은 비밀로 간주되어야 한다. 이와 유사하게, 1996년에 제정된 건강보험 양도 및 책임에 관한 법률(health and insurance portability and accountability act: HIPAA) 역시 학생의 의료 정보를 비밀로 간주하고 있다. 그러므로 건강 전문가가 학교와 정

보를 교환하기 위해서는 부모의 동의가 필요하다(Ryan & Katsiyannis, 2009).

(4) 약물 취급

학교는 학생이 약물을 처방대로 투약하고 있는지 확인할 수 있는 절차를 마련하고 있어야 한다(Reid & Katsiyannis, 1995). 단순히 "제시간에 맞추어 약을 먹어야 한다." 고 말해 주는 것만으로는 부족하다. 이 절차에서는 약물의 안전한 보관, 약물 복용법의 부착, 모든 약물의 수량 파악을 확실하게 할 수 있어야 한다. 협회 등에서 권고하는 올바른 약물 투여 방법(AAP, 2009; CEC, 2009)은 다음과 같다.

- 약물은 포장된 원상태로 학교에 전달해야 한다. 이때 부모가 직접 약물을 전달해야 하는데, 이는 분실과 외부 유출(뒤에서 다룸)을 막기 위함이다. 약물 복용 및 취급 주의 사항이 인쇄된 용지도 함께 전달해야 한다.
- 약물은 자물쇠가 있는 보관함에 두어야 한다. ADHD 약물은 대부분 관리 대상 물질임을 명심하라!
- 약물 관리는 자격이 있는 사람만 할 수 있다.
- 학생이 약물을 처방대로 받고 있는지(예: 매일 아침 한 알씩) 확인할 수 있는 적절한 절차를 마련해 두어야 하며, 이러한 정보는 담임교사에게 전달해야 한다. 정해진 약물 복용 규칙을 지키지 못하면 교실에서 좋지 못한 일이 발생할 수 있다(예: 집중력 문제나 불복종).
- 약물을 투약하는 교직원은 학생이 확실하게 약을 삼켰는지 확인해야 한다. 약을 먹기 싫어하는 일부 학생은 먹는 시늉만 하는 경우도 있다.
- 실수로 인한 과다 복용, 약물 분실, 다른 약 복용 등의 우발적인 사고에 대처할 수 있는 절차를 마련해 두어야 한다.
- 약물 용기에 학생의 사진을 부착하여 학생이 다른 약을 받지 않도록 하라.
- 약물 투약을 책임지는 교직원은 지급된 모든 약물의 시간과 날짜를 일지에 기록해야 한다. 그렇게 해야 모든 약물의 현황이 파악될 수 있다. 또한 부모에게 다

시 약물을 가져와야 할 시기임을 알려 줄 수 있는 절차도 정해 두어야 한다.

- 보건교사와 의사는 모든 약물 처방전을 검토하여 약물이 학생에게 적절한 것인지, 그리고 용량이 허용 범위 이내인지를 분명히 확인해야 한다. 이러한 검토를 함으로써, 실수(예: 처방대로 조제되지 않은 경우) 때문에 학생이 다른 약물을 복용하거나 과다 복용하는 것을 피할 수 있다. 보건교사는 약물과 관련하여 걱정이 되는 점들을 기록하고 공급자와 접촉하여 이러한 문제가 생기지 않도록 해야 한다.

어떤 약물의 경우(예: 천식 흡입기)에는 학생 스스로가 소지하고 투약하게 하는 것이 더 적절한 경우도 있다. 그러나 대부분의 경우에는 ADHD 학생이 스스로 약물을 소지하거나 학교 안에서 또는 학교를 오가는 도중에 투약하는 것을 결코 허용해서는 안 된다. 대다수의 학생이 사용하는 각성제는 관리 대상 물질이다. 미성년자가 관리 감독 없이 관리 대상 물질에 접근하거나 소지하는 것을 결코 허용해서는 안 된다. 더군다나 ADHD 학생은 흔히 쾌락을 목적으로 약물을 복용하고자 하는 또래 학생들의 표적이 되기 쉽다(Wilens et al., 2008). 약물의 오남용(예: 환각)은 심각한 문제다. 그러므로 교사는 약물의 남용을 방지할 수 있는 방침을 마련하여 문제가 악화되지 않도록 해야 한다.

4. 약물치료 시작하기

25년 전에는 학생이 약물치료를 시작했다는 것을 알려 주는 첫 신호가 학생이 학교에 약병을 갖고 오는 것이었다. 오늘날에는 이러한 현상은 찾아보기 힘들다. 이는 미국소아청소년정신의학회(American Academy of Child and Adolescent Psychiatry [AACAP], 2007, 2009)와 같은 전문 단체에 의해 약물치료에 관한 지침이 마련되고, 건강 전문가들이 약물치료에 대한 교사의 참여 필요성을 더욱 강조하고 있기 때문이다. 오늘날 건강 전문가는 약물치료를 시작하기 전에 학교와 먼저 접촉한다. 앞에서 살펴본 것처럼, 학생은 집이나 학교에서 약물을 복용할 수 있다. 학생이 약물을 어느 곳에서 받는가와 상관없이, 교사는 약물치료의 효과와 부작용을 점검할 책임이 있다.

1) 약물치료에 대한 반응 평가하기

대개의 경우 약물치료는 ① 의사의 처방, ② 약물 복용, ③ 증상 호전의 순서로 진행된다. 그러나 ADHD 약물치료는 이렇게 단순하지 않다. ADHD에는 건강 전문가의 단순한 처방만으로 문제를 해결할 수 없는 신진대사와 동반장애 같은 변수가 너무나 많이 존재한다. 한 학생에게 효과적인 처방이 다른 학생에게는 효과가 없을 수도 있다. 더군다나 과다 복용은 인지적 수행에 해로운 영향을 줄 수 있으며(예: 과다 집중), 과소 복용은 행동에 전혀 또는 별로 효과가 없을 수 있다. 또한 약물치료의 효과는 행동에 따라 다르게 나타날 수 있다. 예를 들면, 최적의 학업 수행을 위한 복용량은 최대의 과제 집중 시간을 위한 복용량과 다를 것이다(예: Rapport, Denney, DuPaul, & Gardner, 1994). 가장 중요한 문제는 건강 전문가가 약물치료의 효과를 직접 평가할 수 없다는 점이다.

교사가 실시하는 약물치료에 대한 학생의 반응 평가는 약물을 처방한 의료인의 실제 행위와도 어느 정도 관련이 있다. 흥미롭게도, 의료인은 학생에 대한 약물 처방의 필요성과 약물치료에 대한 학생의 반응을 평가하는 데 있어서 교사에게 얻은 증거를 매우 중요하게 여기는 경향이 있다(AACAP, 2007). 그러나 의료인의 교사 접촉은 실제적으로 교사와 아무런 의사소통을 하지 않거나 후속 평가를 하지 않는 경우부터 매우 깊게 관여하는 경우까지 아주 다양하다. 가장 좋은 것은 의료인이 ① 약물치료를 받지 않았을 때 학생의 행동에 대한 기초선 정보, ② 약물치료가 시작된 후의 행동 변화에 대한 정보, ③ 약물치료의 유지 효과에 대한 정기적인 평가 관련 자료를 교사에게서 수집하는 것이다(AACAP, 2007, 2009). 교사는 건강 전문가의 요구 여부와 관계없이 이러한 정보를 수집해야 한다. 학생은 교사의 보호하에 있기 때문에, 교사가 학생의 안녕과 안전에 대해 책임을 져야 한다는 점을 명심해야 한다. 일부 의료인이 약물치료 평가에 최선을 다하지 않는다고 해서 학교가 그대로 따라 해서는 안 된다.

(1) 단계 1

첫 단계는 기초선 자료를 수집하는 일(즉, 약물치료를 받지 않을 때의 학생의 행동 측정)이다. 이는 매우 중요하다. 기초선 자료는 약물치료가 문제행동에 영향을 미쳤는지, 그리고 영향을 미쳤다면 어느 정도나 영향을 미쳤는지를 비교할 수 있는 기준이 된다. 이러한 자료가 없다면 문제행동이 개선되었는지를 객관적으로 판단할 수 없다. 의료인은 종종 교사와 부모에게 ADHD 행동 평정척도(3장 참조)를 작성해 달라고 요구한다. 이러한 척도는 보통 약물치료의 효과를 평가하는 데 사용되며, 약물치료의 효과를 민감하게 반영한다(즉, 행동의 변화는 평정의 변화로 나타난다). 교사가 ADHD 평가 과정에서 이미 이러한 정보를 어느 정도 수집해 놓았을 수도 있다. 아울러 교사는 학생의 학업 수행에 관한 정보를 수집해 놓는 것이 바람직하다. 이러한 정보는 ADHD 평가를 위한 평정척도에 의해서는 확인되지 않기 때문에 매우 중요하다.

교사는 학생의 작업 샘플을 수집하고, 학생이 끝마친 자습량(예: 수학 문제 풀이)을 기록하며, 숙제의 완수 정도를 점검해야 한다. 이러한 자료는 매우 신뢰할 수 있으며 수집하기도 쉬운 것이다. ADHD 학생의 학업 수행을 평가하기 위해 특별히 고안된 학업수행 평정척도(academic performance rating scale: APRS) (DuPaul, Rapport, & Perriello, 1991; 〈표 7-3〉 참조)와 같은 도구도 있다. 이러한 도구는 교사가 학생의 문제 영역을 찾아내는 데 도움을 준다. 행동 관찰은 여러 면에서 매우 유용하다. 그러므로 교사는 이 방법을 적극 활용할 필요가 있다(행동 관찰과 관련해서는 Maag, 2004 참조). 일반적으로 교사는 문제행동이라고 생각되는 구체적인 행동을 선별하여 관찰하기 때문에, 학생의 가장 중요한 문제행동에 대한 가장 상세한 정보를 제공한다. 이러한 정보는 우리가 수집할 수 있는 정보 중에서 생태학적으로 가장 타당한 지표다. 실제적이고 유의미한 변화를 행동 평정척도상에 표시하기란 쉽지 않으며, 그렇게 표시된 변화가 실제로는 두드러지는 효과가 아닐 수도 있다. 그러나 '자리 이탈' 항목에서 60%의 감소는 분명하고 매우 의미 있는 개선이라고 할 수 있다.

표 7-3 학업수행 평정척도

다음 각 문항을 읽고, 지난주에 학생이 보인 학업수행의 정도를 표시하시오. 각 문항마다 하나의 번호를 골라 해당 번호에 ○ 표시를 하시오.

문항					
1. 급우들과 비교하여 학생이 **완수한** 수학 학습 과제의 비율(정확성은 상관없이)을 평가하시오.	0~49%	50~69%	70~79%	80~89%	90~100%
	1	2	3	4	5
2. 급우들과 비교하여 학생이 **완수한** 국어 학습 과제의 비율(정확성은 상관없이)을 평가하시오.	0~49%	50~69%	70~79%	80~89%	90~100%
	1	2	3	4	5
3. 완수한 수학 학습 과제의 **정확도**(즉, 정답의 비율)를 평가하시오.	0~49%	50~69%	70~79%	80~89%	90~100%
	1	2	3	4	5
4. 완수한 국어 학습 과제의 **정확도**(즉, 정답의 비율)를 평가하시오.	0~49%	50~69%	70~79%	80~89%	90~100%
	1	2	3	4	5
5. 지난주에 학생의 학업 상태는 얼마나 일관성이 있었는가?	매우 부족함	비교적 부족함	보통임	비교적 좋음	매우 좋음
	1	2	3	4	5
6. **대규모 집단**(예: 학급 전체) 수업 시간에 학생은 어느 정도나 교사의 지시 사항을 잘 따르고 토론에 많이 참여하는가?	전혀 없음	별로 없음	조금 있음	자주 있음	매우 자주 있음
	1	2	3	4	5
7. **소규모 집단**(예: 독서 모임) 수업 시간에 학생은 어느 정도나 교사의 지시 사항을 잘 따르고 토론에 많이 참여하는가?	전혀 없음	별로 없음	조금 있음	자주 있음	매우 자주 있음
	1	2	3	4	5
8. 학생은 새로운 학습 내용(예: 새로운 개념 습득)을 얼마나 빠르게 배우는가?	매우 느림	비교적 느림	보통임	비교적 빠름	매우 빠름
	1	2	3	4	5
9. 학생의 필기 상태는 어떠한가?	매우 나쁨	비교적 나쁨	보통임	비교적 좋음	매우 좋음
	1	2	3	4	5
10. 학생의 읽기 능력 수준은 어느 정도인가?	매우 낮음	비교적 낮음	보통임	비교적 높음	매우 높음
	1	2	3	4	5
11. 학생의 말하기 능력 수준은 어느 정도인가?	매우 낮음	비교적 낮음	보통임	비교적 높음	매우 높음
	1	2	3	4	5
12. 학생은 학습 과제를 얼마나 자주 성의 없이 대충 해서 내는가?	전혀 없음	별로 없음	가끔 있음	자주 있음	매우 자주 있음
	1	2	3	4	5

13. 학생은 학습 과제를 완수하는 데 급우들보다 더 많은 시간을 요할 때가 얼마나 자주 있는가?	전혀 없음	별로 없음	가끔 있음	자주 있음	매우 자주 있음
	1	2	3	4	5
14. 학생은 교사의 지시 없이 얼마나 자주 주의를 집중할 수 있는가?	전혀 없음	별로 없음	가끔 있음	자주 있음	매우 자주 있음
	1	2	3	4	5
15. 학생은 학습 과제를 정확하게 완수하기 위하여 교사의 도움을 얼마나 자주 필요로 하는가?	전혀 없음	별로 없음	가끔 있음	자주 있음	매우 자주 있음
	1	2	3	4	5
16. 학생은 지시 사항을 이해하기도 전에 학습 과제를 시작하는 경우가 있는가?	전혀 없음	별로 없음	가끔 있음	자주 있음	매우 자주 있음
	1	2	3	4	5
17. 학생은 전날 수업한 내용을 얼마나 자주 기억해 내지 못하는가?	전혀 없음	별로 없음	가끔 있음	자주 있음	매우 자주 있음
	1	2	3	4	5
18. 학생은 '멍하게' 있거나 한 곳을 뚫어지게 쳐다보는 경우가 얼마나 자주 있는가?	전혀 없음	별로 없음	가끔 있음	자주 있음	매우 자주 있음
	1	2	3	4	5
19. 학생은 사회적 상황에서 위축되거나 정서적 반응을 보이지 않는 경우가 얼마나 되는가?	전혀 없음	별로 없음	가끔 있음	자주 있음	매우 자주 있음
	1	2	3	4	5

*역자 주: 12~19번 문항은 역채점.

출처: DuPaul, Rapport, & Perriello (1991).

(2) 단계 2

두 번째 단계는 건강 전문가가 학생에게 약물치료를 시작할 때부터 출발한다. 건강 전문가가 학생에게 약물치료를 시작할 때는 소량의 약물치료부터 시작하는 것이 바람직하다. 학생이 일정 기간(최소 일주일) 소량을 복용한 후에, 교사와 부모는 행동 평정척도를 다시 작성하여 학생의 행동에 관한 정보를 재수집해야 한다. 약물치료가 학생의 행동을 개선하는지 판단하기 위해서는 일정 기간(최소 일주일) 가정과 학교 모두에서 학생의 행동을 관찰해야 한다(AACAP, 2007).

그런 다음에 건강 전문가와 교사는 기초선 자료의 결과 및 초기 약물치료 수준을 비교하여 약물치료가 학생의 행동에 어떤 영향을 미쳤는지 확인할 수 있다. 일반적으로 약물치료는 소량으로 시작하기 때문에, 약물에 대한 초기 반응은 아주 작을 것이다. 보통 건강 전문가는 복용량을 점진적으로 증가시키며(AACAP, 2009), 약물의 복용량을 늘릴 때마다 자료의 수집과 평가가 이루어져야 한다. 행동에 대한 분명한 효과가 나타날 때(즉, ADHD와 관련된 문제의 감소), 약물의 복용량을 늘려도 효과가 없을 때, 학생이 약물에 반응을 보이지 않거나 약물치료를 견디지 못할 때(즉, 심각한 부작용이 발생해서 진정되지 않을 경우)는 더 이상 복용량을 늘리지 않는다. 이 절차는 매우 단순하고 직접적이며 효과적이다. 교사가 약물치료의 효과를 점검하는 것은 매우 중요하다. 학생의 약 25%는 약물치료에 반응을 보이지 않을 것이며(Barkley, 2006), 나머지도 최소한의 반응만 보일 수 있다. 따라서 약물치료가 학생에게 효과가 있는지, 있다면 얼마만큼 효과가 있는지를 기록하는 것이 중요하다. 이렇게 하지 않으면 학생이 약물치료가 필요 없을 때 약물치료를 받게 되거나, 또는 약물치료가 필요할 때 충분히 받지 못하게 되는 경우가 발생할 수 있다.

(3) 단계 3

마지막 단계는 지속적으로 모니터링을 하는 것이다. 모니터링에는 동일한 절차를 사용하여 정기적으로 학생의 행동에 관한 정보를 수집해서 약물의 효과를 평가하는 것이 포함된다. 이러한 정보는 매달 수집해야 한다(AACAP, 2007). 지속적인 모니터링이 필요한 이유는 학생 자신의 변화(예: 신진대사의 변화)나 환경의 변화(예: 스트레스를 많이 받는 환경)로 인해 시간이 경과함에 따라 약물치료의 효과가 달라질 수 있기 때문이다. 또한 학생에게서 새로운 증상(예: 공격성, 우울증)이 나타날 수도 있다. 이러한 변화에 따라 복용량을 조정하거나 다른 약물을 첨가하거나, 또는 아예 다른 약물치료로 바꾸는 것이 필요할 수도 있다.

2) 부작용

약물치료의 효과를 점검하는 것 외에, 교사는 부작용이 나타나는지도 점검해야 한다. 약물치료를 받고 있는 학생을 가르치는 모든 교사는 학생이 약물을 복용하고 있다는 사실과 함께 발생할 수 있는 부작용에 대해 숙지하고 있어야 한다. 교사는 일반적이고 사소한 부작용뿐만 아니라 드물지만 심각한 부작용에 대한 정보까지 알고 있어야 한다. 〈표 7-1〉과 〈표 7-2〉는 ADHD 학생이 일반적으로 많이 사용하는 각성제와 항우울제의 몇 가지 부작용을 제시한 것이다.

교사는 어떤 부작용은 생명을 위협하기도 한다는 점을 알고 있어야 한다. 식품위생국은 ADHD 학생에게 많이 사용되는 각성제와 항우울제에 대해 블랙박스 경고를 의무화하였다. 블랙박스 경고는 약물에 동봉되는 사용설명서에 반드시 표기되어야 한다. 블랙박스 경고는 식품위생국이 취하는 조치 중에서 약물 사용 금지 직전 단계에 해당하는 강력한 조치에 해당한다. 각성제의 경우에는 심장과 관련된 문제가 보고된 사례가 있다. 식품위생국의 경고문에는 각성제 계열의 약물을 복용하는 동안에 '가슴 통증, 호흡 곤란, 기절 등과 같은 심장 문제의 징후'가 발생되면 반드시 건강 전문가를 불러야 한다고 명시되어 있다.

또 정신의학적 부작용이 보고된 사례도 있다. 식품위생국은 '새로운 정신병적 증상(예: 환청을 듣고, 사실이 아니거나 의심스러운 것을 믿는 것과 같은)'이나 새로운 조증 증상이 발생할 수 있음을 경고하고 있다. 항우울제의 경우에는 식품위생국이 "항우울제는 복용 첫 몇 개월 동안 아동, 청소년, 성인에게 자살 충동이나 자살 행동을 증가시킬 수 있다."고 경고하고 있다. 가장 위험한 시기는 약물치료를 시작할 때 또는 복용량을 변경할 때다. 양극성 장애를 갖고 있는 (또는 양극성 장애의 가족력을 지닌) 학생 또는 자살 충동이나 행동을 보이는 학생의 경우에는 위험성이 더 높아진다. 어떤 학생이 약물치료를 받고 있다면, **교사는 그 학생에게서 나타나는 어떠한 이상한 행동의 변화**(특히 기분, 행동, 사고, 감정에서의 갑작스러운 변화)**에도 민감해야 한다**. 이러한 변화가 일어나면 교사는 부모와 건강 전문가에게 즉각 알려야 한다.

〈표 7-1〉과 〈표 7-2〉에 제시한 부작용과 식품위생국 블랙박스 경고문은 교사가 약물치료를 받고 있는 학생의 지도를 꺼리거나 그 학생이 심각한 손상을 당할 위험을 우려하도록 만들 수 있다. 그러나 너무 두려워할 필요는 없다. 다음은 우리가 흔히 복

용하는 다른 약물의 부작용이다. 표현된 용어들이 우려스럽기는 마찬가지일 것이다.

- 심한 알레르기 반응(발진, 두드러기, 가려움, 호흡곤란, 가슴 답답함, 혀, 입술, 입 및 얼굴의 종기)
- 검붉은 반점
- 정신 혼란
- 설사
- 어지럼증
- 졸림
- 청력 손실
- 귀울림(이명 현상)
- 심한 복통 혹은 지속적인 복통
- 멍 자국
- 구토

이것은 아스피린의 부작용이다. 우리는 아마 별 문제없이 그리고 심각한 부작용에 대한 염려 없이 수차례 아스피린을 복용했을 것이다. 물론 아스피린을 ADHD에 사용되는 약물과 동일시하려는 것은 아니다. 중요한 것은 교사가 약물의 부작용에 대해 적절한 견해를 갖고 있어야 한다는 것이다. 아스피린처럼 처방전 없이 슈퍼마켓에서 살 수 있는 대부분의 약물도 생명을 위협할 수 있는 부작용을 갖고 있다. 그러므로 매우 희박한 부작용 때문에 약물치료가 주는 장점을 부정하는 것은 옳지 않다. 약물치료가 주는 이익과 위험을 객관적으로 비교하는 것이 보다 합리적인 자세다. 우리는 매일 위험과 이익 사이에서 선택을 한다. 예를 들면, 우리 대부분은 교통사고의 위험(예: 연 3만 명 이상의 사람이 고속도로 차량 사고로 사망한다)이 있음에도 차를 몰고 출근한다. 약물의 부작용이 위험하기는 하지만, 이는 극히 드문 경우다. 이와는 대조적으로, 약물치료는 학생의 학교생활 적응 능력을 뚜렷하게 향상해 주는 이익을 가져다준다. 매일 수백만 명의 ADHD 학생이 안전하게 약물치료를 받고 있다. 따라서 교사는 약물치료로 인해 발생할 수 있는 부작용에 대해서 알고 있어야 하고, 또한 그러한 부작용이 발생할 경우에 어떻게 대처해야 하는지에 대해서도 알고 있어야 한다.

5. 부모와 약물치료

대부분의 부모는 자신의 자녀에게 약물치료를 해야 할 것인지 결정해야 할 때 고민을 한다. 많은 부모가 약물치료를 할 것인지 말 것인지에 대한 갈등, 약물치료의 효과에 대한 두려움, 가족과 친구들의 만류, 약물치료는 자신이 나쁜 부모임을 의미한다는 죄책감, 약물치료를 하라는 (또는 하지 말라는) 교사의 압력을 경험하고 있다(Bussing & Gary, 2001; Jackson & Peters, 2008; Singh, 2004). 우리의 견해로는, 교사는 결코 약물치료를 권하거나 약물치료를 하도록 (또는 하지 않도록) 압력을 넣어서는 안 된다. 그러한 결정을 내릴 수 있는 자격을 가진 교사는 거의 없으며, 최종적인 결정은 부모가 건강 전문가와 함께 상의해서 내려야 한다. 부모는 약물치료에 대한 정보와 조언을 일반적으로 교사로부터 얻는다고 밝히고 있다(Bussing & Gary, 2001; Jackson & Peters, 2008). 부모가 약물치료에 관한 주제를 꺼낼 때, 교사는 약물치료를 옹호하지도 반대하지도 않아야 한다. 그 대신에 교사는 부모가 약물치료에 대해 어떻게 생각하며 무엇을 걱정하는지를 물어보아야 한다. 그리고 그들이 걱정하는 것에 대한 정확한 정보를 제공하고, 그들의 걱정이 대부분의 다른 부모도 똑같이 하는 정상적인 것이라고 안심시켜 주어야 한다. 다음은 약물치료에 관련된 몇 가지 우려 사항을 제시한 것이다.

- '약물치료는 아동의 성격을 변화시킨다.' 부모들은 가끔 약물치료가 자녀의 성격을 완전히 바꿔 놓을 것이라는 두려움을 갖는다. 어떤 부모는 약물치료가 자녀를 '미치게' 하거나, '좀비처럼 배회하게' 하거나, '범죄자가 되게' 하거나, '미치광이가 되어 10년쯤 뒤에는 살인범이 되게' 할 것이라는 두려움을 나타냈다(Bussing & Gary, 2001). 품행장애가 동반된 ADHD 아동이 나중에 비행청소년이 될 가능성이 높은 것은 사실이지만, 이는 대부분 동반된 품행장애 때문이다(Bernfort, Norfeldt, & Persson, 2008). 약물치료가 청소년 비행이나 범죄 행위와 관련이 있다는 근거는 어디에도 없다. 오히려 약물치료가 청소년 비행과 관련된

반사회적 행동(예: 공격성, 욕설하기)을 실질적으로 줄여 준다는 증거는 많다(예: Connor, Glatt, Lopez, Jackson, & Melloni, 2002; Klein et al., 1997). 약물을 과다 복용한 아동이 극단적인 과다 집중('좀비 같은') 행동을 보일 수는 있다. 이러한 증세가 감지되면 즉시 약물의 양을 조절하거나 약물을 바꾸어 주어 바로잡을 수 있다. 결론적으로 말하자면, 약물이 아동의 성격에 미치는 영향은 설령 있다고 해도 극히 미미한 수준이다.

- **'ADHD 약물치료가 약물 남용으로 이어진다.'** 최근 들어 ADHD 약물치료와 이후의 물질남용장애의 관계에 대한 관심이 증가하고 있다(Wilson, 2007). 아동기의 ADHD 약물치료가 성장 후에 물질남용 가능성을 낮추어 준다는 사실을 보여 주는 연구가 있기도 하다(Lynskey & Hall, 2001). 그런데도 부모들은 약물치료 경험이 나중에 물질 남용(예: 술, 담배, 마리화나)으로 이어지지 않을까 하는 두려움을 지니고 있다. 물론 ADHD는 나중에 물질남용장애로 이어질 위험 요소일 수도 있다. 예를 들면, ADHD를 가진 사람은 ADHD가 없는 사람보다 더 높은 흡연율과 코카인 중독률을 보인다(Wilson, 2007). 이 경우 역시 동반된 품행장애가 약물 남용의 결정적 요소다. 이들이 약물 남용에 빠질 위험이 가장 큰 아동이다. 그러나 ADHD 약물치료가 나중에 반드시 약물 남용 장애로 이어진다는 생각은 잘못된 것이다.
- **'자녀에게 약물치료를 하는 부모는 나쁜 사람이다.'** 자녀에 대한 약물치료를 고려할 때 부모는 종종 죄책감을 느낀다고 한다(Jackson & Peters, 2008; Singh, 2007). 부모는 자신이 자녀의 행동을 제대로 관리하지 못하는 무능하고 비효과적인 부모이기 때문에 약물치료에 의존하게 된다고 생각한다. 또한 부모는 자녀의 약물치료를 자신의 이기심 때문으로 보는 가족과 친구들의 인식을 부담스러워한다. 자녀에게 약물치료를 하는 부모는 오직 자신의 욕구만 충족하려는 부모라고 주변 사람들이 생각한다고 여기는 것이다. 즉, 약물치료를 부모가 오로지 자신의 삶을 좀 더 편안하게 만들기 위해 손쉽게 선택한 탈출구나 도구로 보는 것이다(Jackson & Peters, 2008; Singh, 2007; Taylor, O'Donoghue, & Houghton,

2006). 그러나 약물치료를 이기적인 부모나 게으른 부모의 선택으로 보는 일반적인 오해는 ADHD 약물치료에 대한 매스컴의 왜곡과 ADHD에 대한 일반 대중의 인식 부족 때문에 생긴 것이다(Kennedy, 2008; McLeod, Fettes, Jensen, Pescosolido, & Martin, 2007). 사실 약물치료의 결정은 성급하거나 손쉽게 이루어지는 것이 아니다. 대부분의 부모는 일반적으로 자기 나름대로 상당히 많은 조사를 하는 것으로 나타났다(Jackson & Peters, 2008). 약물치료가 부모의 생활을 보다 편하게 만드는 것은 사실이다. 그렇지만 약물치료가 아동의 삶의 질을 현격하게 향상해 주는 것 또한 사실이다. 이것이 대부분의 부모가 약물치료를 결정한 이유다. 자녀의 삶의 질을 향상하려고 노력하는 것이 '나쁜 부모'가 됨을 의미하는 것은 결코 아니다. 더군다나 약물치료 하나만으로 충분한 경우도 별로 없다. 해결해야 할 과제는 여전히 많이 남아 있다.

- **'내 자녀가 ADHD 약물에 중독될 것이다.'** 어떤 부모는 자기 자녀의 ADHD 약물에 대한 의존도가 심해질 것을 염려한다(Leslie, Plemmons, Morin, & Palinkas, 2007). 각성제 약물이 의존성과 남용의 가능성이 높은 암페타민(amphetamines)과 화학적으로 유사한 성분을 지니고 있는 것은 사실이다. 그러나 다행스럽게도 ADHD 때문에 각성제를 복용하는 아동에게서 의존성과 남용의 문제는 나타나고 있지 않다. 연구에 따르면 각성제를 복용하는 ADHD 아동이나 10대들 중에서 환각 상태, 희열 또는 중독이나 남용과 관련된 기분을 느꼈다고 보고한 경우는 없다(Kollins, 2007, 2008). 또 약물 의존성이나 중독의 문제는 단지 각성제와 관련된 것이며, 항우울제나 항고혈압제와는 관련이 없다는 점을 알고 있을 필요가 있다.
- **'약물치료가 내 자녀의 성장을 저해할 것이다.'** 각성제 치료가 아동의 성장에 미치는 영향은 오래된 관심사다(AACAP, 2007). 연구 초기에는 아동의 성장에 아무런 영향을 미치지 않는다고 여겼지만, 최근에는 특정 아동의 경우 성장에 영향을 미친다는 연구 결과가 나오고 있다(예: MTA Cooperative Group, 2004; Zachor, Roberts, Hodgens, Isaacs, & Merrick, 2006). 이들 연구에서는 아동의 신장과 체

중이 예상한 것보다 덜 발달하는 것으로 나타났다. 그러나 아동의 성장에 미치는 영향이 매우 크지는 않다고 할 수 있다. 예를 들면, 약물치료를 받고 있는 아동은 3년 동안 예상치보다 신장이 약 3.8cm(1.5인치) 정도 적게 증가하였으며, 체중은 약 2.2kg(5파운드) 정도 적게 증가하였다(AACAP, 2007). 그렇지만 이러한 아동들의 신장과 몸무게는 여전히 평균 범위에 속한다(Zachor et al., 2006). 성장의 억제는 약물치료를 시작한 해에 두드러지게 나타난다(AACAP, 2007). 연구에서 조사한 아동의 대부분은 많은 양의 약물을 복용하였으며, 이처럼 높은 복용량이 성장률에 영향을 미쳤을 가능성도 있다. 오늘날 AACAP는 약물치료가 아동의 성장에 영향을 미치는지 평가하기 위해 지속적으로 아동의 신장과 체중을 관찰할 것을 권고하고 있다.

6. 약물치료에서 문화적 요인

약물치료는 모든 문화 집단에 효과적이다. 문화 집단에 따라 ADHD 약물치료에 반응을 하지 않거나 다르게 반응한다는 사실은 보고된 바 없다(Miller, Nigg, & Miller, 2009). 그러나 교사는 문화적 집단에 따라 약물을 사용하는 비율에 차이가 있다는 점을 인식해야 한다(Rowland et al., 2002; Safer & Malever, 2000; Stevens, Harman, & Kelleher, 2005). 백인 학생과 비교할 때, 흑인과 히스패닉 계통의 학생은 ADHD 약물치료를 훨씬 덜 받고 있다. 이 학생들이 약물치료를 덜 받고 있는 이유는 몇 가지로 추론할 수 있다. 이 학생들의 부모가 약물치료를 꺼릴 수 있으며(Leslie et al., 2007; Miller et al., 2009), 의사들이 ADHD 진난과 약물 처방을 하는 것을 꺼릴 수 있다(Stevens et al., 2005). 또한 현실적인 문제도 있다. 이 학생들의 부모 중에서 많은 사람이 의료보험이 없을 수 있고, 주치의가 없거나 주치의를 만나러 갈 교통수단이 부족할 수도 있다(Leslie et al., 2007).

좀 더 많은 연구가 필요하겠지만, 교사는 이러한 문화적 요인이 부모가 약물치료를 결정하는 데 영향을 미칠 수 있음을 인지하고 있어야 한다. 몇몇 연구에 따르면 히스패닉 계 및 흑인 부모는 ADHD 진단과 약물치료를 거부하는 경향이 있으며, 특히 흑인 부모는 백인 부모에 비해 약물치료에 대해서 부정적인 인식을 하고 있고 부작용에 대해서도 더 많은 걱정을 하는 것으로 드러났다(dosReis et al., 2003; Leslie et al., 2007). ADHD에 대한 지식 역시 약물치료의 비율을 낮출 수 있다. 히스패닉 계 및 흑인 부모는 백인 부모에 비해 ADHD를 잘 모르고 있으며, ADHD에 관한 지식이 적고, ADHD는 '실재하는' 장애가 아니라고 여기는 경향이 더 높다(McLeod et al., 2007). 그들은 ADHD를 일시적인 문제로 보거나 ADHD 행동을 정상적인 것으로 여긴다. 또 ADHD를 의학적인 문제나 생물학적인 문제로 보려고 하지 않는다. 이러한 인식 때문에 그들은 약물치료를 선호하지 않을 수 있다(Bussing, Gary, Mills, & Garvan, 2003; Bussing, Schoenberg, Rogers, Zima, & Angus, 1998). 히스패닉 계 및 흑인 부모는 교사에게서 ADHD에 대한 정보를 얻을 기회가 더 적다(Bussing et al., 2007; McLeod et al., 2007). 이러한 기회 부족으로 인해, 이 부모들은 ADHD에 관련된 정확한 판단을 하지 못하고, 또 약물치료에 대한 확신을 갖지 못한다.

만약에 어떤 아동이 ADHD 진단을 받거나 아동의 부모가 ADHD에 관해 질문을 한다면, 교사는 부모에게 ADHD에 관한 정보를 제공할 준비를 하고 있어야 한다. 또 동시에 부모에게 지역사회에서 어떤 도움을 받을 수 있는지를 알려 주고 연결해 줄 수 있어야 한다. 이러한 준비는 특히 히스패닉 계 및 흑인 부모에게 더욱 중요할 수 있다. 약물치료는 ADHD 치료에서 매우 중요하다. 많은 히스패닉 계 및 흑인 학생이 약물로 좋은 효과를 볼 수 있는데도 약물치료를 받고 있지 않으며, 그들이 이렇게 약물치료를 포기한 것은 대부분 ADHD에 대한 잘못된 인식에서 비롯된 것이다. 약물치료를 받을 것인지 말 것인지는 전적으로 부모가 결정해야 하며, 그들의 결정은 존중되어야 한다. 이때 교사는 부모가 올바른 정보를 토대로 현명한 결정을 하도록 최선을 다해야 한다. 그렇지 않으면 학생이 자신의 학교생활의 질을 획기적으로 향상할 수 있는 치료를 받지 못하게 될 수도 있다.

요 약

이 장에서는 ADHD 학생을 위한 약물치료에 관한 정보를 살펴보았다. 교사는 정기적으로 ADHD 약물치료를 받고 있는 학생과 함께 생활해야 한다. 따라서 교사는 약물치료, 약물치료의 효과, 약물치료의 부작용에 관한 실제적인 기본 지식을 갖고 있어야 한다. 다음은 교사가 약물치료와 관련하여 기억해야 할 사항이다.

√ 약물치료는 많은 ADHD 학생에게 유익한 치료다. 그러나 약물치료가 모든 것을 다 해결하는 '특효약'은 아니다.

√ 약물치료가 ADHD의 유일한 치료가 되어서는 안 된다. 약물치료는 교실 조정, 행동 관리, 학교와 가정에서의 다른 지원 방안(예: 상담)과 함께 사용되어야 한다.

√ 약물은 종류에 따라 그 효과가 지속되는 시간이 다르다. 교사는 그 지속 시간을 숙지해서 효과가 가장 좋은 시간에 핵심적인 학업 활동을 할 수 있도록 노력해야 한다.

√ 어떤 학생은 학교 일과 시간에 약물을 복용해야 한다. 따라서 교사는 약물 투약의 방침과 절차를 마련해 두어야 한다.

√ 약물 투약은 훈련을 받은 교직원에 의해서만 실시되어야 한다.

√ 교사는 약물의 효과를 지속적으로 점검해야 한다.

√ 교사는 학생에게 처방된 약물의 일반적인 부작용과 희귀한 부작용에 대해서도 숙지하고 있어야 한다. 또한 부작용이 나타나는지를 늘 점검해야 한다. 학생이 부작용으로 의심되는 행동을 보일 때는 지체 없이 보고할 수 있는 절차를 마련해 두어야 한다.

√ 부모는 종종 자녀에게 약물치료를 할 것인지 결정하는 데 어려움을 겪는다. 교사는 약물치료를 부추기거나 자제시키는 행동을 해서는 안 되며, 대신 약물치료에 대한 정확한 정보를 제공해야 하고, 부모에게 자격을 갖춘 건강 전문가의 조언을 들어보도록 해야 한다.

√ 교사는 약물치료에 관한 일부 허황된 믿음에 대해 알고 있어야 하며, 보다 정확한 정보를 제공할 수 있는 준비를 하고 있어야 한다.

√ 교사는 부모가 약물치료를 꺼리는 데 영향을 미치는 문화적 요인을 잘 알고 있어야 한다.

ADHD

Chapter 8

기능적 행동 평가

환경이 행동에 영향을 미친다.

– 스키너(B. F. Skinner)

지난 수십 년에 걸쳐 우리 사회는 정신질환에 대한 의학적 견해를 점차 수용해 왔다. 이러한 결과는 의학의 괄목할 만한 발전에 비추어 보아 충분히 이해할 수 있으며, 그 덕택에 오늘날 우리는 인간의 신체적 장애는 물론이고 정신적 장애의 바탕에 깔려 있는 기본적 메커니즘을 더 많이 이해할 수 있게 되었다. 의학적 관점에서 보면, 장애(신체적 장애든 정신적 장애든 간에)는 근원적으로 생물학적 요인에서 비롯된다. 코감기는 바이러스 때문에 생기며, 우울증은 뇌 속의 신경전달물질의 불균형 때문에 생긴다. ADHD 역시 통상 의학적 관점으로 설명할 수 있으며, 이 설명은 충분히 이해할 만하다.

오늘날 ADHD가 생물학적 요인에서 비롯된 장애라는 설득력 있는 증거들이 여러 분야(예: 생화학, 유전학, 신경정신과학)에서 제기되고 있다. 즉, ADHD를 지닌 사람은 부주의, 충동성, 과잉행동이라는 용어로 설명할 수 있는 행동을 보이는 경향이 있으며, 이러한 특징을 보이는 행동은 인간의 내면에 존재하는 생물학적 요인에서 비롯된다. 그러나 불행히도 ADHD를 엄격한 의학적 관점에서만 보는 것은 예상치 못한 결과를 초래할 수 있다. 예를 들면, 만약에 린다가 볼펜을 끊임없이 똑딱거리거나 스티브가 자리에서 벌떡 일어나거나, 폴이 수업 중에 나가 버리면 우리는 이런 행동을 'ADHD의 발동'으로 볼 수 있다. 이러한 판단이 맞을 수도 있지만, 교사는 ADHD의 생물학적 요인을 확인할 수 있는 방법이 전혀 없기 때문에 생물학적 요인만으로는 교사가 그러한 행동의 실체를 파악할 방법 또한 없게 된다.

문제행동을 단순히 'ADHD의 발동'으로 보는 것은 문제행동을 일으키는, 흔히 간과되지만 매우 중요한 한 가지 요소를 묵살할 위험성을 내포하고 있다. 그것은 환경이다. 문제행동이 발생하는 환경의 맥락에서 행동을 평가하는 것은 매우 중요하다. 아주 사소한 환경의 변화가 때로는 행동에 엄청난 영향을 미칠 수 있다. 예를 들면, 자율학습 과제의 난이도를 조금만 바꾸어도 방해 행동의 발생 빈도에 커다란 영향을 줄 수 있다(DePaepe, Shores, Jack, & Denny, 1996). 여기에서 말하는 '환경'은 교실이라는 단순한 물리적 공간 이상을 의미한다. 이 환경에는 교육과정, 수업, 교사와 학생 간의 상호작용도 포함된다. 교사는 이러한 환경을 바꿀 수 있기 때문에, 환경이 학생의 행동에 미치는 영향을 인식하는 것은 매우 중요하다.

ADHD 학생을 효과적으로 지도하기 위해 교사는 ADHD에 대한 기능적 관점을 받아들여야 한다. 즉, 교사는 ADHD 관련 행동과 환경 간의 상호작용을 인식해야 하며, 교실 안의 많은 문제가 교실 환경에서 비롯된다는 점을 알고 있어야 한다. 교사는 문제행동을 'ADHD의 발동'으로만 여겨서는 안 되며, 문제행동을 촉발시키고 유지시키는 환경적 요인이 무엇인지를 검토해 보아야 한다. 이를 위해 교사는 문제행동이 발생한 맥락의 관점에서 문제행동을 체계적으로 살펴볼 수 있어야 한다. 이러한 체계적인 방법 중의 하나가 기능적 행동 평가(functional behavioral assessment: FBA)다. FBA는 교사가 문제행동이 왜 발생했는지를 확인하고, 문제행동을 예방하거나 감소시킬 수 있는 효과적인 중재 방법을 찾도록 고안된 구조화된 평가 과정이다. 연구에서는 교사가 ADHD와 관련된 학업적·행동적 문제를 효과적으로 다루는 데 FBA가 도움이 되며, 더 나아가 이것이 약물치료의 효과도 증대시키는 것으로 나타났다. 이 장에서는 먼저 FBA의 개요를 살펴보고 FBA의 법적 요건에 대해 논의할 것이다. 그런 다음에 FBA의 과정과 그 과정의 각 단계에 어떤 것이 포함되는지를 살펴볼 것이다. 마지막으로, 교사가 문제행동에 주도적으로 대처할 수 있도록 돕기 위해 문제행동에 대한 기능적 관점을 어떻게 적용할 수 있는지에 대한 예를 제공할 것이다.

1. 기능적 행동 평가의 개요

FBA는 1997년 장애인교육법(IDEA)의 수정으로 규정되었다. 이 법의 취지는 행동 문제를 지닌 학생에게 안전하고 체계적인 학교 환경을 제공할 필요성을 반영하고, 또한 학생이 적절한 무상 공교육을 받을 권리를 보장하는 균형적인 접근 방법을 제공하는 것이다(Drasgow & Yell, 2001). 이 법은 처벌이 아닌 행동 중재와 지원을 제공함으로써 문제행동을 예방적이고 선제적으로 다루어야 한다는 점을 강조하고 있다. FBA는 교사가 문제행동의 원인과 목적을 이해하도록 돕고자 한다. 만약에 어떤 학생이 교실 수업에 나쁜 영향을 미치는 방해 행동, 불복종, 언어적 또는 신체적 학대, 기물 파손, 다른 학생이나 교직원에 대한 공격 등의 행동을 보이면 FBA가 실행되어야 한다(Drasgow, Yell, Bradley, & Shriner, 1999). FBA가 반드시 실행되어야 하는 경우는 다음과 같다. 학생이 정학을 당하거나 10일 이상의 대체 수업을 받을 경우, 학생이 무기나 약물 소지 등의 비행 행동으로 45일 동안의 임시 대체 수업을 받을 경우, 학생이 자기 자신이나 다른 학생을 해칠 우려가 있다고 판단되는 경우다.

FBA에 정확하게 무엇이 포함되어야 하는가에 대해서는 다소 혼선이 있다. 그 이유는 IDEA에 FBA의 구성에 관한 내용이 명확하게 규정되어 있지 않기 때문이다. 드래스고와 옐(Drasgow & Yell, 2001, p. 242)은 법의 취지에 부합하기 위해서는 FBA의 구성 요소로 다음과 같은 다섯 가지가 필요하다고 제시하였다.

① 문제행동에 대한 명확한 진술
② 문제행동이 언제 발생하고 발생하지 않는지를 알려 주는 사건, 시간, 상황의 확인
③ 문제행동을 유지시키는 결과의 확인
④ 문제행동과 문제행동의 기능을 기술한 한 가지 이상의 요약 진술 또는 가설의 개발
⑤ 직접 관찰 자료의 수집

혼선을 일으키는 또 다른 원인은 FBA가 연구 보고서에서 기능 분석, 실험 분석, 기능적 평가, 서술적 분석, 구조적 분석 등의 다양한 용어로 기술되고 있기 때문이다(Lewis & Sugai, 1996). 그러나 이러한 다양한 명칭의 차이에도 불구하고, 그러한 명칭

에 담겨 있는 기본 가정과 절차는 동일하다. 이러한 용어들을 통칭하여, 여기에서는 FBA라는 용어를 사용하겠다.

2. 기능적 행동 평가의 과정

FBA는 세 가지의 가정에 토대를 두고 있다(Dunlap, Kern-Dunlap, Clarke, & Robbins, 1991). 첫째, 우발적인 행동은 없다. 모든 행동에는 목적이 있으며, 학생에게 기능으로 작용한다. 학생은 행동을 함으로써 이득이나 강화를 받는다(예: 학생은 좋지 않은 상황을 피하기 위해, 관심을 끌기 위해, 또는 불안을 감소시키기 위해 특정 행동을 할 수 있다). 둘째, 행동은 교실이나 학교 환경에서 일어나는 환경적 요인(즉, 배경 사건, 선행 사건, 결과)과 학생의 선천적 요인(예: 학업 기술의 수준) 간의 상호작용으로 발생한다. 셋째, 이러한 요인들을 점검하고 확인하는 것은 교사가 행동 문제를 완화시키기 위한 효과적인 중재 방법을 개발하는 데 도움이 된다. FBA의 목적은 문제행동과 환경 사건 혹은 결과 간의 기능적 관계를 밝히려는 것이다. 간단히 말해서, FBA는 문제행동을 유발하거나 유지시키는 환경적 요인을 찾아내고자 하는 것이다.

본질적으로, FBA의 과정은 일련의 가설 개발과 가설 검증으로 구성된다(Elliott, Gresham, & Heffer, 1987). 가설은 수집된 정보를 토대로 세워지며, 학생의 행동과 환경적 요인 간에 관계가 있는지를 알아보기 위해 구체적인 평가를 실시한다. 예를 들면, 교사가 어떤 학생이 동료 학생의 대화나 활동을 자주 방해하는 것(ADHD 진단 기준 중의 하나)을 관찰하고 있다고 하자. 그 교사는 그 학생의 부적절한 행동이 ADHD 때문이며, 그래서 자신이 할 수 있는 일은 아무것도 없다고 쉽게 결론을 내려 버릴 수 있다. 그러나 FBA의 관점에서 보면 교사는 그 학생이 방해 행동을 함으로써 동료 학생의 관심을 끌 수 있기 때문에 그런 행동을 한다고 가정할 수 있다. 강화가 그 행동을 유지시키는 작용을 하는 것이다. 이러한 일반적인 가설에서 좀 더 구체적인 가설이 생성되고 또한 검증을 할 수도 있다. 예를 들면, 교사는 그 학생이 특정 동료 학생들과 함께 있을 때는 방해 행동을 하지만 다른 동료 학생들과 함께 있을 때는 방해 행동을 하지 않는지 알아보기 위해 동료 집단의 구성을 바꾸어 볼 수도 있다. 또한 교사는 동료 학생들에게 그 학생의 부적절한 행동을 무시하도록 하고, 그 학생이 적절한 행동을 할 때 정적 강화를 제공할 수도 있을 것이다. 만약에 이러한 조작을 통해 그 학생의 문제행동이 감소하거나 없어진다면, 교사는 타인을 방해하는 행동과 동료 학생의 관심 간에 기능적 관계가 존재한다고 결론지을 수 있다.

또 다른 예로 어떤 학생이 작문 시간에 수업을 방해하고 교사의 지시를 따르지 않는 경우를 들 수 있다. 이 경우 교사는 그 학생의 문제행동은 쓰기 과정의 어려움 때문에 발생할 것이라고 가정할 수 있다. 예를 들면, 그 학생은 이야기를 어떻게 써야 할지 모르거나 필기하는 데 문제가 있어서 작문 시간이 고통스러울 수도 있을 것이다. 이 경우 교사는 학생의 쓰기를 검토하여 어떤 것(예: 중요한 문장 요소를 빠뜨리는 것, 지나치게 짧은 문장, 또는 필기의 어려움)에 문제가 있는지 살펴볼 수 있다. 그런 다음 이를 토대로 교사는 그 학생을 위한 효과적인 중재 방안을 고안하고 실행할 수 있다. 그래서 그 학생의 문제행동이 개선되었다면 문제행동과 글쓰기의 어려움 사이에는 기능적 관계가 존재하는 것이다. 우리가 강조하고자 하는 것은 ADHD 학생이 보이는 많은 문제행동은 학습의 어려움 때문에 생기며, 교사는 이 점을 잘 인지하고 있어야 한다는 점이다. 너무 어려운 과제를 받으면 ADHD 학생은 그 과제를 회피할 수 있는 문제행동을 할 수 있다. 이러한 경우, 교사는 그 학생에게 교수 조정(예: 더 적은 양의 과제, 더 쉬운 과제, 과제 성취를 위한 보충수업, 과제 성취를 위한 전략 가르치기)을 제공해야 한다. 이러한 예들은 매우 단순하지만, 행동에 기여하는 기능이 하나 이상일 수도 있음을 유념해야 한다. 예를 들어, 앞의 예에서 만약에 학생이 수업 방해 행동을 해서 동료 학생의 관심을 받았다면, 동료 학생의 관심은 수업 방해 행동을 유발할 뿐만 아니라 그러한 행동을 유지하는 기능으로도 작용할 수 있다.

교사는 FBA 과정의 핵심이 되어야 한다. 그러나 교사들 중 FBA를 독자적으로 실시할 수 있을 정도로 훈련을 받고 전문성을 갖춘 사람은 거의 없다. 대부분의 경우에 교사는 행동 전문가나 학교심리학자와 함께 활동할 것이다. 다음 절에서는 FBA의 과정에 대해 살펴볼 것이다. FBA를 실행하는 방법에는 몇 가지가 있는데, 여기에서는 던랩과 컨(Dunlap & Kern, 1993)이 개발하고 수많은 연구를 통해 교실에서 성공적으로 사용한 사실이 있는 FBA의 틀을 살펴볼 것이다. 그들이 개발한 FBA의 과정은 세 단계로 구성되어 있다. 즉, ① 가설 개발, ② 가설 검증, ③ 조정 또는 중재의 실행이다.

1) 가설 개발

행동의 기능에 대한 가설을 개발하기 위해서는 다음 세 가지가 필요하다. ① 관심 행동을 상세하게 정의한다. ② 행동이 발생하는 조건에 대한 정보를 수집한다. ③ 정보를 분석하여 기능적 관계를 나타낼 수 있는 패턴을 파악한다.

(1) 행동의 정의

관심 행동을 상세하게 정의하는 것(즉, 조작적 정의를 내리는 것)은 FBA 과정에서 매우 중요한 절차다. 행동을 상세하게 정의해야 하는 이유로는 다음 세 가지가 있다(Alberto & Troutman, 2006).

① 정의가 상세해야 모든 당사자가 동일한 정의를 공유하고 동일한 행동에 대한 자료를 정확하게 수집할 수 있다. 정의가 다르면 행동의 발생이나 비발생에 대한 정확하고 일관적인 기술이 불가능하다.

② 상세한 정의를 해야 제3자에 의한 확인이 가능하다. 즉, 그 학생을 잘 알지 못하는 사람도 행동이 발생했는지 아니면 발생하지 않았는지를 결정할 수 있어야 한다. 이렇게 해야 행동의 변화에 대해 누구라도 독자적인 확인이 가능하다.

③ 행동을 상세하게 정의하면 시간과 상황이 달라져도 확인이 가능하다. 문제행동을 하는 학생은 1년 내내 그리고 문제행동이 발생하는 여러 상황에서 계속적인 중재가 필요할 것이다.

행동을 상세하게 정의하기 위해서는 조작적 정의를 통해 행동의 관찰 가능하고 측정 가능한 면에 초점을 맞추고, 가능한 한 애매모호한 측면을 없애야 한다. 예를 들면, '수업 참여'는 모든 교사가 관심을 갖고 있는 행동이다. 그러나 단순히 수업 참여만으로 정의를 내린다면 관찰자 간에 상당한 불일치가 있을 가능성이 많다. '수업 참여'라는 행동 자체의 정의가 애매모호해서 정확하게 측정하기 어렵기 때문이다. 따라서 '수업 참여' 행동은 다음과 같이 정의하는 것이 더 나을 것이다. '수업 참여 행동은 학생이 책상에 앉아 교사 또는 교재를 바라보거나, 주어진 학습 활동을 하거나, 적절한 학습 자료를 사용하거나, 손을 들어 교사에게 도움을 청하는 행동을 말한다.' 이렇게 정의하면 보다 적절하게 수업 참여 행동을 관찰하고 측정할 수 있다.

또한 교사는 FBA의 핵심이라고 할 수 있는 행동의 유형을 세심하게 고려해야 한다. 가끔 교사는 다른 학생의 학습이나 교실 수업을 방해하지는 않지만, 교사 자신이 성가시다는 이유로 학생의 특정한 행동에 집착하는 경우가 있다. 이 경우에 '그래서 어떻다는 거야(So what)?' 질문(Kaplan, 1995)이 이러한 행동 유형에 대한 집착을 피하는 데 도움이 된다. '그래서 어떻다는 거야?' 질문은 교사가 스스로에게 "그 행동이 계속된다면, 그래서 어떻다는 거야?"라고 자문하게 한다. 만약 어떤 행동이 계속되어도 학생들의 학업적·사회적·행동적 기능에 부정적인 영향을 주지 않는다면, 그 행동에 대해서는 중재나 FBA를 고려해서는 안 된다. 예를 들면, 어떤 학생이 물건을 끊임없이 만지작거리는데, 그 학생이 과제를 그럭저럭 해내고 동료 학생들도 그런 행동으로 방해를 받지 않는다면, 그래서 어떻다는 것인가? 이러한 행동에는 FBA를 적용하기 위한 시간과 노력을 투자할 필요가 없다. 반면에 그 학생의 산만한 행동이 자신의 과제 수행을 어렵게 하고 동료 학생들을 방해한다면, 이는 FBA의 적용 대상으로 고려해야 한다. ADHD 학생이 중재의 대상이 될 수 있는 행동을 많이 하기는 하지만, 교사에게는 자원과 시간이 충분하지 않다는 점을 유념할 필요가 있다. 따라서 학교에서의 기능에 가장 중요하게 영향을 미치는 행동들만 FBA의 대상으로 삼아야 한다.

(2) 정보 수집

FBA의 목적은 학생의 행동이 발생하는 조건을 이해하는 것이다. 학생의 행동과 상호작용하는 환경 조건에는 다양한 것이 있다. 예를 들면, 교사의 관용성 수준, 교실 정돈, 교육과정과 수업 변인, 동료 학생의 반응, 과제의 난이도 등이 있다. 이러한 다양한 환경 조건이 정보 수집을 어려운 과제로 만들 수 있다. 그러나 행동에 관한 정보를 수집하는 기법에는 여러 가지가 있다. 즉, 면담, 직접 관찰, 평정척도, 문서 기록물 활용 등이다(Dunlap et al., 1991; Dunlap & Kern, 1993). 이러한 기법 중에서는 아마도 면담과 직접 관찰이 가장 신뢰할 수 있는 정보 출처일 것이다. 그러므로 모든 FBA에 이 두 가지 기법이 반드시 포함되어야 한다. 그러나 이러한 방법을 실시하기 전에 문서 기록물을 검토하고 행동 평정척도를 실시하는 것이 바람직하다. 심리 보고서, 표준화 검사, 상담실 의뢰, 학생 지원 팀 보고서, IEP 등과 같은 문서 기록물은 문제행동의 내력과 과거에 실시되었던 중재에 관한 유용한 배경 정보를 제공한다. 평정척도는 폭넓은 문제 영역에 대한 일반적인 정보만을 제공하기 때문에 상대적으로 덜 유용하다.

다음 단계는 면담을 실시하는 것이다. 던랩과 컨(1993)은 적어도 학생과 관련된 두 명 이상의 교직원과 면담할 것을 권고한다. 이처럼 복수의 관계자를 면담하는 이유는 특정 행동이 특정한 조건이나 상황에서 발생하는지 또는 발생하지 않는지를 확인하기 위해서다. 던랩과 컨은 또한 면담에서 다음 두 가지의 핵심 질문에 초점을 맞추도록 권고한다. ① 어떤 조건이나 환경에서 그 행동이 가장 잘 발생하는가? ② 어떤 조건이나 환경에서 그 행동이 거의 또는 전혀 발생하지 않는가? 〈표 8-1〉과 〈표 8-2〉는 교사와 학생 면담에 사용하는 면담 양식의 한 예다. 면담을 통해 얻은 정보는 비교적 포괄적이며 종종 비행동적 용어로 표현된다. 예를 들면, 어떤 교사는 어떤 학생에 대해서 그 학생이 자습 시간 동안 과제 이탈 행동을 한다고 말하는 반면, 다른 교사는 그 학생이 수업 시간에 주의를 집중하지 않는다고 말할 수 있다. 여기서 말한 '과제 이탈'과 '주의를 집중하지 않는'이라는 표현은 구체적인 행동 용어가 아니다. 그런데도 이러한 정보는 가설을 세우는 데 도움이 된다.

표 8-1 FBA 면담 양식

_______________를(을) 알게 된 지/가르친 지 얼마나 되었습니까?

1. 이 학생의 주요 문제가 무엇이라고 생각합니까? 가장 심각한 것에서 가장 덜 심각한 것까지 우선순위를 매겨 보시오.

2. 이러한 행동은 어떤 상황에서 발생합니까?

3. 이 학생은 어떤 상황에서 가장 적절한 행동을 합니까?

4. 이 학생의 강점은 무엇입니까?

5. 이 학생의 약점은 무엇입니까?

6. 이 학생이 왜 그렇게 행동한다고 생각합니까?

7. 이 학생을 위하여 어떤 도움이 필요하다고 생각합니까? 어떻게 도와주어야 한다고 생각합니까?

8. 이 학생이 가장 좋아하는 것은 무엇입니까?

9. 이 학생이 가장 싫어하는 것은 무엇입니까?

10. 다음 각 시간에 이 학생의 부적절한 행동을 유발시키는 사건이나 활동이 무엇입니까?
    수업 시간　　　　점심시간
    쉬는 시간　　　　자유 시간

11. 다음 각 시간에 이 학생의 적절한 행동을 증가시키기 위해 무엇을 할 수 있나고 생각합니까?
    수업 시간　　　　점심시간
    쉬는 시간　　　　자유 시간

출처: Reid & Maag (1998).

표 8-2 학생-자기응답용 기능적 평가 면담

학생: 면담자: 월/일:			
유형 1			
1. 대체적으로 공부가 너무 어렵니?	항상	가끔	전혀
2. 대체적으로 공부가 너무 쉽니?	항상	가끔	전혀
3. 다른 사람에게 적절하게 도움을 청하면 원하는 도움을 받니?	항상	가끔	전혀
4. 각 교과목의 수업 시간이 너무 길다고 생각하니?	항상	가끔	전혀
5. 각 교과목의 수업 시간이 너무 짧다고 생각하니?	항상	가끔	전혀
6. 자습을 할 때, 다른 사람과 함께 하는 것이 더 낫니?	항상	가끔	전혀
7. 네가 잘 할 때, 다른 사람이 그것을 안다고 생각하니?	항상	가끔	전혀
8. 네가 잘 했을 때, 그에 합당한 점수나 보상을 받고 있다고 생각하니?	항상	가끔	전혀
9. 더 많은 보상을 받는다면 학교생활을 더 잘할 것이라고 생각하니?	항상	가끔	전혀
10. 대체적으로 학업에 재미가 있니?	항상	가끔	전혀
11. 교실에 너를 방해하는 것이 있니?	항상	가끔	전혀
12. 학업이 해 볼 만하니?	항상	가끔	전혀
유형 2			
1. 너는 학교에서 언제 [목표 행동: ____________]과 관련된 문제가 가장 적다고 생각하니? 이 시간 또는 이때에는 왜 문제가 없다고 생각하니?			
2. 너는 학교에서 언제 [목표 행동: ____________]과 관련된 문제가 가장 많다고 생각하니? 이 시간 또는 이때에는 왜 문제가 많다고 생각하니?			
3. 어떤 변화가 있어서 너는 [목표 행동: ___________]과 관련된 문제를 더 적게 하게 되었니?			
4. 너는 좋은 행동과 학업에 대하여 어떤 종류의 보상을 받고 싶니?			
5. 네가 학교에서 좋아하는 활동은 무엇이니?			
6. 너의 취미 또는 관심사는 무엇이니?			
7. 만약에 기회가 된다면, 네가 지금 할 기회가 없는 활동 중에서 어떤 활동을 하고 싶니?			

유형 3			
다음 각 교과목을 얼마나 좋아하는지 표시하시오.			
	전혀 좋아하지 않음	보통임	매우 좋아함
읽기			
수학			
철자법			
필기하기			
과학			
사회			
국어			
음악			
체육			
컴퓨터			
미술			

유형 4	
읽기에서 좋아하는 것은 무엇이니?	읽기에서 싫어하는 것은 무엇이니?
수학에서 좋아하는 것은 무엇이니?	수학에서 싫어하는 것은 무엇이니?
철자법에서 좋아하는 것은 무엇이니?	철자법에서 싫어하는 것은 무엇이니?
필기하기에서 좋아하는 것은 무엇이니?	글쓰기에서 싫어하는 것은 무엇이니?
과학에서 좋아하는 것은 무엇이니?	과학에서 싫어하는 것은 무엇이니?
사회에서 좋아하는 것은 무엇이니?	사회에서 싫어하는 것은 무엇이니?
국어에서 좋아하는 것은 무엇이니?	국어에서 싫어하는 것은 무엇이니?
음악에서 좋아하는 것은 무엇이니?	음악에서 싫어하는 것은 무엇이니?
체육에서 좋아하는 것은 무엇인가?	체육에서 싫어하는 것은 무엇인가?
컴퓨터에서 좋아하는 것은 무엇이니?	컴퓨터에서 싫어하는 것은 무엇이니?
미술에서 좋아하는 것은 무엇이니?	미술에서 싫어하는 것은 무엇이니?

출처: Kern, Dunlap, Clarke, & Childs (1994).

다음 단계는 직접 관찰이다. 직접 관찰을 통하여 적절한 행동을 막고 부적절한 행동을 유지하도록 하는 환경 요인에 대한 정교한 평가가 가능하다. 목표 행동을 정의하고, 자연스러운 환경 속에서 목표 행동이 발생하거나 발생하지 않는 것을 관찰한 후 기록하고, 그 자료를 분석하는 과정이 가장 직접적이고 생태학적으로 타당한 FBA 기법이다(Elliott et al., 1987; Feindler & Ecton, 1986).

학생의 행동에 대한 직접 관찰 자료를 모으는 것은 두 가지 목적이 있다(Dunlap & Kern, 1993). 먼저, 직접 관찰은 행동과 환경적 사건 사이의 관계를 객관적으로 확인하는 데 도움이 된다. 둘째, 직접 관찰은 문제행동의 정도와 중재 또는 조정의 효과를 측정할 수 있는 양적인 기초선(처치 전) 정보를 제공한다. FBA는 종종 A-B-C 분석, 즉 선행 사건(antecedent: A) – 행동(behavior: B) – 결과(consequence: C) 분석을 사용한다(Alberto & Troutman, 2006). 선행 사건은 행동에 앞서서 일어나고, 앞으로 일어날 행동에 대한 촉진 자극이나 단서가 된다. 결과는 행동 다음에 일어나며, 앞으로 그 행동이 발생할 가능성을 유지시키거나 증가시키거나, 혹은 감소시킨다. A-B-C 분석에는 세 가지 유형이 있다.

첫째, 〈표 8-3〉과 같은 일화 기록이 있다. 일화 기록은 용지를 세 부분으로 나누어, 각 부분에 **선행 사건, 행동, 결과**라는 명칭을 붙인 표를 작성한다. 이후 관찰된 내용에 번호를 매기고, 일어난 순서대로 세 부분에 기록한다. 이때 어떤 행동의 결과가 후속 행동에 대한 선행 사건이 될 수 있음을 유념할 필요가 있다.

둘째, 〈표 8-4〉에서 볼 수 있는 것처럼, 선행 사건, 행동, 결과를 구조화된 관찰 양식을 사용하여 표로 작성할 수 있다. 이 관찰 양식에서 다양한 학습 과제와 활동은 세로로 배열되어 있고, 적절한 행동과 부적절한 행동은 가로로 배열되어 있다. 특정한 과제/활동과 행동이 교차하는 칸에 '∨' 표시를 함으로써 특정한 행동의 발생을 촉진하는 선행 사건의 일반적인 패턴을 알 수 있다.

셋째, 〈표 8-5〉와 같은 산점도(scatterplot)를 이용하여 행동에 관한 직접 관찰 정보를 수집하는 방법이 있다(Touchette, MacDonald, & Langer, 1985). 이 양식에서 학교 일과는 세로로 나열된 단위(예: 수업 시간)로 나누어져 있고, 요일은 가로로 나열되어 있

표 8-3 A-B-C 분석의 예

선행 사건	행동	결과
1. 교사: "받아쓰기 시간입니다." 교사가 학습 자료를 나누어 준다.	2. 스티브가 연필을 깎으러 가기 위해 자리에서 일어난다.	3. 스티브가 책상에 부딪히자 캐런이 웃는다.
4. 교사가 스티브에게 지금 무엇을 하고 있느냐고 묻는다.	5. 스티브가 인상을 쓰고, 린다가 낄낄댄다.	6. 스티브가 앉아서 연필로 책상을 두드리기 시작한다.
7. 교사: "스티브, 가만히 있어라."	8. 스티브가 린다에게 말을 건네려고 돌아본다.	9. 교사가 스티브에게 가만히 앉아 있으라고 한다.
10. 스티브가 다시 연필로 책상을 두드린다.	11. 교사: "스티브, 그러지 말라고 내가 여러 번 말했지!"	12. 캐런이 낄낄댄다.
13. 교사: "스티브, 받아쓰기 하고 있는 거니?"	14. 스티브: "하고 싶지 않아요. 재미없어요."	15. 교사: "지금 하지 않으면 쉬는 시간에 계속해야 한다."

표 8-4 관찰 양식

학생: 날짜: 관찰자:										
학습 자료/과제	적절한 행동					부적절한 행동				
	질문에 대답	질문	과제 집중	끝마치기	도움 요청	공격 행동	과제 이탈	자리 이탈	반항	떠들기
종이와 연필										
설명 듣기										
토론										
학습장										
개인										
집단										
이동										

출처: Reid & Maag (1998).

표 8-5 산점도의 실제 예

학생: 레슬리 날짜: 11월 1일 ~ 11월 15일
행동: 수업 시간에 떠들기, 지시 사항 어기기
관찰자: 스미스
×=3회 이상 ○=1~2 회 공란: 없음

행동	시간	요일									
		월	화	수	목	금	월	화	수	목	금
준비 시간	08:30~09:00	○		○			×	○			
단체 독서 시간	09:00~09:30	○					×				
철자법	09:30~10:00	×					○				
휴식/이야기	10:00~10:30										
수학	10:30~11:00	×	○		×	×	×		○		○
점심	11:00~11:30										
자유 독서 시간	11:30~12:00	×					○				
사회	12:00~12:30						×				
미술/음악	12:30~01:00									○	
체육	01:00~01:30		○								
과학	01:30~02:00				○						
보충수업	02:00~02:30	×					○				
정리	02:30~03:00										

출처: Reid & Magg (1998).

다. 이 양식을 사용하면 행동의 발생(또는 비발생)에 대한 주 단위로 도표화된 격자망을 만들어 낼 수 있고, 그렇게 함으로써 일정한 패턴을 확인할 수 있다. 예를 들어 〈표 8-5〉의 산점도를 살펴보면, 수학 시간이 문제행동 발생에 대해 특별히 중요한 선행사건으로 보인다. 따라서 수학과 관련된 일과 시간 및 문제행동이 중요하다. 이러한 정보에 따르면, 부적절한 행동과 관련된 구체적인 선행 사건이나 결과를 확정하기 위해 수학 시간에 A-B-C 일화기록을 하는 것이 적절할 수 있다. 또한 이 학생은 다른 요일보다 월요일에 부적절한 행동을 더 많이 하는 것으로 나타났다. 이는 월요일에 문제행동과 관련된 몇 가지 사건이 있을 수 있음을 시사한다. 교사는 학생이 월요일에 하는 일과 중에서 평상시와 다른 특이한 점이 있는지를 부모와 함께 확인할 수도 있다. 이때는 학생이 특정한 사유로 월요일에 약물을 복용하지 않았을 가능성도 있다.

(3) 가설 생성

일단 학생의 부적절한 행동과 관련된 것으로 보이는 환경적 요인에 대한 정보를 수집했으면, 가설 생성의 단계로 나아간다. 다양한 출처를 통해 수집한 정보를 통합하여 학생이 보이는 행동과 그 행동으로 얻을 수 있는 결과 간의 기능적 관계를 결정하려는 것이다(Neel & Cessna, 1993). FBA의 관점에서 보자면, 학생이 보이는 행동은 기능적이라는 점에 유념해야 한다. 즉, 행동은 결과를 얻기 위해 표출되는 것이다. 학생이 보이는 모든 행동은, 심지어 부적절한 행동까지도 목적이 있으며 얻고자 하는 결과가 있다. 단순히 'ADHD가 발동된 것'은 아니라는 것이다. 〈표 8-6〉은 일반적인 행동적 기능을 보여 주고 있다. 이러한 기능은 학생의 행동이 얻고자 하는 '대가'가 무엇인지를 기술하고 있다. 예를 들어, 수학 시간에 자주 떠들어서 교무실로 불려 간 학생

표 8-6 일반적 기능

얻고자 하는 결과	설명
과제/자극 피하기	아동이 얻고자 하는 것이 과제나 활동을 회피하거나 결과를 회피하거나, 특정한 상황을 끝내거나 피하고자 하는 것일 때
관심 끌기	특정한 행동을 함으로써 아동이 주목의 대상이 되거나 자신에게로 관심을 끌 수 있거나, 특정한 상황의 주인공이 될 때
자극	특정한 행동을 함으로써 감각적 자극을 얻을 수 있을 때
원하는 물건/활동 얻기	특정한 행동을 함으로써 특정한 물건, 활동, 사건을 얻을 수 있을 때

이 있다고 하자. 하지만 사실 그 학생은 수학 시간을 회피하기 위하여 수업 시간에 떠드는 행동을 했을 수 있다. 이처럼 떠드는 행동을 통해 그 학생은 자신이 싫어하는 상황에서 도피할 수 있다.

던랩과 컨은 가설의 개발을 위해 다음과 같은 지침을 만들었다(Dunlap & Kern, 1993; Kern, Childs, Dunlap, Clarke, & Falk, 1994).

- 가설은 적어도 두 가지 이상의 출처에 토대를 두어야 하고, 관찰된 자료에 근거해야 한다.
- 가설은 관찰 가능한 교실 변인(예: 선행 사건/결과)의 용어로 진술되어야 한다.
- 가설은 곧 직접적으로 검증될 수 있어야 한다.
- 교사와 FBA 팀 모두가 그 가설이 합당하다고 동의해야 한다(교사가 독자적으로 가설을 만들 수도 있다는 점에 유의하라).
- 가설은 지나친 노력 없이 또는 정해진 수업 절차를 방해하지 않고 실행될 수 있는 중재로 곧바로 이어져야 한다.

권장할 만한 가설의 몇 가지 예는 다음과 같다.

- 과제의 양을 줄이고 숙제를 선택할 기회를 주면, 마이클의 과제 집중 행동은 증가할 것이다.
- 구체적인 칭찬을 해 주고 바람직하지 못한 행동을 무시하면, 폴의 감정 폭발의 빈도는 줄어들 것이다.
- 자습 과제 전에 어려운 나눗셈 문제를 푸는 구체적인 예를 제시하면, 하이디의 반항적 행동은 줄어들 것이다.
- 케이티와 떨어져 앉게 하고 주기적으로 관심을 보여 주며 과제 완수를 스스로 점검하게 하면, 제시카가 과제물을 완수하는 비율은 증가할 것이다.
- 자주 대답할 기회를 주고 필기를 하는 대신에 컴퓨터를 이용하게 해 주면, 프레

드의 떠드는 행동은 줄어들 것이다.

2) 가설 검증

기능적 가설을 생성한 후, 다음 단계는 가설을 검증하는 것이다. 검증은 문제행동과 관련이 있는 것으로 생각되는 선행 사건이나 결과가 직접적으로 통제·조작될 수 있는 조건을 마련하는 것으로 구성한다(Karsh, Repp, Dahlquist, & Munk, 1995). 교사는 목표 행동이 발생하는 자연적 환경에서 학생이 목표 행동을 하는 것을 관찰하면서, 목표 행동과 관련이 있는 것으로 생각되는 환경적 요인을 체계적으로 통제하고 조작한다. 예를 들면, 어떤 학생의 행동이 교사의 관심을 끌기 위한 것이라는 가설을 검증하기 위해 평가를 활용할 수 있다. 교사는 체계적으로 학생의 목표 행동이 발생했을 때 학생에게 관심을 주거나, 아니면 목표 행동이 발생하지 않았을 때 학생에게 관심을 줄 수 있다. 관찰자는 목표 행동의 발생 여부에 따라 주어지는 관심에 비례하여 나타나는 목표 행동의 변화를 기록한다. 이러한 관찰 결과는 〈표 8-5〉와 유사한 형식의 도표로 기록할 수 있다.

만약 교사가 학생에게 관심을 주었을 때 목표 행동의 빈도가 증가했다면, 관심과 목표 행동 사이에 기능적인 관계가 존재하는 것이다. 가설화된 기능적 관계의 타당성을 결정하기 위해서는 여러 가지 관찰 자료가 요구된다는 점을 염두에 두어야 한다. 가설 검증은 많은 시간을 요구한다. 그래서 교사는 이 단계를 생략하고 싶은 욕구를 갖기도 한다. 그러나 이를 생략함으로써 생기는 비효과적인 조정이나 중재를 시행하는 데 드는 시간, 노력, 비용을 비교해 보면 가설 검증에 드는 시간은 그렇게 큰 것이 아니다. 던랩과 컨(1993)은 가설 검증이 필요한 이유를 세 가지로 제시하고 있다. 첫째, 아동의 행동에 어떤 환경적 변인이 가장 큰 영향을 미치는지를 확인할 수 있다. 그런 다음에 이러한 변인을 중심으로 하여 조정과 중재를 개발할 수 있다. 둘째, 환경적 변인을 조작함으로써 효과적일 것으로 판단되는 조정과 중재의 선택 범위를 좁히고, 그러한 조정과 중재를 가장 잘 실행에 옮길 수 있는 방법에 관한 지식을 제공할 수 있다. 셋째, 가설을 검증함으로써 교사는 중재를 실행하는 데 드는 노력과 비교하여 중재를 통해 얻을 수 있는 효과를 평가할 수 있게 된다. 사실 가설 검증 자체가 하나의 작은 중재임을 명심하라. 가설 검증에서 사용된 것과 똑같은(또는 매우 유사한) 조작이 중재에서도 사용될 것이다.

3) 조정 또는 중재의 실행

가설 검증에서 도출된 정보는 세 번째 단계에서 조정이나 중재로 변환된다(Dunlap & Kern, 1993). 즉, 가설 검증에서 확인된 선행 사건이나 결과를 구체적인 조정과 중재를 개발하는 데 사용한다. 방해 행동을 자주 하는 8세 된 ADHD 소년에 대한 움브라이트의 연구(Umbreit, 1995)는 가설이 어떻게 중재 방법으로 변환될 수 있는지에 대한 좋은 예를 보여 주고 있다. A-B-C 분석을 통해서 얻은 정보는 그 학생의 방해 행동이 학습 활동으로부터 회피하고 싶고 동료 학생들의 관심을 끌고 싶은 욕구 때문에 지속되고 있음을 보여 준다. 움브라이트는 이러한 정보로부터 두 가지 가설을 만들어 냈다. ① 코리는 혼자 있을 때 자습을 더 잘할 것이다. ② 코리의 집단 수업 태도는 그 집단에 아는 친구가 없을 때 더 좋다. 이 가설은 검증을 통하여 확인되었다. 이를 토대로 네 가지 중재가 실시되었는데, ⓐ 코리에게 친구가 없는 특별한 공간이 할당되었고, ⓑ 친구가 없는 집단에서 공동 작업을 하게 하였고, ⓒ 휴식이 필요할 때는 선생님에게 요구하도록 하였으며, ⓓ 모든 교직원에게 코리의 방해 행동을 무시하도록 숙지시켰다. 그 결과는 놀라울 정도였다. 이후 코리의 방해 행동은 완전히 사라졌다.

이와 유사한 사례로, 스타, 쿠싱, 레인과 폭스(Stahr, Cushing, Lane, & Fox, 2006)는 교실 수업에 방해가 되는 과제 이탈 행동을 매우 많이 하는 4학년 ADHD 학생을 연구했다. 그들은 이 학생의 과제 이탈 행동이 이중적인 기능으로 작용한다는 가설을 세웠다. 즉, 이 학생의 행동은 교사의 관심 끌기와 독립적 학습 활동 회피라는 강화에 의해 유지되고 있다는 것이었다. 이 문제행동에 대해 세 가지의 중재가 실행되었다.

첫째, 교사는 학생이 학습에 도움이 필요할 때 신호를 보낼 수 있도록 카드 시스템을 도입하였다. 녹색 카드는 학생이 학습 과제를 혼자서 해낼 수 있기 때문에 도움이 필요하지 않음을 나타낸다. 이 경우 교사는 학생의 과제 집중 행동을 칭찬해 주었다. 노란색 카드는 학생이 학습 과제를 혼자서 해 보려고 하지만 곧 도움이 필요함을 나타낸다. 이 경우 교사나 보조교사는 5분 이내에 학생에게 도움을 제공하였다. 빨간색 카드는 학생이 불안해하거나 화가 나서 즉각적인 도움이 필요함을 나타낸다. 이 경우 교사나 보조교사는 1분 이내에 도움을 주었다. 교사는 각각의 카드를 적절하게 사용함으로써 학생을 강화하였다.

둘째, 자기 점검을 통해 학생 스스로 자신의 과제 집중 행동을 점검하게 하였다. 이 자기 점검 체크리스트는 학생이 점검해야 할 6개의 항목을 포함한다. '① 나는 잘 듣고 있는가? ② 나는 손과 발을 가만히 두고 있는가? ③ 나는 내 의자에 앉아 있는가? ④ 나는 선생님의 지시 사항을 이해하는가? ⑤ 나는 내 카드를 올바르게 사용하고 있는가? ⑥ 나는 내가 해야 할 일을 하고 있는가?'가 그것이다. 2개의 열로 구성된 이 체크리스트의 한쪽 열에는 학생이 자신의 과제 집중 행동을 표시하도록 하였으며, 다른 열에는 교사가 학생이 표시한 반응의 정확도를 확인하도록 되어 있다.

셋째, 학생이 카드 시스템을 사용하거나 말로 적절하게 도움을 요청하는 경우에만 교사가 관심을 보여 주었다. 이 경우를 제외하고는 교사의 관심을 얻고자 하는 어떠한 행동도 무시하였다. 이러한 중재를 실시한 후에, 학생의 과제 집중 행동은 엄청나게 향상되었다. 이러한 연구 결과들은 FBA가 ADHD 학생의 교실 행동 개선에 도움이 된다는 점을 잘 보여 준다. 그러나 아직은 어떤 기능을 위해 어떤 중재를 사용해야 할 것인지에 대한 확실한 규칙이 있는 것은 아니다. 듀폴(DuPaul, 개인적인 대화)은 그의 이전 연구(DuPaul & Ervin, 1996) 결과를 토대로 하여 몇 가지 지침을 만들었다. 예를 들어, 특정한 행동의 기능이 회피를 위한 것이라면 교사는 다음과 같이 할 수 있다.

- 과제 요구를 줄인다(예: 더 짧고 더 간단한 과제를 제시한다).
- 학습 과제를 보다 흥미롭게 한다(예: 수학 문제를 한 개씩 풀 때마다 보물상자의 위치를 알려 주는 단서를 하나씩 제공한다).

- 학생에게 학습 과제를 선택하게 한다(예: 학생은 '메뉴'에서 자습 과제를 선택할 수 있다).
- 과제 집중과 연계하여 휴식 시간을 제공한다(예: 철자법을 10회 연습한 후에 2분 동안 휴식할 수 있다).

학생이 한 행동의 기능이 관심을 끌기 위한 것이라면 교사는 다음과 같이 할 수 있다.

- 학생의 과제 이탈 행동을 무시한다.
- 학생의 과제 집중 행동에 관심을 보인다.
- 동료 학생들이 이 학생의 과제 이탈 행동을 무시하도록 강화한다.
- 또래 교수를 활용한다.

비록 FBA를 실시하는 것이 결코 쉬운 일은 아니지만, 그러한 노력은 충분한 가치가 있다. 여기에서 중요한 점은 평가 요소와 중재 요소를 상호적인 것으로 본다는 것이다. 교사는 종종 평가를 중재와 관련이 없는 과정으로, 또는 중재에 앞서 행해지는 과정으로만 여긴다. 종래의 관점(예: 성취도 평가)으로 보자면 이는 사실일 수도 있다. 그러나 FBA의 관점에서 보면 가설을 설정하고 검증하는 것은 중재 과정과 독립된 별개의 과정이 아닌 통합된 일부다. 이는 행동을 유지시키는 선행 사건과 결과가 중재에 활용되기 때문이다.

3. 기능적 행동 평가의 실용적 활용

FBA는 교실 문제행동을 확인하는 데 효과적인 방법이며, 교사가 FBA를 수용할 만한 절차로 인식하고 있다는 것을 보여 주는 연구 결과 역시 많다(Packenham, Shute, & Reid, 2004). 그러나 교실에서 FBA를 실제로 실행하는 것에 대해서는 많은 우려가 있다(Reid & Nelson, 2002). 첫째, 많은 교사가 FBA와 관련된 훈련을 받지 않았다는 점이다. 둘째, 일반적으로 FBA 절차를 모두 실행하기 위해서는 수주가 소요되기 때문에 교사에게 부담이 된다는 점이다. 셋째, ADHD 학생이 보이는 문제 중에서 많은 문제가 FBA의 모든 절차를 실행해야 할 만큼 그렇게 심각한 것이 아닐 수 있다는 점이다. 다행인 것은 교사가 보다 시의적절하고 노력이 덜 드는 방식으로 FBA의 원리를 활용할 수 있다는 점이다. 다음은 교사가 교실에서의 문제행동을 보다 효율적으로 분석할 수 있는 방법이다.

1) 기능적 행동 평가 과정의 간소화

FBA를 효율적으로 활용할 수 있는 한 가지 방법은 가설 개발 단계를 생략함으로써 그 과정을 단순화하는 것이다. 가설 개발의 과정에서 가장 힘들고 시간이 필요한 부분은 문제행동이 언제, 어디서, 어떤 환경에서 가장 빈번하게 발생하는지를 알아내기 위한 관찰이다. 사실 담임교사가 이미 문제행동을 하는 학생과 많은 시간을 함께 보냈고 또 학생의 문제행동을 폭넓게 관찰해 왔다는 점을 고려하면, 이러한 관찰 과정은 단축될 수 있다. 즉, 담임교사는 이미 학생의 문제행동을 잘 알고 있을 것이다. 따라서 교사에게 필요한 것은 그가 이미 알고 있는 것을 정리해서 가설을 설정할 수 있는 틀을 제공해 주는 것이다. 패큰험 등(Packenham et al., 2004)은 수업 방해 행동을 보이는 두 명의 학생(미셸과 잭)을 대상으로 하여, FBA를 어떻게 간소화해서 적용할 수 있는지의 예를 보여 주었다.

첫 번째 단계에서, 문제행동이 가장 빈번하게 발생하고 가장 덜 발생하는 환경을 알아내기 위해 라슨과 매그(Larson & Maag, 1998)가 고안한 도구를 가지고 교사를 면담했다. 면담 후에 교사와 연구자는 문제행동과 기능적으로 관련이 있을 수 있는 정보를 기록해 두었다. 그런 다음 교사는 학생의 각 행동을 관심 끌기 또는 회피하기와 관련된 기능을 나타내는 행동 설명(〈표 8-7〉 참조)과 비교하여, 어떤 행동 양식이 각 학생의 행동과 가장 유사한지를 확인하였다. 이 행동 설명에 근거하여 교사는 한 학

표 8-7 행동의 기능을 확인하기 위한 지침

과제/자극 피하기

이 행동양식은 학생이 교사가 요구한 것의 필요성을 없애거나 낮추는 행동을 하여 교사가 요구한 수행을 회피하는 것이다. 본질적으로 학생은 "나는 이것을 하고 싶지 않아요." 또는 "안 할래요."라고 말하고 있는 것이다. 이러한 행동의 예는 다음과 같다.

- 학생에게 어려운 과제를 하라고 요구한 직후에 나타나는 행동
- 학생에게 요구한 것을 행하도록 시킬 때 의도적으로 교사를 무시하는 행동
- 학생에게 요구를 하지 않으면 감소하는 행동
- 학생에게 특정한 요구를 하면 나타나는 행동

관심 끌기

관심 끌기 행동양식은 교사가 학생 자신과 상호작용하도록 만드는 행동이다. 본질적으로 학생은 "지금, 여기 좀 보세요."라고 말하고 있는 것이다. 이러한 예는 다음과 같다.

- 교사가 잠시 학생과 함께하도록 만드는 행동
- 교사가 학생에게 관심을 주지 않을 때 학생을 보도록 만드는 행동
- 교사가 학생에게 관심을 주지 않을 때 나타나는 행동
- 교사가 다른 학생과 이야기를 할 때 나타나는 행동

출처: Packenham, Shute, & Reid (2004).

생의 행동은 관심 끌기와 관련이 있으며, 다른 한 학생의 행동은 회피하기와 관련이 있다고 확인하였다. 이후에 교사는 오닐 등(O'Neill et al., 1997)이 개발한 지침을 사용하여 각 학생에 대한 가설을 만들었다. 그 가설은 다음과 같다.

> 조용한 독서 시간에 미셸은 교사의 관심을 끌기 위해 부적절한 행동을 할 것이다.

> 글쓰기 과제가 주어지면, 잭은 글쓰기 과제를 회피하기 위해 과제 이탈 행동을 할 것이다.

다음 단계로, 교사는 듀폴과 어빈(DuPaul & Ervin, 1996)이 개발한 지침을 사용해서 적절한 중재 방법을 선택하였다. 미셸의 행동은 관심 끌기에서 비롯된 것이기 때문에, 교사는 적절한 행동과 관련하여 관심을 주는 것에 초점을 두었다. 미셸에게 카드를 주고, 조용한 독서 시간에 교사와 대화를 원할 경우 카드를 책상 위에 놓도록 하였다. 이때 카드는 조용한 독서 시간 중에 한 번만 사용하도록 제한을 두었다. 교사는 미셸에게 '선생님이 부를 때까지 조용히 독서를 하면 선생님과 이야기를 할 수 있다'고 알려 주었다. 잭의 경우에는 교사가 세 가지의 간단한 조정(즉, 선행 사건의 수정)을 제공하였다. 첫째, 글쓰기 과제를 시작하기 전에 교사는 잭을 불러서 어떻게 해야 하는지를 명확하게 설명해 주었다. 둘째, 잭에게 다른 학생에게 준 것보다 짧은 글쓰기 과제를 주었다. 셋째, 잭에게 과제를 달성하기 위해 어느 정도의 글쓰기가 필요한지 보여 주었으며(예: 적어도 세 문장 이상), 5~10분 간격으로 잭의 글을 검토하였다. 또 잭이 글쓰기를 성공적으로 마쳤을 경우에 강화물을 제공하였다.

이러한 중재의 결과는 매우 긍정적이었다. 이후 미셸은 문제행동을 거의 하지 않았으며, 잭의 글쓰기 과제 완수율은 놀라울 정도로 향상되었다. 이 과정에서 가설 생성과 중재 방법의 선택에 걸리는 시간은 두 시간이 채 안 되었다. 담임교사는 이 모든 과정을 과도한 업무 부담이나 시간 낭비로 느끼지 않았고, 중재의 결과에도 매우 만족했다. 담임교사는 문제행동이 발생하는 환경과 시간을 알아낸 후 문제행동을 기능(즉, 관심 또는 회피)과 관련짓는 과정에서도 어려움을 겪지 않았다. 사실 이 교사는 이미 두 학생의 문제행동에 대한 이러한 정보를 갖고 있었다. 이 교사에게 필요한 것은 자신이 문제행동의 기능에 반응할 수 있게 하고, 기능에 맞는 적절한 중재를 연결시킬 수 있게 하는 틀이었다. 이 연구 결과를 요약하면, 아주 작은 도움만으로도 담임교사는 문제행동의 기능을 확인하고 효과적인 중재나 조정을 개발할 수 있다는 것이다.

2) 초점 두기

교사는 과중한 업무에 시달리고 있다. 그래서 교사는 가장 효과적이고 효율적인 방식으로 자신의 노력을 집중할 필요가 있다. FBA와 관련해서 연구자들은 교사에게 선행 사건에 초점을 맞출 것을 제안하고 있다. 교실에서의 작은 변화가 종종 문제행동을 줄이고, 그것을 바람직한 행동으로 변화시키는 데 매우 큰 효과를 지니기 때문이다(Dunlap & Kern, 1993). 앞에서 살펴본 것처럼, 많은 FBA 연구는 수업과 관련된 요인과 문제행동 사이에 기능적 관계가 존재한다는 사실을 보여 준다. 이는 종종 학생에게 학업이 너무 어렵거나 감당하기 어려울 때 회피와 관련된 행동 양식으로 나타난다. 과제 난이도가 학생의 수업 방해 행동과 직접적으로 관련될 수 있다는 사실은 믿을 만한 근거가 충분하다. 예를 들면, 드패프 등(DePaepe et al., 1996)은 과제 난이도(즉, 고난이도 과제와 저난이도 과제)가 수업 방해 행동과 직접적인 관련이 있다는 사실을 연구를 통해 밝혀냈다. 심지어 과제 난이도의 아주 작은 변화도 방해 행동의 증가를 유발할 수 있다. 아울러 단순한 교육과정의 수정이 매우 큰 행동 변화를 가져올 수도 있다. 예를 들면, 어떤 학생에게는 과제를 스스로 선택할 수 있는 기회를 제공하는 것이 행동에 긍정적인 영향을 미칠 수 있다(예: Powell & Nelson, 1997). 따라서 학업 수행 문제에 특별한 관심을 기울일 필요가 있다. 〈표 8-8〉은 문제행동과 기능적으로 관련이 있을 수 있는 수업 요인의 예를 제시한다.

표 8-8 문제행동과 기능적으로 관련된 수업 요인

유형	연구의 예
물리적 환경	
교실 안의 위치	Dunlap et al. (1993), Kern, Childs, et al. (1994), Umbreit (1995)
동료 학생(집단/개인)	Dunlap et al. (1993), McAfee (1987), Umbreit (1995)
시간(하루 또는 주중 시간)	Umbreit (1995)
학습 과제/학습 자료	
피드백(많음/적음/없음)	Barkley (1990)
많은 자극 또는 적은 자극	Kern, Childs, et al. (1994)

반응양식(예: 서면, 구두, 인쇄, 적극적·수동적)	Karsh et al. (1995), Kern, Childs, et al. (1994)
구조화 수준(높음–낮음)	Barkley (1990)
흥미 수준/선호도	Cooper et al. (1992), Dunlap et al. (1991, 1993), Foster-Johnson, Ferro, & Dunlap (1994), Kern-Dunlap, Clarke, & Dunlap (1990)
수업	
수업 시간의 길이, 학습 형식, 학습 난이도	Dunlap et al. (1991, 1993), Kern, Childs et al. (1994), Carr & Durand (1985), Cooper et al. (1992), DePaepe et al. (1996), Durand & Carr (1991)
전환	Lalli, Browder, Mace, & Brown (1993), Singer, Singer, & Horner (1987)
응답 기회, 활동 선택	Barkley (1990), Cooper et al. (1992), Dyer, Dunlap, & Winterling (1990), Dunlap et al. (1991, 1993, 1994)

요 약

문제행동에 기능적으로 접근할 때 가장 중요한 점은 기능적 관점을 채택하는 것이다. 문제행동을 학생이 지닌 장애의 결과로 보아서는 안 된다. 대신에 문제행동을 그것을 초래하고 유지시키는 환경적 요인의 결과로 보아야 한다. 관점의 변화는 매우 중요하다. 우리가 학생에게 내재된 문제에 대해서 할 수 있는 것은 아무것도 없지만, 그 학생이 처해 있는 환경은 바꿀 수 있다. 이러한 관점의 변화는 교사에게 큰 힘이 된다. 문제행동이 일어난 후에 그것을 어떻게 다룰 것인지에 초점을 맞추기보다 문제행동의 발생을 미연에 방지하는 것에 초점을 맞추는 것이 훨씬 더 현명하다. 옛 속담처럼, '한 푼짜리 예방이 천 냥짜리 치료보다 낫다.' 교사는 FBA를 하나의 투자라고 생각해야 한다. FBA에 투자한 짧은 시간이 미래에 엄청난 시간의 절약으로 되돌아올 것이다. 다음은 꼭 기억해야 할 핵심 사항이다.

√ 모든 행동에는 이유가 있다. 심지어 문제행동도 기능적일 수 있다. 문제행동이 작용하는 기능을 찾아내는 것이 문제의 예방과 향후 재발을 크게 줄이는 중재의 첫 번째 단계다.

√ FBA는 교실에서 자신과 동료 학생들의 수업 분위기를 해치는 문제행동을 상습적으로 하는 학생에게 적용되어야 한다.

√ FBA는 10일 이상의 정학을 받거나 무기류 또는 약물과 관련된 비행을 저지른 학생에게 적용되어야 한다.

√ 환경적 요인이 문제행동을 초래하고 유지시킬 수 있다.

√ 행동은 명확하게 정의해야 하고, '그래서 어떻다는 거야?'라는 질문을 거쳐야 한다.

√ 가설은 관찰 자료를 토대로 설정되어야 하고 중재를 통해 연결되어야 한다.

√ 선택된 중재는 교사가 수용할 수 있는 것이어야 한다.

√ FBA의 전 과정을 실행하지 않고서도 교사는 기능적 접근을 활용할 수 있다. 교사는 대개 학생의 행동의 기능에 대해 알고 있다.

√ 문제행동을 다룰 때 선행 사건을 변화시키는 것이 가장 효율적이고 효과적인 방법이 될 수 있다.

√ 교사의 선행적(proactive) 행동(예: 전략을 제공하고 추가 보충수업을 실시하고, 복잡한 나눗셈 문제의 예를 풀어 주는 것과 같은 지원을 하는 것)이 매우 중요하다.

ADHD

Chapter 9

행동 관리

한 치수로 다 맞출 수는 없다.

– 조지 듀폴(George DuPaul)

3학년에 여학생 케이티가 전학을 왔다. 그녀는 뇌성마비를 지니고 있고, 근육 운동에 문제가 있어 대부분 휠체어에 의존하고 있다. 그녀의 말은 이해할 수는 있지만 매우 느리고 어눌하며, 글을 쓸 수는 있지만 근육 운동에 문제가 있어 쓰는 데 매우 많은 시간이 걸린다. 또한 그녀는 글자를 매우 크게 쓰기 때문에 공책의 줄에 맞추어 쓰는 것이 어렵다. 반면에 그녀의 인지 능력은 나쁘지 않으며, 특히 수학에 재능이 있고 탁월한 문제 풀이 실력을 발휘한다. 케이티는 독립심이 매우 강하여 가능한 한 모든 일을 스스로 하려고 한다. 그녀는 3학년 1반에 배치될 것이다. 그러나 그녀는 분명히 일반 교실 환경에서 수많은 어려움을 겪게 될 것이다. 우리는 케이티가 다른 학생들과 똑같은 학습 기회를 갖도록 어떻게 보장할 수 있는가? 답은 매우 간단하다. 교실 환경을 그녀에게 맞게 바꾸어 주면 된다.

가장 먼저 해야 할 일은 케이티가 학교에 물리적으로 접근할 수 있도록 하는 일이다. 대부분의 학교가 미국장애인법(Americans with disabilities act: ADA)에 따라 휠체어로 접근할 수 있도록 램프를 설치하였기 때문에 이러한 접근성의 문제는 어느 정도 해소되어 있다. 물론 교실 구조에도 변화를 주어야 한다. 복도는 휠체어가 다니기에 불편하지 않도록 넓어야 하며, 자주 사용하는 학습 자료는 케이티가 앉아서 손으로 잡을 수 있을 정도의 높이에 두어야 한다. 또한 케이티는 일반 책상을 사용할 수 없기 때문에 그녀가 쓰기 편한 책상을 제공해야 한다. 무릎에 놓고 쓰는 닥자 대용 평판도 유용할 것이다. 또한 그녀가 혼자서 하기 어려운 일(예: 연필 깎기)을 도와줄 수 있는 친한 친구를 짝으로 만들어 줄 수도 있다. 수업 환경에도 주의를 기울일 필요가 있다. 예를 들면, 토론 시간에 케이티가 자신의 의견을 직접 말로 표현할 수 있도록 시간을 충분히 줄 필요도 있다. 케이티는 손을 들 수 없기 때문에, 그녀가 필요할 때 신호를 보낼 수 있는 특정한 방법을 고안해야 할 것이다. 글쓰기 시간에는 책상(또는 평판)에 연습장을 테이프로 붙여 주고, 그녀의 큰 글씨에 맞는 커다란 연습장을 제공하며, 가능한 한 케이티가 써야 할 내용의 양을 줄여 줄 수 있다. 이러한 방식으로도 글쓰기가 원활하게 이루어지지 않는다면, 케이티가 불러 주는 내용을 보조교사나 짝 친구가 받아 적게 할 수도 있다. 이러한 모든 조정은 상식적이고 단순하며 실용적이기 때문에 교실에서 쉽게 실시할 수 있다. 가장 중요한 것은 이러한 조정을 통해 교실 환경을 체계적으로 바꾸어 학생이 학업 수행을 보다 잘 할 수 있게 도와주는 것이다.

ADHD 학생에게도 똑같은 원리가 적용된다. 교사는 ADHD 학생의 요구에 적합하도록 교실의 물리적 환경이나 수업 환경을 체계적으로 바꿀 수 있다. 바클리(Barkley, 1997a)는 이러한 변화의 과정을 '인공 환경'의 창출이라고 부른다. 휠체어 램프가 있어서 케이티가 학교에 보다 쉽게 올 수 있고 교육의 혜택을 더 많이 받을 수 있는 것과 마찬가지로, 단순하고 간단한 교실 환경의 변화가 적절한 행동 관리 기법과 결합되면 ADHD 학생은 교실 활동을 더 잘하고 교육의 혜택을 더 많이 받을 수 있을 것이다. 그러나 불행히도 많은 교사는 'ADHD'와 같은 행동장애를 겪고 있는 학생을 위한 환경 변화와 관련하여 케이티 같은 뇌성마비 학생을 위한 조정에 대해 보인 것과 같은 반응을 보이지 않는다. 오히려 교사들은 ADHD 학생을 위한 조정에 대해 부정적인 반응을 보이기도 한다. 1장에서 살펴본 것처럼, 모든 학생은 규칙에 맞게 '스스로 알아서 행동하고', 교사의 지시에 당연히 순응해야 한다는 통념이 있다. 만약 학생이 적절하게 행동하지 않을 경우에는 일반적으로 학생에게 벌을 주는 징벌적 반응이 뒤따른다(Maag, 2001). 부적절한 행동을 하는 학생을 위해 환경을 변화시켜 준다는 것은 '특별대우' 또는 '나쁜 행실에 대한 보상'으로 여겨질 수 있다. 또 다른 반응으로는 환경의 변화가 ADHD 학생을 낙인찍거나 다른 학생들에게 나쁜 행동을 장려하는 결과를 가져올 수도 있다는 우려도 있다(Pfiffner et al., 2006).

환경을 변화시키는 것에 대한 교사들의 반응은 놀라울 정도로 다양하다. 그러나 학교에 케이티를 위한 램프가 없다고 생각해 보자. 이러한 경우 학교에 오지 못하는 케이티를 장기 결석으로 처벌해야 하는가? 책상에 가만히 앉아 있지 않는다고 벌점을 주어야 하는가? 발표를 하지 않는다고 수업 참여에 대해 낮은 점수를 주어야 하는가? 공책의 정해진 줄에 맞춰 과제물을 작성하지 않았다고 해서 과제를 하지 못한 것으로 평가해야 하는가? 케이티에게 보조교사를 붙여 주면 다른 학생들도 보조교사를 원할 것이라고 걱정하는가? 케이티에게 학습에 필요한 책상을 제공하는 것이 어찌됐든 그녀를 낙인찍는 것이 될 것이라고 우려하는가? 아마 그 어떤 교사도 이러한 가상의 반응에 동조하지는 않을 것이다. 사실 대부분의 교사는 이런 반응이 터무니없고 매우 공정하지 못하다고 여길 것이다. 마찬가지로 어떤 학생이 부적절한 행동을 보이더라도 교사가 학생 스스로의 통제 능력에 문제가 있다는 것을 알고 있다면 결코 벌을 주려고 하지는 않을 것이다.

ADHD 학생이 바로 이러한 경우다. 즉, 자기 스스로 거의 통제할 수 없는 문제행동을 했다고 해서 특정한 학생을 벌주는 것은 공평하지 못하다. 차이가 있다면, 케이티는 신체적 장애를 갖고 있는 반면에 ADHD 학생은 행동장애를 갖고 있다는 점이다. 더군다나 그 처벌이 효과적이지도 않을 것이다. 예를 들면, 케이티가 공책의 줄에 맞추어 글을 쓰지 못했다는 이유로 글쓰기 과제에 낙제점을 준다고 해서 그녀의 필기가 나아지지 않을 것이다. ADHD 학생의 경우도 마찬가지다. 과제를 끝마치지 못했다고 해서 휴식 시간을 주지 않는 것은 그 학생이 다음 과제를 완수하게 하는 데 전혀 도움이 되지 않고 오히려 상황을 더 악화시킬 수 있다.

조정과 행동 관리 기법을 활용함으로써 문제행동(예: 방해 행동, 지시 불이행)을 눈에 띄게 줄이고 적절한 행동(예: 수업 집중 시간, 과제 완수; Pelham & Fabiano, 2008)을 두드러지게 증가시키는 증거는 명백하다. 조정과 행동 관리 기법은 ADHD 학생을 위한 모든 치료의 일부가 되어야 한다. 또한 행동 관리 기법은 약물치료의 효과를 상승시켜 학생이 복용하는 약물의 양을 줄여 줄 수도 있다(Fabiano et al., 2007). 이 장에서는 ADHD 학생이 보다 잘 적응할 수 있는 교실 환경을 교사가 어떻게 만들어 낼 수 있는지에 대해 살펴볼 것이다. 이를 위해 첫째, 행동 관리의 원리를 개괄적으로 살펴보고, ADHD 학생을 위한 구체적인 고려 사항을 논의할 것이다. 둘째, ADHD 학생에게 도움이 되는 교실 구성 방법과 교실 관리 절차를 살펴볼 것이다. 마지막으로, 효과적인 세 가지 중재 방법을 개괄적으로 살펴보고, 그 중재 방법을 교실에서 적용하는 절차를 단계별로 설명할 것이다. 수업 실습 역시 교실 환경의 매우 중요한 요소라는 점을 명심해야 한다. 이는 10장에서 다룰 것이다.

1. 행동 관리

ADHD 학생을 지도하는 교사가 자주 좌절하는 가장 일반적인 이유는 ADHD 학생이 '규칙에 어긋나는 행동을 하기' 때문이다. 다른 학생에게 효과적인 방법이 ADHD 학생에게는 효과가 없을 수 있다. 이 절에서는 교사가 ADHD 학생에게 행동 관리를 효과적으로 사용할 수 있는 방법을 살펴보겠다. 먼저, 용어에 대해 살펴볼 것이다. 그런 다음 교실에서의 행동 관리에 영향을 미칠 수 있는 ADHD 학생에 대한 구체적인 고려사항을 논의할 것이다. 지면 관계상 행동 관리에 관련된 모든 내용을 다루기는 어렵다. 보다 광범위한 치료를 위해서는 행동 관리를 다룬 존 매그(John Maag, 2004)의 책을 참고하기 바란다.

1) 용어

엄격한 행동주의적 관점에서 보자면, 모든 행동은 강화 때문에 일어난다. 강화는 특정한 행동의 발생(또는 빈도나 지속 시간) 가능성을 변화시키는 것이라고 정의할 수 있다. 강화는 행동을 증가시키는 것이 필요하거나 그것이 바람직할 때 사용할 수 있다. '보상'이라는 용어가 자주 강화와 동의어로 사용되지만, 엄밀히 보자면 이는 다른 것이다. 예를 들어, 하이디가 손을 들고 교사가 지명할 때까지 얌전히 기다릴 경우에 그녀에게 50달러를 준다면, 하이디는 분명히 자신의 행동에 대해서 보상을 받은 것이다. 그러나 행동의 빈도(즉, 하이디가 손을 들고 호명될 때까지 기다리는 횟수)가 변하지 않는다면, 50달러는 강화물로 작용한 것이 아니다. 간단히 말해서, 학생이 그 강화물을 긍정적으로 받아들여 자신의 행동을 변화시켜야 한다는 것이다. 강화의 형태에는 사회적 강화(예: 미소, 칭찬), 물질적 강화(예: 스티커, 장난감), 활동 강화(예: 게임을 할 기회, 책을 읽을 기회) 등이 있다. 이 모든 형태의 강화가 ADHD 학생에게 유용하다.

강화의 유형에는 정적 강화와 부적 강화가 있다(Maag, 2004).

① **정적 강화**(positive reinforcement)는 특정한 행동을 한 후에 그 행동의 발생 비율이 증가할 때 일어난다. 예를 들면, 하이디가 손을 들 때 미소를 지어 주는 교사는 정적 강화를 사용하고 있는 것이다(단, 교사가 자기에게 미소를 지어 주는 것을 하이디가 좋아하는 경우에만 사용한다). 정적 강화는 특정한 행동이 발생한 직후에 주어진다. 교사는 반드시 강화물을 통제하고 있어야 하며, 교사가 증가시키기를 원하는 행동을 할 경우에만 학생에게 강화물을 주어야 한다.

② **부적 강화**(negative reinforcement)는 특정한 행동을 한 후 불쾌한 사건이나 조건이 제거 또는 예방될 때 일어난다. 예를 들면, 만약에 존이 어머니의 잔소리를 피하기 위해서 숙제를 한다면, 이는 부적 강화가 될 것이다. 존이 숙제를 시작한 후에 어머니는 잔소리를 그만둔다. 부적 강화에서는 그 행동이 발생하면 불쾌한 자극은 사라진다.

때로는 행동의 빈도를 줄이는 것이 필요하거나 바람직할 수도 있다. 이를 벌이라고 한다. 벌은 특정한 행동을 한 후에 그 행동의 비율이 줄어들 때 일어난다. 즉, 벌은 어떤 행동의 횟수를 대폭 줄이거나 제거하기 위한 것이다. 벌에는 두 가지 형태가 있다(Maag, 2004).

① 제I유형 벌(type I punishment)(유관 자극의 적용)은 행동을 한 후에 특정한 자극이 주어질 때 일어난다. 자극은 학생이 혐오하거나 불쾌하게 느끼는 것이다. 예를 들면, 맥스가 교사에게 말대꾸를 할 때, 교사는 "말대꾸하지 마라!"고 꾸중한다. 이를 통해 맥스의 말대꾸가 줄어들거나 없어진다면 교사의 꾸중은 벌로 작용하는

것이다.

② 제Ⅱ유형 벌(type II punishment)(유관 자극의 철회)은 특정한 행동을 한 후에 강화물을 제거할 때 일어난다. 예를 들면, 찰스가 자습 과제를 하지 않아 교사가 찰스에게 쉬는 시간에 과제를 모두 끝마치도록 하는 것이다. 이때 부적절한 행동의 결과로서 쉬는 시간의 박탈은 벌에 해당한다. 이러한 형태의 벌은 철회된 것이 강화물일 경우에만 효과가 있다는 점을 유념해야 한다. 만약에 찰스에게 쉬는 시간이 강화물이 아니라면, 그 때는 철회가 효과적이지 않을 것이다. 부적 강화와 벌을 구별하는 것이 중요하다. 앞의 존의 경우에서 그가 과제를 시작하여 제시간에 마쳤다면, 이는 부적 강화가 효과를 발휘한 것이다. 만약에 존이 과제를 마치지 못해 그 결과로 텔레비전을 볼 수 있는 특권을 잃었다면, 이는 제Ⅱ유형 벌이 될 것이다.

교사는 하나의 일반적인 규칙으로서 부적 강화나 벌을 고려하기 전에 항상 정적 강화를 먼저 적용하려고 노력해야 한다. 교사는 학생이 교실에서 효과적으로 적응할 수 있도록 적절한 교실 행동을 가르치고 강화하는 데 중점을 두어야 한다. 일반적으로 벌은 최대한 자제하여 심각한 행동을 했을 경우에만 사용해야 한다. 벌은 단지 바람직하지 못한 행동을 줄이거나 없앨 뿐이지 새롭고 적절한 행동을 만들어 내는 것이 아니라는 점을 명심해야 한다. 더군다나 특정한 행동을 줄이기 위해 벌을 너무 자주 사용할 경우 다른 바람직하지 못한 행동이 나타날 수도 있다(DuPaul & Stoner, 2003). 벌의 효과가 초기에 나타날 경우에는 문제행동의 빈도가 급격히 줄어들 것이기 때문에 재차 벌을 사용할 필요가 거의 없다는 점도 알아 두는 것이 좋다.

2) ADHD 학생의 행동 관리

행동 관리는 ADHD 학생에게 효과적일 수 있다. 그러나 ADHD 학생은 다른 학생이 보인 것과 똑같은 방식의 반응을 보이지 않을 수도 있다. 교사가 ADHD 학생을 지도하기 위해서는 현재 일반 학생들을 위해 사용하고 있는 행동 관리 구조와 교사-학생 상호작용 양식을 바꿀 필요가 있다. 다음은 ADHD 학생에게 행동 중재를 사용할 때 지켜야 할 지침이다(DuPaul & Stoner, 2003; Pfiffner et al., 2006).

(1) 강력한 강화

ADHD 학생은 동료 학생들보다 강화에 대해 덜 민감하다. 교실에서 흔히 사용되는 강화물(예: 줄반장 임명, 교사의 칭찬)과 일반 학생들에게 효과적인 강화물만으로는 ADHD 학생에게 충분하지 않을 수 있다. ADHD 학생의 행동을 변화시키기 위해서는 일반적인 교실 관리에서 사용하는 것보다 훨씬 더 강력하고 추가적인 강화가 필요하다.

(2) 빈도

ADHD 학생은 일반적으로 동료 학생들보다 더 빈번한 강화를 필요로 한다. 교사는 ADHD 학생의 행동을 면밀히 점검하여 강화가 필요한 모든 행동에 대해 반드시 강화를 제공해야 한다. 강화가 산발적이거나 일관성이 없다면 효과를 보기 어려울 것이다.

(3) 시점

강화는 행동이 일어난 후 가능한 한 빨리 주어야 한다. 이는 저학년 아동의 경우에 특히 중요하다. 학생이 행동과 강화물을 연결하는 것은 매우 중요한데, 이는 모든 학생에게 그렇겠지만 ADHD 학생에게는 특히 더 중요하다. ADHD 학생에게 강화가 지체되면 중재의 효과가 감소할 수 있다. 린다에게 강화를 '좀 있다가' 주겠다는 것은 그녀의 행동 변화를 기대하지 않는다는 것을 의미한다. 이는 벌의 경우에도 마찬가지라는 사실을 명심해야 한다.

(4) 포만

포만(satiation)은 강화가 그 효력을 잃고 강화물로는 행동의 변화를 더 이상 기대할 수 없는 상태를 말한다. ADHD 학생에게서 포만은 자주 나타나는 현상이다. 일반적으로 ADHD 학생은 동료 학생들보다 훨씬 더 빨리 포만에 도달한다. 이는 교사가 ADHD 학생에게 강화물을 보다 자주 바꾸어 주어야 할 필요가 있음을 의미한다. 포만 문제를 해결할 수 있는 방법 중의 하나는 '보상 메뉴'를 만들어 주고, 학생에게 여러 가지 보상 중에서 하나를 선택하게 하는 것이다. 이때 학생을 강화하는 보상이 무엇인지 알기 위해서는 교사가 학생에게 직접 물어보거나 학생이 어떤 보상물을 선택하는지 관찰할 수 있다. 예를 들면, 토머스가 자유활동 시간에 그림 소설책을 선택했다면, 그림 소설책이 토머스에게 강화물일 가능성이 높다.

(5) 부적 강화/벌

교사는 ADHD 학생에게 부적 강화나 제I 유형의 벌을 자주 사용한다(Pfiffner et al., 2006). 이는 흔히 수행 명령, 질책, 훈계(예: 부적절한 행동을 하면 왜 안 되는가에 대한 훈계)와 같은 형태를 띤다. 교사는 부적 강화와 벌을 보다 조심스럽게 사용해야 한다. 다음과 같은 두 가지 이유에서 교사는 부적 강화와 벌을 사용하는 방법에 주의할 필요가 있다. 첫째, 많은 ADHD 학생은 교사와 긍정적인 상호관계를 거의 유지하지 못하고 있다. 그들이 받는 관심이 오직 부적 강화와 벌뿐이라면, 그들은 교사와 학교 환경을 부정적으로 보게 될 것이다. 이것은 결코 바람직한 상황이 아니다. 둘째, 앞에서 살펴본 것처럼 교사의 관심이 실제로는 ADHD 학생의 부적절한 행동을 유지시키는 작용을 할 수도 있다.

2. 교실 구성하기

ADHD 학생이 교실 환경에 잘 적응하도록 돕기 위해서, 교사는 교실의 물리적 구성이 행동에 어떻게 영향을 미치는지를 반드시 알고 있어야 한다(Reid, 1999). 물리적 구성의 변화는 행동에 지대한 영향을 미칠 수 있다. 또 물리적 구성의 변화는 다른 시너지 효과도 가져올 수 있다는 점을 유념할 필요가 있다. 예를 들면, 물리적 구성을 변화시켜서 더 쉽고 효과적으로 교실 관리를 할 수 있다.

물리적 구성

물리적 구성은 실질적인 교실 배치와 교실 내에서의 학생의 위치를 의미한다. ADHD 학생은 외부의 자극에 의해 쉽게 산만해질 수 있다. 따라서 교실의 물리적 배치는 학생이 산만하게 될 가능성을 줄이거나 없애는 데 매우 중요한 요인이다. 물리적으로 폐쇄된 교실(즉, 사방이 벽인 교실)이 개방된 교실보다 ADHD 학생에게 더 적절하다. 개방된 교실은 폐쇄된 교실보다 ADHD 학생이 산만해질 수 있는 요소를 더 많이 갖고 있으며(예: 다른 학급의 교육 활동이나 오가는 학생들 때문에 ADHD 학생이 산만해질 수 있다), 또한 더 시끄러울 수 있기 때문이다(Pfiffner et al., 2006). ADHD 학생에게 이러한 형태의 산만함은 과제 집중 시간을 떨어뜨리고 다른 문제행동을 증가시키는 요인이 된다(Whalen, Henker, Collins, Finck, & Dotemoto, 1979). 그러나 외부적 자극 요인이 최소화된 환경을 조성하는 것이 반드시 필수적인(또는 바람직한) 것은 아니라는 점을 유념할 필요가 있다(Abramowitz & O'Leary, 1991). 단지 중요한 것은 외부의 산만함을 최소화하는 것이다. 과밀학급은 학생들을 산만하게 만들 뿐만 아니라 학생이 교사와 개별적인 시간을 갖기도 어렵게 만들 것이다.

물리적인 변화는 신체 활동이 필요한 학생에게도 도움이 된다. 리이드(Reid, 1999)는 운동이 필요한 학생을 위해 교실 앞쪽에 2개의 책상을 둘 것(교실 앞 좌우 양쪽에 하나씩)을 제안한다. 이때 학생은 신체 활동을 필요로 할 때마다 다른 책상으로 옮겨 앉기만 하면 된다. 이 경우에 학생에게 책상을 바꿔 앉는 교실 매너를 가르칠 수도 있다(예: 필요한 모든 물품을 갖고, 다른 학생에게 말을 걸지 않고, 즉시 새로운 책상으로 이동한다). 좀 더 많은 신체 활동이 필요한 학생에게 제공할 수 있는 또 다른 간단한 조정은 입식 의자를 제공하는 것이다. 입식 의자는 그 높이를 가슴 정도까지 높여서 학생이 거의 일어선 채로 학습할 수 있도록 만들어진 의자다. 이러한 의자는 기존의 의자 다리를 최대한으로 길게 조절하거나 의자 밑에 받침대를 두어 쉽게 만들 수 있다. 입식 의자를 사용함으로써 학생은 개인 활동을 하는 중에 신체적 움직임을 더 많이 취할 수 있다. 학생에게 여러 가지 형태의 의자를 함께 제공하는 것도 바람직하다. 예를 들면, ADHD 학생에게는 일반 의자와 입식 의자를 하나씩 사용할 수 있게 하는 것이다.

교실에서 학생이 앉는 위치 또한 중요하다. ADHD 학생의 책상은 학생들의 이동이 많은 곳으로부터 또는 문 옆이나 창가와 같이 산만해지기 쉬운 곳으로부터 가능한 한 멀리 떨어져 있어야 한다(Bender & Mathes, 1995). ADHD 학생은 교사와 가까운 곳에 앉히는 것이 가장 좋다. 교사와 물리적으로 가까운 거리는 ADHD 학생의 행동에 긍정적인 영향을 미친다. 또한 이 가까운 거리는 교사가 보다 쉽게 학생을 관찰하고 학생에게 피드백을 해 줄 수 있게 한다. 교사는 ADHD 학생이 적절한 행동을 하고 있는지 수시로 점검하고 소소한 비행이 더 큰 문제행동으로 확대되지 않도록 해야 한다. 연구에 따르면 ADHD 학생은 교사가 학생이 수행한 일을 규칙적으로 점검하고 자주 피드백해 주었을 때 가장 좋은 수행을 보였다(DuPaul & Stoner, 2003).

불행하게도, 많은 교사는 바빠서 ADHD 학생을 점검하는 일을 잊어버릴 수 있다. 다음은 교사가 학생을 점검하고 피드백을 제공하는 것을 잊어버리지 않도록 방지할 수 있는 몇 가지 효과적인 방법이다(Pfiffner et al., 2006). 한 가지 간단한 방법은 동전을 활용하는 것이다. 즉, 교사가 한쪽 주머니에 상당수의 동전을 넣어 놓고, 학생을 점검하고 피드백해 줄 때마다 동전을 하나씩 다른 쪽 주머니로 옮기는 것이다. 다른 방법으로는 타이머나 메트로놈 등을 활용하여 매 분마다 아무 때나 무작위로 울리게 하는 것이다. 이 기기가 울릴 때마다 교사는 학생의 상태를 점검하고 피드백을 해 줄 수 있다. 이 방법은 자기 조절 중재(11장 참조)에 대한 전조 신호로도 활용할 수 있다.

좌석 배치와 수업 집단의 구성 또한 ADHD 학생에게 영향을 미친다. 왜냐하면 ADHD 학생이 다른 학생과 가까이 있는 것 자체가 산만해질 수 있는 요인이 되거나 의도치 않게 부적절한 행동을 강화할 수도 있기 때문이다. ADHD 학생은 혼자만의 책상에 따로 앉는 것이 가장 이상적이다(Pfiffner et al., 2006). **개별 학습이나 대규모 집단 학습을 하는 동안에** 책상을 열에 맞추어 배치하고(모둠으로 배치하는 것과 반대로),

ADHD 학생 주변에는 수업에만 집중하고 부적절한 행동을 무시하는 학생들을 배치하는 것이 ADHD 학생의 산만함을 줄이고 집중력을 유지하게 하는 데 도움이 된다(Bender & Mathes, 1995; Pfiffner et al., 2006). 학생들 사이의 상호작용이 요구되는 소규모 집단 활동을 할 때는 책상을 모둠으로 배치하는 것이 적절하다. 소규모 집단 활동 역시 ADHD 학생에게는 문제를 일으키게 만드는 환경이 될 수 있다. ADHD 학생은 소규모 집단 활동을 사회적 상호작용을 하거나 다른 학생의 관심을 끌 수 있는 기회로 여길 수 있는데, 때로는 집단 구성이 이러한 문제를 유발하기도 한다. 동료 학생들의 관심이 ADHD 학생의 부적절한 행동을 유발하거나 유지시키는 요인이 될 수 있기 때문이다(Lewis & Sugai, 1996; Northrup et al., 1995; Umbreit, 1995). 이를 방지하기 위한 확실한 방법 중의 하나는 친한 학생이 전혀 없는 집단에 ADHD 학생을 배치하는 것이다(Umbreit, 1995).

3. 학급 관리

교사는 종종 학급 관리를 학생의 잘못된 행동을 효과적으로 다루는 것으로 인식한다. 이것이 학급 관리의 중요한 한 측면이기는 하지만, 그것은 단지 일부에 지나지 않는다. 효과적인 학급 관리의 가장 중요한 측면은 체계적으로 적절한 행동을 가르치고 그 빈도를 증가시키는 방식을 통해 교실을 실질적으로 관리하는 것이다. 그 원리는 매우 간단하다. 즉, 적절한 행동이 늘면 부적절한 행동은 줄어든다. 만약에 교사가 그 어떤 교육 환경(즉, 특수학급이나 일반 학급)에서도 ADHD 학생을 성공적으로 지도하고 싶다면, 효과적인 학급 관리가 절대적으로 중요하다. 학급의 여러 제약 조건 속에서 적절하게 행동할 수 있는 능력은 모든 아동에게 학업적인 성공을 위해 필요한 전제 조건이 된다. 그러나 시끄럽고, 무질서하고, 분명하고 일관성 있는 일과와 기대가 없는 교실 환경에서 ADHD 학생이 적절하게 행동한다는 것은 불가능하다. ADHD 학생이 성공하기 위해서는 교사가 ① 안정적이고 예측 가능한 학급 일과를 만들어 유지하고, ② 효과적인 규칙을 만들고, ③ 효과적으로 상호작용할 필요가 있다.

1) 일과 만들기

안정적이고 예측 가능한 학급 일과는 매우 중요하다. 그러한 일과가 있어야 학생은 자신이 지금 무엇을 하고 있어야 하고, 다음에는 무엇을 할 것인지 알 수 있기 때문이다. 학급 일과가 필요한 이유는 매우 단순하다. 학생이 자신이 무엇을 하고 있어야 하는지 모를 때는 그 일을 해낼 가능성이 거의 없다는 것이다. 마찬가지로 다음에 자기가 무엇을 해야 할지 모르는 학생은 새로운 과제에 대한 준비가 부족하거나 새로운 과제를 시작하는 데 어려움을 겪을 수 있다. 안정적이고 예측 가능한 학급 일과를 만드는 것은 단순하며 어렵지 않다. 시간대로 나눈 일과표에 하루 활동 일정을 적은 다음, 그것을 눈에 잘 띄는 곳에 붙이고(대개 칠판 위의 지정된 위치에), 매일 이 일과를 지키는 것이다(Bender & Mathes, 1995; DuPaul & Stoner, 2003). 이때 일과표의 각 시간대 속에는 학생들이 어떤 활동을 해야 하고 어떤 과제를 수행할 필요가 있는지에 대한 하루 일정을 분명하게 적어 두어야 한다. 하루의 일정은 학생들의 등교 시간에 시작하여 하교 시간에 끝이 난다.

ADHD 학생에게는 단순히 하루 일정을 붙여 놓는 것만으로는 충분하지 않다. 교사는 ADHD 학생에게 하루 일정에 대해 자세한 설명을 해 주어, 학생이 그 일정을 보고 자신이 무엇을 해야 하는지 이해하도록 해야 한다. 교사는 특정한 활동을 시작하기 전에 그 활동을 시작하거나 마치기 위해 필요한 것이 무엇인지 미리 상기시켜 주고 알려 주어야 한다(예: "이번 시간에는 수학 문제지와 연필을 준비해야 한다."). 또 물 마시기, 화장실 사용하기, 학습 자료 나누어 주기, 식당 가기, 연필 깎기 등과 같이 교실에서 흔히 일어나는 활동들을 위한 세세한 절차를 마련하는 것도 중요하다(Paine, Radicchi, Rosellini, Deutchman, & Darch, 1983). 교사는 ADHD 학생이 이러한 일을 쉽고 적절하게 해낼 것이라고, 또는 교실에서 충분히 따라 보고 배울 것이라고 생각해서는 안 된다. 교사는 수학이나 읽기를 가르치는 것과 똑같이 이러한 일을 가르쳐야 한다. 왜냐하면 적절한 교실 행동 역시 사실은 학교 교육과정의 일부이기 때문이다. 다음은 교사가 학생에게 연필 깎는 방법을 가르칠 때의 절차다.

- 학생들에게 연필을 깎을 때 어떻게 해야 하는지 시범을 보여 주겠다고 말한다.
- 연필을 올바로 깎는 것이 왜 중요한지 설명한다(예: 시간을 절약할 수 있으며, 연필을 깎으면서 다른 사람들에게 피해를 주지 않는다).
- 연필을 깎기에 적절한 시간(예: 자습 시간이나 소규모 집단 활동 시간)과 적절하지 않은 시간(예: 선생님이 전체 학생에게 설명할 때)이 언제인지 물어본다.
- 자리에서 일어나 연필 깎기 기계가 있는 곳까지 갔다가 다시 자리로 돌아오는 방법에 대한 시범을 보인다(예: 연필 깎기 기계가 있는 곳으로 곧장 간다. 조용히 가며 다른 학생을 방해하거나 말을 걸지 않는다. 신속하게 연필을 깎고 곧장 자기 자리로 돌아간다).
- 한 학생에게 적절한 절차를 시범 보이도록 하면서, 그 학생에게 자신이 지금 어떻게 하고 있는지를 전체 학생에게 설명해 보게 한다. 그런 다음 다른 학생에게 적절하지 못한 행동(예: 교실을 빙빙 돌아서 연필 깎기 기계가 있는 곳으로 간다)을 하도록 하고 나서 그 행동이 왜 바람직하지 않은지에 대해 토론한다.

절차를 가르친 후에는 반드시 그 절차를 올바르게 실행한 학생을 강화해야 한다(예: "루크야, 연필 깎는 기계로 곧장 가서 다시 제자리로 돌아오는 너의 자세가 매우 좋구나!"). 학생들에게 이러한 절차를 교육하는 것과 관련하여, 교과 내용을 가르칠 시간을 허비할 수 있다는 우려가 종종 제기되기도 한다. 그러나 이것은 잘못된 생각이다. 절차를 가르치는 것은 수업의 방해 요소를 제거하고 나아가 향후 더 많은 시간을 절약할 수 있는 일종의 투자라고 생각하는 것이 더 낫다. 절차를 교육하는 것은 꼭 ADHD 학생뿐만 아니라 일반 학생에게도 도움이 될 것이라는 점을 명심할 필요가 있다.

일과표에 다양한 수업 활동을 배치하는 시간은 매우 중요하다. 학생들이 어려워하는 핵심 교과목이나 교과 내용은 오전에 배치하고, '체험 학습'이나 덜 어려운 학습 활동은 오후에 배치하는 것이 좋다. 연구에 따르면 ADHD 학생은 시간이 지날수록 자주 집중력이 더 떨어지는 것으로 나타났다(Pfiffner et al., 2006). 그러므로 가능한 한 학생이 가장 잘할 수 있는 시간대에 맞추어 수업 계획을 짜는 것이 가장 좋다. 일정을 짤 때 마지막으로 고려할 사항은 학생이 선호하는 활동과 선호하지 않는 활동의 배열이다. 선호하지 않는 활동은 선호하는 활동 앞에 배치하는 것이 좋다. 그렇게 함으로써 선호하는 활동과 선호하지 않는 활동을 연결하여 선호하지 않는 활동을 성공적으로 완수하게 할 수 있다. 예를 들면, 먼저 수학 자습 시간을 배치하고(그리고 반드시 문제 풀이를 끝마친 후에), 그다음에 15분 동안 자기 마음대로 책을 읽을 수 있는 독서 시간을 배치하는 것이다.

하루 일정 중의 많은 상황에는 전환(transitions)이 있다. 전환은 두 활동 사이의 간격으로, 만약에 전환이 올바로 되지 않는다면 수업 시간의 손실로 이어질 수 있기 때문에 그것을 지키는 것은 중요하다. ADHD 학생에게 전환은 매우 어려운 일이 될 수 있고, 문제행동은 ADHD 학생이 전환을 준비할 때 더 많이 발생할 수 있다(Whalen et al., 2006). 만약에 ADHD 학생이 전환을 위하여 오랜 시간을 기다려야 한다면, 그 학생은 욕구 불만을 느끼고 문제행동을 일으킬 수도 있을 것이다. 또한 여기서 '오랜' 시간이란 상대적인 것이다. 어떤 전환은 그 특성상 ADHD 학생에게 더 어려울 수도 있다. 예를 들면, 초등학생인 ADHD 아동에게 '비교적 행동에 제약이 없는 비구조화된 환경'인 운동장에서 '매우 구조화되고 규율을 지켜야 하는 환경'인 교실로 전환을 한다는 것은 매우 어려울 수 있다(Pfiffner et al., 2006). 이럴 때는 교사가 수업을 시작하기 전에 간단하고 부담이 적은 활동(예: 동화책 읽어 주기)을 통하여 학생들이 교실 환경에 편안하게 적응하도록 할 수 있다. 다음은 순조롭고 효과적인 전환을 위한 몇 가지 지침이다(McIntosh, Herman, Sanford, McGraw, & Florence, 2004; Paine et al., 1983; Walker, Shea, & Bauer, 2004).

- **전환을 가르치라.** 전환의 절차를 수립하고, 전환을 할 때 학생이 무엇을 해야 하는지 정확하게 말해 주라. 그런 다음 학생에게 무엇을 해야 하는지 가르치라. 교

사는 학생에게 전환을 가르치기 위해서 이 기술이 왜 중요한지 말해 주고, 기술의 시범을 보여 주고, 전환을 하는 동안 어떤 것이 적절하고 어떤 것이 적절하지 않은지 가르치며, 전환을 연습시켜야 한다.

- **전환 신호를 주라.** 학생이 전환을 준비할 수 있도록 전환 전에 학생에게 알려 주라. 예를 들면, 수학 시간이 끝나기 몇 분 전에 학생에게 2분 안에 과제를 끝마쳐야 한다고 말해 주라. 이처럼 전환 신호를 줌으로써 학생이 준비하게 할 수 있다.
- **시작하기 전에 주의를 집중시키라.** 전환이 실제로 시작되기 전에 학생의 주의를 집중시키라. ADHD 학생의 주의를 집중시키기 위해서는 그 학생과 가까이 있는 것이 좋다.
- **상기시키라.** 처음에는 학생이 전환 중에 무엇을 해야 하는지 상기시켜 주는 것이 좋다(예: "공부방으로 곧장 가야 한다."). 이러한 상기는 짧게 해야 하며, 가능하다면 모범을 보이는 학생을 언급해 주는 것도 좋다.
- **이동 규칙을 세우라.** 이동 절차를 마련하거나 전환을 할 때 명확한 방향을 알려 주라. 예를 들면, "1분단 학생들은 문 앞에 줄을 맞추어 서라."와 같이 말할 수 있다. 누가, 어디로 가야 하는지 말해 주어야 한다.
- **전환을 잘 하였을 때 강화하라.** 적절한 행동은 강화를 해야 한다. 모든 학생에게 적절한 행동을 했기 때문에 강화를 받는다는 점을 말해 주라. 예를 들면, 학급 전체가 전환을 잘 하여 시간을 절약했다면 남은 시간을 학생들이 자유 시간이나 즐거운 놀이 시간으로 활용하게 하라. 이는 학생들이 효율적이고 적절한 전환을 하도록 하는 유인책이 된다.

2) 규칙

교실이 원활하게 운영되기 위해서는 좋은 규칙이 필수적으로, 규칙은 기대를 설정하는 데 도움이 된다. 또한 규칙은 학생이 해야 할 행동을 학생에게 알려 줄 수 있어야 한다. 〈표 9-1〉은 효과적인 학급 규칙을 세우는 데 필요한 지침을 보여 주고 있다.

표 9-1 효과적인 교실 규칙을 위한 지침

- **소수의 좋은 규칙을 만들라**

대부분의 경우에 폭넓은 행동들을 포함할 수 있는 3~5개 정도의 규칙이 좋다. 규칙이 너무 많으면 학생들이 모두 기억할 수 없고 지키기도 어렵다.

- **규칙은 짧고 단순하게 만들라**

규칙은 짧고 단순해야 한다. 이해할 수 없는 규칙은 학생이 지킬 수 없다. 규칙이 짧고 단순할 때, 교사가 규칙을 지키는 학생을 칭찬하고 학생의 규칙 위반을 교정해 주기가 더 쉬워진다.

- **긍정적인 규칙을 만들라**

규칙은 '무엇을 해서는 안 되는가'를 강조하기보다 '무엇을 해야 하는가'를 강조해야 한다(예: '친구 때리지 않기'보다는 '손과 발을 제자리에 두기').

- **규칙을 눈에 잘 띄는 곳에 붙여 두라**

규칙은 게시해 놓아야 한다. 규칙을 학생이 잘 볼 수 있는(그래서 기억이 잘되는) 곳에 붙여 두라. 학생이 규칙을 위반하였을 경우, 그 학생에게 붙여 놓은 규칙을 보게 하라.

- **규칙을 가르치라**

교실 행동을 교육과정의 또 하나의 중요한 측면으로 다루고 규칙을 가르치라. 규칙의 의미와 규칙이 필요한 이유를 함께 토론하라. 학생에게 규칙을 준수하는 행동(또는 준수하지 않는 행동)을 찾아내고 따라 해 보게 하라.

- **결과를 마련해 두라**

규칙 위반에는 결과(가벼운 벌)가 뒤따라야 한다. 즉, 모든 규칙 위반에는 그에 따른 결과를 경험하게 해야 한다.

- **규칙 준수를 강화하라**

교사는 규칙 준수를 체계적으로 점검해야 하고, 규칙을 잘 따르는 학생을 강화해야 한다. 규칙을 어겼을 경우에는 그에 따르는 결과(예: 가벼운 벌 또는 꾸중)가 주어져야 한다.

출처: Paine, Radicchi, Rosellini, Deutchman, & Darch (1983).

ADHD 학생에게는 학급 규칙을 상기시켜 줄 추가적인 신호나 단서가 필요할 수 있다는 점을 명심해야 한다. 교사는 중요한 행동들(예: '내가 해야 할 일을 하고 있는가?' '선생님 말씀을 잘 듣고 있는가?')을 적어 놓은 신호 카드를 학생의 책상에 붙여 놓음으로써 학생이 규칙을 보다 확실하게 인식하게 할 수 있다. 이러한 신호는 학생에게 그들 자신이 하고 있어야 할 일을 상기시켜 주고, 또한 자신의 행동을 가다듬는 데도 도움을 준다. 규칙을 정규적으로 재검토하는 것 역시 유익하다(Pfiffner et al., 2006). 더불어 규칙을 잘 따르는 학생을 체계적으로 강화하는 것도 중요한데, 교사의 칭찬은 바람직한 행동을 증가시키고 바람직하지 못한 행동은 감소시키는 데 효과적이다. 특히 ADHD 학생이 규칙을 지키고 적절한 행동을 했을 경우(예: 계속해서 노력하는 것, 상기시킨 즉시 과제를 하는 것), 그에 합당한 칭찬을 해 주는 것은 매우 중요하다. 불행히도, 교사들은 대개 칭찬을 잘 하지 않고, 또한 그것을 효과적으로 활용하지 못한다(Brophy, 1981). 다음은 교사가 효과적으로 칭찬할 수 있는 방법을 제시한 것이다(Brophy, 1981).

- 적절한 행동을 한 다음에만 칭찬하라(예: ADHD 학생이 적절하게 전환을 하였을 때). 아무 때나 칭찬을 해 주는 것은 비효과적일 뿐만 아니라 부적절한 행동을 강화하는 역효과를 가져올 수도 있다.
- 칭찬을 받을 만한 행동이 무엇인지 구체적으로 알려 주라. 예를 들면, "루크야, 나는 네가 제자리로 곧장 가서 과제를 하는 것이 매우 좋구나."라는 칭찬은 효과적이다. 이에 비해 "루크야, 아주 잘했어!"라는 칭찬은 효과적이지 않다. 왜냐하면 교사가 학생이 어떤 행동에 대해서 칭찬을 받고 있는지 구체적으로 제시하지 않고 있기 때문이다.
- 칭찬을 수행 기준 또는 노력과 연결시키라. 예를 들면, "스티브야, 우리가 말한 그대로 10분 안에 받아쓰기 문제를 모두 풀었구나. 정말 제대로 했다. 정말 잘했다."와 같이 말할 수 있다. 학생이 적절한 노력을 보여 주었을 경우에도 마찬가지다. 예를 들면, "스티브야, 10분 동안 내내 받아쓰기를 연습해서 매우 좋구나.

그래서 10문제 중 8문제를 정확하게 했구나. 네가 계속해서 이렇게 노력하면 다음에는 꼭 10문제를 모두 다 정확하게 풀 수 있을 거야."

- 칭찬은 마음에서 우러나야 하며 학생이 의미 있는 성과를 달성했을 때 해 주어야 한다. 칭찬의 효과는 신뢰성에서 생겨난다. 즉, 학생이 교사의 칭찬이 진실하다는 것을 믿어야 한다. 칭찬은 또한 학생이 향상을 보이거나 무엇인가를 실제로 이루어 낸 성과가 있을 때 해 주어야 한다. ADHD 학생에게는 '일반적인' 활동도 종종 실질적인 성취가 될 수 있다는 점을 명심해야 한다. 예를 들면, "토미야, 손을 들고 호명될 때까지 가만히 잘 기다리고 있었다. 참 잘했다!"는 칭찬은 토미가 지금까지 그렇게 한 적이 한 번도 없었다면 의미 있는 것이다. 반면에 "린아, 연필 쥐는 방법이 아주 멋지구나."는 의미 없는 공허한 칭찬이다.

한 가지 유의해야 할 점은 어떤 학생은 사람들 앞에서 공개적으로 칭찬받는 것을 좋아하지 않는다는 것이다. 이러한 학생은 공개적으로 칭찬을 받을 때 혼자만 주목받는 것 같은 느낌과 불안감을 느낄 수도 있다. 이런 학생이 있다면 개별적으로 칭찬할 수 있는 방법을 찾아야 한다(예: 어깨를 두드려 주거나 눈을 맞춰 주는 것과 같은 신호).

규칙 위반에 따라 학생이 경험해야 하는 결과(consequences)는 좋은 규칙의 필수적인 요소다. 특히 ADHD 학생을 위한 규칙에는 더욱 필수적이다. 결과는 학생에게 명료하게 전달되어야 한다. 결과를 효과적으로 사용하기 위한 세 가지 핵심 사항이 있다(Pfiffner et al., 2006). 첫째, 결과는 학생의 눈에 잘 띄도록 붙여 놓고 분명하게 전달해야 한다. 이는 ADHD 학생에게 특히 중요하다. 둘째, 교사가 결과를 일관성 있고 신속하게 시행하는 것이 중요하다. 즉, 규칙의 일관성 있는 적용이 중요하다. 학생들은 규칙을 어기면 그에 대한 결과가 반드시 뒤따른다는 사실을 인식하고 있어야 하며, 교사는 학생이 규칙을 잘 지키는지 면밀하게 점검해야 한다. ADHD 학생의 경우, 규칙을 어겨도 '용인을 해 주면' 규칙을 지켜야 한다는 생각에 혼란이 생기고 더 많은 규칙 위반을 저지를 수 있다. 따라서 가능하다면 규칙을 위반한 직후에 결과를 경험하게 하는 것 또한 중요하다. 결과가 늦어지면 결과와 규칙 위반 사이의 연계성이 약해져 결과의 효과를 기대하기 어려울 수 있다. 신속한 결과는 어린 학생의 경우에 더욱 중요하다. 마지막으로, 마치 범죄에 따라 벌의 종류가 달라지는 것처럼 결과는 합당한 것이어야 한다. 가혹한 결과(예: 반항하는 학생에게 한 달 동안이나 방과 후에 학교에 남도록 하는 것)나 너무 미약한 결과는 효과를 보기 어렵다. 효과적인 교실 규칙만으로는 충분하지 않다는 점을 명심하라. ADHD 학생에게는 규칙을 잘 지켰을 때의 교사의 칭찬과 긍정적인 강화, 그리고 규칙을 어겼을 때의 가벼운 질책 혹은 벌이 조화롭게 제공되어야 한다(Acker & O'Leary, 1987; Pfiffner & O'Leary, 1987; Pfiffner, Rosen, & O'Leary, 1985). 효과적인 질책은 다음에서 다룰 것이다.

3) 효과적인 상호작용

교사는 ADHD 학생과 자신이 유지하고 있는 상호작용의 본질을 잘 알고 있어야 한다. 일반적으로 교사들은 일부 ADHD 학생처럼 문제행동을 하는 학생들과 부정적이거나 중립적인 관계를 유지하는 경우가 많다. 더군다나 이런 학생들이 교사의 관심을 끄는 이유는 적절한 행동보다는 부적절한 행동 때문인 경우가 많다(Moore Partin, Robertson, Maggin, Oliver, & Wehby, 2010). 이러한 관계는 부적절한 행동의 증가에 영향을 줄 수 있다. ADHD 학생을 지도하는 교사에게 문제가 될 수 있는 두 가지 유형의 일반적인 상호작용에는 효과적으로 지시를 하는 것과 효과적으로 질책을 하는 것이 있다(Reid, 1999).

학생이 자신이 무엇을 해야 하는지를 이해하여 그것을 성공적으로 이루어 내도록 하려면, 교사가 지시 사항을 명확하고 효과적으로 전달할 수 있어야 한다. ADHD 학생에게 지시를 할 때, 교사는 그 학생의 작업기억과 주의력에 따른 문제점에 유의해야 한다. 작업기억(10장에서 구체적으로 다룰 것임)이란 기억 속에 정보를 저장하고 과제를 수행하기 위해 그 정보를 조작하는 능력을 말한다(Baddeley, 2000). 많은 ADHD 학생이 이 작업기억에 문제가 있다(Martinussen & Tannock, 2006).

실제로 이는 ADHD 학생이 교사의 지시 사항을 기억 속에 저장하는 데 어려움을 겪고 있을 수 있음을 의미한다. 특히 지시 사항이 복잡하고 여러 단계를 포함한다면 더욱 그렇다. 집중력도 문제가 될 수 있다. ADHD 학생은 교사의 지시 사항을 집중하여 제대로 듣지 않기 때문이다. 학생의 작업기억이 문제가 될 때(예: 지시 사항이 복잡하거나 기억해야 할 단계가 많을 때) 그 학생의 집중력이 떨어진다는 연구 결과가 있다(Kofler, Rapport, Bolden, Sarver, & Raiker, 2009). 다음은 효과적으로 지시를 할 수 있는 몇 가지 요령이다(Reid, 1999).

- **지시하기 전에 주의를 집중시키라.** 학생이 눈을 맞추고 있더라도 주의를 집중하고 있는 것이라고 생각하지 말라. 신체적으로 가까이 다가가고, 신체 접촉을 하고, 눈 맞춤을 하면서 주의집중을 확실하게 하게 하라.
- **지시는 요점만 짧게 하라.** 길고 복잡한 지시는 기억하기 어렵고 ADHD 학생이 집중력을 잃게 만든다. 여러 단계의 지시를 한꺼번에 하지 말고, 가능한 한 지시 사항을 작은 단위로 나누고(예: "수학책을 가져와서 45쪽을 펴라."), 지시 이행을 기다리고(그리고 강화를 제공하고), 그런 다음에 다음 단계로 넘어가라.
- **지시는 명료하게 하라.** 간단하고 적절한 용어를 사용하고, 예를 들어 주고, 가능하다면 시범을 보여 주라. 학생이 수행해야 할 행동을 구체적으로 말하라(예: "책상을 정돈해라."라는 지시보다는 "책은 책상에 두고, 연습장은 가방에 넣어라."라는 지시가 더 바람직하다).
- **지시를 여러 번 반복하라.** 예를 들면, 첫째, 지시를 하고, 둘째, 지시를 다른 말로 바꾸어 더 쉽게 하고, 셋째, 그 지시 사항을 칠판이나 눈에 잘 띄는 곳에 적어 놓음으로써 학생이 상기할 수 있게 하라. 지시 사항을 적어 놓으면, 학생이 지시 사항을 기억할 필요가 없기 때문에 작업기억의 부담을 덜어 줄 수 있다.
- **지시 사항의 이해도를 점검하라.** 학생에게 지시 사항을 그대로 말해 보게 하거나 지시한 과제의 일부를 수행해 보게 하라(예: 학생에게 지시한 쪽을 펼쳐서 한 문제를 풀어 보게 하라).

많은 ADHD 학생은 최적의 환경에서도 어느 정도의 문제행동을 할 것이다. 이런 경우에 교사는 효과적인 질책(예: 훈계)을 통하여 학생에게 재지시를 할 필요가 있다. 질책과 재지시는 다음과 같이 하면 효과적이다(Abramowitz & O'Leary, 1991).

- 조용히, 감정에 얽매이지 않게 해야 한다(여러 사람 앞에서 하지 말고 개별적으로 하는 것이 좋다).
- 단호하게 말해야 한다(예: "그 일을 지금 당장 해라.").
- 짧고 요점이 분명해야 한다. 그렇지 않으면 오히려 부적절한 행동을 강화할 수 있으며, 다른 학생들의 주목을 받을 수 있다.
- 부적절한 행동이 발생한 직후에 바로 해야 한다.
- 혼란스러운 메시지를 주어서는 안 된다(예: 칭찬과 질책을 조금씩 주는 것). 혼란스러운 메시지는 부적절한 행동을 강화할 수 있기 때문이다.

질책의 효과는 가까운 거리 유지, 눈 맞춤, 신체적인 접촉(예: 어깨에 손을 얹는 행위) 등을 통하여 증대될 수 있다는 점에 유의하라.

때로는 적절한 질책이나 재지시를 해도 학생이 따르지 않는 경우가 있다. 학생이 곧바로 반응을 보이지 않거나, 저항을 하거나, 질책 혹은 재지시를 무시할 경우, 교사는 종종 동일한 질책 및 재지시를 여러 번 반복하는 실수를 자주 범한다(Barkley, 1997b). 이러한 과정이 반복되면, 교사 자신이 좌절감을 느끼고 화가 난다. 그럴 때 교사는 지시를 따르지 않으면 경험하게 될 부적 결과로 위협하면서 학생에게 압력을 가한다. 교사는 분노감으로 인하여 부적 결과를 더욱 위협할 수도 있다. 그러나 학생이 복종하는 경우는 거의 없다. 교사는 언성을 높이거나 고함을 지를 수도 있다. 고함 역시 비효과적이다. 실제로 학생이 고함치는 교사의 지시에 순응하는 경우는 별로 없다(Kapalka, 2005). 바클리(1997b)의 조언에 따르면, 학생이 초기 단계에서 교사의 지시를 따르지 않을 경우, 교사는 다음과 같이 해야 한다. ① 질책이나 재지시를 한 번 더 반복한다. ② 지시를 따르지 않을 때 경험하게 될 결과에 대해 학생에게 한 번만 경고한다. ③ 그래도 지시를 따르지 않는다면 결과를 경험하게 해야 한다. 이러한 절차를 사용함으로써 교사는 좀 더 평정심을 유지할 수 있고, 작은 문제가 큰 문제로 확대되는 것을 방지할 수 있다. 또한 이러한 절차를 통하여 교사는 실제로 시행할 수 있는 합당한 결과를 더욱 적절하게 선택할 수 있다. 이때 지시를 따르지 않으면 경험하게 할 결과를 미리 마련해 두는 것이 이상적이다(예: 지시를 따르지 않으면 컴퓨터 게임 시간을 박탈한다). 연구에서는 이러한 절차를 사용함으로써 교실에서 교사의 지시를 따르지 않는 행동이 두드러지게 감소하는 것으로 나타났다(Kapalka, 2005).

4. 중재

대부분의 학생은 교실에서 올바르게 행동하는 데 별 어려움이 없다. 이러한 학생에게는 교실에서 자연스럽게 발생하는 강화(예: 교사의 칭찬, '참 잘했어요' 도장)만으로도 적절한 행동을 유지시킬 수 있다. 그러나 ADHD 학생은 경우가 다르다. ADHD 학생은 자주 추가적인 행동 중재가 필요하다. 불행하게도, 대부분의 교사는 행동 중재의 사용에 대한 훈련을 많이 받지 못했으며, 그래서 그들이 사용하는 중재의 효과는 제한적이다(Fabiano & Pelham, 2003; Pfiffner et al., 2006). 그러므로 ADHD 학생을 지도하는 교사에게 추가적인 훈련을 제공한다면, 행동 중재를 성공적으로 실행할 수 있다는 교사의 자신감을 증대시킬 수 있을 것이다(Arcia et al., 2000; Fabiano & Pelham, 2003). IDEA의 법규에 의해, 교사는 ADHD와 같은 장애를 가진 학생을 효율적으로 지도하는 기술을 향상할 수 있는 훈련을 받을 권리를 지닌다. 이 절에서는 ADHD 학생에게 효과적인 세 가지 중재인 토큰법, 반응 대가, 타임아웃에 대하여 살펴볼 것이다.

1) 토큰법

토큰법(token economy)('토큰 강화'라고도 함)은 교실에서 ADHD 학생에 대한 효과가 입증된 정적 강화 시스템이다(DuPaul & Weyandt, 2006). 토큰법에서는 아동이 바람직한 행동을 했을 경우 포커 칩이나 '막대기 표식' 같은 토큰을 준다. 토큰은 나중에 아동이 다양한 종류의 실제적·사회적·활동적 강화물로 교환할 수 있다. 이론적으로 토큰을 받는 것 자체에는 강화 요인이 없다. 즉, 토큰은 돈과 유사한 것이다. 돈 자체는 본래적으로 아무런 가치가 없지만, 나중에 원하는 물건이나 활동과 교환할 수 있다. 그러나 실제적으로 어떤 학생은 토큰 자체를 강화 요인으로 생각하기도 한다. 그래서 그들은 이 토큰을 쓰지 않고 모은다. 토큰법은 교실에서 사용하기에 편리하며 오랫동안 유지될 수 있다(Pfiffner et al., 2006). 토큰법이 ADHD 학생에게 특히 유용한 이유는 행동이 발생한 후에 교사가 즉시 강화를 할 수 있기 때문이다. 이러한 신속성은 학생이 보이는 행동과 그가 받는 강화 사이의 시간 간격을 줄여 준다. 다음에서는 쿠퍼, 헤런과 휴워드(Cooper, Heron, & Heward, 2007)의 연구에 근거하여 토큰법의 절차를 자세히 살펴보겠다.

(1) 토큰 선택

토큰으로는 동전, 구슬, 쿠폰, 포커 칩, 막대기 표식, 교사의 서명, 천공 카드 등이 자주 사용된다. 토큰을 선택할 때 고려해야 할 몇 가지 기준은 다음과 같다. 첫째, 토큰은 학생에게 해가 되지 않고 안전한 것이어야 한다. 가령, 어린 아동이 삼킬 수 있는 물건은 피해야 한다. 둘째, 교사는 토큰을 통제해야 한다. 학생들이 불법적으로 만들 수 있어서는 안 된다. 셋째, 토큰은 오래 사용할 수 있는 것이어야 하고, 취급하기 쉬운 것이어야 한다. 넷째, 토큰은 학생이 행동을 한 직후에 바로 줄 수 있도록 교사가 사용하기 편한 것이어야 한다. 좋은 토큰은 교사가 취급하기 쉬운 것이다.

(2) 목표 행동 설정

목표 행동을 설정할 때 고려해야 할 사항이 몇 가지 있다. 첫째, 행동을 쉽게 관찰하고 측정할 수 있는 구체적인 용어로 진술해야 한다. 둘째, 행동이 발생했는지에 대해 교사와 학생 간의 혼동이나 논란을 피할 수 있도록 수락 기준(과제 기준)을 진술해야 한다. 셋째, 적은 수의 행동으로 시작해야 한다. 1~2개의 행동이면 충분하고, 아무리 많아도 3~5개를 넘어서는 안 된다. 이보다 더 많은 목표 행동을 설정하면 학생이 혼란스러워하고 교사가 관리하기도 어렵다. 따라서 적어도 한두 가지 정도는 학생이 실행하기 쉬운 행동을 포함해야 한다. 초기 단계에서 학생에게 강화물을 자주 제공하는 것은 매우 중요하다. 이는 나중에 좀 더 어려운 행동을 포함할 수 있는 토대가 된다. 넷째, 학생이 목표 행동을 수행할 수 있는 사전 기술을 갖고 있는지, 또는 학생이 이미 그러한 행동을 조금이라도 해낸 적이 있는지를 확인해야 한다. 토큰법은 학생이 새로운 행동을 하도록 만드는 것이 아니라, 단지 이미 존재하고 있는 행동의 빈도를 변화시키는 것임을 명심해야 한다.

(3) 규칙 만들기와 게시하기

토큰법이 효과적이려면 학생이 규칙을 알고 있어야 한다. 토큰법에 포함돼야 할 규칙에는 몇 가지가 있는데, 그것은 다음과 같다. 첫째, 학생에게 토큰을 주는 절차가 구체화되어야 한다. 예를 들면, 교사는 교실을 순회하다가 토큰(또는 점수)을 주거나 특정한 시점(예: 학기 말)에 토큰을 주겠다고 규정할 수 있다. 둘째, 교사는 토큰을 대체 강화물과 교환하는 방법을 설명해 주어야 한다. 초등학생에게는 점심시간 전 15분, 일과가 끝나기 전 15분, 금요일 일과가 끝나기 전 15분, 혹은 매 수업 시간이 끝나기 전(저학년의 경우 초기에는 이 시간이 적절하다)에 일종의 '상점'을 운영하여 대체 강화물을 전시하는 방법도 있다. 강화물이 반드시 실제적인 물건일 필요는 없다. 활동 강화물(예: 읽고 싶은 책 읽기, 추가 컴퓨터 게임 시간) 또한 적절하다. 중학생에게는 식당의 메뉴처럼 자신이 고를 수 있는 강화물 메뉴를 만들어 줄 수도 있다. 셋째, 토큰을 '불법 제조'한 학생이 경험해야 할 결과를 기술해야 한다. 이러한 문제를 처리할 수 있는 가장 일반적인 조치는 정해진 수만큼의 토큰을 몰수하는 것이다. 넷째, 어린 저학년 학생의 경우에는 정해진 시간 동안(예: 하루 일과 시작 전 5분 동안) 토큰을 갖고 놀 수 있도록 한다. 이는 학생이 토큰을 강화물로 인식하게 하는 데 도움이 된다. 나중에는 토큰을 모으는 저축 시스템을 이용할 수도 있다. 다섯째, 학생에게 대체 강화물을 구입하는 방침을 알려 주어야 한다. 때로는 학생들이 여러 가지 이유로 대체 강화물의 구입을 꺼리기도 한다. 가령, 대체 품목이 강화 요인이 되지만 학생이 토큰이 부족해서 그 품목을 구입하지 못하는 경우를 생각해 보자. 이 경우에는 '예약 구매 제도'를 이용하여 그 품목을 구입할 수 있다고 말해 주라. 학생이 대체 강화물을 구입할 수 있을 때까지 토큰을 저축할 수 있는 은행을 만들라. 이와는 반대로, 토큰을 받는 것 자체를 강화로 여기는 학생도 있다. 이 학생들은 토큰을 쓰는 것보다는 '모으는 것'을 더 좋아한다. 만약에 토큰을 받는 것이 적절한 행동을 유지하게 한다면, 이것을 문제로 볼 필요는 없다. 그러나 학생이 하루 일과 중 빠른 시간 내에 대체 강화물을 구입할 수 있을 만큼의 충분한 토큰을 모아 버린다면 문제가 될 수 있다. 하루의 나머지 시간 동안 잘못된 행동을 하고도 대체 강화물을 구입할 수 있게 되기 때문이다. 이러한 문제는 상점이 문을 닫으면 모든 토큰의 유효기간이 끝나고, 다음 날 새롭게 시작해야 하는 방식으로 해소할 수 있다.

(4) 대체 강화물 설정

대부분의 토큰법은 자연스럽게 발생하는 활동이나 사건을 대체 강화물로 사용할 수 있다. 예를 들면, 토큰은 인기 있는 게임을 할 수 있는 시간, 음악 듣기, 친한 선생님이나 친구와 점심 먹기, 친구에게 편지를 써서 전달하는 일 등을 구입하는 데 사용할 수 있다. 대체 강화물을 설정하는 한 가지 방법은 보상 메뉴를 개발하는 것이다. 이와 같은 대체 강화물 메뉴를 개발하는 가장 쉽고 효과적인 방법에는 두 가지가 있다. 하나는 학생에게 원하는 것을 물어보는 방법이고, 다른 하나는 원하는 것은 무엇이든 할 수 있는 기회가 주어졌을 때 학생이 무엇을 하는지 확인해 보는 방법이다. 이렇게 해서 학생들이 보상 메뉴의 항목을 스스로 제시할 수 있게 허용해 주어야 한다. 보상에 대한 가격이 결정된 후에는 학생이 그 비용(토큰의 수)에 대해 따지는 것을 허용해서는 안 된다. 보상 메뉴는 자주 바꾸어 주고, 이때 학생을 참여시켜야 한다. 학생들은 날마다 똑같은 강화물에 쉽게 흥미를 잃을 수 있기 때문이다. 〈표 9-2〉는 보상 메뉴의 예를 제시한 것이다.

표 9-2 강화물 메뉴의 예

강화물	시간	비용
추가 자유 시간	10분	토큰 20개
음악 듣기	10분	토큰 20개
자르고 붙이기	5분	토큰 10개
그림 그리기	12분	토큰 25개
CD 빌리기	48시간	토큰 35개
비디오 보기	15분	토큰 30개
컴퓨터 게임하기	10분	토큰 15개
줄반장 역할	-	토큰 10개
선생님과 점심 먹기	10분	토큰 25개
자유 독서 시간 추가	20분	토큰 30개
인형극 공연	10분	토큰 30개
학급 놀이 선택하기	-	토큰 10개

(5) '가격' 설정

학생에게 즉각적인 강화를 제공하기 위해서는 초기 대체 품목의 가격이 낮아야 한다. 이 점은 ADHD 학생에게 특히 중요하며, 강화물의 가격은 나중에 올릴 수 있다. 강화물의 가격을 정할 때 고려해야 할 점이 몇 가지 있는데, 그것은 다음과 같다. 첫째, 가격은 학생이 적어도 몇 가지는 살 수 있을 정도로 저렴해야 한다. 둘째, 어떤 학생은 몇 가지 품목을 구입하고도 남을 정도로 충분한 토큰을 가지고 있을 수 있다. 교사는 '은행'을 만들어 남은 토큰을 '저금'하도록 할 수 있는데, 이때 학생이 모은 토큰으로 '고가의' 특별한 항목을 살 수 있도록 허용(또는 격려)한다. 이것이 매우 훌륭한 학습 활동이 될 수 있음을 명심하라. 학생이 모으는 토큰의 수가 증가함에 따라 '고가의' 대체 활동의 수 역시 많아져야 한다. 교사는 결코 학생에게 토큰을 빌려 주어서는 안 된다. 이는 바람직한 행동을 하기도 전에 미리 학생에게 보상을 주는 것이다.

(6) 현장 시험

토큰법 시스템을 본격적으로 시행하기 전에, 교사는 현장 시험을 해 보아야 한다. 즉, 2~3일에 걸쳐서 토큰법을 시행할 때 학생에게 줄 토큰이 적정한지 점검할 수 있다. 이렇게 하는 것이 교사가 어떤 행동에 대해 몇 개의 토큰을 줄 것인지 결정하고 적정한 수준으로 가격을 매기는 데 도움이 된다.

(7) 토큰법의 실행

적은 수의 행동에 대해(심지어 한 가지 행에 대해서도) 토큰을 주고 회수하는 단순한 시스템으로 시작하는 것이 가장 좋다. 그래야 학생에게 제대로 이해시킬 수 있다. 학생들에게 시스템을 설명하고 참을성 있게 모든 학생의 질문에 대답해 주어야 한다. 학생들의 혼동이나 불만을 야기하기보다는 차라리 시행을 늦추는 것이 더 바람직하다. 또한 교사는 토큰법의 효과를 평가해야 하는데, 학생의 행동에 아무런 변화가 없을 경우 목표 행동이나 강화물을 재검토해 보아야 한다.

2) 반응 대가

반응 대가(response cost)는 부적절한 행동을 없애거나 줄이는 데 효과적인 중재 방법으로, 교실에서 ADHD 학생에게 성공적으로 사용되어 왔다(Pelham & Fabiano, 2008; Pfiffner et al., 2006). 반응 대가는 독립적으로 사용할 수도 있고, 토큰법과 같은 정적 강화에 기초한 중재 방법과 결합하여 사용할 수도 있다. 반응 대가에서는 학생이 부적절한 행동을 수행한 결과로 특정한 양의 강화물을 잃는데, 이는 교통범칙금과도 유사하다(Maag, 2004). 즉, 제한 속도를 초과하면(부적절한 행동) 정해진 액수의 돈(강화물)을 잃게 된다. 반응 대가의 변형인 보너스 반응 대가 역시 유용하다. 보너스 반응 대가에서는 학생이 추가 강화물을 받는다(예: 일과를 마친 후 컴퓨터 게임을 할 수 있는 10분의 추가 시간). 그런 다음에 학생은 문제행동을 할 때마다 정해진 양만큼의 추가 강화물을 잃는다(예: 제임스가 규정을 어길 때마다 추가 컴퓨터 시간에서 2분씩을 뺀다).

반응 대가 시스템을 실시하는 절차는 단순하며, 그 절차는 다음과 같다(Cooper et al., 2007).

- **학생과 상의한다.** 학생에게 그의 행동에 문제가 있음을 말해 준다. 문제를 일으키는 행동이 무엇인지 구체화한다. 벌금을 내야 하는 행동이 무엇인지 학생이 정확하게 알고 있어야 한다.
- **벌금의 양을 정한다.** 각각의 행동에 얼마만큼의 벌금을 내야 하는지 학생에게 알려 준다. 예를 들면, 스미스가 지시 사항을 어길 때마다 컴퓨터 시간 2분을 줄이거나 토큰 3개를 회수한다.
- **벌금에 대한 의사소통 수단을 마련한다.** 학생은 반드시 자신에게 언제 벌금이 부과되었는지 알고 있어야 한다. 이를 위한 방법은 많이 있다. 예를 들면, 칠판에 10개의 별 스티커를 붙여 놓고, 벌금이 부과될 때마다 하나씩 떼는 방법이 있다. 또는 종이의 한쪽 부분을 여러 개의 가지로 자르고, 벌금이 매겨질 때마다 하나씩 떼어 내는 방법도 있다. 이때 벌금은 부적절한 행동 직후에 즉시 부과되어야 하며, 교사는 감정을 표현하지 않고 초연한 태도로 벌금을 부과해야 한다. 그래야 관심 제공으로 인해 의도치 않게 학생을 강화하는 것을 피할 수 있다(Pfiffner et al., 2006).
- **강화물이 남아 있도록 한다.** 학생이 모든 강화물을 다 잃지 않도록 유념해야 한다. 이를 위해 학생이 잃는 강화물보다 얻는 강화물이 더 많도록 하는 것이 바람직하다(하지만 이것이 항상 가능하진 않다). 강화물을 모두 잃어버린 학생이 적절하게 행동할 이유는 없다. 따라서 학생의 강화물이 하나도 없는 상태가 되어서는 안 된다.
- **효과를 평가한다.** 날마다 표출된 문제행동의 횟수를 기록하고 그 결과를 그래프로 그려야 한다. 반응 대가의 효과는 즉각적으로 나타나야 한다. 만약 일주일 안에 행동에 큰 변화가 없다면, 교사는 반응 대가가 올바르고 일관되게 실행되었는지 알아보기 위해 그 절차를 검토해 보아야 하고, 절차에 문제가 없다면 다른

방법을 적용해야 한다. 그러므로 효과를 평가하기 위해서는 기록을 하는 것이 중요하다.

교사는 또한 반응 대가가 지닌 잠재적인 문제점에 대해서도 알고 있어야 한다(Cooper et al., 2007; Maag, 2004). 가끔 반응 대가를 사용하는 교사가 학생에게 벌금을 부과하는 것에 지나치게 몰입한 나머지 적절한 행동을 강화하는 것을 무시하거나 실패하기도 한다. 어떤 학생은 강화물을 잃는 것에 대해 과도하게 반응할 수도 있다. 따라서 반응 대가는 공격적으로 감정 표출을 할 가능성이 있는 학생에게는 적절하지 않다. 또한 교사는 학생이 강화물을 잃게 되는 상황을 피하려고 할 수도 있음을 알아야 한다. 예를 들면, 잭은 집단 학습 시간에 친구들과 다투어 토큰을 잃는 경우가 많기 때문에 집단 학습을 피하거나 거부하려고 할 수도 있다. 이와 같은 경우에 교사는 잭에게 집단 학습 시간에 바람직하게 행동하면 정적 강화를 받을 수 있다는 사실을 알려 주어야 한다. 때로는 벌금 부과에 대해 이야기하는 것이 그 학생을 관심의 대상이 되게 하여 문제 행동을 유지하거나 증가시키는 작용을 하게 하기도 한다. 예를 들면, 조던이 허락 없이 자리를 이탈할 때마다 교사는 포커 칩을 하나씩 회수한다. 이때 다른 학생들이 이것을 보고 수군거리거나 낄낄댄다. 이러한 관심은 조던의 문제행동을 실제적으로 지속시키는 작용을 할 수 있다. 이와 같은 경우에 교사는 반응 대가의 절차 속에 부적절한 행동을 의도치 않게 강화시키는 것이 있지는 않은지 주의 깊게 검토할 필요가 있다. 또한 교사는 조던이 토큰을 회수당할 때 다른 학생들이 이를 무시하거나 이에 대해 반응하지 않으면 그들에게 강화를 해 줄 수도 있다.

3) 타임아웃

타임아웃(time-out)은 ADHD 학생을 위한 치료 프로그램의 중요한 구성 요소로 자주 포함되는 중재 방법이다(Fabiano et al., 2004). 이것은 '강화로부터의 타임아웃'의 준말이라는 점에 유의해야 한다. 이것은 학생에게 일정한 시간 동안 강화를 받을 기회

표 9-3 타임아웃 절차

• **격리**
학생을 교실에서 격리하여 짧은 시간 동안 특별히 마련된 격리된 공간에 있도록 한다.

• **배제**
학생을 교실에서 나가게 하여 일정 시간 교실 밖(예: 복도), 교실 구석 혹은 지정된 좌석에 있도록 한다.

• **조건적 관찰**
학생을 정해진 시간 동안 수업 활동에서 배제하거나 참여하지 못하게 한다. 학생은 자리에 남아서 수업을 관찰할 수는 있지만, 수업에 참여할 수 없거나 어떤 형태의 강화도 받지 못한다.

• **좋은 행동 시계**
'좋은 행동 시계'(good behavior clock)가 움직이는 동안 학생은 자신과 학급을 위한 강화물을 획득할 수 있는 기회를 갖는다. 이 시계는 학생이 과제에 집중하거나 적절하게 행동했을 경우에 돌아간다. 학생이 부적절한 행동을 하게 되면, 시계는 멈추고 학생은 정해진 시간에 강화물을 획득할 수 없다.

• **의도적인 무시**
부적절한 행동을 하면 학생은 정해진 시간 동안 아무런 관심(즉, 신체적 · 언어적 · 시각적 상호작용)도 받을 수 없다.

• **과제하기**
학생은 벽 쪽으로 향한 고립된 책상에 앉아서 정해진 양의 학습(예: 문장 베껴 쓰기)을 해야 한다. 이때 교사가 해야 할 과제의 양을 정해 준다(예: "세 쪽을 적어 내라."). 학생은 정해진 과제를 끝마친 후에 교사에게 제출하고 다시 수업에 참여한다.

(예: 교사나 친구들의 관심, 토큰, 교실에 남아 있는 것)를 박탈하는 것으로, ADHD 학생의 경우, 그들에게 적용해 온 수많은 형태의 타임아웃 절차가 있다(Pfiffner et al., 2006). 〈표 9-3〉은 타임아웃 절차에 대한 설명이다. 보다 자세한 설명은 쿠퍼 등(Cooper et al., 2007)이나 매그(Maag, 2004)의 연구를 참조하기 바란다. 타임아웃은 일반적으로 공격성이나 방해 행동과 같이 교실 분위기에 심각한 문제를 초래하는 행동에 적절하

다(Pelham & Fabiano, 2008; Pfiffner et al., 2006). 타임아웃을 실행하는 절차는 다음과 같다(Cooper et al., 2007).

- **교실이 강화로서의 가치가 있게 한다.** 타임아웃이 효과적인 것이 되기 위해서는 반드시 타임아웃이 되지 않는 상황이 강화로서 작용할 수 있어야 한다. 만약에 학생이 교실에 있는 것을 아무런 강화로도 여기지 않는다면, 강화의 박탈이 되지 않기 때문에 타임아웃이 문제행동을 줄이는 데 아무런 효과가 없을 것이다. 타임아웃을 실행하기 전에, 교사는 학생이 규칙적인 강화를 받고 있도록 할 필요가 있다. 이를 위한 한 가지 방법으로 문제행동과 양립할 수 없는 적절한 행동을 체계적으로 강화하는 것이 있다. 예를 들면, 조이는 자신의 손과 발을 얌전히 제자리에 두고 공격적인 언어를 사용하지 않는다면 10분마다 토큰 5개를 받게 된다(반드시 선생님의 칭찬과 함께).
- **타임아웃의 유형을 결정한다.** 타임아웃 절차의 적절한 형태를 결정해야 한다. 특히 격리와 배제는 매우 심각한 행동에 대해서만 사용할 것을 유념해야 하는데, 이러한 수준의 타임아웃에는 부가적인 안전장치가 필요하며, 법적·행정적·윤리적 관행의 문제까지 고려해야 한다(Cooper et al., 2007; Maag, 2004를 참고할 것).
- **문제행동을 알려 준다.** 학생을 만나서 문제가 되는 행동이 무엇인지 설명해 준다. 학생이 어떤 행동이 타임아웃을 받게 되는지 정확하게 알고 있는 것이 중요하다. 구체적인 예를 들어 주는 것이 좋다. 가령, "꺼져!"는 타임아웃을 받게 되지만, "그만하세요."는 좋은 언행이다.
- **타임아웃 절차와 규칙을 정한다.** 학생이 문제행동에 대해 이해한 후 교사는 타임아웃의 절차와 규칙을 설명해 주어야 한다. 타임아웃 절차는 타임아웃이 실행될 방법에 대해 언급하고 있다. 예를 들면, 학생은 교실 뒤에 있는 타임아웃용 지정석으로 갈 것이다. 어떠한 학습 자료도 가지고 갈 수 없다(예: 책, 연필, 가지고 놀 만한 것). 학생은 교실을 등지고 앉으며, 등을 돌려서 학급을 볼 수도, 친구를 부를 수도, 대화를 할 수도 없다. 일단 학생이 타임아웃용 지정석에 앉게 되면, 교

사는 타이머를 작동시킨다. 정해진 시간이 지난 후, 학생은 다시 자기 자리로 돌아와서 수업에 참여한다. 만약에 학생이 이러한 절차를 어기면, 타이머가 재작동되고 타임아웃이 다시 시작된다.

- **효과를 평가한다.** 교사는 타임아웃이 문제행동을 줄이는 데 효과가 있는지 평가해야 하는데, 이를 위해 타임아웃 전후의 문제행동의 빈도수를 기록해야 한다. 만약에 타임아웃이 효과가 있다면, 문제행동의 빈도수가 현저히 감소되어야 한다. 또 교사는 타임아웃 일지를 작성해야 한다(Nelson & Rutherford, 1983). 이 일지에는 ① 학생의 이름, ② 타임아웃을 초래한 문제행동에 대한 기술, ③ 타임아웃을 실행한 날짜와 시간, ④ 각 타임아웃의 총 시간, ⑤ 적용된 타임아웃의 유형, ⑥ 타임아웃 실시 중의 학생의 행동에 대한 기술 등이 포함된다. 교사가 타임아웃이 얼마나 자주 실시되는지 점검하는 것은 매우 중요한데, 만약 타임아웃이 효과적일 경우 타임아웃의 실행 횟수가 줄어들어야 하기 때문이다. 또한 타임아웃 절차가 문제행동을 감소시키지 못한다면, 그 절차는 중단되어야 한다.

타임아웃을 실행할 때 발생할 가능성이 있는 문제점은 존재한다. 학생이 타임아웃 절차에 저항하거나(예: 타임아웃 좌석으로 가기를 거부하는 것), 타임아웃 절차를 따르지 않을 수도 있다(예: 타임아웃 시간 중에 친구들과 이야기하는 것). 이런 일이 발생하면, 교사는 다음 사항을 고려해야 한다. ① 타임아웃 절차에 순응하도록 만들기 위해 타임아웃 시간을 줄이거나 강화물을 제공한다. ② 계속해서 절차를 위반하면 타임아웃 시간을 연장한다(예: 친구를 부르면 2분이 추가됨). ③ 반응 대가를 실시하여 절차에 순응하지 않는 데 대해 강화물을 잃게 한다. ④ 타임아웃을 방과 후에 실시한다(이는 교직원이 감독할 수 있는 여건이 되어야 하고, 학생도 방과 후의 타임아웃으로 자신이 좋아하는 활동을 할 수 없어야 가능하다; Pfiffner et al., 2006). 타임아웃은 일관성 있게 사용해야 한다. 문제행동이 발생하면, 반드시 타임아웃이 실시돼야 한다. 만약에 타임아웃이 일관성 있게 실행되지 않으면, 학생은 문제행동이 수용될 수 있는지 여부에 대해 혼란스러워할 수 있다(Cooper et al., 2007). 또 타임아웃은 잘못 사용될 수도 있다. 가령, 교사가 사소한 문제행동(예: 떠드는 것; Maag, 2004)에 대해서까지 타임아웃을 사용할 수도 있다. 이 경우에 타임아웃은 그 학생을 교실에서 격리시키는 효과가 있기 때문에, 실제적으로는 교사 자신을 위한 강화물로 작용하는 것이다.

타임아웃은 묵과할 수 없고 다른 방법으로 다루기 어려운 심각한 문제행동에 대해서만 사용해야 한다는 점을 유념해야 한다. 마지막으로, 타임아웃은 학생이 학업 과제의 수행을 거부하는 경우에는 사용하는 것이 적절하지 않을 수도 있다(Pfiffner et al., 2006). 8장에서 살펴본 것처럼, 이러한 경우에 타임아웃은 학생으로 하여금 학업 과제를 회피할 수 있게 하여 실제적으로는 학업 과제 회피 행동을 강화하는 작용을 하게 된다.

요 약

교사들은 종종 모든 학생이 개별적인 독특성을 지니고 있다고 말하곤 한다. 그러나 불행하게도, 실제로는 교실에서 이러한 개성 존중이 잘 이루어지지 않는다. 대신에 수많은 다른 요인(예: 학업 기술, 주의 지속 시간, 순응도, 활동 수준, 집중력) 속에서 서로 매우 다른 학생들에게 하나의 표준화된 상황에 맞게 행동하도록 요구하는 '획일화된' 사고방식이 교실을 지배한다. 이러한 요구는 여러 가지 면에서 비현실적이다. 많은 연구에 따르면, ADHD 학생은 조정과 효과적인 중재가 제공될 때 교실에 성공적으로 적응할 수 있다. 다음은 이 장의 내용 중에서 기억해야 할 주요 사항을 제시한 것이다.

√ 행동 관리 기법은 ADHD 학생의 문제행동을 감소시키고 적절한 행동을 증가시키는 데 효과적이다.

√ 먼저 정적 강화부터 시작하라. 학생의 바람직한 행동을 찾아내어 그 행동을 강화하려고 노력하라. 행동 관리의 목적은 학생에게 적절한 행동을 가르치고 학생이 그러한 행동을

더 많이 하도록 만드는 것임을 명심하라.

√ 부적 강화(예: 질책이나 잔소리 제거) 역시 필요하다. 그러나 절제해서 효과적으로 사용해야 한다.

√ 벌도 자주 필요하다. 그렇지만 심각한 문제행동에 대해서 신중하게 사용해야 한다. 벌을 통해서 새로운 적절한 행동을 하게 할 수는 없다는 점을 명심하라.

√ ADHD 학생에게는 행동 직후에 바로 강력한 강화물을 자주 제공해야 할 필요가 있다. 포만에 빠지는 것을 예방하기 위하여, 교사는 강화물을 자주 바꾸고 학생에게 여러 가지 선택지(강화 메뉴)를 줄 필요가 있다.

√ 물리적 환경을 개선하여 학생이 산만해질 가능성을 줄이고, 그들이 적절한 신체적 활동을 할 수 있게 하라. 학생을 자주 관찰하고 학생의 행동에 대한 피드백을 제공하라.

√ 일관성 있고 예측 가능한 교실 일과를 만들고 유지하라. 학생에게 일과를 알려 주고, 학생이 일과를 지키면 강화하라. 매일의 활동을 위한 절차를 마련하라. 그리고 그 절차를 가르친 후, 학생이 활동을 올바로 수행하면 강화하라.

√ 행동에 대한 기대를 갖게 하기 위해 규칙을 사용하라. 학생에게 그 규칙을 가르치고 이해시키라. 학생이 규칙을 준수하면 강화하라. 규칙 위반에 따른 결과를 신속하고 확실하게 경험시켜야 한다.

√ 질책과 훈계는 짧고 요점만 전달해야 효과적이다. 질책하고, 소리치고, 화내는 것을 반복하지 말라. 그래서 사소한 문제가 큰 문제로 비화되지 않도록 하라. 학생이 교사의 지시를 따르지 않으면, 경험하게 될 결과에 대해 경고하고 즉각 그 결과를 경험시키라.

√ ADHD 학생이 교사의 지시를 듣고 이해했다고 생각하지 마라. 지시 순응 문제는 지시 사항을 잊어버린 것과 관련이 있을 수 있다.

√ 토큰법, 반응 대가, 타임아웃과 같은 중재가 자주 필요하다.

ADHD

Chapter 10

학업과 ADHD

내게 지렛대와 받침대를 다오.
지구를 들어 보일 터이니.

– 아르키메데스(Archimedes)

학업 결손은 ADHD 학생들에게서 일반적으로 나타나며, 어린 시절에 나타나서 학생이 학교를 다니는 모든 기간 동안 지속된다(Breslau et al., 2009; Galéra, Melchior, Chastang, Bouvard, & Fombonne, 2009). 학업 결손은 매우 뚜렷한 현상이기도 하다. 평균적으로 ADHD 학생의 학업 발달은 읽기와 수학의 경우에 일반 또래 학생보다 약 25% 정도 낮다(Frazier et al., 2007). 그동안 학업 결손의 원인에 대한 설명은 많았다. 학습장애와 ADHD 간의 결합은 의심할 여지 없이 일부 학습결손에 대한 설명이 된다(Cantwell & Baker, 1991). 언어 정보를 신속하고 효과적으로 처리하는 학생의 능력에 영향을 주는 언어장애의 발생 역시 학업 결손에 부정적인 영향을 미칠 수 있다(Schnoes et al., 2006).

또한 ADHD 자체는 학습 능력을 방해하지 않지만, 그 대신에 '학습에 대한 가용성'에 영향을 준다는 주장이 있다(Silver, 1990, p. 396). 부주의와 충동성은 학생이 집중하고, 노력을 유지하고, 행동하기 전에 생각해 보는 능력을 방해하여 학습에 부정적인 영향을 끼친다(Breslau et al., 2009; Currie & Stabile, 2006). 정서적 문제와 행동적 문제가 결합되어 학습을 방해할 수도 있다. ADHD와 학업 곤란 간에 관계가 있다는 결과는 ADHD로 진단되기 위해 학교 관련 문제가 필요하다는 사실에서 비롯된 것일 수도 있다. 그리하여 심각한 학업 곤란을 보이는 학생은 더 자주 ADHD로 진단되거나 ADHD 진단에 의뢰된다(Loe & Feldman, 2007).

낮은 학업 성취도는 심각한 결과를 낳는다. 초등학교 저학년에서 기초학습 기술을 습득하지 못한 학생은 학교를 졸업하지 못하거나 중도 탈락할 수 있고, 중등교육 이후의 교육을 받을 가능성이 낮다(U.S. Department of Education, 2005). 그 결과, 이 학생들은 보수가 좋은 직업에 취직하는 데 필요한 과학, 기술, 수학, 읽기 등을 숙달하지 못해 경제적으로도 불리한 위치에 처할 수 있다(U.S. Department of Education, 2005). 학업 결손과 관련된 심각한 문제가 많은 상황에서 ADHD 학생을 위한 학업 중재에 초점을 맞춘 연구가 필요하지만, 현실은 그렇지 못하다. 최근의 연구 중에서 ADHD 학생을 위한 학업 중재에 관련된 연구는 41편에 그쳤으며(Trout, Lienemann, Reid, & Epstein, 2007), 그중 많은 것은 학업이 주된 목적이 아니었다. 심지어 현재 발표된 연구들은 "체계적인 반복과 확대가 없는 뒤죽박죽의 연구"(p. 222)라는 평가를 받았다. 그 결과, 현재로서는 ADHD 학생의 학업 성취도를 향상할 수 있는 최선의 방법이 무엇인지 알 수 있는 방법이 없다(Loe & Feldman, 2007).

이처럼 지식의 토대가 깊지 않지만, 최근에는 일부 고무적인 발전이 이루어지고 있으며 ADHD 학생의 학업에 대한 관심 역시 증가하고 있다. 이 장에서는 교사가 어떻게 학생 스스로 학업 수행을 향상하도록 도울 수 있는지에 대해 살펴볼 것이다. 첫째, 두 가지 핵심적인 문제 영역인 작업기억과 집행 기능 결손에 대해 살펴보고, 이것이 어떻게 학업 수행에 부정적인 영향을 미칠 수 있는지 알아볼 것이다. 둘째, 교사가 작업기억과 집행 기능의 문제를 어떻게 확인할 수 있는지 알아볼 것이다. 이를 위해 타당성이 입증된 현행 수업 모형을 활용하여 틀을 제공하고, 연구에서 인용한 예를 제공할 것이다. 셋째, ADHD 학생에게 더욱 유용한 수업 환경을 조성하는 데 도움이 되는 효과적인 조정을 제시할 것이다. 마지막으로, ADHD 학생을 위한 효과적인 수업 중재인 또래 교수에 대해 살펴볼 것이다.

1. 핵심 문제 영역

ADHD 학생은 흔히 작업기억과 집행 기능의 결손을 보인다(Martinussen, Hayden, Hogg-Johnson, & Tannock, 2005). 이는 매우 중요한 사실이다. 왜냐하면 작업기억과 집행 기능은 ADHD 학생의 학업 결과와 매우 밀접한 관계를 맺고 있으며(Alloway, Gathercole, & Elliott, 2010; Biederman et al., 2000; Clark, Prior, & Kinsella, 2002), 이

는 일반 학생 역시 마찬가지이기 때문이다(Alloway, Gathercole, Kirkwood, & Elliot, 2009; Meltzer, 2007). 집행 기능을 효과적으로 사용할 수 있는 좋은 작업기억을 갖고 있는 학생은 더 높은 학업 성취도를 보이는 경향이 있다. 이러한 영역에서의 문제는 ADHD의 핵심 영역(즉, 부주의, 충동성, 과잉행동; Barkley, 2006)과 관련이 있는 것으로 간주된다. 이 절에서는 작업기억과 집행 기능에 대해 살펴보고, 이것이 학업에 어떻게 영향을 미치는지 알아볼 것이다. 비록 두 가지를 나누어서 살펴보겠지만, 실제적으로는 한 영역의 문제가 다른 영역에 영향을 줄 수 있기 때문에, 교사는 이 두 영역을 모두 고려할 필요가 있다.

1) 작업기억

작업기억이란 "이해, 학습, 추론과 같은 복잡한 인지 과제에 필요한 정보를 일시적으로 저장하고 조작하는 제한된 용량 시스템"(Baddeley, 2000, p. 418)을 말한다. 정보는 언어적인 것(예: 단어, 복잡한 나눗셈의 단계)일 수도 있고 시공간적인 것(예: 축구장의 모양, 지도상에 나타난 두 도시의 상대적 위치)일 수도 있다. 작업기억은 사용을 위해(예: 암산을 할 때; Alloway, 2006) 제한된 양의 정보를 일시적으로 저장할 수 있는 정신적 작업 공간으로서 기능한다. 교사는 작업기억의 본질이 일시적이라는 점을 반드시 이해해야 한다. 작업기억 내에서의 정보는 불과 몇 초 동안만 유지되며, 만약에 정보가 손실되면 다시 회상되지 않는다. 일정 부분 중복되기는 하지만, 작업기억은 단기기억과 동의어가 아니다. 가장 큰 차이는 작업기억은 과제를 수행하기 위해 정보를 처리하고 사용하는 것을 포함하고 있다는 점이다. 작업기억은 우리가 주의를 할당하고 집중하게 한다(예: 복잡한 나눗셈의 단계나 두 자리 수의 곱셈 결과와 같은 과제의 두 측면 간의 이동). 또한 작업기억은 우리가 산만하지 않도록 해 준다(Conway, Cowan, & Bunting, 2001). 산만해지지 않는 능력은 긴 집중력이 요구되는 과제를 하는 동안에 특히 중요하다. 다음은 단기기억과 작업기억의 차이를 보여 주는 두 가지 예다.

1. 다음에 제시된 무의미한 철자를 몇 초 동안 보고, 이것을 가린 후 다음의 지시에 따르시오.

O B E C A L P

문제 1. 철자를 순서대로 말해 보시오.

문제 2. 앞서의 무의미 철자를 한 번 더 짧게 보고 다시 가리시오.
이제 그 철자를 거꾸로 순서대로 소리 내어 읽어 보시오.
예를 들면, flog는 golf가 됩니다.

2. 다음 숫자들을 몇 초 동안 보고, 이것을 가린 후 다음의 지시에 따르시오.

4 7 2 5 4 9 6 4 8 7

문제 3. 목록에 있는 숫자의 순서를 기억하시오. 잠시 동안 지난 휴가 때 다녀온 곳을 생각해 보고, 다음 질문에 답하시오. 누구와 함께 갔는가? 가장 기억에 남는 경험은 무엇이었는가? 어떤 기념품을 샀는가? 여행은 어떠했는가? 이제 휴가를 간 날짜를 기억하시오. 휴가 날짜와 주민등록번호 마지막 숫자를 곱하시오. 이제 목록에 있는 첫 번째 숫자와 여섯 번째 숫자를 더하시오. 마지막으로, 목록의 첫 번째 숫자와 여섯 번째 숫자의 합을 목록의 일곱 번째 숫자와 곱하시오.

이들 세 문제는 큰 차이가 있다. 문제 1은 단기기억 문제다. 단지 철자의 순서를 저장했다가 다시 끄집어내기만 하면 된다. 따라서 어떤 식으로든 정보를 처리하거나 조작할 필요가 없다. 반면에 문제 2는 작업기억이 필요하며, 요구가 더 많기 때문에 더 어렵다. 먼저 철자의 순서를 기억해야 하고, 다음으로 철자의 순서를 뒤집어야 한다. 이를 위해서는 마지막 철자를 뽑아서 그 철자를 첫째 자리에 놓고, 이를 기억하면서 다시 마지막에서 두 번째 자리의 철자를 뽑아서 그 철자를 두 번째 자리에 놓는다. 이런 식으로 체계적으로 계속한다. 이렇게 철자를 역순으로 재구성하는 과정에서 철자의 원래 순서를 기억하고 있어야 한다. 그런 다음 새로운 단어를 발음하기 위해 필요한 정보(즉, 철자 발음법, 음절 구분법)를 끌어내는 동안 역순이 된 철자들의 순서를 기억해야 한다. 마지막으로, 그러한 정보를 역순으로 된 단어의 발음 방법에 적용해야 한다. 문제 3은 훨씬 더 어렵다. 정보의 크기가 훨씬 더 크며(9자리 숫자), 대부분의 인간이 작업기억 속에 쉽게 유지할 수 있는 범위의 한계에 가깝다. 그 처리 과정 역시 어렵다. 그러나 문제 3의 가장 큰 차이점은 많은 정보의 양과 정보 처리가 문제의 목표와 관련이 없다는 점이다(즉, 휴가를 기억해 내는 것). 관련 없는 정보의 저장과 처리가 많은 사람에게 목록에 있는 숫자의 순서를 잊어버리게 해서 문제를 풀지 못하도록 하는 것이다. 이러한 간섭은 아마 문제를 훨씬 더 짜증나는 것으로 만들 것이다.

앞서의 세 가지 문제는 교사가 이해해야 할 작업기억의 세 가지 측면을 잘 보여 준다. 첫째, 작업기억은 제한적이다. 한 번에 작업기억에 저장할 수 있는 정보의 양은 매우 적다. 최대 수용 능력에 도달했다면, 다른 정보를 더 저장하고 싶어도 일시적으로 용량을 확장하기 어려울 수 있다. 다른 정보를 저장하려면 들어온 만큼 빠져나가야 한다. 둘째, 작업기억은 일시적이며, 일단 정보가 손실되면 그 정보는 영원히 사라진다. 예를 들면, OBECALP라는 단어의 철자를 역순으로 나열할 때 앞의 세 철자까지 나열하고 나서 그 순서를 잊어버렸다면, 대부분의 사람은 처음부터 다시 시작해야 한다. 셋째, 작업기억의 용량이 초과되면(즉, 저장해야 할 정보의 양이 많고 조작이 복잡할 때), 과제를 해내지 못하거나 다른 문제를 초래할 수 있다(예: 수행을 점검하지 못하거나 수행에서의 오류를 찾아내지 못한다). 앞의 마지막 문제가 바로 그러한 경우인데, 많은 관련이 없는 정보를 소개하고 처리하게 하여 정보의 저장과 처리에 더 많은 부담을 지우는 것이다.

(1) 교실에서의 작업기억 문제

작업기억 문제는 교실 수업과 직접적인 관련이 있다. 작업기억 결손을 보이는 학생은 많은 정보를 기억해야 하는 과제에 어려움을 보인다(Gathercole, Lamont, &

Alloway, 2006). 이러한 어려움은 다시 듣기, 독해, 암산, 작문 등의 중요한 학습 기술에 영향을 준다(Gathercole et al., 2006; Lorch, Berthiaume, Milich, & van den Broek, 2007). 예를 들면, 학생은 교과서의 내용을 이해하기 위해 머릿속에 여러 가지 정보를 담아 두고 서로 다른 아이디어와 내용(즉, 주제와 주제를 뒷받침하는 세부 내용)을 연결할 수 있어야 한다. ADHD 학생은 자주 책을 읽으면서 한쪽의 중간 부분을 읽을 때 첫 부분에서 읽은 내용을 잊어버리고, 끝 부분을 읽을 때 중간 부분에서 읽은 내용을 잊어버리는 경향이 있다(Barkley, 2006). 그 결과, 책의 내용에 대한 간단한 질문에도 대답을 하지 못할 수 있다. 듣기 이해에서도 똑같은 문제가 자주 나타난다(Lorch et al., 2007). 작업기억에 문제가 있는 학생은 자주 교사의 지시 사항을 기억하지 못하고, 지시를 따르지 못한다. 예를 들어, 교사가 학생에게 수학책을 꺼내 43쪽을 펴서 오른쪽 줄에 있는 홀수 번호의 나눗셈 문제를 풀라고 하면, ADHD 학생은 수학책을 꺼내서 43쪽을 펴는 것까지는 할 수 있어도 어떤 문제를 해야 하는지에 대한 정보는 기억하지 못할 수 있다. 그래서 그 학생은 교사에게 무엇을 해야 하는지 물어보거나, 아무것도 하지 않고 가만히 앉아 있을 것이다. 이는 과제를 수행하는 데 도움이 되는 결정적인 정보를 잊어버렸기 때문이다(Gathercole et al., 2006). 여기서 유의해야 할 점은 이러한 현상이 실제로는 작업기억의 문제임에도 교사는 학생의 부주의(즉, 학생이 교사의 지시에 주의를 집중하지 않아서)나 게으름 때문이라고 생각할 수 있다는 점이다.

연속적인 일련의 단계가 요구되는 복잡한 과제(예: 에세이 작성이나 과학 실험의 수행)는 많은 정보의 저장과 처리를 모두 포함하기 때문에 특히 어려울 수 있다. 그러나 겉으로 보기에는 단순한 작업이라 할지라도 작업기억에 크게 의존하는 경우가 있음을 명심할 필요가 있다. 개더콜 등(Gathercole et al., 2006)은 한 문장을 베껴 쓰는 것도 작업기억에 문제가 있는 학생에게는 매우 어렵다고 하였다. 문장 베껴 쓰기는 언뜻 보기에 단순한 과제 같지만, 학생은 문장 안의 단어의 순서, 옮겨 적을 단어, 단어의 철자, 옮겨 적는 철자의 위치를 기억해서 실제의 문장으로 만들어 내야 한다. 작업기억에 문제가 있는 학생은 이 모든 것을 기억하지 못하고 결국 옮겨 적는 데 실패한다. 학생들은 단어를 빼먹거나 동일한 단어를 반복해서 쓰거나, 문장에 없는 다른 단어를 쓰기도 한다. 이 경우 첫 부분의 몇 단어는 성공적으로 옮겨 적을 수 있어도 문장의 나머지 내용은 기억하지 못한다. 얼핏 보면 이러한 실수는 학생이 부주의하거나 무성의하기 때문인 것으로 비칠 수도 있다. 그러나 학생이 과제의 여러 측면 사이에서 초점을 신속하게 바꾸어야 하는 과제는 매우 어려울 수 있다. 예를 들면, 하나의 이야기를 쓰기 위해서는 철자법과 문법에 주의를 기울이고, 이야기에 필요한 요소(즉, 등장인물, 배경)를 고려하며, 적절하고 흥미로운 어휘를 사용하는 것이 필요하다. 이 모든 것을 적절히 구사하기 위해서는 상당한 양의 작업기억이 필요하다. 수학 문제를 푸는 것과 같은 다른 과제에도 역시 이와 비슷한 정도의 작업기억이 필요하다. 교사는 늘 과제에 필요한 작업기억의 양을 민감하게 고려해야 한다. 왜냐하면 학생의 능력에 비해 과제 수행에 필요한 작업기억의 양이 더 많으면 학습이 일어나지 않을 것이기 때문이다. 더군다나 작업기억에 대한 요구가 많아지면 ADHD 학생은 부주의한 행동을 더 많이 하는 경향이 있다(Kofler et al., 2009).

교사는 순수한 학업적 요구 외에도 불안이 작업기억에 영향을 미칠 수 있다는 사실을 알고 있어야 한다(Owens, Stevenson, Norgate, & Hadwin, 2008). 높은 수준의 불안(예: 실패나 나쁜 평가에 대한 걱정)과 불안을 수반하는 과제 무관 잡념이 작업기억의 용량을 축소할 수 있다. 본질적으로 높은 불안은 인지적 자원을 고갈시키는 작용을 한다. 이는 다시 학생이 효율적이고 효과적으로 과제를 수행할 수 있는 능력을 감소시킨다. 예를 들면, 만약에 학생의 작업기억이 '나는 결코 이 일을 해내지 못할 거야.' '난 할 수 없어.' '난 이 일에 서툴러.' 등과 같은 생각으로 가득 차 있으면, 학생이 실제로 과제를 수행하게 하는 과제 관련 정보가 자리할 공간이 부족하게 된다.

2) 집행 기능

집행 기능(executive functions: EFs)은 복잡한 목표지향 행동에 필요한 인지 과정이다. 집행 기능에는 전략과 과제에 관한 메타인지 지식(예: 전략의 적용 방법에 관한 지식 또는 다른 과제에는 다른 전략이 필요하다는 것을 아는 지식), 그리고 계획하기와 자기 점검 같은 자기 조절 과정이 포함된다(Meltzer, 2007). ADHD 학생은 대부분 집행 기능 결손을 갖고 있다(Biederman et al., 2000). 이는 매우 심각한 문제다. 왜냐하면 집행 기능에는 계획하기, 조직하기, 노력 유지하기, 활동 점검하기 등이 포함되는데(Meltzer, 2007), 이 모든 활동은 학업의 성공에 필요한 것이며, 집행 기능의 결손은 학업 수행에 부정적인 영향을 미치기 때문이다(Clark, Prior, & Kinsella, 2002). 이러한 점은 집행 기능 결손이 ADHD 학생의 학업 문제에서 중요한 역할을 한다고 믿을 만한 충분한 근거가 된다. ADHD 학생에게 문제를 일으킬 수 있는 집행 기능의 유형에는 다음과 같은 세 가지가 있다. 즉, ① 학업 과제에 대한 계획적이고 전략적인 접근, ② 목표 설정, ③ 지속성 또는 과제에 대한 노력 유지다.

(1) 계획하기와 전략

ADHD 학생이 과제에 계획적으로 접근하는 경우는 거의 없다. ADHD 학생은 과제를 시작하기 전에 계획을 먼저 세우라고 직접 지시를 받은 경우에도 종종 충동적으로 과제를 시작한다(예: Jacobson & Reid, 2010). ADHD 학생은 과제를 달성하는 데 필요한 활동을 결정하기 위해 과제를 분석하는 경우가 거의 없으며, 또 과제를 달성하는 데 필요한 활동을 효과적으로 조합하는 데도 어려움을 겪는다. 그래서 그들이 계획을 수립하고 전략을 짜는 것은 어려운 일이다(Barkley, 2006). 심지어 자신이 계획을 세운 경우에도 그 계획의 단점을 알지 못하며, 자신이 세운 계획을 실제로 따르지 않을 수도 있다. 예를 들면, 클리걸, 로피터와 매킨레이(Kliegel, Ropeter, & Mackinlay, 2006)는 20명의 ADHD 학생에게 컴퓨터 게임을 하기 위한 계획을 수립해서 실행해 보게 했다. 모든 학생이 계획을 수립했다고 했지만 효과적인 계획을 세운 학생은 3명에 지나지 않았으며, 또 자신이 세운 계획을 실제로 실천한 학생은 6명에 불과했다. 이처럼 ADHD 학생은 효과적인 계획을 세우는 것에 실패했을 뿐만 아니라, 자신이 세운 계획을 활용하는 것에도 실패했다. ADHD 학생은 최적의 계획을 짜는 것이 매우 쉬운 경우에도 계획하기를 힘들어할 수 있다. 코먼, 라슨과 모스토프스키(Korman, Larson, & Mostofsky, 2008)는 ADHD 학생들에게 배점이 높은 문항과 낮은 문항으로 구성된 문장 베껴 쓰기를 실시했다. 그 결과, ADHD 학생들은 최대한의 점수를 받기 위한 효과적인 계획을 세우는 데 많은 어려움을 겪었다. 배점이 높은 항목만 베껴 써서 고득점을 얻을 수 있었는데도, 대부분의 ADHD 학생은 이러한 단순한 계획도 혼자서는 세우지 못했다. 학업 과제에 계획적으로 접근할 수 없으면 조직화되지 않은 과제나 작업을 엉뚱하게 해내거나 대충 하는 것으로 보일 수 있다.

또 ADHD 학생은 전략을 자발적으로 활용하려고 하지도 않는다(Hamlett et al., 1987). 예를 들면, ADHD 학생에게 몇 분 동안 카드의 위치를 암기하게 한 후 각 카드의 위치를 기억해 내게 하는 문제를 내주었을 때, ADHD 학생은 카드의 위치를 기억하는 데 도움이 되는 전략(예: 청킹, 소리 내어 외우기)을 활용하지 않았다. 또 ADHD 학생은 쉬운 전략을 채택하는 경향이 있지만, 그 전략들은 대체적으로 비효과적이다(O'Neill & Douglas, 1991). 예를 들면, 이야기를 듣고 요약하라는 문제를 받는 경우, 대부분의 ADHD 학생은 반복해서 읽으면서 적어 두는 등의 노력이 필요한데도 효과적인 전략과는 반대로 훑어보기와 같은 전략을 사용하는 경향이 있다(O'Neill & Douglas, 1996). ADHD 학생의 전략 활용 결손은 뚜렷하고 지속적인 전략적 처리가 요구되는 과제가 주어졌을 때 더욱 두드러진다(O'Neill & Douglas, 1996). 예를 들면, 단어 목록을 보여 주고 암기하는 문제를 주었을 때, 대부분의 ADHD 학생은 유사한 단어끼리 묶어 그 묶음을 반복하여 외우는 것과 같은 노력이 필요하지만 효과적인 전략을 활용하는 대신 개별적으로 단어를 반복해서 외우는 방법을 택한다. 심지어 효과적인 전략을 알려 준 경우에도 ADHD 학생은 그 전략을 지속적으로 활용하지 못할 수 있다(Kofman et al., 2008). 이러한 전략 사용의 문제(즉, 전략의 부재, 비효율적인 또는 비효과적인 전략의 사용)는 학생이 자신이 지닌 잠재력을 제대로 발휘하지 못하게 하는 결과를 낳을 수 있다.

(2) 목표 설정

대부분의 ADHD 학생은 자신의 학업 과제와 관련된 목표를 알지 못하거나, 목표를 작업기억 속에 유지하는 데 어려움을 겪는다(Barkley, 2006). 더군다나 어떤

ADHD 학생은 수행을 가로막는 부적응적인 수행 회피 목표(여기에서 목표는 무능력하게 보이는 것을 회피하는 것이다)를 채택하기도 한다(Barron, Evans, Baranik, Serpell, & Buvinger, 2006). 이는 매우 심각한 문제다. 왜냐하면 목표는 행동의 지침이 되고, 진전 상황에 대한 피드백을 제공하며, 동기를 향상하기 때문이다(Schunk, 1990). 또한 연구에 따르면 목표 설정은 ADHD 학생의 학업 생산성을 향상할 수 있다(Konrad, Fowler, Walker, Test, & Wood, 2007). 구체적이고 적절한 목표의 설정 없이는 ADHD 학생이 과제를 효과적으로 수행할 수 있는 행동을 구축하기 어려울 것이다. 목표가 없는 학생은 교실에서 과제에 대한 목적 없는 접근이나 회피 행동만 할 것이다.

(3) 지속성

ADHD 학생은 대개 노력을 지속적으로 유지하는 것이 어렵다. 특히 과제가 반복적이거나 지루하면 더욱 그렇다(Barkley, 2006). ADHD가 없는 동료 학생에 비해 ADHD 학생은 과제를 중도에 그만둘 가능성이 더 높다. 예를 들면, ADHD 학생에게 매우 쉬운 문제와 풀 수 없는 어려운 문제가 섞여 있는 단어 찾기 문제를 내주었을 때, 문제의 난이도와는 상관없이 동료 학생들보다 훨씬 더 많은 수의 ADHD 학생이 중도에 포기하였다(Milich & Greenwell, 1991; Milich & Okazaki, 1991). 과제가 조금만 어려워도 ADHD 학생은 쉽게 포기할 수 있다. 이러한 현상은 부분적으로는 좌절감에 따른 감정 조절의 문제 때문에 생긴다(Walcott & Landau, 2004). ADHD 학생은 좌절감을 경험할 때 '기분 회복'이 잘 안 된다(즉, 그들은 좌절감을 이겨 내기 위해 어떠한 노력도 하지 않음). 그리고 이러한 점이 그들이 좌절감을 느끼기 시작할 때 과제를 포기할 가능성을 높이는 것이다(Scime & Norvilitis, 2006).

좌절감이 생기는 이유 중 하나는 수행 점검의 결핍이다(Barkley, 2006). ADHD 학생은 자신의 과제 수행에 대한 점검을 효과적으로 하지 않는다. 그들은 대개 자신이 과제를 얼마나 잘하고 있는지 또는 잘못하고 있는지를 알지 못하며, 과제의 진전 (또는 진전이 없는) 상황을 알지 못한다. 이는 다시 지속성에 부정적인 영향을 미치는 좌절감으로 이어질 수 있다. 또 다른 관련 문제로는 **긍정적 환상 편향**(positive illusory bias)이 있다. 이는 ADHD 학생이 스스로 수행한 일을 실제보다 더 높게 평가하려는 경향이다(Hoza et al., 2004). 이는 다시 ADHD 학생이 자신의 수행을 비현실적으로 과대 포장하고 자신의 능력을 왜곡하는 것으로 이어진다. 긍정적 환상 편향은 일종의 자기 보호 기능으로 작용한다(Waschbusch, Craig, Pelham, & King, 2007). 그러나 교사의 측면에서 보면 긍정적 환상 편향은 심각한 문제가 될 수 있다. 문제가 있다는 사실을 이해하지 못하거나 알지 못하는 학생은 그 문제를 찾아보려고 하는 의지나 동기가 없을 가능성이 높기 때문이다(Hoza et al., 2004). 더군다나 긍정적 환상 편향은 실망스러운 수행 결과에 대한 변명거리를 제공하기 위해 또 다른 부적응적 자기 보호 행동으로 이어질 수 있다. 예를 들면, 학생이 자기 태업(예: 시험 전날 새벽 두 시까지 컴퓨터로 영화 보기)을 하는 것과 같은 구실 만들기 행동을 하는 것이다(Waschbusch et al., 2007).

2. ADHD 학생을 위한 효과적인 수업

앞에서 살펴보았듯이, ADHD 학생이 겪고 있는 많은 학업 문제의 핵심은 그들이 집행 기능 결손(자기 조절 행동을 어렵게 만드는 결손)으로 인해 계획적이고 전략적인 접근을 하지 못한다는 점이다. 과제에 계획적이고 전략적인 접근을 하는 것이 성공적인 학습자가 되기 위한 보증서의 역할을 하기 때문에, 이러한 문제점을 안고 있는 ADHD 학생은 학교에서 매우 불리한 입장에 처해 있다. 계획적이고 전략적인 접근 결손의 문제에 대한 효과적인 방법은 단순하다. ADHD 학생에게 전략을 짜고 활용하는 방법과 자신의 행동을 더 잘 조직하는 방법을 가르치는 것이다. 교사는 계획하기와 전략 사용을 학생에게 가르칠 수 있는 하나의 기술로 간주해야 한다. 이러한 접근이 효과적인 이유는 다음과 같다.

첫째, 전략 수업이 학습장애 학생에게 효과가 있다는 것이 입증되었다(Swanson & Sachse-Lee, 2000). 학습장애 학생은 ADHD 학생과 많은 공통점(예: 주의를 집중하지 못하고, 지속적이지 못한 점)을 지니고 있으며, 학습장애 학생 중에서 많은 학생이 ADHD를 동반하고 있다.

둘째, 전략 수업에는 작업기억의 문제와 집행 기능 결손을 직접적으로 확인하는 절차가 포함되어 있다. 예를 들면, 전략 수업은 ADHD 학생에게 효과적인 것으로 알려진 명시적 목표 설정과 자기 조절 절차(자기 조절 절차에 대해서는 11장에서 자세히 다룰 것임)를 포함하고 있다(Reid, Trout, & Schartz, 2005). 전략 수업에 사용되는 절차는 대부분의 경우에 ADHD 학생뿐만 아니라 모든 학생에게도 도움이 된다.

셋째, 전략 수업이 ADHD 학생의 학업 수행을 극적으로 향상시킬 수 있음을 보여 주는 연구가 비록 그 수는 적지만 점차 증가하고 있다. 몇몇 연구는 전략 수업을 ADHD 학생에게 성공적으로 적용했다(예: Jacobson & Reid, 2010; Lienemann & Reid, 2008; Mason, Kubina, & Taft, 2009; Reid & Lienemann, 2006b; Rogevich & Perin, 2008). 그 결과, 많은 사례에서 학생의 수행 수준이 실제적으로 정상화되었다(즉, 같은 학년 학생들의 평균 이상에 도달함).

얼핏 보기에는 학생에게 전략을 가르치는 것이 단순한 것처럼 보일 수 있다. 학생에게 전략의 단계를 암기시키고, 그런 다음에 그 전략을 활용하라고 하면 되는 것으로 생각할 수 있기 때문이다. 그러나 이러한 단순 암기를 통한 전략 수업은 성공적이지 않다(Harris & Pressley, 1991). 앞에서 살펴본 것처럼, ADHD 학생은 대부분 전략을 사용하는 데 문제를 갖고 있다. 이는 충동성과 부주의가 ADHD의 핵심 증상이라는 점을 생각해 보면 놀라운 일이 아니다. 이처럼 ADHD 학생이 과제에 전략적으로 접근하는 것은 매우 어렵다. 심지어는 효과적인 전략을 알고 있는 경우에도, ADHD 학생은 과제를 가장 잘 성취할 수 있는 방법에 대한 고려를 전혀 또는 거의 하지 않고 곧장 과제를 시작하는 경향이 있다. 그 결과, 노력은 조직적이지 못하고 비효과적이다. 더 심각한 문제는 ADHD 학생에게 효과적인 전략을 제공하고 그것을 사용하도록 촉진시켜도, 그들은 과제를 하는 도중에 그 전략의 사용을 그냥 중단해 버릴 수 있다는 점이다(Kofman et al., 2008).

효과적인 전략 수업에는 ADHD 학생이 전략을 배우고 사용할 때 경험할 수 있는 문제를 민감하게 고려하는 과정이 필요하다. 더군다나 효과적인 전략 수업이 되기 위해서는 교사가 학습자의 정서적(예: 불안감, 부정적 정서) · 행동적(예: 집중력 유지의 어려움) · 인지적(예: 배경지식의 결손) 요구를 모두 파악해야 한다(Lienemann & Reid, 2008). 이러한 요구에 주목하는 것이 모든 학생에게 중요하지만, 이 세 가지 영역의 일부 또는 모든 영역에서 문제를 경험할 수 있는 ADHD 학생에게는 절대적으로 중요하다. 바로 이 점이 교사가 자기 조절 전략 개발(self-regulated strategy development: SRSD)과 같은 모델을 사용하면서 ADHD 학생과 수업을 할 때 반드시 전략적이고 계획적인 접근을 취해야 하는 이유다. 이 절에서는 ADHD 학생의 전략 수업에 공통적으로 포함된 절차를 교사가 어떻게 사용할 수 있는지에 대해 살펴볼 것이다. 먼저, 전략의 본질과 전략이 ADHD 학생에게 유용한 이유에 대해 논의할 것이다. 그런 다음 그 틀로서 타당성이 충분히 입증된 전략 수업 모델인 자기 조절 전략 개발을 이용하여 구체적인 절차를 제시할 것이다. 자기 조절 전략 개발을 선택한 이유는 이 모델이 현재 가장 널리 사용되는 모델이며, 이미 일부 ADHD 학생을 통해 그 효과가 입증되었기 때문이다.

1) 전략: 무엇을 그리고 왜

전략은 개인이 과제를 완수할 수 있게 하는 일련의 순서화된 단계로 정의할 수 있다(Reid & Lienemann, 2006a). 전략은 노력을 구조화하고 집중시켜 준다는 점에서 유익하다. 실제로 ADHD 학생의 문제 중 하나는 노력이 구조화되지 못한다는 것이다. ADHD 학생도 과제를 수행하고 싶어 하지만, 노력을 효과적으로 집중시키지 못한다. 예를 들면, 에세이를 작성하도록 요구받은 어린 ADHD 학생은 과제를 완수하기 위해 20분 동안 매달린다. 그의 좌절감은 점점 증대된다. 마침내 그는 서로 연관이 없는 단 몇 줄의 문장을 쓰고 나서 연필을 내려놓고는 슬픈 어조로 말한다. "나도 해내고 싶어. 그런데 어떻게 해야 할지 모르겠어." 이러한 ADHD 학생에게 전략의 가치는 전략이 바로 그 방법을 알려 준다는 데 있다. 효과적인 전략은 과제를 효과적으로 완수할 수 있는 로드맵을 제공한다. 전략을 구성하는 각 단계는 학생이 과제를 완수하는 데 필요한 과정을 통과하도록 안내한다. 집행 기능 결손을 갖고 있는 학생이 과제를 공략할 수 있는 효과적인 전략을 지니면 실질적인 도움을 줄 수 있다(Reid & Harris, 1993). 예를 들어, 만약에 어떤 학생이 곱셈 문제의 답을 구하기 위해 어떤 단계를 밟아야 하는지 알고 있다면, 그 학생은 문제를 푸는 과정에서 진행 상황을 점검할 수 있고, 또한 어느 과정에서 잘못되었는지 찾아낼 수 있을 것이다. 반면에 어떤 학생이 어떤 단계를 따라야 할지에 대해 명확하게 알고 있지 못한다면, 그 학생은 무엇을 점검해야 하는지, 또는 과정상의 오류를 어떻게 찾아내야 하는지 모르기 때문에(따라야 할 절차를 모르기 때문에) 어떠한 점검이나 오류 탐색도 할 수 없을 것이다.

전략기반 접근법은 복잡하고 막연한 과제를 보다 단순하고 해 볼 만한 여러 부분으로 나누어 주기 때문에 ADHD 학생에게도 유용하다. 예를 들면, '독후감 쓰기'는 많은 학생에게 매우 어렵고, 애매모호하고, 심지어 두려운 과제이기도 하다. 그러나 이 과제를 다음과 같은 여러 부분으로 나눈다면 훨씬 더 쉬운 과제가 될 수 있다. 즉, ① 도서관에 가서 책을 고르고, ② 책을 읽고, ③ 책을 읽으면서 흥미로운 부분을 적어 두고, ④ 적어 놓은 부분들을 가지고 개요를 작성하고, ⑤ 개요를 토대로 하여 초고를 작성한 후, ⑥ 초고를 다시 가다듬어 최종 독후감을 작성한다. 필요하다면 각 단계를 더 세부적으로 나눌 수도 있다. 예를 들면, 세 번째 단계는 다음과 같이 나눌 수 있다. ⓐ 이야기의 핵심 사건, 주인공, 배경, 이야기가 발생한 시대 등을 적고, ⓑ 그 이야기가 마음에 드는 (혹은 마음에 들지 않는) 이유 세 가지를 적고, ⓒ 각각의 이유에 대한 설명을 적는다. 이렇게 과제를 더 작은 단위로 쪼개는 것은 학생이 특정 시간에 주의를 집중해야 할 정보의 양을 줄여 줄 수 있으며, 이는 다시 작업기억의 부담을 줄여 줄 수 있다(Alloway, 2006).

2) 수업의 절차

자기 조절 전략 개발(SRSD) 모델은 수업에 대한 6단계 접근법이다. 이 단계들은 반복적이다. 즉, 한 가지 학습에 적용된 단계를 후속 학습에 다시 적용할 수 있다. 또한 이 모델의 각 단계는 ADHD 학생과 관련되는 중요한 측면을 지닌다. 이 절에서는 자기 조절 전략 개발(SRSD) 단계들을 일반적으로 사용되는 순서대로 제시하겠다. 각 단계에서 무엇이 일어나는지를 설명하고, ADHD 학생에게 영향을 미칠 수 있는 문제의 구체적인 예를 제시할 것이다. 자기 조절 전략 개발(SRSD) 모델의 사용과 관련된 보다 자세한 내용은 리이드와 리네만(Reid & Lienemann, 2006a)의 연구 혹은 www.unl.edu/csi/index.html을 참고하기 바란다.

(1) 배경지식의 개발과 활용

배경지식의 개발과 활용은 수업의 첫 단계다. 이 단계에서 교사는 학생이 전략을 구사하는 데 필요한 사전 기술을 갖고 있는지 여부를 판단한다. 예를 들면, 학생에게 복잡한 나눗셈 전략을 가르치기 전에, 먼저 교사는 학생의 곱셈과 뺄셈 기술을 평가할 것이다. 만약에 곱셈을 심하게 어려워하는 학생이 있다면, 그 학생이 복잡한 나눗셈을 하기는 더욱 어려울 것이다. 이러한 문제를 해결하기 위해 교사는 곱셈에 대한 보충수업을 하거나 나눗셈 수업을 뒤로 미루거나, 또 다른 방법으로 학생이 곱셈 결손을 보완하도록 도울 수 있을 것이다. ADHD 학생에게 사전 기술의 평가는 매우 중요하다. ADHD 학생은 대체로 읽기, 수학, 글쓰기 등의 핵심적인 학업 영역에서 심각한 결손을 보이기 때문이다(Frazier et al., 2007; Mayes, Calhoun, & Crowell, 2000). 예를 들면, ADHD를 지닌 초등학생은 이야기를 만드는 데 필요한 기본 요소(예: 주인공, 배경, 줄거리)에 대한 지식이 부족하기 때문에 그들이 지어내는 이야기는 매우 허술하다(Reid & Lienemann, 2006b). 이러한 이유로 교사는 초기 단계에서 학생들에게 이야기의 기본 요소에 대한 수업을 하려고 할 것이다.

(2) 전략 논의

이 단계에서 교사는 ① 학생에게 전략을 소개하고, ② 학생의 현행 수행 수준을 검토하고, ③ 학생의 자발적 협력을 요청한다. 비록 이러한 절차를 따로따로 설명하지만, 많은 부분이 중복될 수 있다는 점을 유의해야 한다(예: 현재의 수행 수준을 논의하면서 동시에 교사는 학생의 자발적인 협력을 구할 수 있다). 전략의 소개는 비교적 간단하다. 예를 들어 RAP 전략을 소개하는 경우(Schumaker, Denton, & Deshler, 1984), 교사는 학생에게 전략에 대해 말해 준 후에(예: "이것은 RAP 전략이다. 이 전략은 네가 읽은 내용을 기억하는 데 도움이 된다.") 전략의 단계들을 보여 주면 된다. RAP의 각 글자가 전략의 각 단계를 의미한다는 것이 그 예가 될 수 있다. 즉, 한 단락을 읽고(read: R), 그 단락의 주제와 두 가지의 중요한 사실이 무엇인지 스스로 질문해 보고(ask: A), 그 정보를 자신의 글로 써 보는 것이다(put it in words: P). 교사는 또한 각 단계에서 학생이 무엇을 할 것인지 논의한다. 이 단계에서 교사는 힌트나 다른 조력 도구를 자주 제공한다(〈표 10-1〉 참조). 단서 카드는 학생이 전략의 단계를 상기하는 데 도움을 준다. 외부

표 10-1 RAP 전략에 사용할 수 있는 단계적 단서 카드

책 읽기 RAP 전략
각 문단을 주의 깊게 읽기(R) 스스로에게 질문하기: "주제와 두 가지 중요한 사실은 무엇인가?"(A) 그 내용을 자신의 글로 쓰기(P)

책 읽기 RAP 전략
주의 깊게 읽기
스스로에게 질문하기
자신의 글로 쓰기

책 읽기 RAP 전략
읽기
질문하기
쓰기

출처: Reid & Johnson (2012).

적인 힌트나 단서는 작업기억의 부담을 덜어 주기 때문에 ADHD 학생에게 유용하다(Gathercole et al., 2006). 나중에 힌트는 점점 사라지고 마침내 완전히 제거된다.

다음으로, 교사는 학생의 현행 수행 수준을 논의한다. 여기서 교사는 학생의 수행에 문제가 있음을 확인한다. 예를 들면, 교사는 매주 보는 사회과 시험 성적을 검토하여 학생이 겨우 50%의 정답률을 보이고 있음을 확인한다. 이 경우 현행 수행 수준을 그래프로 보여 주는 것이 특히 유용하다. 가시적인 자료가 더 확신을 주기 때문이다. 가령, 리네만과 리이드(Lienemann & Reid, 2008)는 학생들이 작성한 에세이에 몇 개의 요소(포함 가능한 총 8개의 요소 중에서)가 포함되었는지를 그래프로 보여 준 바 있다. 학생이 긍정적 환상 편향을 갖고 있다면, 현행 수행 수준을 확인하는 것이 특히 중요하다는 점을 명심해야 한다. 이 시점에서 교사는 대개 학생과 함께 수행 목표를 설정한다. 리네만과 리이드(2008)의 연구에서, 학생들은 여덟 가지의 요소를 모두 포함하는 에세이 쓰기를 목표로 설정했다. 이와 같은 명시적인 목표 설정은 다음의 두 가지 이유에서 매우 중요하다.

첫째, 많은 학생이 학업 과제의 목표를 인식하지 못할 수도 있다(예: 책을 읽는 목적은 그 내용을 이해하고 기억하기 위한 것이다). 과제의 목표는 행동을 안내하는 데 도움이 된다. 둘째, ADHD 학생은 대개 작업기억 속에 목표를 유지하는 데 어려움을 갖는다(Barkley, 2006). 그래서 그들은 과제의 궁극적인 목표를 잊어버릴 수 있다. 이러한 이유 때문에 교사는 명시적인 목표를 설정하고, 정기적으로 학생과 그 목표에 대해 논의하고, 그 목표가 왜 중요한지를 강조하며, 목표를 향한 진전 상태를 주목해서 보아야 한다. 이렇게 하는 것은 목표를 보다 분명하게 해야 학생이 과제를 시도할 때 그 과제의 궁극적인 목표를 기억할 수 있을 것이라는 생각 때문이다. 또한 교사는 이 과정에서 목표가 학생에게 커다란 동기부여가 되고 높은 수준의 수행 수준을 유지하게 하는 데 도움이 된다는 점을 이해할 수 있을 것이다(Lienemann & Reid, 2008).

이 단계의 마지막 과제는 기꺼이 전략을 배워서 사용하고자 하는 학생의 자발적 협조를 구하는 일이다. 교사는 학생에게 과제를 수월하게 만들어 주는 도구로서 전략을 '팔아야' 한다. 교사는 전략에 대해 적극적이고 긍정적이어야 하지만, 또 한편으로는 현실적인 태도를 유지해야 한다(예: 전략을 사용함으로써 학생이 단번에 우등생이 될 수 있을 것이라는 약속을 해서는 안 된다). 전략을 파는 효과적인 방법 중의 하나는 그 전략이 그들과 같은 많은 학생에게 도움이 되었다는 사실을 알려 주기만 하는 것이다. 학생이 그 전략을 '사서' 쓰도록 하는 것은 매우 중요하다. 학생이 전략을 독립적으로 사용할 수 있으려면 반드시 그 전략을 믿고 열심히 사용해야 한다. 심지어 교사는 학생에게 전략을 배워서 사용하겠다는 '계약서'를 작성하게 할 수도 있다.

이 단계에 또 다른 중요한 요소가 있다. 즉, 교사는 긍정적이고, '할 수 있다'는 태도를 강조해야 한다는 것이다. 교사는 학생이 전략을 사용하여 최선의 노력을 다한다면 과제에 성공할 수 있을 것이라는 확신을 주어야 한다. 이러한 긍정적인 태도는 과제에 대한 불안감 때문에 생긴 문제점을 예방하고 완화시켜 준다는 점에서 중요하다. 그동안 많은 ADHD 학생이 학업 과제에 어려움을 겪거나 실패해 왔기 때문에, 이는 정말로 중요한 사안이다. 높은 수준의 불안은 작업기억에 해로운 영향을 미친다는 사실을 명심해야 한다. 만약에 학생의 작업기억이 불안한 생각(예: '난 이 과제를 할 수 없어!')으로 가득 차 있으면, 건설적인 생각(예: 전략의 단계들)이 들어갈 여지가 없어진다. 따라서 교사가 수업의 정서적 · 감정적 측면을 고려하는 것은 매우 중요하다. 만약에 학생이 과제에 대하여 극단적으로 불안해하고, 자신의 능력을 의심하고, 실패에 대해 집중적으로 생각하고 있다면, 학생의 이러한 심리 상태는 학생 자신의 수행에 나쁜 영향을 미칠 것이다. 긍정적이고 할 수 있다는 태도는 모든 면에서 사전 기술의 발달만큼 중요하다.

(3) 전략 모델링하기

전략을 효과적으로 사용하는 것은 단순한 것으로 보일 수도 있다. 즉, 각 단계를 순서대로 밟아 나가기만 하면 되는 것처럼 보인다. 그러나 실제로 전략을 사용하는 것은 보기보다 더 복잡하다. 학생이 전략을 효과적으로 사용할 수 있으려면 전략에 대한 메타인지 지식(metacognitive knowledge)을 갖고 있어야 한다. 예를 들면, 학생은 자신이 왜 전략의 각 단계를 실행해야 하며, 그 단계를 실행할 때 무엇을 생각해야 하는지 반드시 알고 있어야 한다(Reid & Lienemann, 2006a). ADHD 학생이 전략 사용에 대한 메타인지 지식이 부족하다는 사실은 많은 연구를 통해 충분히 밝혀졌다(예: O'Neill & Douglas, 1991, 1996). 또한 메타인지 지식 부족의 영향도 밝혀졌다. 예를 들면, 코널디, 바르비에르, 갈바니와 조치(Cornoldi, Barbieri, Gaiani, & Zocchi, 1999)는 기억 과제를 사용하여 ADHD 학생들의 수행을 통제집단의 학생들과 비교하였다. 기억 과제는 같은 사물들의 그림이 그려진 바둑판 모양의 격자로 구성되었다. 각 격자에 있는 사물들 중에서 반은 같은 영역으로 분류할 수 있는 것이었고, 나머지 반은 분류할 수 없는 것이었다. 연구자들은 ADHD 학생들에게 어떤 사물들은 같은 영역으로 분류할 수 있다는 점을 보여 주고, 영역을 알면 그러한 사물들을 더 쉽게 기억할 수 있다는 점을 가르쳐 주었다. 그런 다음 그러한 사물들을 어떻게 효과적으로 분류할 수 있는지 시범을 보여 주었다. 이렇게 했을 때, ADHD 학생들은 통제집단의 학생들만큼 기억 과제를 잘 해냈다.

모델링은 학생으로 하여금 전략을 사용하거나 과제를 수행하면서 숙련된 학습자의 사고 과정을 경험하게 함으로써 그 학생에게 메타인지 지식을 제공한다. 메타인지 지식을 제공할 수 있는 한 가지 방법은 '소리 내어 생각하기' 절차를 이용하여 과제 수행을 모델링하게 하는 방법이다(Reid & Lienemann, 2006a). 이 절차에서 교사는 과제를 수행하거나 전략을 사용하면서 그와 동시에 자신의 사고 과정을 말로 표현한다. 여기에서 유념할 점은 효과적인 모델은 단순히 '기술의 단계 밟기'(즉, 전략의 각 단계를 따라가는 것) 이상의 것을 포함한다는 것이다. 다시 말해, 소리 내어 생각하기 절차가 가진 가치의 크기는 교사가 전략의 각 단계와 관련된 메타인지 지식(즉, 전략을 어떻게 적용할 것인가와 왜 적용해야 하는가)을 제공할 수 있는 한계까지라고 할 수 있다. 〈표 10-2〉는 간단한 수학 문제를 위한 기술 밟아 가기와 모델링의 예를 보여 준다.

(4) 전략 기억하기

학생이 전략의 단계를 빠르고 정확하게 기억해 낼 수 있게 하는 것은 매우 중요하다. 결국 한 학생의 지적처럼, "기억하지 못하면 사용할 수 없다."(Karen Harris, 개인적

표 10-2 덧셈 26+19의 기술의 단계와 모델링

기술의 단계	모델링
먼저 1단위의 수를 더해야지.	뭘 해야 하지? 좋아, 이건 두 자릿수의 덧셈 문제야. + 표시를 보니 덧셈임에 틀림없어. 더하면 되는 거야. 난 어떻게 하는지 알아! 기억을 되살려 전략의 단계를 따르고, 기본적인 사실들도 기억해야겠어.
이제 5를 쓰고 1을 한 단위 올려야지.	먼저 1단위에 있는 2개의 숫자를 더해야 돼. 1단위부터 하지 않으면 틀릴 거야. 1단위의 수는 오른쪽에 있어. 기억하기 쉽게 표시를 해 둬야지.
이제 10단위의 수를 더해야지.	좋아, 이제 1단위에 있는 두 숫자를 더해야지. 합이 두 자리 숫자인가? 그렇다면 10단위의 숫자를 10단위의 자리로 올려야 돼. 그래 '15'는 두 자리 숫자지. 숫자들을 기억해서 정확하게 적어야 돼. 1단위 자리에 '5'를 적어야 해. 적어두지 않으면 헷갈려서 답이 틀릴 거야. 이제 '1'을 처리해야지. 그래 1을 10단위로 자릿수를 올려야 돼. 1을 문제의 10단위 자리에 적어 둬야지. 그래야 자릿수를 올렸다는 것을 기억할 수 있을 거야.
마지막으로 이제 답을 써야지.	이제는 뭘 해야 하지? 그래, 10단위 자리의 숫자를 모두 더해야지. 문제에 원래 있던 2개의 숫자와 내가 자릿수를 올린 한 개의 숫자를 더해야 돼. 이제 거의 다 됐어. 답만 적으면 되는 거야. 숫자들을 제자리에 맞춰 적어야지. 주의해서 적어야지. 난 내가 할 수 있을 거란 걸 알고 있었어. 서두르지 않고, 전략을 사용하고, 열심히 노력 하니까 정답이 나왔네.

출처: Reid & Lienemann (2006).

인 대화) 또 학생은 과정의 각 단계에서 자신이 해야 할 필요가 있는 것을 정확하게 말할 수 있어야 한다. 전략에서는 학생이 단계들(예: RAP)을 기억하도록 돕기 위해 암기법을 자주 사용한다. 전략을 기억하는 것은 초기 단계에서부터 시작한다. 교사는 학생과 함께 전략을 암기해야 하는 필요성에 대해 논의하고, 자주 학생에게 단계에 관한 퀴즈를 낼 수 있다. 이때 학생에게 전략의 단계와 그 단계에서 수행할 활동을 짝짓게 하는 게임(예: R = 문단을 읽기, A = 주제와 두 가지 중요한 사실이 무엇인지 질문해 보기, P = 자신의 말로 적어 보기)이 흔히 활용된다. 학생이 전략의 단계를 크게 애쓰지 않고도 정확하게 기억해 낼 수 있게 하는 것이 매우 중요하다. 즉, 학생은 전략의 단계를 기억해 내는 데 애를 쓰기보다는 전략의 사용에 중점을 두어야 한다. 전략의 단계를 기억해

내기 위해 애를 쓰게 되면 작업기억을 소모하게 되고, 좌절감과 불안을 겪게 되어(이것도 작업기억을 소모시킨다) 결국 수행을 악화시키는 영향을 낳을 수 있다.

(5) 전략 지원하기

단계를 배우고 나면, 학생은 전략을 사용할 준비가 된 것이다. 그렇지만 학생은 아직도 혼자서는 전략을 사용할 준비가 되어 있지는 못하다. 실제로 전략의 사용은 학생에게 또 다른 차원의 요구다. 이는 마치 비행기의 여러 부분에 대해서 아는 것과 비행기를 조종할 수 있는 것의 관계와 유사하다. 비행기의 부분들을 완벽하게 안다고 해서 비행기를 날게 할 수 있는 것은 아니다. 이 단계에서 교사는 학생과 긴밀하게 협조하여 학생이 전략의 사용법을 숙달할 수 있게 도와야 한다. 이는 '비계 설정'(scaffolding)의 과정을 통해 달성될 수 있다. 여기서 교사와 학생은 전략을 사용하여 과제를 함께 해결한다. 교사는 필요하다면 학생에게 도움을 제공할 수 있지만, 이는 오직 도움이 필요한 경우로만 한정된다. 학생이 점차 전략을 잘 사용할 수 있게 되면, 교사는 단계적으로 도움의 횟수를 줄인다. 이러한 과정은 학생이 도움 없이 혼자서도 전략을 사용할 수 있을 때까지 계속된다.

교사가 수업에 대한 비계 설정을 할 수 있는 방법에는 여러 가지가 있다. 학생이 이제 막 전략을 사용하기 시작한 처음 몇몇 수업에서는 교사가 쉬운 학습 자료를 사용할 것이다. 예를 들면, 독해력을 향상하려는 전략을 사용하기 시작한 학생에게 학생의 독해 수준보다 한두 단계 낮은 수준의 교재를 사용하는 것이다. 이렇게 함으로써 학생이 전략의 사용에 보다 초점을 맞추도록 하며, 학생의 작업기억에 대한 부담도 낮춰 줄 수 있게 된다. 그러다가 학생이 전략을 능숙하게 사용할 수 있게 된 후에는 교재의 난이도를 올릴 수 있을 것이다. 비계 설정을 할 수 있는 매우 간단한 한 가지 방법은 학생에게는 전략이나 과제의 쉬운 단계를 수행하게 하고, 교사는 과제의 어려운 단계를 수행하면서 모델링을 해 주는 것이다. 시간이 지남에 따라 학생은 점차적으로 자신도 어려운 단계를 밟아야 한다는 책임감을 가질 수 있다. 교사가 사용할 수 있는 또 다른 방법은 다음과 같다. ① 교사가 학생에게 수행해야 할 전략 단계의 이름을 말해 보게 한다. 그런 다음, 교사는 그 단계를 설명하고 그 단계의 사용법을 모델링한다. ② 학생에게 단계의 이름을 말해 보게 하고, 그 단계들을 설명해 보게 한다. 그런 다음 교사는 그 단계를 모델링한다. ③ 학생에게 단계의 이름을 말해 보게 하고, 설명해 보게 하고, 스스로 그 단계를 모델링해 보게 한다. 마지막으로, 학생이 전략 단계를 기억하도록 돕는 힌트와 단서를 점차 줄여 나간다.

비계 설정의 과정을 언제까지 계속해야 하는가에 대한 확고한 규칙은 없다. 경험적으로 볼 때, 후회하는 것보다는 안전을 꾀하는 것이 더 낫다. 따라서 조금이라도 의심되는 점이 있다면 과정을 계속해야 할 것이다. 이 단계에서 건너뛰기는 역효과를 가져온다. 도움을 너무 일찍 제거하면 학생이 지금까지 쌓아 온 모든 성과를 말 그대로 무위로 돌려 버릴 수 있다. 실제로 교사가 학생이 언제 전략을 숙달하였는지 알아보는 것은 매우 쉽다. 예를 들면, 교사와 함께 과제를 하던 학생이 어느 시점에서 연필을 놓으며 "이거 너무 쉬운데!"라고 말한다. 이런 일은 흔히 있다. 교사가 반드시 숙지해야 할 것은 초기 단계에서는 작업기억과 집행 기능에 대한 요구를 가능한 한 적게 하고, 학생이 전략 사용에 익숙해짐에 따라 요구를 점차 늘려 나가야 한다는 것이다. 이렇게 함으로써 부주의나 방해 행동과 같은 문제(예: 전략 사용을 거부하는 것)를 유발할 수 있는 작업기억에 대한 과부하, 욕구 좌절, 불안을 피할 수 있을 것이다.

(6) 독자적 실행

이 단계는 학생이 독자적으로 전략을 사용할 준비가 되어 있는 단계다. 이 단계에서 교사가 주로 해야 할 일은 학생의 전략 수행 과정을 점검하고 교정하는 것이다. 여기에서 핵심적인 관심 사항은 전략이 학생의 수행을 향상하고 있는지 여부다. 예를 들어, 학생이 RAP 전략을 배웠다면 이때의 관심사는 학생이 독해 문제를 더 잘 풀 수 있는지 여부다. 습득한 전략을 유지하는 것도 중요하다. 특히 ADHD 학생의 경우에는 더욱 중요하다. 시간이 지나면서 학생의 수행이 악화되면 전략을 다시 가르칠 필요가 있다. 또한 학생이 전략을 올바르게 사용하는지 확인하는 것도 필요하다. 전략을 독자적으로 사용하기 시작할 때가 되면 학생이 전략을 변경하는 일이 자주 일어난다.

ADHD 학생은 단계들을 수정하거나 빼먹는 경우가 있는데, 특히 가장 많은 노력이 요구되는 단계에서 그런 경우가 많다(Johnson, Reid, & Mason, 2011 참조). 이러한 수정이나 변경은 수행에 좋지 않은 영향을 끼친다. 만약에 이러한 일이 일어난다면, 교사는 전략의 해당 부분을 다시 가르치기 위해 보조 회기를 가져야 한다. 하지만 한 가지 유념할 것은 전략의 수정이 나쁘지 않거나 심지어는 향상을 가져오는 경우도 있다는 것이다. 따라서 학생이 전략을 수정했지만 그 수정이 수행에 영향을 미치지 않는다면 염려할 필요가 없다.

3. 수업 조정

ADHD 학생이 보다 효과적으로 적응하도록 도와주기 위해 물리적 환경을 조정하는 것과 마찬가지로, 수업 환경을 조정할 수도 있다. 최상의 환경에서도 ADHD 학생은 최소 몇 가지의 학업적 어려움을 경험할 수 있다. 그러므로 ADHD 학생이 겪는 어려움을 최소화하고 수업에서 얻는 이익을 최대화할 수 있도록 수업 환경을 구조화해야 하는데, 이때 조정할 수 있는 세 가지 주요 영역에는 교육과정(가르치는 내용), 수업(가르치는 방법), 자습이 있다.

1) 교육과정

사실상 교육과정의 내용이나 계열과 관련해서 교사가 할 수 있는 부분은 거의 없다. 무엇을 가르치고 언제 가르칠 것인지는 전형적으로 학교 체제에 따라서 결정된다. 새로운 교육과정 영역을 개발할 권한을 갖고 있는 교사는 거의 없다. 그러나 교사는 교육과정을 **개인적으로 적절한 상황**에 적용할 수 있다. 교육과정이 학생들이 가치 있게 생각하고 적절하다고 여기는 주제나 활동을 다루고 있으면, 학생들은 학습에 더욱 적극적으로 참여하는 경향이 있다(Glasser, 1992). 예를 들면, 어떤 독창적인 교사는 극단적으로 파괴적이고 불복종적이지만 자동차에 열광하는 남자 청소년 집단을 대상으로 수업을 하면서, 자동차 잡지를 교육과정에 포함하고 자동차와 관련된 내용을 다룸으로써 학생들을 적절히 지도하였다. 원기둥에 관한 기하학 수업은 자동차의 엔진 배기량과 연관지어 설명하였고, 수학 계산(예: 거리=시간×속도)은 자동차 가속 경주를 주제로 토론하였다. ADHD 학생의 경우에는 보다 강한 자극을 원하고 쉽게 산만해지기 때문에, 이러한 수업 방식은 훨씬 더 중요하다. 따라서 가능하다면 교육과정은 학생을 흥미롭게 만들고 그들의 배경지식을 활용할 수 있는 맥락으로 지도되어야 한다.

연구에서는 ADHD 학생이 자신이 의미 있게 여기는 활동을 수행하고 있을 때 규정과 지시의 준수, 주의 지속 시간의 증가, 학업 능률의 향상이 이루어지는 것으로 밝혀졌다(예: Dunlap et al., 1991; Dunlap, White, Vera, Wilson, & Panacek, 1996). 예를 들면, 가족과 함께 식품을 쇼핑하는 것을 좋아하는 학생에게는 읽기와 단어 공부의 일환으로 신문광고를 활용하였다. 수학 시간에는 광고의 가격표를 활용하여 일주일 분량의 구입 목록을 작성하게 했는데(Dunlap et al., 1996), 이때 수학 계산과 문제 풀이에서 자주 어려움을 겪는 학생에게는 문제 해결 접근법이 효과적이었다. 즉, 그 학생에게 메뉴판을 읽거나 점심값을 계산하는 것과 같이 문제 해결이 필요한 실제 생활과 관련 있는 과제를 주었을 때, 학생의 행동이 향상되었다(Kern et al., 1994). 어떤 학생에게는 외부 활동 또는 사진 찍기와 같은 취미를 활용하는 것이 효과가 있었다. 악필이었던 학생에게는 워크북의 내용을 베껴 쓰게 하는 것 대신에 자신이 찍은 사진에 자막을 쓰게 하자 필체가 좋아졌다(Dunlap & Kern, 1993).

교육과정 자료를 변형시켜서 과제에 의한 자극 수준을 증가시킬 수 있고, 이렇게 해서 다시 학생의 과제 참여도를 높일 수 있다. 과제에 새로움을 더하는 것 역시 효과적일 수 있다. 젠탈(Zentall, 1993)은 과제의 자극을 높일 수 있는 방법을 다음과 같이 제시했다.

- 색깔, 모양의 첨가 혹은 구성의 변화
- 과제를 제시하는 형식의 다양화(예: 강의, 자습, 활동, 공책과 연필)

- 흥미가 많은 과제와 흥미가 낮은 과제의 적절한 배합
- 가만히 있기보다는 움직이는 활동을 필요로 하는 과제 활용

교사는 판에 박힌 과제를 보다 자극적인 것으로 만들 수도 있다. 예를 들면, 수학 연습 및 문제 풀이를 수수께끼와 결합할 수 있다. 문제의 답을 학생이 해독할 수 있는 '비밀 메시지'로 만드는 것이다. 그렇지만 이러한 자극적인 요소를 도입하는 것이 장기적인 해결책은 아니다. 자극적인 요소는 그 효과가 즉각적이기는 하지만 그만큼 빨리 없어진다.

컴퓨터 보조수업(computer-assisted instruction: CAI)은 오랫동안 ADHD 학생에게 잘 맞는 것으로 간주되어 온 것으로, 여기서는 다음과 같은 수업을 제공할 수 있다(Pfiffner et al., 2006). 즉, ① 학습자가 수업 속도를 정할 수 있는 수업, ② 학습자의 반응을 계속적으로 촉진하는 수업, ③ 학습자가 수행 결과에 대해 즉각적인 피드백을 자주 받을 수 있는 수업이다. 또 컴퓨터 보조수업은 핵심적인 내용을 강조할 수 있고(예: 확대 인쇄와 컬러 인쇄를 통하여), 복수의 감각 양식(예: 시각과 청각)을 활용할 수 있으며, ADHD 학생이 특히 흥미를 보일 수 있고 그들의 동기를 유발할 수 있는 게임 형식의 수업이 가능하다(Mautone, DuPaul, & Jitendra, 2005). 이러한 잠재력이 있음에도, ADHD 학생을 위한 컴퓨터 보조수업에 관한 연구는 거의 없는 실정이며, 대부분의 초기 연구는 설계가 잘못되었고 학문적인 성과를 보여 주지도 못했다(Xu, Reid, & Steckelberg, 2002). 최근 들어 잘 설계된 몇몇 연구가 컴퓨터 보조수업이 과제 집중시간을 높이고 과제 비집중 시간을 줄이는 효과가 있다는 결과를 보여 주었다. 또 컴퓨터 보조수업은 반응의 정확도와 생산성을 높인다는 점에서 학업 결과에 긍정적인 영향을 미치는 것으로 나타났지만, 이러한 학업 효과가 과제 집중시간만큼 뚜렷하게 드러난 것은 아니었다(Mautone et al., 2005; Ota & DuPaul, 2002).

컴퓨터 보조수업은 일반 학급에서 많은 학생을 지도하는 교사에게 몇 가지의 실질적인 이점을 줄 수 있다. 즉, 이것은 교사의 많은 개입이나 준비 시간 없이도 학생이 기술을 연습할 수 있는 기회를 더 많이 제공할 수 있다. 또한 많은 프로그램을 학생

의 학습 능력에 맞춰 조절할 수 있으며, 어떤 프로그램은 학생의 진행 사항을 점검하여 적절할 때 수업 수준을 조절하기도 한다(Mautone et al., 2005). 또한 컴퓨터 보조수업은 잠재적 강화물로도 유용할 수 있다(예: 과제를 마친 후에 학생은 일정한 시간 동안 컴퓨터를 계속 사용할 수 있다). 그렇지만 컴퓨터 보조수업에는 몇 가지의 한계가 있다. 대부분의 컴퓨터 보조수업은 이미 배운 내용(예: 수학 공식)을 숙달하기 위한 연습 프로그램을 다루는 경우가 대부분이며, 그 범위 또한 교육과정의 영역 구성에 국한되어 있다. 예를 들면, 수학 공식을 연습하기 위한 프로그램은 많은 반면에 역사와 같은 영역의 프로그램은 거의 없다. 요약하자면, 컴퓨터 보조수업은 현행 교육과정에 대한 유용한 보조물은 될 수 있지만 아직까지 중심적인 역할을 하기는 어려운 것으로 보인다.

2) 수업

수업 변인 역시 ADHD 학생에게 영향을 미칠 수 있다. 이것은 수업 방법에 따라 ADHD 학생에게 도움이 될 수도 있고 방해가 될 수도 있다. 교사는 학생의 주의집중, 산만함, 작업기억의 문제를 조정하여 수업 내용을 제시할 수 있는데, 이렇게 하면 ADHD 학생이 수업 내용에 계속 집중하여 학습할 가능성이 높아진다. 참여를 극대화하는 것 또한 중요하다. 수업 중에 학생이 보이는 반응의 형태와 횟수는 ADHD 학생의 수업 참여도와 직접적인 관련이 있다. 참여도가 증가하면 학생이 수업 내용을 기억할 가능성이 증가하고 문제행동이 발생할 가능성은 낮아진다.

(1) 수업 전달

다음은 효과적인 수업 전달을 위한 일반적인 지침이다(Alloway, 2006; DuPaul & Stoner, 2003; Gathercole et al., 2006; Mastropieri & Scruggs, 2005; Pfiffner & Barkley, 1998; Reid, 1999).

• 수업 내용을 적절한 수준의 난이도 및 추상성으로 제시하라. 교사는 반드시 학

생이 수업 내용을 따라올 수 있도록 해야 한다. 만약에 학생이 배경지식이나 기술을 갖고 있지 않다면 수업 내용을 따라 갈 수 없다. 그러므로 ADHD 학생들은 지식의 격차가 크다는 점을 명심하여야 한다. 학생과 함께 핵심 개념에 대해 논의하거나 선행 조직자를 제공하는 것은 이러한 문제의 해결에 도움이 된다. 어휘 부족 역시 문제가 될 수 있다. 이러한 경우에는 수업에 사용되는 어휘를 적절한 수준에 맞추거나 수업 전에 필요한 어휘를 가르칠 필요가 있다.

- 열정적으로 수업을 하라. 학생들은 교사가 수업 내용이 재미있고 중요하다는 투의 목소리와 동작으로 수업을 할 때 주의집중을 더 잘 한다.
- 명시적인 학습 목표를 설정하고 중요한 내용이나 요점을 강조하라. ADHD 학생이 중요한 내용을 알아서 파악할 수 있을 것으로 생각해서는 안 되고, 그들이 수업의 학습 목표를 꼭 이해하도록 해야 한다. 예를 들면, "오늘 우리는 산업혁명에 관한 비디오를 볼 겁니다. 이 비디오를 보면서 산업혁명이 미국을 변화시킨 세 가지 방식을 찾아보기 바랍니다."와 같이 말할 수 있다. 교사의 이러한 말은 학생에게 비디오를 보는 목적이 정확히 무엇이며, 어떤 점에 초점을 두고 보아야 할 것인지 알려 준다. 학생이 기억해야 할 중요한 내용을 말과 그림으로 강조하라. 예를 들면, 교사는 "노예제도 폐지론자들이 노예제도를 폐지하려 했다는 사실은 매우 중요하니 꼭 기억해야 합니다."라고 직접적으로 말할 수 있다. 그런 다음에 칠판에 '노예제도 폐지론자 = 노예제도 폐지'라고 쓴다. 그리고 그 부분에 밑줄을 그어 이 내용이 중요한 정보임을 분명하게 나타낸다. 이렇게 하면 학생이 이 정보를 기억해야 할 필요가 없기 때문에 작업기억의 부담도 덜어 줄 수 있다.
- 단계적인 접근을 하고, 새로운 학습 내용의 제시에 초점을 두며, 가능하다면 시각적 안내나 요약문을 활용하라. 교사는 수업 내용을 매우 조직적으로 제시해야 한다. ADHD 학생이 혼자서 정보를 이해하고 오랫동안 기억할 수 있도록 조직적인 구조를 만들어 내기는 어렵다. 만약에 교사가 산만하고 두서없이 왔다 갔다 하면서 학습 내용을 제공한다면, 공부를 잘하는 학생조차도 곧 혼란스러워하

고 좌절감을 느끼게 될 것이다. 왜냐하면 그런 경우에 학생은 새로운 정보를 처리하면서 필요한 정보(이전에 배운 요점)를 다시 끄집어내고 유지해야 하게 되기 때문이다. 이렇게 산만하고 두서없이 왔다 갔다 하면서 수업 내용을 제공하면, 작업기억에 부담을 주고 학생이 한 정보에서 다른 정보로 초점을 급히 이동하게 만들기 때문에, ADHD 학생에게는 어려운 수업이 된다.

- 장황스러운 수업을 피하라. ADHD 학생에게 긴 시간 동안 가만히 앉아 있게 하는 수업은 문제행동을 일으킬 가능성이 높다. 수업 시간을 몇 부분으로 나누고 학생이 적극적인 반응을 할 수 있는 활동을 포함하라. 학생에게 적극적인 반응을 할 수 있는 기회를 자주 제공하라. 예를 들면, "자, 지금까지 우리는 산업혁명에 대하여 살펴보았습니다. 이제 산업혁명이 우리에게 끼친 영향에 대하여 알아봅시다. 우리 이웃을 한 번 생각해 보고 산업혁명이 우리 이웃에게 끼친 영향을 두 가지만 적어 보세요." 그리고 교사는 몇몇 학생을 불러 그들의 대답을 칠판에 적게 한다. 적극적 반응을 할 수 있는 기회가 많을수록 학생의 수업 참여도와 집중도를 높이는 데 도움이 된다.
- 핵심적인 내용을 반복적으로 언급하고 상기시키라. 수업의 주요 내용을 짧게 반복해 주라(예: "앞에서 살펴보았듯이 남북전쟁이 일어나게 한 3개의 중요한 법률이 있는데, 그중 하나를 말해 볼 사람?"). 학생에게 필요한 핵심적인 내용을 반복하고 강조하라(예: "분수를 더할 때 꼭 기억해야 할 것은 공통분모를 찾는 거예요.")
- 작업기억을 지원해 주라. 학생에게 작업기억의 부담을 덜 수 있는 힌트나 조력 수단을 제공하라. 예를 들면, 복잡한 나눗셈 수업을 할 때 학생이 참고할 수 있는 단계적인 예제를 제공하라. 학생에게 잘 모르겠으면 힌트를 사용하라고 말해 주어야 한다.
- 새로운 절차에 대한 인지적 모델링을 하고 시범을 보여 주라. 모델링과 시범은 학생에게 절차의 단계를 '어떻게, 왜' 적용하는지를 더 잘 이해하게 하는 메타인지 정보(즉, 행위 이면의 사고 과정에 대한 정보)를 제공해 줄 수 있다. 예를 들면, "자, 이제 2개의 분수를 더해야 하겠네. 먼저, 분모와 분자를 한꺼번에 더하면 안

된다는 것을 기억해야 해. 그러면 틀린 답이 나와. 공통분모를 먼저 구해야 돼. 어디 보자. 공통분모를 어떻게 구하지? 학습 회상 카드를 보면 될 거야." 만약에 학생이 잘 모르면 교사가 과정에 대한 모델링을 해 줄 수도 있다.

- 통합적인 또는 발견 중심적 접근법은 구조화가 필요하고 자기 조절이 어렵기 때문에 ADHD 학생에게 적절하지 않을 수 있다(Reid, 1999). 이와 반대로, 활력 있고, 고도로 조직화되고, 적극적인 학생 반응을 포함하는 직접 교수 기법이 더 적절할 수 있다.

(2) 참여

ADHD 학생은 대부분 대단위 집단 수업에서 주의집중을 유지하는 것이 어렵다(Pfiffner et al., 2006). 주의를 집중하지 못하고, 수업 내용을 '듣지 않으며', 흥미도 잃고, 그 결과 부적절한 행동에 주의를 돌리게 된다. ADHD 학생의 수업 참여를 높이는 방법 중의 하나는 '고참여 형식'(high-participation formats)을 사용하는 것이다. 고참여 형식은 학생에게 수동적으로 앉아 있기보다는 수업 내용과 관련된 질문에 대답할 기회를 보다 많이 제공하기 위한 방식이다. 적극적 반응을 할 수 있는 기회를 많이 제공함으로써 ADHD 학생이 수업에 참여하고 수행을 향상하도록 할 수 있다(Zentall & Meyer, 1987).

학생이 응답할 수 있는 기회를 늘리는 효과적인 기법의 하나로 응답 카드를 활용하는 방법이 있다(Heward et al., 1996). 응답 카드를 사용하기 위해서, 교사는 먼저 수업 내용과 관련된 질문을 준비해야 한다. 학생들은 교사의 질문에 대하여 응답을 할 수 있는 카드를 받는다. 카드의 형식은 매우 다양하다. 예를 들면, 예/아니요 카드(참 또는 거짓 질문용), ABCD 카드(사지선다형 질눈용), 수업 내용과 구세직으로 관련된 가드(예: 각 카드에는 남북전쟁 때의 유명한 전투 이름이 적혀 있음) 등이 있다. 그런 다음에 수업의 정해진 시간에(혹은 수업 도중에 적절하게) 교사는 질문을 하고 학생들은 자신의 카드를 사용하여 대답을 한다. 참여도를 높이는 다른 방법으로는 수학 계산이나 철자법 시간에 지울 수 있는 화이트보드를 사용할 수 있다. 이러한 방법은 학습 내용을 연습하도록 구조화하는 데 유용하며, 교사가 학생의 이해도를 보다 용이하게 점검할 수 있다. 예를 들면, 학생들에게 복잡한 나눗셈 문제를 내주고, 첫 번째 단계를 풀어 보게 하고, 그 결과를 보여 주게 한다. 교사는 학생들의 답을 검토한 후 다음 단계로 진행하거나 틀린 부분을 고쳐 준다. 이러한 방법의 핵심은 한 학생을 제외하고는 모든 학생이 반드시 가만히 앉아 있어야 하는 한 번에 한 명씩 하는 수업과 정반대로 교사가 모든 학생이 적극적으로 참여하는 상황을 만드는 것이다.

ADHD 학생에게 문제가 될 수 있는 또 다른 형태의 수업 참여 형태는 노트 필기다. 노트 필기는 ADHD 학생이 중학생 이상이 되었을 때 특히 문제가 될 수 있다. 노트 필기는 수업에 집중하여, 정보를 처리하고, 중요한 정보를 파악해서, 내용을 필기할 수 있도록 정리하여, 노트에 적어야 하는 과정을 포함하기 때문에 작업기억에 엄청난 부담을 준다. 이러한 과정의 어느 한 가지도 ADHD 학생이 혼자 하기는 어려울 것이다. 많은 ADHD 학생에게는 필기라는 단순한 행위를 하는 것 자체도 문제가 될 수 있다(즉, 글자를 쓰는 것이 매우 힘들 수 있고, 글자를 잘 읽을 수 없을 수 있고, 단어의 철자를 모를 수도 있다). 교사가 수업 내용을 전달하고 있는 동안에 이러한 모든 활동을 계속해서 '분주히' 해야 한다는 것이 노트 필기를 한층 더 어려운 것으로 만든다. 이 경우에 교사는 다음과 같은 조정을 고려할 수 있을 것이다. 즉, 학생에게 강의 노트의 사본을 제공하거나, 핵심 개요를 제공하여 학생의 노트 필기를 돕거나(Lazarus, 1996), 강의 내용을 녹음해서 학생이 다음에 그 내용을 다시 들어보면서 노트 필기를 할 수 있게 하거나, 노트 필기를 해 주는 동료 학생을 배정하는 것(예: 교사는 그 동료 학생의 노트를 복사할 수 있다) 등이 있다.

3) 자습

자습은 숙달을 하는 데 중요한 연습을 제공한다. 자습 시간에 ADHD 학생이 과제에 집중하도록 하는 것은 꽤 어렵다. 대개 자습 시간에는 교사의 감독이 소홀하고 자습은 학생이 스스로 자신의 행동(예: 주의집중을 하고, 지속적으로 과제를 수행하는 행동)

을 조절해야 하기 때문이다. 이러한 일이 ADHD 학생에게 자주 문제로 대두된다. 자습 시간에 ADHD 학생의 행동에 영향을 줄 수 있는 요인에는 과제 난이도, 과제의 길이, 과제 수행 동안에 제공되는 피드백의 양과 형식이 있다.

(1) 과제 난이도

어떤 과제에 의해 부과되는 인지적 요구는 학생의 행동과 직접적인 관계가 있다. 따라서 과제의 난이도 수준을 학생의 현행 수행 수준과 맞추는 것이 매우 중요하다. 학생이 연습 문제를 푸는 것과 같은 독자적인 연습 활동의 단계로 나아가기 위해서는 먼저 과제 수행의 정확성이 높아야 한다(Mastropieri & Scruggs, 2005). 자습 과제를 내주기 전에, 교사는 반드시 학생의 수행 수준을 평가하여 과제의 난이도가 적절한가를 확인해야 한다. 경험적으로 볼 때, 학생의 수행 정확도가 90% 정도이면 자습이 가능하다. 만약에 과제에 필요한 사전 기술을 갖고 있지 못하거나, 난이도 수준이 너무 높으면(즉, 학생이 과제를 정확하게 수행할 수 없다면), 학생은 좌절하게 될 것이다. ADHD 학생의 경우, 좌절감은 다시 문제행동으로 이어질 수 있다(Cooper et al., 1992). 방해 행동 문제를 지닌 학생의 경우에는 과제의 난이도와 학생의 수행 능력 간의 아주 조그만 차이도 행동에 큰 영향을 미칠 수 있다는 점을 유념해야 한다. 예를 들면, 드패프 등(DePaepe et al., 1996)은 학생들에게 난이도가 다른 두 가지 자습 과제를 내주었다. 한 과제에 대한 학생들의 과제 수행 정확성은 75% 수준이고, 다른 과제에 대한 과제 수행 정확성은 90% 수준이었다. 비록 두 과제는 난이도의 차이가 15%에 불과하였지만, 90%의 정확도를 지닌 학생들에 비하여 75%의 정확도를 지닌 학생들은 훨씬 더 높은 비율의 방해 행동을 보였다.

두 번째 일반적인 문제는 '꽉 막힌 교착상태(stuck)'에 빠지는 것이다. 어떤 학생이라도 여러 가지의 이유로 꽉 막힌 교착상태에 빠질 수 있다. ADHD 학생은 일반 학생들에 비하여 '꽉 막힌 교착상태'를 경험할 가능성이 훨씬 더 많다. 예를 들면, ADHD 학생은 지시 사항을 이해하지 못하거나, 과제 수행에 필요한 중요한 정보를 잊어버리거나, 단순히 자신이 무엇을 해야 하는지를 잊어버릴 수 있다. ADHD 학생에게는 꽉 막힌 교착상태에 빠지는 것보다 더 큰 문제는 교사가 즉각적으로 도와줄 수 없어서 적절한 도움을 받지 못하는 것이다. 이 경우 학생은 큰 소리를 지르거나, 자리를 이탈해서 교사를 방해하거나, 학급 전체의 수업을 훼방 놓을 수도 있다. 이러한 문제행동을 예방하기 위하여 교사는 학생에게 적절하게 도움을 청하는 절차를 가르쳐 주어야 한다. 학생이 적절하게 도움을 얻을 수 있는 한 가지 방법은 도움카드를 활용하는 것이다(Paine et al., 1983). 도움카드는 만들기 쉽다. 카드를 세 면으로 접어 한 면에는 '도와주세요.'라고 적고, 다른 면에는 '계속 공부하세요.'라고 적는다. 그런 다음 그 카드를 학생의 책상에 붙여 둔다. 학생은 도움이 필요하면 '도와주세요.'가 적힌 면이 보이도록 펼치면 된다. 이를 통해 교사는 학생이 도움이 필요하다는 것을 알 수 있다. 만약에 교사가 다른 학생을 도와주느라 바쁘다면, 학생에게 다가가 가능하다면 공부를 더 하고 있거나 조용히 기다리라고 적힌 면('계속 공부하세요.')을 펼친다. 이렇게 함으로써 학생은 교사가 자신의 요구를 알고 있으며 곧 자신을 도우러 올 것을 알 수 있다. 또 다른 유용한 기법으로는 도움을 줄 수 있는 동료 학생과 짝을 지어 주는 '공부 친구'가 있다.

이 두 가지의 기법을 사용할 때, 교사는 학생에게 기법을 사용하는 방법을 반드시 가르쳐 주어야 한다. 또한 교사는 학생이 적절하게 도움을 구할 경우(즉, 카드를 사용하거나 공부 친구를 잘 활용하였을 경우)에는 칭찬을 해 주고, 적절치 못한 도움 요청(예: 고함을 치는 경우)에 대해서는 가벼운 훈계를 해야 한다.

(2) 과제의 길이

과제의 길이(즉, 부과된 과제의 양) 역시 행동에 영향을 미칠 수 있다. 만약에 ADHD 학생이 과제의 양이 지나치게 많다고 느끼게 되면, 아예 시작을 하지도 않거나 집중력을 유지하지 못하게 되어 과제를 해내지 못한다. 이 문제에 대한 한 가지 해결 방안은 과제물의 양을 줄이고, 자습 시간을 여러 가지 활동으로 구성하고, 휴식 시간을 주는 것이다. 예를 들면, ADHD 학생에게는 수학 문제 30개를 풀도록 하는 대신에 10문제만 풀도록 할 수 있다. 수학 문제 10개를 모두 풀고 나면 단어 5개의 철자를 외우게 한다. 그런 다음에는 컴퓨터를 하면서 놀 수 있는 5분간의 휴식 시간을 준다. ADHD 학생에게는 과제물을 한꺼번에 내주기보다는 한 번에 하나씩 내주는 것이 가장 좋다는 점을 유념해야 한다(Abramowitz, Reid, & O'Toole, 1994). 교사는 휴식 시간을 매우 체계적으로 편성해야 하며, 휴식 시간은 반드시 과제를 다 끝마친 후에 주어야 한다. 과제의 길이를 줄여 주는 것과 함께 학생에게 활동 선택권을 주는 것을 병행할 수 있다. 활동의 선택은 학생에게 몇 가지 과제 활동 '메뉴'(예: 단어 철자 10번 쓰기, 단어 그림책 한 쪽 읽기, 책 읽고 5개의 질문에 답하기)를 제시해 주고, 그중에서 원하는 것을 고르게 하는 것이다. 한 가지의 과제를 다 끝마친 후에는 다른 과제를 선택할 수도 있다. 모든 과제는 정규 교육과정에서 추출해야 하며 적절한 난이도 수준을 유지해야 한다. 과제의 선택이 교실에서의 방해 행동을 줄이고 과제 완수율을 높이는 데 효과가 있다는 사실은 연구를 통하여 입증되었다(예: Dunlap et al., 1991, 1994, 1996; Powell & Nelson, 1997).

(3) 피드백

대부분의 ADHD 아동은 자신의 수행에 대해 피드백을 많이 받을수록 수행을 더 잘 한다(Barkley, 2006). 자기 교정 자료(예: 플래시 카드, 교정 폴더, 답안 테이프)를 활용하는 것도 유용하다(Cohen & de Bettencourt, 1988). 자기 교정 자료는 학생에게 현행 수행에 대한 피드백을 제공하고 즉각적으로 응답을 확인하고, 실패 경험을 감소시키고, 과제에 대한 주의집중을 증가시킬 수 있다(Cohen & de Bettencourt, 1988). 자기 교정 자료는 자기 녹음하기나 자기 도표 그리기와 결합하여 사용할 수도 있다(11장을 참고 하기 바람). 자기 교정 자료는 사용하기 쉽고 실용적이다. 학생에게 자습 과제와 교정 폴더(답이 들이 있는)를 함께 준다. 학생은 평상시처럼 과제를 하지만, 응답을 하고 난 후에 교정 폴더를 사용하여 자신의 과제를 점검한다. 자기 교정 자료를 사용할 때, 교사는 학생의 과제 참여도에 대한 피드백을 자주 해 주어야 한다는 점을 명심해야 한다. 또 다른 형태의 피드백은 시간의 경과와 관련이 있다. ADHD 학생은 시간의 경과를 정확하게 추정하는 데 문제가 있다(Barkley, 2006). 따라서 실제로는 겨우

몇 분이 지났을 뿐인데도 과제를 '영원히' 하고 있었다고 느낄 수 있다. 반대로 시간이 거의 다 되었는데도 아직 과제를 할 시간이 충분하다고 여기기도 한다. 이러한 문제의 해결에 도움이 되는 한 가지 방법은 타이머를 활용하는 것이다. 예를 들면, 프레이저, 벨즈너와 콩트(Fraser, Belzner, & Conte, 1992)는 집단 학습 시간에 문제를 보이는 초등학교 학생들을 대상으로 연구를 하였다. 그들은 5분으로 맞추어진 타이머를 사용하여 피드백을 제공하였다. 5분 안에 모든 과제를 다 마친 학생에게는 토큰 강화물을 주었다. 이 방법은 매우 성공적이었으며, 학생들은 다른 상황(예: 수학 자습 문제 풀이 시간)에도 타이머를 사용해 주기를 원하였다.

4. 또래 교수

또래 교수(peer tutoring)는 매우 다양한 학생에게 그 효과가 입증된 좋은 중재다(Stenhoff & Lignugaris-Kraft, 2007). 또래 교수는 학생이 지식을 확고히 하거나 능숙함을 발달시키기 위해 수행하는 자습에서 사용된다. 또래 교수는 추가 수업, 연습, 반복, 설명을 위한 기회를 제공하며, ADHD 학생에게 매우 탁월한 수업 환경을 제공한다. 왜냐하면 또래 교수는 다음과 같은 특징을 갖고 있기 때문이다(DuPaul & Stoner, 2003). ① 지속적인 일대일의 또래 관심을 제공할 수 있고, ② 매우 구조화되고 개별화된 학습 내용을 학생의 면전에서 제시하면서 적극적인 반응을 자주 할 수 있고, ③ 과제에 집중하도록 힌트를 자주 사용할 수 있고, ④ 수행에 대한 일관성 있고 즉각적인 피드백을 제공할 수 있으며, ⑤ 기다리는 시간을 줄일 수 있다. 또래 교수는 실행하기도 간단하고 일반 학급과 특수학급 모두에서 적절하다. 전형적인 또래 교수는 다음과 같은 활동으로 구성된다.

① 또래 교수자가 문제를 제시한다(예: "8×7은 얼마니?").

② 교습자가 답한다.

③ 또래 교수자가 피드백을 하고, 필요하면 잘못된 것을 고쳐 준다.

ⓐ 답이 맞으면 확인을 해 주고(예: "그래, 맞았어.") 다음 문제로 넘어간다.

ⓑ 오답이면 정답을 제시하고(예: "8×7 =56이야.") 그 문제를 한 번 더 반복한다("8×7은 얼마니?"). 교습자가 정확하게 답을 말한 다음에 다음 문제로 넘어간다.

④ 또래 교수자가 다음 문제를 제시한다.

또래 교수는 ADHD 학생의 학업적 반응, 과제 집중도, 학업 생산성을 증가시킬 수 있으며, 불복종과 부적절한 신체 활동(예: 몸을 꼼지락거림, 자리에 가만히 앉아 있지 못함)을 감소시킬 수 있다(DuPaul & Henningson, 1993; DuPaul, Ervin, Hook, & McGoey, 1998). 또래 교수는 교사에게도 도움이 된다. 또래 교수 시간에 교사는 ADHD 학생의 행동을 지켜보지 않아도 되고, 다른 학생들에게 일대일 지도나 소규모 지도를 할 수 있는 시간적 여유를 가질 수도 있기 때문이다. 〈표 10-3〉은 또래 교수를 실행하는 단계를 보여 준다.

또래 교수는 전체 학급에도 적용할 수 있다. 전체 학급을 위한 또래 교수의 유형에는 학급차원 또래 교수(classwide peer tutoring: CWPT), 또래 지원 학습전략(peer-assisted learning strategies), 학급차원 학생 또래 교수자 팀(classwide student tutor teams), START(Maheady, Mallette, & Harper, 2006 참조 바람) 등이 있다. 이 중에서 ADHD 학생에게 성공적으로 적용할 수 있는 방법은 학급차원 또래 교수다. 이는 전체 학급이나 대단위 집단을 여러 개의 팀으로 나누어서 경쟁시키고, 매일의 수행 결과에 대한 점수를 부여하는 방법이다(DuPaul et al., 1998). 학급차원 또래 교수에서 점수를 활용하는 것은 수행 결과에 대한 유용한 피드백이 될 수 있는데, 이때 점수는 토큰법과 함께 사용할 수도 있다. 수행 결과를 도표나 그래프로 보여 주는 것 역시 수행이나 동기를 향상하는 데 도움이 될 것이다(Locke & Fuchs, 1995).

표 10-3 또래 교수의 실행 단계

• 단계 1: 또래 교수의 내용과 자료 정하기

어떤 영역의 내용을 소개하고 어떤 자료를 사용할 것인지 정하라. 또래 교수는 수업 내용과 관련이 있을 때 가장 효과적이다. 또 학생이 교실에서 성공하는 데 필요한 기술에 초점을 두라. 적합한 영역은 수학 기초 공식, 발음법, 소리 내어 읽기, 철자법이나 글쓰기 연습 등이다. 또래 교수자가 수업을 하는 데 필요한 자료(예: 단어 플래시 카드, 국가 이름과 각 국가의 수도 목록)가 무엇인지 파악해서 만들어 주라.

• 단계 2: 수업 형식 개발하기

또래 교수는 교사가 수업을 매우 구조화하고 세심하게 구성할 때 최대의 효과를 볼 수 있다. 또래 교수자는 수업의 모든 부분에 대해 무엇을 어떻게 해야 하는지 정확하게 알고 있어야 한다. 교사는 또래 교수자가 수업을 정확하게 전달할 수 있도록 단계적인 수업 지침을 개발할 필요가 있다. 이렇게 해야 또래 교수자가 중간중간에 "이제는 무엇을 해야 하지요?"라고 교사에게 묻지 않고 독자적으로 수업을 진행할 수 있으며, 수업이 정확하게 실행될 수 있게 된다. 처음에는 교사가 '약간의 수정'을 할 필요도 있겠지만, 경험이 쌓이면 교사는 효과적인 수업 형식을 쉽게 개발할 수 있게 된다.

• 단계 3: 계획 수립하기

또래 교수 회기를 언제 얼마나 오랫동안 실행할 것인지 정하라. 계획 수립을 위한 정해진 규칙은 없다. 계획은 현행 학급 계획이나 다른 요인들에 따라 달라질 수 있겠지만, 몇 가지 지침은 있다. 한 가지 통상적인 규칙은 일주일에 3~5회기 정도 실시하는 것으로, 한 회기의 시간은 15~30분이 적당하다. 일반적인 방해 요인(예: 조회, 현장 학습, 날씨), 교통수단, 결석 등을 고려해 볼 때, 주당 4~5회 또래 교수를 계획하는 것이 가장 적절할 것이다.

• 단계 4: 또래 교수자 모집하기

훌륭한 또래 교수자가 될 만한 학생들을 확인하고 모집하라. 이때 교사는 두 가지 요인을 고려해야 한다. 첫째, 또래 교수자가 될 학생은 수업 내용을 완전히 숙달하고 있는 학생이어야 한다. 또래 교수자는 학습 내용을 지도해야 한다. 그러므로 학습 과제를 잘 수행할 수 있는 능력을 지니고 있어야 한다. 둘째, 또래 교수자는 어느 정도의 대인관계 기술을 갖고 있어야 한다. 또래 교수자는 교습자와 친근하고 긍정적인 관계를 유지할 수 있어야 한다. 또래 교수자가 될 학생을 모집할 때 또래 교수에 대한 긍정적인 인식을 심어 주라. 그러면 학생들은 사명감을 갖고 교사와 학급 동료들을 돕고자 할 것이다.

질문: _______________의 수도는 어디인가?(국가의 이름을 말하시오.)			
국가	수도	정답	오답
영국	런던		
중국	베이징(북경)		
호주(오스트레일리아)	캔버라		
러시아	모스크바		

출처: Miller (2005); Lehigh University Project Outreach (연도 미상).

• 단계 5: 또래 교수자 훈련하기

수업을 정확하게 진행할 수 있도록 또래 교수자를 훈련시키라. 또래 교수의 성패는 또래 교수자가 수업을 얼마나 정확하고 효율적으로 하는지에 달려 있다. 또래 교수자를 훈련시킬 때, 교사 자신이 개발한 실제 수업 형식을 사용하라. 또래 교수자에게 수업을 모델링해 주고, 그런 다음에 교수자의 역할을 연습해 보게 하라. 실제적인 또래 교수 회기를 시작하기 전에 또래 교수자의 숙련도를 평가하라. 가르치기 위해서는 단순히 내용만 아는 것 이상이 필요하다는 점을 명심하라. 또한 이들에게 정확한 지침을 내리는 법, 학습자의 노력을 격려하고 칭찬하는 법, 옳은 반응을 확인하고 틀린 반응을 수정해 주는 법, 힌트를 너무 많이 주지 않는 방법 등을 가르쳐 주어야 한다. 또한 이들에게 또래 교수의 목적과 또래 교수자의 책임에 대해 알려 줄 필요가 있다. 또래 교수자는 시간을 잘 지키고, 학습 결과에 대한 비밀을 유지하며, 학습자와 긍정적인 관계를 유지해야 한다. 더불어 교습자의 향상 정도를 평가할 수 있도록 또래 교수자에게 반드시 적절한 측정 절차와 체계적인 기록 절차를 가르쳐 주어야 한다. 다음은 학생의 향상도를 기록하는 양식의 한 예다. 또래 교수 회기의 시작단계가 진행되는 동안 교사는 면밀하게 관찰을 하고, 필요하다면 추가 훈련을 실시해야 한다. 어떤 교사는 또래 교수자를 위한 정규 훈련을 계획하기도 한다. 이렇게 하면 또래 교수의 절차를 계속해서 수정할 수 있으며 훌륭한 피드백 체제가 만들어진다.

• 단계 6: 실행하기

처음 몇 회기를 면밀히 점검하라. 또래 교수자와 교습자에게 높은 기대치를 설정하고, 학생들의 실행이 그러한 기대치에 부합했거나 초과했을 경우에 강화를 해 주라. 교사는 **또래 교수자와 교습자가 서로 존중하고 배려할 경우 확실하게 격려해 주어야 한다.** 교사는 또래 교수 회기 동안에 적어도 한 번은 각 또래 교수자-교습자 팀과 상호작용을 해야 한다. 이렇게 함으로써 교사는 학생들을 점검할 수 있고, 관심을 보일 수 있으며, 바람직한 행동을 하고 바람직하지 못한 행동을 고쳐 가는 학생들을 칭찬할 수 있다. 교사는 자신의 열의, 관심, 기대치를 보여 줄 필요가 있다. 교사가 적극적으로 참여할 때, 이러한 메시지가 학생들에게 전해질 것이다. 교사는 또래 교수의 처음 몇 회기를 마친 후에 '임무 수행 보고' 회기를 가질 수 있다. 일단 또래 교수가 잘 정착되고 나면, 교사는 대부분의 시간을 어느 한두 팀과만 보내거나 다른 수업을 위해 사용하고자 할 수도 있을 것이다. 그렇지만 남은 시간은 가급적 모든 팀과 상호작용하면서 보내는 것이 좋다.

• 또래 교수 지원

또래 교수 프로그램을 관리하고 유지하라. 또래 교수의 가장 큰 어려움 중 하나는 또래 교수자의 동기를 유지시켜 주는 것이다. 동기를 유지하는 방법은 많지만 아마 가장 좋은 방법은 교사의 관심일 것이다. 교사가 학생들과 함께 기획하고, 학생들의 수행에 관해 코멘트를 하며, 심지어 함께 잡담하는 시간도 강력한 강화물이 될 수 있다. 또래 교수자를 위한 또 다른 강화물은 교습자가 이루어 낸 진전 상태를 가시화하는 것이다. 즉, 도표나 그래프 또는 다른 시각적 수단으로 교습자의 진전 상태를 강조할 수 있다. 교사는 부모, 다른 교사들, 교장선생님과의 비공식적 논의를 통해 또래 교수자(또는 교습자)의 관심을 끌 수도 있는데, 이는 또래 교수자에게 자신이 하고 있는 일의 중요성을 상기시키는 데 도움이 된다. 그러므로 또래 교수자를 위한 점심, 또래 교수자 파티, 교장선생님의 감사 편지, 물질 보상(예: 스티커나 사탕 등)과 같은 체계적인 강화 계획을 수립하라.

요 약

ADHD 학생에게 학업은 매우 어렵고 힘든 일이다. ADHD 학생이 교실에 잘 적응하도록 돕기 위해서 교사는 ADHD 학생이 지닌 핵심 문제인 작업기억과 집행 기능 결손을 면밀하게 고려하여 수업 환경을 조성해야 한다. 일반 학생들이 매일 습관적으로 하는 행동(예: 교사의 지시를 이해하고 따르기, 과제하기)조차도 ADHD 학생에게는 매우 힘든 일임을 명심해야 한다. 다음은 반드시 기억해야 할 몇 가지 핵심 사항이다.

√ 가능한 한 작업기억의 부담을 줄이라. ADHD 학생이 많은 정보를 유지하고 처리해야 하는 상황을 만들지 말라. 그 대신 힌트나 선행 조직자 같은 조력 수단을 제공하라.

√ 작업기억과 관련된 일부 문제(예: 지시 사항을 따르지 않는 것)는 주의집중의 문제인 것처럼 보이기도 한다. 그러나 작업기억에 문제가 있는 학생에게는 단순한 과제조차도 매우 어려운 것이 될 수 있다.

√ ADHD 학생이 과제를 독자적으로 계획적 · 전략적이게 실행하는 경우는 거의 없다. 그렇지만 그렇게 하도록 가르칠 수는 있다.

√ ADHD 학생은 대부분 학업 과제의 목표(예: 읽기의 목적은 글의 내용을 이해하는 것)를 알지 못한다. 더불어 ADHD 학생은 부적응적인 목표(예: 당황스러운 상황을 모면하는 것)를 갖고 있을 수도 있다. 따라서 교사는 명시적인 목표를 설정하고 이를 학생에게 알려주어야 한다.

√ ADHD 학생 중에는 자신의 수행 능력을 실제 이상으로 믿는 학생도 있다. 교사는 학생들이 그들 자신의 수행 능력을 현실적으로 이해할 수 있게 돕고, 수행 능력의 향상을 위한 적절한 목표를 설정할 수 있게 도와야 한다.

√ 전략 수업의 요소를 활용한 수업 방법이 ADHD 학생에게 도움이 될 수 있다.

√ 가능한 한 수업 내용을 학생의 개별적 상황에 적절하게 맞추도록 노력하라.

√ 참신한 내용의 선정과 적극적 반응의 유도를 통하여 학습 과제에 대한 학생의 흥미를 유지시킬 수 있게 노력하라.

√ 초점을 맞추고 고도로 조직화된 수업을 실시하라. 학생이 하나의 내용에서 다른 내용으로 빨리 주의를 이동해야 하는 두서없고 우왕좌왕하는 수업을 피해야 한다.

√ 학생들의 수업 참여도를 높이기 위해서는 학생들이 자주 적극적으로 반응할 수 있게 열정적으로 수업하라.

√ 자습 과제의 난이도를 적절하게 유지하라. 학생들이 자습 과제를 90% 이상 정확하게 수행할 수 있어야 한다.

√ 하나의 긴 과제보다는 연속되는 여러 개의 짧은 과제를 활용하라. 가능한 한 과제를 학생이 선택하게 하라.

√ 또래 교수는 ADHD 학생에게 효과적인 수업 방법이 될 수 있다.

ADHD

Chapter 11

자기 조절 전략

뭘 할까 하고 생각할 즈음이면,
난 벌써 그 일을 다 끝마쳤지.

– 만화 〈개구쟁이 데니스(Dennis The Menace)〉 중

'자기 조절(self-regulation)'은 과정을 점검하고, 결과를 검토하고, 노력의 부적절한 방향을 재설정하는 것처럼 개인의 행동을 통제하고 조절하는 기술을 지칭하는 용어다(Berk, 2003). 자기 조절은 인지와 정서의 영향을 받기도 한다. 역사적으로 사람들은 행동을 조절할 수 있는 능력을 높이 평가하였으며(Harris, Reid, & Graham, 2004), 자기 조절을 할 줄 아는 인물을 존경했다. 예를 들면, 벤 프랭클린(Ben Franklin)은 자기 조절을 통해 자신이 바람직하다고 생각하는 열세 가지 덕목을 삶의 지침으로 삼았다(Zimmerman & Schunk, 1989). 그는 매우 꼼꼼하게 작성한 일기장을 항상 갖고 다니며 각각의 덕목을 증진시키기 위한 목표를 설정하고, 자신의 성공과 실패를 점검하며, 매일의 결과를 기록하고 새로운 목표를 설정했다. 자기 조절은 ADHD로 발생하는 거의 모든 문제와 연관이 있기 때문에 ADHD 학생에게 특히 중요하다(Barkley, 2006).

앞에서 언급한 것처럼, 일반적으로 ADHD 학생은 자신의 행동을 자율적으로 조절하는 집행 기능에 어려움이 있다고 간주된다. 따라서 ADHD 학생은 행동의 억제, 만족감의 지연, 초점의 유지(예: 방해 인지의 억제), 지속성, 자신의 능력만큼 해내는 일의 양과 질, 수업 참여 행동의 유지, 계획하기, 목표 지향적이고 미래 지향적인 행동 등에서 어려움을 겪는다. 이러한 어려움으로 인해 ADHD 학생은 학교에서 또는 사회적으로 매우 불리한 위치에 있다. 자기 조절이 왜 중요한지 다음의 가상의 이야기를 통해 살펴보자.

당신은 대학원에 다니고 있는데 한 깐깐한 교수 때문에 무척 힘이 든다. 그 교수의 과목은 별로 수강하고 싶지 않지만, 필수과목이고 졸업 후 구하려는 직업을

> 고려하면 반드시 수강해야 한다. 이 수업이 있는 날이면 하루가 매우 길게 느껴진다. 더군다나 다음 주 수업을 위한 독서 목록을 생각하면 머리가 어지럽다. 책을 미리 읽어 가지 않으면 수업을 따라갈 수도 없고 성적을 기대하기도 어렵다. 이 수업은 평생 끝날 것 같지 않고, 수업을 준비하기 위해 평생 책만 읽어야 할 것 같다. 게다가 머리까지 아파온다. 교정으로 나가 시원한 음료수를 마시며 긴장을 푸는 것이 지금 당신이 해야 할 최선책으로 보인다.

당신이라면 이 상황에을 어떻게 대처하겠는가? 책은 반드시 읽어야 한다. 책을 읽지 않으면 결과적으로 학위 과정을 통과하지 못하게 된다. 더 큰 문제는 새로운 직업 또한 얻지 못하게 된다는 것이다. 우리는 대부분 가능한 결과를 미리 예측할 수 있고, 해야 할 일에 집중하고 노력을 유지할 수 있도록 무엇인가 해야 할 필요가 있다는 것도 알고 있다. 앞의 이야기는 가상이지만, 우리는 이와 유사한 상황을 매우 흔하게 겪는다. 이 상황에서 우리가 사용할 수 있는 기술은 많다. 예를 들면, 우리는 다음과 같은 방법을 활용할 수 있다.

- 독서 과제가 끝나면 기분 좋게 지킬 작은 약속을 스스로에게 하고(예: 근사한 저녁 식사), 학기가 끝나면 온천 여행을 가기로 한다.
- 읽기 과제를 20쪽씩 나누어 읽고, 중간에 휴식을 갖는다.
- 읽는 과정을 도표로 만들어 읽은 양을 점검한다.
- 자신에게 "나는 할 수 있어. 해내면 새로운 직업이 나를 기다리고 있어."라고 말한다.
- 책 읽는 공간을 보다 편안하게 정돈하고, 집중력을 떨어뜨리는 것을 차단한다(예: 커튼을 쳐서 정원이 안 보이게 한다).

불행히도, ADHD 학생이 이와 유사한 상황에 처해 있다면 그들의 대처는 '교정으로 나가 시원한 음료수를 마시는' 방법일 것이다.

예를 들어 과제를 해야 하는 상황이라면, 보다 흥미로운 행동(예: 텔레비전 시청)을 하고 싶은 충동이 과제를 해야 한다는 필요성을 압도하는 것이다. 즉, ADHD 학생은 상황(즉, 과제)을 회피하고 싶은 직접적인 욕구를 억제하지 못하고 해야 할 일에 집중하지 못한다. 이런 경우 그들은 대개 즉각적인 만족(즉, 텔레비전 시청)을 선택한다. 자신에게 앞으로 닥쳐올 부정적인 결과(예: 과제를 하지 않은 것에 대한 교사의 반응, 성적에 미치는 영향, 부모님의 화)는 안중에도 없다. 자신의 미래를 위한 목표(예: 성적 미달로 인한 유급)도 전혀 생각하지 않는다. 이처럼 상황을 회피하려는 ADHD 학생의 충동은 매우 강력하다. 그러나 이러한 성향을 '게으름'으로 오해해서는 안 된다. 이는 ADHD의 전형적인 증상이다. 마치 개구쟁이 데니스처럼, ADHD 학생이 결과를 생각할 즈음이면 이미 너무 늦은 것이다. 이러한 자기 조절에 관련된 문제로 인해 ADHD 학생은 효율적인 학업 자체가 대단히 어려우며, 이는 낮은 성적이나 교과목 낙제 그리고 배울 수 있는 기회 자체가 줄어드는 결과를 낳게 된다.

1. 자기 조절 전략의 논거

교사는 ADHD 학생이 자기 조절 전략을 개발할 수 있도록 적극적으로 도와야 한다(Strayhorn, 2002). 이 전략은 ADHD 학생이 독자적으로 개발하기 어렵기 때문이다. 자기 조절 전략을 개발하는 방법은 매우 간단하다. 학생에게 효과적인 자기 조절 전략을 가르치면 된다. 자기 조절 전략이란 학생이 자신의 행동 혹은 학업 활동을 관리하거나, 평가하거나, 점검하거나 또는 이 모두를 할 때 활용되는 방법들이다(Reid, Trout, & Schartz, 2005). 연구에 따르면 자기 조절 전략은 ADHD 학생이 학업의 정확도와 생산성을 개선하는 데 도움이 되며, 수업에 집중하는 시간을 늘려 주고, 방해 행동을 줄이는 데도 도움이 된다(Reid et al., 2005). 또한 자기 조절 전략은 매우 오랜 세월 동안 교실 환경에서 사용되어 왔으며, 실행하는 데 시간이 걸리거나 어려운 전략이 아니고, 교사들도 교실 환경에서 사용하기에 실제적인 것으로 평가하고 있다(Reid,

1996).

자기 조절 전략은 특히 ADHD 학생에게 적절한 전략이다. ADHD 학생의 문제 행동은 '기술 결손'보다는 '수행 결손' 때문에 생기는 경우가 대부분이기 때문이다(Barkley, 2006). 즉, 학생들은 과제를 해낼 수 있는 기술을 지니고는 있지만 그것을 효과적으로 활용하는 방법을 모르는 것이다. 예를 들면, 어떤 학생은 수학 연산에 대해 알고는 있지만 집중력이 부족하여 연습 문제를 풀지 못할 수 있다. 그 학생은 마음을 뒤흔드는 자극(예: 창밖을 내다보는 것)이나, 교실 내의 산만한 분위기(예: 학생들의 잡담)를 이겨 낼 집중력을 갖고 있지 못한 것이다. 그 학생은 또한 자신이 과제 이외의 행동에 더 많은 시간을 보내고 있다는 사실도 알지 못하고 있을 것이다. 대부분의 ADHD 학생은 자신이 무슨 행동을 하고 있는지 알지 못한다. 이는 매우 심각한 문제다. 자기 조절이 일어나기 위해서는 직전에 일어난 자신의 행동에 대해 의식적인 평가를 할 수 있어야 하기 때문이다(Barkley, 1997c). 자기 조절 전략은 ADHD 학생들에게 그들의 행동에 대한 피드백을 제공한다. 이 피드백은 ADHD 학생이 스스로 지금 하고 있는 일과 앞으로 해야 할 일을 비교할 수 있도록 도움을 준다. 이는 결과적으로 이후 적절한 행동을 지속하거나 부적절한 행동을 변화시킬 수 있는 촉매제 역할을 한다(Barkley, 2006).

또한 자기 조절 전략은 다른 중재 방법이 갖고 있지 못한 두 가지의 잠재적 장점이 있다(Graham, Harris, & Reid, 1992). 첫째, 자기 조절 전략을 통해 학생은 교사나 다른 어른의 간섭 없이도 자신의 행동을 변화시킬 수 있다. 이는 역량 강화의 일종으로, 학생은 자신의 행동을 독자적으로 조절할 수 있다는 사실을 배우는 것이다. 이는 ADHD 학생에게 매우 중요한 학습 경험이 된다. 둘째, 중요성은 첫 번째와 같으며, 자기 조절 전략은 다른 많은 방법을 능가하는 뚜렷하고 실질적인 이익을 가져다준다. 학생이 자기 조절 전략을 배운 후에는 말 그대로 스스로 중재를 운영하기 때문에 교사의 간섭은 최소화된다. 다른 방법에 비해 자기 조절 전략은 교사의 시간을 절약하고 학습에 전념할 수 있는 시간을 벌어 준다. 예를 들면, 자기 조절 전략은 지속적으로 행동을 강화하기 위해 또는 토큰법으로 획득한 점수를 계산하기 위해 교사가 시간을 들이지 않아도 된다. 교사는 이 절약되는 시간을 자유롭게 다른 업무에 쓸 수 있다.

이 장에서는 교사가 교실에서 ADHD 학생에게 가르칠 수 있는 다섯 가지 자기 조절 전략, 즉 자기 점검, 자기 관리, 목표 설정, 자기 강화 그리고 자기 교습에 대해 논의할 것이다. 이를 위해 각 전략의 배경을 간단히 설명하고, 전략 사용법의 예를 연구를 통해 제시하며, 교실에서 시행하는 데 필요한 단계들을 살펴볼 것이다. 자기 조절 전략에 대한 추가적인 정보는 리이드와 리네만(Reid & Lienemann, 2006a)을 참고하기 바란다. 유의할 점은, 비록 서로 분리해서 논의하지만 이 모든 전략은 다른 자기 조절 전략과 함께 적용할 수 있으며, 또한 내용 영역 전략(content-area strategies)과도 함께 사용할 수 있다는 것이다.

2. 자기 점검

자기 점검(self-monitoring)은 한 개인이 목표 행동의 발생 여부를 스스로 평가하고, 그런 다음에 목표 행동의 발생 여부, 빈도, 지속 기간 등을 스스로 기록하는 것을 말한다(Nelson & Hayes, 1981). 초기의 자기 점검 연구 중 한 편을 예로 들어 보면, 연구자들은 한 학생에게 수업 시간에 자신이 공부를 하고 있는지 여부와 집중을 하고 있는지 여부를 일정한 간격으로 자문하는 방법(자기 평가 구성 요소)을 가르쳐 주었다. 그리고 스스로에게 묻고 난 후에는 공부하거나 집중한 시간을 기록하는 방법(자기 기록 구성 요소; Broden, Hall, & Mitts, 1971)도 가르쳐 주었다. 행동적 접근법과는 달리, 자기 점검은 일반적으로 외부 강화물을 사용하지 않는다. 자기 기록이라는 행위 자체가 강화물과 동일한 작용을 한다고 간주하기 때문이다(Mace, Belfiore, & Hutchinson, 2001). 그러나 자기 점검도 역시 외부 강화물과 함께 효과적으로 사용될 수 있다는 점에 유의하여야 한다(예: Barkley, Copeland, & Sivage, 1980). 어떤 ADHD 학생에게는 외부 강화를 함께 적용하는 것이 더욱 큰 효과를 보이기도 한다(Graham-Day, Gardner, & Hsin, 2010).

나는 주의집중을 했는가? • 내 자리에 앉아서 • 선생님 말씀을 듣고 • 내 공부를 하며 • 도움을 청하며	
예	아니요
 ☺☺☺☺☺ ☺☺	 ☹☹☹

[그림 11-1] 주의집중에 대한 자기 점검(SMP) 기록표 예시

자기 점검은 매우 다양한 행동에 효과를 보인다(예: 체중 감량, 금연, 손톱 깨물기). 하지만 여기에서는 교사와 직접 관련이 있는 두 가지의 문제 영역, 즉 수업 집중 행동과 학업 반응에 초점을 맞출 것이다. 자기 점검 중재에는 두 가지의 주요한 방식, 즉 주의집중에 대한 자기 점검(self-monitoring of attention: SMA)과 수행에 대한 자기 점검(self-monitoring of performance: SMP)이 있으며, 두 방식 모두 ADHD 학생에게 성공적으로 사용되어 왔다(Reid et al., 2005). 주의집중에 대한 자기 점검(SMA)은 신호를 주면(주로 녹음된 음성을 정해진 시간 간격 없이 무작위적으로 아무 때나 들려주는 것을 신호로 사용한다), 학생이 자신의 주의집중 여부를 스스로 평가하여 그 결과를 점수표([그림 11-1]은 주의집중에 대한 자기 점검[SMA] 기록표의 예다)에 기록하게 하는 방식이다. 많은 연구가 ADHD 학생에게 주의집중에 대한 자기 점검[SMA]을 적용하여 효과를 보았다. 예를 들면, 매시스와 벤더(Mathes & Bender, 1997)는 주의집중에 대한 자기 점검(SMA)을 방해하는 행동(예: 떠들기)의 빈도가 높고, 과제물을 안 해 오고, 교사의 지시를 따르지 않는 초등학교 남학생에게 사용하였는데, 그 효과는 뚜렷하고 즉각적이었다. 주의집중에 대한 자기 점검(SMA)을 적용한 후에 모든 학생이 이전보다 두 배나 많은 시간을

수업에 집중하였다. 더군다나 당시 모든 학생은 ADHD 약물치료를 받고 있었다. 이렇게 볼 때 자기 점검은 약물치료 이상의 효과를 거둔 것이라고 할 수 있다.

수행에 대한 자기 점검(SMP)은 먼저 학생이 특정 부분의 학업 수행을 스스로 평가하고(예: 덧셈 연습 문제의 정답 수), 그 결과를 스스로 기록하는 것이다(Reid, 1993). 자기 평가는 수업 중에도 가능하지만(때로는 녹음된 음성을 들려주는 것을 신호로 사용한다), 수업 후에 하는 것이 보다 일반적이다. 수행에 대한 자기 점검(SMP)에서 자기 기록 형식은 주로 도표나 그래프를 사용한다. [그림 11-2]는 수행에 대한 자기 점검(SMP) 그래프의 예다. 이 그래프는 학생에게 그들 자신의 진행 과정을 구체적으로 보여 준다. 이 구체적인 과정을 ADHD 학생이 보는 것 자체가 그들에게는 충분한 동기부여가 될 수 있다(Lienemann & Reid, 2008). 수행에 대한 자기 점검(SMP)의 형식은 다양하다. 예를 들면, 학생은 자신의 학업 생산성(예: 자신이 푼 수학 문제의 수), 정확도(예: 자신이 푼 문제의 정답 수) 혹은 전략 사용(예: 수학 문제 풀이 전략의 단계들을 사용했는지 여

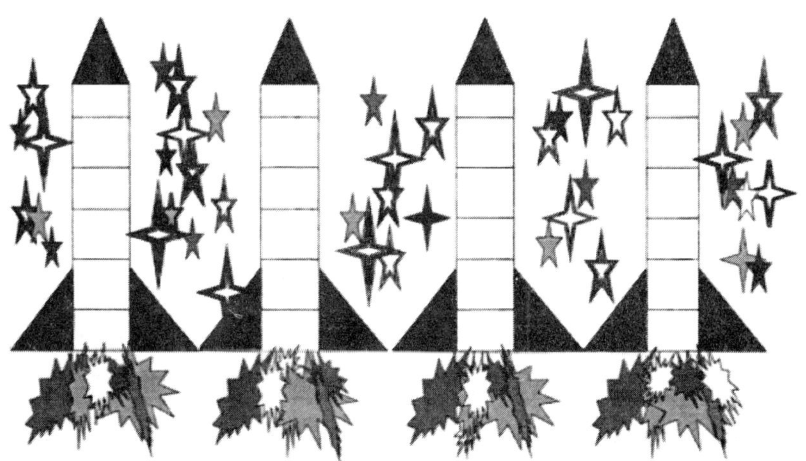

[그림 11-2] 수행에 대한 자기 점검(SMP) 그래프 예시

출처: Reid & Lienemann (2006a).

부) 등을 스스로 평가한다. 수행에 대한 자기 점검(SMP)은 ADHD 학생에게 성공적으로 활용되어 왔다. 가령, 시마부쿠로와 동료들은 9명의 ADHD 학생에게 독해, 글쓰기, 수학 자율학습의 과제 완수 비율과 정확도를 자기 점검하게 했다(Shimabukuro, Prater, Jenkins, & Edelen-Smith, 1999). 각각의 자율학습 후에 학생들은 정확도와 완수 비율을 계산하고 그 결과를 도표화했다. 이후 모든 학생의 정확도와 완수 비율이 현격하게 향상되었다. 어떤 학생은 시행 전보다 두 배 이상 향상되기도 하였다.

일반적으로 주의집중에 대한 자기 점검(SMA)과 수행에 대한 자기 점검(SMP)은 독립적으로 사용된다. 그러나 두 점검법을 함께 사용하는 것도 ADHD 학생에게는 상당한 효과를 볼 수 있다(Rock, 2005). 현재로서는 주의집중에 대한 자기 점검(SMA)과 수행에 대한 자기 점검(SMP) 중 어느 것이 ADHD 학생에게 더 효과적인지를 판단하기 쉽지 않다. 이 두 점검법의 비교에 관한 연구(Harris, Friedlander, Saddler, Frizelle, & Graham, 2005)는 현재까지 오직 한 편만 존재할 뿐이다. 이 연구에 따르면 주의집중에 대한 자기 점검(SMA)과 수행에 대한 자기 점검(SMP) 모두 수업 집중 행동의 시간과 횟수를 늘려주었으며, 주의집중 행동에 미치는 효과라는 관점에서 보면 두 방법 간에 별 다른 차이가 없었다. 또한 두 방법 모두 학업 생산성(암기한 단어 개수)을 개선해 주었으나, 6명의 학생 중 4명의 학생이 주의집중에 대한 자기 점검(SMA)의 조건에서 보다 높은 생산성을 보였다. 그리고 모든 학생이 주의집중에 대한 자기 점검(SMA)과 수행에 대한 자기 점검(SMP)에 만족감을 보였다. 더불어 생산성 개선에는 주의집중에 대한 자기 점검(SMA)이 효과를 보였지만, 6명의 학생 중 4명은 수행에 대한 자기 점검(SMP)을 선호하였다.

1) 자기 점검의 실행

학생에게 자기 점검과 그 절차를 가르치는 것은 매우 간단하며 시간도 오래 걸리지 않는다. 리이드(Reid, 1993)는 그 절차를 다음과 같이 간략하게 설명하고 있다.

(1) 목표 행동을 설정하라

첫 단계는 자기 점검을 할 행동을 결정하는 것이다. 즉, 주의집중인가 아니면 수행인가를 결정하는 것이다. 일반적으로 개선하려는 행동과 자기 점검하는 행동은 동일하지만, 항상 그런 것은 아니라는 점에 유의해야 한다. 예를 들면, 교사는 학생의 자율학습의 양을 늘리는 것에 궁극적인 관심이 있지만, 학생은 주의집중을 자기 점검할 수 있다. 훌륭한 목표 행동은 구체적이고, 관찰 가능하고, 적절하고, 대상 학생에게 개별적으로 적합한 것이어야 한다(Reid, 1993).

① 구체성

교사는 점검될 행동을 정확하게 정의해야 한다. 자기 점검 과정은 자기 평가와 함께 시작되기 때문에, 학생이 목표 행동이 발생했는지를 쉽고 적절하게 알아야 한다. '더 열심히 책 읽기'나 '얌전하게 굴기' 등의 모호한 목표 행동은 피해야 한다. 그보다는 학생이 쉽게 이해하고 쉽게 평가할 수 있는 '수학 문제의 정답 수' 혹은 '선생님 말씀 잘 듣고 학습하기' 등이 적절하다. 이때 목표 행동을 여러 개의 행동(예: 제자리에 앉아 있기, 과제하기)으로 구성하려면 그 행동들이 매우 구체적이어야 한다는 점에 유의해야 한다. 예를 들면, [그림 11-1]에는 '주의집중하기'를 구성하는 여러 행동이 구체적으로 나열되어 있다.

② 관찰 가능성

학생은 반드시 목표 행동이 발생했는지를 알아야 한다. 발생 여부를 모른다면 자기 평가를 할 수 없기 때문이다. 이는 ADHD 학생에게는 꽤 심각한 문제가 될 수 있다. 그들은 충동적 또는 무의식적으로 행동하기 때문에 목표 행동이 발생하였다는 사실을 놓칠 수 있다. 예를 들면, ADHD 학생은 친구들의 대화에 불쑥 끼어들어 자기가 하고 싶은 말을 하면서도 그것이 문제행동인 것을 모를 수 있다. 결과적으로 효과적인 자기 점검을 기대하기 어렵다는 것이다. 이런 경우 교사는 학생이 말을 하려고 할 때 먼저 손을 들고, 이후 손을 든 횟수를 자기 점검하도록 하는 방법을 사용하게 할 수 있다. 이 방법을 통하여 학생은 자신의 행동을 보다 쉽게 알아차릴 수 있다.

③ 적절성

목표 행동을 설정할 때 교사는 환경과 과제를 고려해야 한다. 자기 점검을 하는 환경과 그 속에서 발생 가능한 문제점을 면밀하게 예상하고 고려하는 것이 매우 중요하다. 예를 들면, 집단 활동을 할 때 자기 평가를 알리는 녹음된 음성을 사용할 경우 해당 학생은 그 집단에서 배제된다는 느낌을 받을 수 있다. 자기 점검 절차와 학업 사이의 적절한 조화 또한 면밀하게 검토해야 한다. 어떤 경우에는 자기 점검 절차가 학업 수행을 방해할 수 있기 때문이다(Reid, 1996). 예를 들면, 학생이 소규모의 읽기 수업 시간에 자기 평가와 자기 기록의 절차를 빈번하게 수행하는 것은 수업을 방해할 수 있으므로 부적절하다. 불행히도, 교사가 환경과 과제를 고려하여 적절한 목표 행동을 설정하는 데 도움이 될 만한 지침은 아직 없다. 한 가지 실제적인 방법으로는 학생에게 자신의 다양한 행동을 스스로 점검해 보게 하고, 그중에서 자기 점검에 가장 적절하고 효과적인 행동을 스스로 고르도록 하는 것이 있다. 이러한 선택이 주어졌을 때, 학생들은 자신에게 가장 효과적인 목표 행동을 선택할 수 있었다(Maag, Reid, & DiGangi, 1993).

④ 개별성

자기 점검을 위해서는 자기 점검의 과정과 목표 행동 사이의 관계를 이해할 수 있어야 하기 때문에, 자기 점검은 아주 어리거나 미숙한 학생에게는 적절하지 않다(Graham et al., 1992). 이 관계가 학생의 의식 속에 자리 잡지 못하면 행동에 아무런 영향을 미치지 못한다. 예를 들면, 외운 단어의 수를 자기 점검하고 그 결과를 도표화한 학생이 있다고 하자. 자기 점검이 효과를 발휘하기 위해서는 그 학생이 자신이 한 일과 도표 사이의 상관관계를 이해할 수 있어야 한다(즉, 도표가 자신이 외운 단어의 수라는 사실). 이 관계를 이해하지 못하면 점검 이후에도 암기하는 단어의 수에는 아무런 변화가 없을 것이다. 또 교사는 학생의 나이를 고려해야 한다. 나이는 목표 행동의 가치나 중요성을 인식하는 데 영향을 주기 때문이다. 예를 들면, 어떤 학생은 '주의집중을 하는 것'의 가치는 알지만, '연습한 횟수'의 가치는 알지 못할 수 있다(혹은 반대의 경우도 있다). 나이가 자기 점검에 미치는 영향에 대해서는 널리 알려져 있지 않지만, 나이가 목표 행동에 영향을 미친다는 연구 사례가 있다(Maag et al., 1993).

(2) 기초선 자료를 수집하라

다음으로는 기초선 자료(baseline data)를 모으고 기록해야 한다. 자료는 자기 점검 중재가 이루어질 시간과 장소에서 수집해야 한다. 예를 들어, 중재가 두 번째 수업 시간 동안의 자리 이탈 행동의 감소를 목표로 한다면, 교사는 그 시간 동안에 학생이 자리를 이탈한 횟수만 기록하면 된다. 중재가 학업 생산성이나 정확성을 목표로 한다면, 기초선 자료의 수집은 작업 표본을 모으는 것으로 충분할 것이다. 기초선 자료를 모으는 것은 매우 중요하다. 기초선 자료가 중재의 성공 여부를 평가하는 객관적인 기준이 되기 때문이다. 또한 유의해야 할 점은 문제행동의 범위에 대한 객관적인 자료 수집이 불필요한 중재를 미연에 방지할 수 있다는 것이다. 교사는 가끔 특정한 문제가 자신이 생각했던 것만큼 그렇게 심각한 것은 아니었음을 깨닫거나, 목표 행동을 잘못 설정했음을 뒤늦게 발견하기도 한다.

(3) 자발적 협조를 구하라

자기 점검의 가장 적극적인 구성 요소는 대상 학생 '자신'이다. 이는 교사에게 학생의 적극적이고 자발적인 협조가 필요하다는 것을 의미한다. 교사는 학생과의 만남을 정례화하고 학생에게 문제점이 무엇인지 솔직하게 알려 주어야 한다. 자기 점검의 이점에 대해 학생과 논의하라(예: 세자리에 가만히 있으면 쉬는 시간을 뺏기지 않는다, 수학 연습 문제를 풀어 두면 시험을 잘 치게 된다). 긍정적으로 학생을 대하되, 비현실적으로 과장하지는 말라. 학생에게 자기 점검을 '너와 같은 문제를 지닌 많은 학생에게 큰 도움을 주었던 것'으로 설명해 주라. 학생이 여전히 확신을 갖지 못한다면 학생과 함께 계약서를 작성하라. 학생이 지정된 기간 동안 자기 점검을 충실하게 하면 강화물을 받게 된다는 조항을 두라. 실제로 ADHD 학생들은 자기 점검을 좋아하며, 또 자기 점검이 동기 유발에 큰 도움이 된다는 점이 연구를 통해 확인되었다. 자발적인 협조를 구한 후에는 자기 점검을 실시할 시간과 장소를 설명해 주라(예: 2교시 수학 시간).

(4) 자기 점검 절차를 교육하라

이 단계는 학생에게 자기 점검을 하는 방법을 가르치는 단계다. 교사와 학생은 함께 자기 점검의 각 단계를 검토해 간다. 주의집중에 대한 자기 점검(SMA)을 하는 학생의 경우를 예로 들면, 신호가 들리면 학생은 스스로에게 "나는 주의집중을 하고 있었는가?"를 묻고 기록용지에 기입한다. 특정 한 단계에 소요되는 시간은 학생에 따라서, 그리고 목표 행동에 따라서 매우 달라질 수 있음을 유의하라. 다음 단계로 나아가기 전에 학생은 각각의 단계를 충분히 숙지해야 한다. 이 과정은 그다지 시간이 오래 걸리지 않는다. 일반적으로 학생들은 이 모든 과정을 한 시간 이내에 쉽고 빠르게 숙지할 수 있다. 이 단계에는 필수적인 세 가지 과제가 있다.

① 목표 행동 정의하기

학생에게 목표 행동을 구성한다는 것이 무엇인지 정확하게 설명하라. 대부분의 자기 점검 유형에서 이것은 매우 단순하다. 예를 들어 수행에 대한 자기 점검(SMP)의 경우, 목표 행동을 정의하는 것은 학생에게 정답의 수를 세게 하는 것으로 충분할 수 있다. 그러나 다른 유형의 자기 점검에서는 목표 행동에 대한 정의가 보다 복잡할 수 있다. 가령, 주의집중에 대한 자기 점검(SMA) 중재에서는 학생이 '주의집중을 하는 것'의 의미를 반드시 이해해야 한다. 여기에서 교사와 학생은 '주의집중을 하는 것'을 구성하는 구체적인 행동의 목록을 만들 수 있는데, 그 예로는 선생님이나 과제에 집중하기, 문제에 대한 답 쓰기, 선생님 말씀 듣기, 질문하기 등이 있다. 다음 단계로 나아가기 전에 학생은 목표 행동을 반드시 이해하고 있어야 한다.

② 목표 행동의 구별

학생은 목표 행동을 다른 행동과 구별할 수 있어야 한다. 간단한 방법으로, 교사가 목표 행동이 되는 행동과 목표 행동이 되지 못하는 행동의 예를 보여 주고 학생에게 목표 행동을 가려내어 보게 하는 방법이 있다. 예를 들어, 목표 행동이 주의집중을 하는 것이라면, 교사는 연필을 들고 만지작거리기만 하거나(비목표 행동의 예), 연습 문제를 푸는 행동(목표 행동의 예)을 보여 준다. 이러한 방법은 이전 단계에서 확보한 목표 행동에 대한 지식을 강화하고, 또 교사에게는 평가적 피드백을 제공한다. 어떤 형태의 자기 점검에서는 이러한 과정이 필요하지 않은 경우도 있다(예: 실천한 항목의 수를 자기 점검하는 것).

③ 자기 점검 절차의 설명

이 단계에서 먼저 교사는 자기 평가와 자기 기록에 포함된 절차를 직접 설명해야 한다. 다음으로, 교사는 그 단계들을 입으로 소리 내어 말하면서 적절한 실행 방법을 모델링해 준다. 이후 교사가 시범을 보인 단계를 학생에게 말로 소리 내어 반복하도록 시키고, 연이어 소리 내어 말하면서 모델링해 보도록 시킨다. 여기서 학생이 자기 점검 절차를 큰 어려움 없이 손쉽게 해낼 수 있게 하는 것은 대단히 중요하다(Mace & Kratochwill, 1988). 자기 점검의 절차 때문에 학생의 주의가 산만해져서는 안 된다. 절차가 학생이 기억하기에 또는 실행하기에 까다롭다면 그 절차는 학생에게 적절한 것이 아니다. 절차를 정확하게 숙지한 후, 학생은 교사의 지도하에 짧은 연습 기간을 갖는다. 이 기간 동안 학생은 체계적인 연습을 할 수 있고 교사는 학생의 숙달 정도를 평가할 수 있다. 이 모든 절차에 걸리는 시간은 그다지 길지 않다.

2) 독자적 실행

이제 학생은 자기 점검을 할 준비가 되었다. 맨 처음 자기 점검을 할 때는 학생에게 자기 점검의 절차를 사용해 보도록 촉진하고 목표 행동에 대한 지식을 확인해 보게 하는 것이 바람직하다. 시행 초기에 교사는 학생이 자기 점검 절차를 지속적으로 그리고 올바르게 사용하는지 점검해야 한다. 자기 점검은 적절하게 지속적으로 사용할 때만 그 효과를 볼 수 있다. 도중에 문제가 생기면 학생에게 절차를 다시 가르쳐야 한다. 또한 학생에게 문제가 생기면 추가 교육이 필요하다. 문제가 그다지 심각하지 않다면 학생에게 힌트를 제공하는 것만으로도 문제의 해소가 가능하다. 예를 들면, 목표 행동을 구성하는 행동들을 상기시켜 준다거나 자기 평가 또는 자기 기록을 해야 한다는 신호를 주는 것만으로도 충분할 수 있다. 그러나 학생에게 지속적으로 문제가 발생하면 실행 중인 자기 점검이 학생에게 적절한 것인지 재고하는 것이 최선의 방법이다.

3) 평가

교사는 학생이 독자적으로 자기 점검을 시작한 후에는 중재의 효과를 평가하기 위한 자료 수집을 계속해야 한다. 일반적으로 학생은 급격하게 향상된다. 이때 교사는 변화된 행동의 지속성도 평가해야 한다. 실제로 학생들은 향상된 수행 능력을 상당한 기간 동안 교실에서 유지하는 것으로 나타났다(예: Harris, 1986). 그러나 학생의 수행 능력이 떨어지기 시작하면 자기 점검 절차를 위한 '보충 회기'가 필요하다.

3. 자기 관리

자기 관리(self-management: SMGT)(자기 평가라고도 부른다)와 자기 점검은 모두 학생이 일정한 간격을 두고 자신의 행동을 스스로 평가 · 기록해야 한다는 점에서 서로 밀접한 관계가 있다. 일반적으로 자기 관리는 학생에게 일정한 간격으로 행동에 대한 자기 평가 및 그 결과에 대한 자기 기록을 하도록 요구한다는 점에서 자기 점검의 활용을 포함하고 있다(Shapiro & Cole, 1994). 예를 들면, 학생은 일정한 기간에 15분 간격으로 1(지시를 따르지 않거나 과제를 하지 않음)에서 5(지시를 따르고 과제를 마침)까지의 척도상에 자신의 행동을 평정하고 그 결과를 기록한다. [그림 11-3]은 자기 관리(SMGT) 평가표의 예다. 자기 관리(SMGT)는 학생의 자기 평가가 외부 기준과 비교되고, 학생이 일반적으로(항상 그렇지는 않지만) 자기 평가의 정확도에 근거하여 강화를 받는다는 점에서 자기 점검과는 다르다(Mace et al., 2001). 따라서 학생이 받는 강화의 정도는 행동에 대한 정확한 자기 평가 여부에 따라 달라진다고 볼 수 있다. 자기 관리(SMGT)는 자주 목표 설정을 사용한다는 점(이 장의 후반부에서 논의할 것임)에도 유의하라.

자기 관리(SMGT)는 ADHD 학생에게 자주 매우 효과적으로 사용되어 왔다(예:

오늘 나는……

지시를 따랐나요? 조용히 잘 들었나요?

과제를 했나요? 다른 사람을 배려했나요?

매우 잘함	10							
	9							
	8							
	7							
	6							
	5							
	4							
	3							
	2							
	1							
좀 더 노력을	0							

[그림 11-3] 자기 관리(SMGT) 평가표 예시

출처: Reid & Johnson (2012).

Shapiro, DuPaul, & Bradley-Klug, 1998). 거레스코-무어와 동료들은 두 연구에서 ADHD 학생의 수업 준비(예: 필요한 수업 자료를 준비해 오는 것)와 숙제 완수를 향상하기 위하여 자기 관리(SMGT), 자기 점검, 목표 설정을 활용하였다(Gureasko-Moore, DuPaul, & White, 2006, 2007). 그들은 학생들에게 체크리스트(〈표 11-1〉)를 사용하여 자기 점검의 방법을 가르쳤다. 또한 자신이 행한 체크리스트상의 행동 수를 계산하는 방법을 교육하여 기록표에 그 행동들을 기록하게 하였다. 학생들은 체크리스트에 있는 행동들을 실행하기 위해 목표를 설정하고 그 과정을 기록하였으며, 기록표를 사용하여 자신이 달성한 목표와 진전 상태에 대한 만족도의 범위를 자기 평가하였다. 학생들이 기록표를 완성한 후 교사는 기록표를 평가하고 목표를 달성하여 수업 준비 행동을 실천한 학생들을 칭찬하였다. 자기 관리(SMGT) 훈련 후에 학생들은 당시의 모든 조직화 행동을 완벽하게 수행할 수 있었다.

자기 관리(SMGT)를 실행하는 절차는 매우 간단하다(Shapiro et al., 1998). 구체화된 목표 행동에 대한 내용과 자기 점검에서 살펴보았던 교육 절차가 자기 관리(SMGT)에도 적용된다. 기초선 단계에서 교사는 목표 행동을 정하고(예: 자기 자리에 가만히 앉아

표 11-1 자기 점검 체크리스트 예시

수업 준비는 되었나요?	예	아니요
내 책상에 앉아 있었나요?		
선생님이 수업을 시작하실 때 친구와의 잡담을 그만두었나요?		
수업 중에 선생님께 주의집중을 했나요?		
필기도구는 가지고 왔나요?		
교재는 가지고 왔나요?		
공책은 가지고 왔나요?		
과제물은 가지고 왔나요?		
똑바로 앉아 선생님을 바라보았나요?		

출처: Reid & Johnson (2012), Gureasko-Moore, DuPaul, & White (2007)를 토대로 함.

있기, 과제 해 오기, 학급 규칙 따르기), 중재를 실시할 시간과 장소(환경)를 정한다(예: 3교시 읽기 시간). 다음으로 교사는 점진적인 척도(예: 1=매우 나쁨, 5=보통, 10=매우 우수; 또는 1=나쁨, 5=매우 우수)를 사용하여 정해진 기간 내에 일정한 간격으로(예: 15분마다) 학생의 수행에 대한 주관적인 평정을 한다. 이러한 평정은 도표화하지만, 학생에게 바로 알려 주지는 않는다. 다음 단계인 교사 관리 단계에서 교사는 학생을 만나 평정에 대해 알려 준다. 교사는 학생에게 자신이 일정한 간격을 두고 평정을 할 것이며, 그 평정은 점수의 가치(강화로 보상될 수 있는)가 있다는 사실을 알려 준다. 교사는 또한 기초선 단계의 자료를 학생과 공유한다. 자기 관리(SMGT)가 효과가 있는 동안, 교사는 자신이 학생의 수행에 대해 평정한 것을 학생에게 구두로 알려 준다. 이후 한 번 더 학생의 성취도를 도표화하여 알려 준다. 이 과정은 학생이 며칠 동안 연속하여 만족할 만한 평정을 받을 때까지 계속된다.

다음 단계는 학생의 평정과 교사의 평정을 상호 비교하는 단계다. 이 단계의 목적은 학생이 자신의 행동을 정확하게 판단할 수 있도록 돕는 것이다. 매 평가 기간이 끝난 후, 교사와 학생은 평정 결과를 비교한다. 교사의 평정 결과와 학생의 평정 결과가 비슷하면(예: 1점 이내), 학생은 자신의 행동을 정확하게 평가한 보상으로 점수를 획득한다. 또한 교사와 학생은 상호 간의 평정의 차이에 대해서 논의한다. 교사와 학생의 평정 결과가 정확하게 일치하면 학생은 그 평정에 상응하는 점수(예: 학생의 평정이 5이면 5점이 상점으로 부여된다)와 추가 점수를 획득한다. 상호 간의 평정 결과의 차이가 크면(예: 2점 이상) 이 평정 기간 동안에는 점수를 받지 못한다.

다음 단계인 점진적 소멸 단계는 교사와 학생이 평가 결과를 비교하는 횟수는 점차 줄어들고, 학생이 자신의 행동을 평가하는 시간 간격은 늘어나는 시기다. 예를 들면, 교사와 학생이 평정 결과를 비교하기 위해 네 번을 만나기로 했다면, 다음에는 세 번, 그다음에는 두 번 식으로 줄여 가면서 마침내는 교사와 학생의 평정 결과 비교를 끝마친다. 교사와의 평정 결과를 비교하지 않는 기간에는 학생의 평정 결과에 따라 점수가 부여된다. 동시에 평정을 하는 시간 간격은 점진적으로 늘어나게 된다(예: 15분에서 20분으로). 소멸은 점진적으로 이루어져야 하며, 학생의 행동이 상당 기간 동안

안정된 상태를 유지할 때에만 가능하다. 안정적으로 개선된 행동을 보인 후에 학생은 완전한 자기 관리로 나아간다. 이 마지막 단계에서 행동에 대한 학생의 평가는 점진적으로 구두 평가(기록 평가와 반대되는)로 옮겨 가며, 그 결과는 수업 후에 교사에게 보고한다. 또한 외부 강화도 점차적으로 없어진다.

4. 목표 설정

목표 설정(good setting)은 자기 조절의 매우 중요한 구성 요소다(Bandura, 1986). 목표는 학습자에게 다음 세 가지 중요한 기능을 제공한다(Schunk, 1990).

① 목표는 우리의 노력에 표적을 설정하여 노력을 구조화한다(예: "나는 10kg을 빼고 싶다."). 이는 다시 그 목표를 달성할 방법에 대한 정보를 제공한다(예: "나는 칼로리는 줄이고 운동량을 늘릴 필요가 있다.").
② 목표는 진행 과정에 대한 정보를 제공한다. 체중 감량의 예를 계속하면, 우리는 목표 체중에 부합하는 진행 과정을 보이는지 확인하기 위하여 매일 몸무게를 측정한다.
③ 마지막으로, 목표는 수행에 대한 동기를 유발할 수 있다("이번 주에 3kg이 빠졌네. 좋아 더 잘할 수 있어!").

목표를 향해 나아가고 목표를 달성하는 것 자체가 강화다. 목표를 달성하면 기분이 좋은 것은 바로 그 때문이다. 목표 관련 행동의 문제는 ADHD 학생들에게 공통적인 현상이다(Barkley, 2006). 그들은 과제와 관련된 목표를 알지 못하며 작업기억 속에 목표를 유지하기 어렵다. 그들은 또한 수행 능력을 억제하는 왜곡된 목표를 설정하기도 한다. 예를 들면, 어떤 ADHD 학생은 수행 회피 목표(즉, 무능력하게 보이는 것을 피하기 위한)를 갖기도 한다(Barron et al., 2006). 이 경우 학생은 과제를 성취하겠다는 데 관심을 갖기보다는 무능하게 보이는 것을 회피하는 데 관심을 갖는다.

목표 설정은 ADHD 학생이 지닌 다양한 문제에 효과적으로 활용되어 왔다. 예를 들면, 트래멀, 쉴로스와 앨퍼(Trammel, Schloss, & Alper, 1994)는 중 · 고등학교 학생들에게 숙제 완수를 자기 점검하는 방법을 알려 주었고, 그 결과 학생들의 숙제 완수 비율이 증가하였다. 이후 연구자들은 숙제 완수를 위한 목표 설정과 결과를 도표화하는 방법을 학생들에게 교육하였다. 이 목표 설정을 통해 학생들은 숙제 완수 비율을 한 차례 더 증가시켰다. 배리와 메서(Barry & Messer, 2003)는 일반 학급에 속한 초등학교 6학년 ADHD 학생들의 방해 행동 수준을 감소시키기 위하여 자기 관리(SMGT) 및 목표 설정을 강화와 함께 사용하였다. 목표 설정은 수업 과정에도 효과적이다. 예를 들면, 리네만과 리이드(Lienemann & Reid, 2008)는 목표 설정을 에세이 작성 전략 교육의 한 부분으로 사용하였다. 먼저 교사와 학생은 에세이의 모든 구성 요소를 포함한 에세이 작성이 왜 중요한지 논의하였으며, 이후 그들은 학생이 이전에 작성한 에세이를 검토하여 필요한 구성 요소를 얼마나 포함하고 있는지 확인하고 그 결과를 도표화했다. 다음으로는 모든 구성 요소를 포함한 에세이 작성을 목표로 설정하였다. 이후 학생은 자신이 작성한 각각의 에세이를 검토하여 그 속에 포함된 구성 요소의 수를 세어서 그 결과를 도표에 기록하였다. 연구자들은 목표 달성이 학생들에게 동기부여가 된다는 결론을 내렸다. 유념해야 할 것은 일반적으로 목표 설정은 학생이 현재 자신의 수행 능력과 자신이 설정한 목표를 비교하는 자기 평가 과정을 포함하고 있다는 점이다(Schunk, 2001). 동기부여는 바로 이 평가 과정에서 생겨나는 것이다.

목표 설정을 가르치는 것은 비교적 단순하다. 먼저, 교사와 학생이 만나 한 분야의 성적에 대하여 논의한다(예: 단어 시험 결과). 교사와 학생은 함께 적절한 목표를 설정하고, 언제까지 그 목표에 도달하겠다는 시기를 결정한 후 목표로 나아가는 과정을 어떻게 점검하겠다는 계획표를 마련한다. 적절한 목표 설정은 매우 중요하다. 효과적인 목표는 다음과 같아야 한다(Bandura, 1988).

- 구체적이어야 한다. 좋은 목표는 매우 구체적인 것이다. 모호한 목표(예: 최선을

다하는 것)는 구체적인 목표(예: 수학 시험에서 80점 이상을 받는 것)만큼 효과적이지 못하다.

- 시기적으로 가까워야 한다. 최선의 목표는 빨리 이루질 수 있는 것이다(예: 수업 시간이 끝날 때까지 받아쓰기 세 번 할 것). 시기적으로 가까운 목표는 미래에 달성될 수 있는 먼 목표(예: 금년 말까지 단어 100개 외우기)보다 효과적이다. 목표를 달성하는 데 걸리는 긴 시간은 강화나 동기부여를 감소시키거나 아예 없애 버린다. 이 점은 빈번한 강화가 필요한 ADHD 학생에게 중요하다. 그러나 시간이 오래 걸리는 목표의 달성을 위해 일련의 가까운 목표를 연속적으로 사용하는 것은 무방하다.
- 적당하게 어려워야 한다. 가장 효과적인 목표는 적당히 어려운 것, 즉 너무 쉽거나 너무 어렵지도 않은 것이다. 너무 쉬운 목표는 노력을 덜하거나 안 하도록 만든다(Johnson & Graham, 1990).

목표 설정이 효과를 거두기 위해서는 목표가 반드시 가치 있는 것이어야 한다. 학생이 목표에 대한 별다른 중요성을 느끼지 못한다면 노력이나 동기부여, 나아가 개선의 효과 또한 없을 것이다. 따라서 교사는 목표 달성이 가져다줄 수 있는 이익을 정확하게 설명해 줄 필요가 있다(예: 과제를 해내면 휴식 시간을 즐길 수 있다). 이를 위해 실제적인 목표 설정이 매우 중요하다. 따라서 교사는 학생을 도와 현실적이고 실현 가능한 목표가 설정될 수 있도록 해야 한다. 학생이 혼자서 설정하는 경우 지나치게 높거나 지나치게 쉬운 목표를 설정할 수 있으므로 이런 경우는 지양한다.

교사는 또한 학생이 목표를 향해 나아가는 과정을 알도록 노력해야 하는데, 이는 동기부여를 증가시켜 주는 자기 평가적 피드백을 학생에게 제공한다. 학생이 목표로 향해 가는 과정을 스스로 알 수 있도록 돕는 한 가지 방법은 자기 점검과 목표 설정을 서로 병합하여 학생이 자신의 수행 정도를 스스로 기록하고 도표화하도록 만들어 주는 것이다. 도표는 학생에게 강력한 시각적 피드백을 제공한다. 또한 교사는 목표로 향해 가는 학생의 진행 과정이 단순한 요행이나 외부적 요인이 아닌 학생 자신의 노

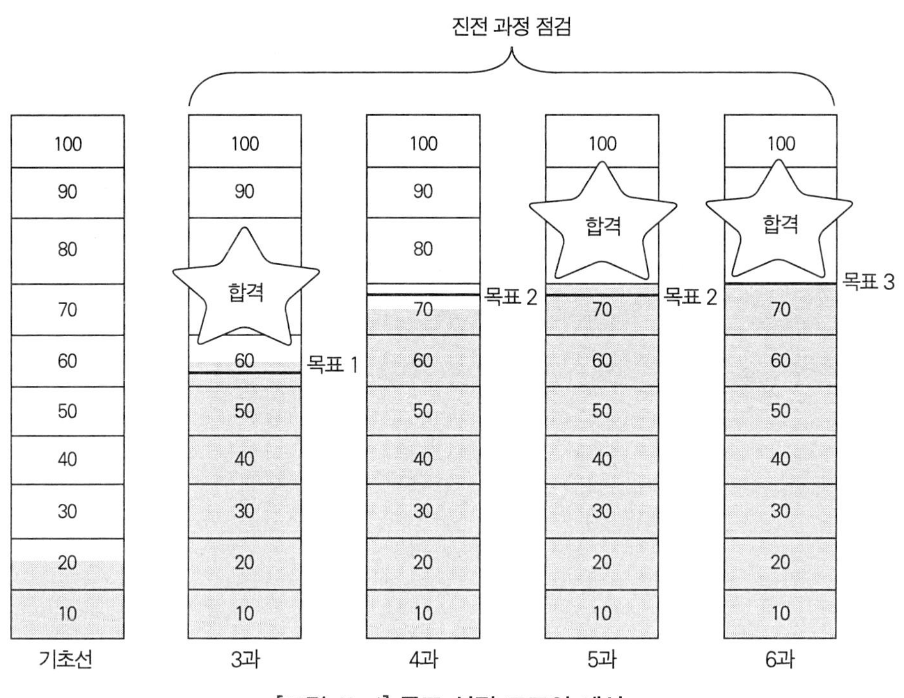

[그림 11-4] 목표 설정 도표의 예시

출처: Hagaman, Luschen, & Reid (2010).

력의 결과임을 강조해야 한다(Schunk, 2001). [그림 11-4]는 목표 설정 도표의 예를 보여 준다. 학생이 다소 시간이 걸리는 목표(예: 수학 시험 100점)를 설정할 수도 있다는 점에 유의해야 한다. 이는 충분히 이해할 만하지만, 이 경우 교사는 보다 가까운(그리고 보다 쉬운) 목표(예: 수학 시험 70점)를 설정해 주어야 한다. 또 교사는 학생이 목표를 달성하는 데 도움이 되는 절차를 만들어 줄 필요가 있다. 예를 들면, 교사는 학생에게 매일 10분 동안 곱셈 연습 문제 풀이 시간을 제시하고 학생이 정답의 수를 스스로 점검하게 할 수 있다.

5. 자기 강화

자기 강화(self-reinforcement)는 미리 정해 놓은 기준에 도달하거나 그 기준을 초과하여 강화물을 선택하고, 그 강화물로써 자기 보상을 할 때 발생한다(예: '20쪽을 읽으면 휴식을 취할 수 있다.'; Graham et al., 1992). 짐머만과 슝크(Zimmerman & Schunk, 1989)는 이러한 과정이 아동의 자연스러운 성장 과정과 유사하다는 점에 주목했다. 즉, 기대에 도달하면 긍정적인 강화가 있고, 이와 반대로 기대에 도달하지 못하면 아무런 반응이 없거나 부정적인 반응이 생긴다는 사실을 배우는 것과 마찬가지라는 것이다. 이러한 과정을 통해 아동은 자신의 행동에 대해 자기 강화를 하는 법을 배우게 된다. 적절하게 자기 강화를 하는 법을 배우는 것은 많은 ADHD 학생에게 중요하다. ADHD 학생이 행동을 지속하거나 변화시키기 위해서는 빈번한 강화가 필요하다. 이런 점에서 자기 강화는 필요한 강화를 제공할 수 있는 능률적이고 효과적인 수단이 될 수 있다.

비록 다른 자기 조절 전략에 비해 자기 강화의 사용 빈도가 떨어지긴 하지만, ADHD 학생에게는 효과적으로 사용되어 왔다. 예를 들면, 아지볼라와 클레멘트(Ajibola & Clement, 1995)는 6명의 ADHD 학생에게 자기 점검, 목표 설정 그리고 자기 강화를 함께 사용하였다. 학생들은 자신이 달성하고자 하는 읽기 문제의 수를 목표로 설정하고 실제로 맞힌 정답의 수를 자기 점검하여 정답을 맞힐 때마다 스스로 1점을 부여하였다. 매일 수업 후에 학생들은 목표 달성을 했을 경우 '지급대장'에 도장을 받았다. 학생들은 총 4개의 도장을 받으면 가시적인 강화물로 보상을 받았는데, 이 중재를 통하여 학업 성취도에 상당한 향상을 나타냈다.

자기 강화에는 네 단계의 과정이 있다. 첫째, 교사는 기준을 설정해야 하는데, 이 기준은 반드시 학생이 보상을 받기에 적절한 것이어야 한다. 이 기준 설정은 가능하다면 학생과 함께 하는 것이 바람직하다. 또한 기준은 명확하고 객관적이어야 한다. 예를 들면, '수학을 좀 더 잘하기'보다는 '수학 문제 풀이에서 80점 받기'가 더 적절하다. 기준은 가급적 낮게 설정하여 학생이 상대적으로 빠른 시기에 몇 가지 강화를 받을 수 있도록 해야 한다. 둘째, 교사와 학생이 함께 강화물을 선택해야 한다. 이 과정에는 학생의 참여가 바람직하다. 그들이 자신이 받을 보상이 무엇인지 알 수 있게 만들기 때문이다. 셋째, 학생이 강화를 받을 기준에 도달했는지의 여부를 어떻게 평가할 것인지 결정해야 한다. 예를 들면, 학생이 스스로 검토하거나 교사에게 가지고 와서 교사가 검토할 수 있다. 마지막으로, 학생이 기준에 도달하거나 그 기준을 초과하면 스스로에게 강화물을 수여할 수 있다. 유의해야 할 것은 강화물의 수여가 철저하게 학생 독자적으로 이루어질 필요는 없다는 점이다. 예를 들면, 학생이 강화물을 스스로에게 수여하기 전에 교사와 함께 검토할 수도 있다. 자기 강화는 목표 설정과 유사한 점이 많기 때문에(예: 수행에 대한 기준 설정, 기준 수준 달성에 따른 강화) 결합하여 함께 사용되는 경우가 많다.

6. 자기 교습

자기 교습(self-instructions) 전략은 행동, 정서 혹은 인지를 유도하거나 스스로 규제하기 위해 자기 진술을 사용한다(Graham et al., 1992). 자기 교습 전략은 행동을 자기 조절하는 데 언어가 자주 사용된다는 사실과 이는 정상적인 발달 과정의 일부분이라는 사실을 최대한 활용한다(Harris, 1990).

자기 교습 중재는 행동을 지시하거나 자기 조절하기 위해 유도된 자기 진술을 사용한다(Graham et al., 1992). 이 전략은 말 그대로 학생이 과제나 행동을 하면서 스스로에게 말하는 법을 가르치는 것이다. 자기 교습은 매우 다양한 목적으로 사용될 수 있는데, 〈표 11-2〉가 자기 교습의 몇 가지 기본적인 기능을 제시하고 있다(Graham et al., 1992). 자기 교습 전략은 ADHD 학생에게 특히 유용하다. 왜냐하면 행동을 조절하기 위한 언어 사용이 어렵다는 점이 ADHD 학생의 핵심적인 집행기능장애의 하나로 간주되기 때문이다(Barkley, 2006).

표 11-2 자기 교습 예시

자기 교습의 형태	예
문제 정의: 과제의 본질과 요구 정의하기	"좋아, 지금 무엇을 해야 하지?" "다음 단계는 무엇이지?"
집중하기/계획하기: 과제에 집중하고 계획하기	"시간을 갖고 집중할 필요가 있어." "이 문제를 해결하는 최선의 방법은 무엇이지?"
관련 전략: 전략을 채택해서 사용하기	"전략을 써야 한다는 것을 기억해야 해." "그래, 지금 필요한 것은 나의 네 가지 B전략을 기억하고 있는 것이야."
자기 평가: 잘못된 점을 찾아서 고치기	"내가 얼마나 잘하고 있는지 검토할 필요가 있어." "이 답이 맞는 걸까?" "이런, 틀렸네. 고쳐야겠군."
대처하기: 어려움/실패에 대처하기	"계속하면 할 수 있어." "이건 어려운 로켓 공학이 아니야. 나는 할 수 있어." "호흡을 가다듬고 긴장을 풀자."
자기 강화: 스스로에게 보상하기	"해냈어. 아주 잘했어!" "열심히 했고, 제대로 했어!"

출처: Reid & Lienemann (2006a).

한때 몇몇 연구자(예: Breswell, 1998)는 아비코프(Abikoff, 1985, 1991) 보고서를 근거로 하여 자기 교습 전략이 효과가 없다고 판단하였다. 그러나 해리스 등(Harris et al., 2005)에 따르면, 자기 교습 전략이 효과가 없다는 주장은 복잡하고 광범위한 사회적 행동과 문제 해결 행동을 목표로 한 실험적 환경(예: 병원)에서 자기 교습을 가르친 연구들을 근거로 하고 있다. 이 연구들은 자기 교습 전략이 가정과 학교 환경에도 일반화될 수 있을 것으로 기대하였다. 이와 반대로, 자기 교습 전략을 보다 구체적인 문제행동에 적용하면 이전의 결과와는 달리 매우 효과적일 수 있다. 이 점은 최근의 연구에서도 나타난다(Robinson, Smith, Miller, & Brownell, 1999). 예를 들면, 호건과 프레이터(Hogan & Prater, 1993)는 극단적 방해 행동, 집중력 문제, 산만함을 지닌 학생의 감정 폭발의 횟수를 줄이기 위해 자기 교습과 자기 점검을 사용하였다. 즉, 학생에게 화가 날 때 즉각적으로 반응하기 전에 멈추고, 수를 세고, 생각하라고 가르쳤다. 학생에게 자기 교습 단계의 목록을 주고, 그 단계들을 함께 검토한 후에 학생의 감정이 폭발할 것 같은 느낌이 들면 자기 교습의 각 단계를 사용하도록 교육한 것이다. 자기 교습을 사용한 후에 학생은 교실은 물론이고 학습도움실에서도 감정 폭발을 보이는 경우가 거의 없었다.

학생들에게 자기 교습을 가르치는 것은 비교적 단순하다(Graham et al., 1992). 첫째, 교사와 학생은 언어화하는 것의 중요성 및 우리가 스스로에게 하는 말이 어떻게 우리 자신에게 도움이나 해가 되는지를 논의한다. 이 부분이 매우 중요한 이유는 일반적으로 ADHD 학생은 매우 부정적으로 자기 진술을 하기 때문이다(예: "난 바보야." "난 할 수 없어."). 따라서 논의를 하면서 자신을 돕기 위해 말을 어떻게 사용할 것인지에 초점을 두도록 한다. 둘째, 교사와 학생은 서로 협력하여 의미 있고, 개인적으로 과제에 적절한 자기 진술을 개발한다. 이 시점에서 교사가 반드시 기억하고 있어야 할 것은 자기 교습이 단순히 교사가 만들어 준 진술을 학생이 앵무새처럼 반복하는 것이 아니라는 점이다. 자기 교습 훈련은 독백이 아닌 대화다. 자기 교습이 성공을 거두기 위해서는 자기 진술이 반드시 학생에게 의미가 있어야 하며, 가장 의미 있는 진술은 학생 자신이 개발한 진술이다. 그러나 교사가 개발한 진술을 학생이 좋아할 경우에는 그 진술을 사용하는 것이 좋다. 셋째, 교사와 학생은 자기 진술을 사용하는 법을 모델링하고, 그 진술을 언제 어떻게 사용할 것인지 논의한다. 마지막으로, 교사는 과제를 수행할 때 자기 교습의 사용 방법을 함께 연습할 기회를 제공한다. 이 연습에는 자기 진술을 모델링하는 것과 자기 진술을 언제 어떻게 사용할 것인지 논의하는 것을 포함한다. 자기 교습의 궁극적인 목표는 학생이 모델링되고, 외면적인 자기 진술(즉, 자신에게 크게 말하는 것)을 구사하는 것에서 조용하고 내면화된 말을 사용하는 것으로 발전하도록 돕는 것이다(Harris, 1990).

7. 주의할 점과 한계점

이 장에서는 ADHD 학생을 위한 자기 조절 전략의 사용에 대해 논의하고 이 전략이 교실에서 ADHD 학생들에게 매우 성공적으로 사용되어 왔음을 입증하는 많은 예를 제시하였다. 이 전략이 강력하고 잠재적으로 매우 유용한 것은 사실이지만, 교사가 알아야 할 한계점과 주의점이 있다.

- 자기 조절 전략이 새로운 행동을 만들어 내지는 않는다. 자기 조절 전략은 학생이 이미 갖고 있는 행동들을 사용하도록 하며, 새로운 행동을 만들어 내지는 않는다. 자기 조절로 가능한 것은 행동의 발생 빈도를 높이거나(예: 과제에 집중하는 것) 학생이 과제를 할 때 스스로 자신을 안내하도록 돕는 것이다. 예를 들면, 학생이 수학 연산을 알긴 하지만 연산 과정에서 부주의한 실수를 하거나 집중력에 문제를 보인다면 학생에게 매일 수학 문제의 정답 수를 자기 점검하는 방법을 가르쳐 주는 것이 적절할 것이다. 그렇지만 자기 점검만으로 학생의 수학 연산 실력이 더 늘지는 않는다.
- 자기 조절 전략은 통제 불능인 학생을 위한 것이 아니다. 자기 조절 전략은 자주 극단적인 행동(예: 신체적 폭력)을 보이는 학생에게는 적절하지 않다. 이런 형태의 문제에는 행동적 중재가 더 적절하다.
- 자기 조절의 일반화를 기대하지 말라. 가장 효과적인 자기 조절은 구체적인 환경과 구체적인 행동을 목표로 하는 것이다. 한 학생이 특정 환경에서 대단한 향상을 보였다고 해서 다른 환경이나 행동에서도 같은 결과를 기대할 수는 없다. 예를 들면, 한 학생이 숙제를 자기 관리하는 방법을 배워 숙제의 완성도와 질이 급격히 향상되었다 하더라도, 학생이 자발적으로 그 전략을 학습 준비물의 조직화에 적용하지는 않는다. 그러나 한 가지 전략이 효과를 보았다면, 교사가 학생과 함께 그 전략을 다른 환경이나 새로운 과제에 적용하도록 협력할 수는 있다. 이

렇게 해서 교사는 앞의 예에서처럼 학생과 함께 학습 준비물을 조직화할 수 있도록 자기 관리를 개발할 수 있다. 이 과정에서 주목할 만한 사실은 학생들이 자주 자기 조절 전략이 유용하다는 것을 깨닫고, 그 전략을 다른 목적에 사용하는 것을 잘 받아들인다는 점이다. 다만 학생들이 독자적으로 이렇게 할 가능성은 적다.

- **환경을 기억하라.** 자기 조절은 저절로 일어나는 것이 아니다. 환경은 자기 통제에서 매우 중요한 요소다. 환경은 자기 조절을 강화시키거나 가능하게 할 수도 있고, 실현 불가능할 것 같이 만들 수도 있는 중요한 요인이다(Mace et al., 2001). 학생들에게 구조적인 환경과 예측 가능하고 안정적인 계획안을 제공하는 것이 효과적인 자기 조절의 발생 가능성을 높일 수 있는 중요한 선행 요건이 된다. 이와 반대로, 무질서하고 혼란스러운 교실 환경에서는 성공적인 자기 조절이 일어나기 어렵다. 또 학생들은 자신의 과제 완수를 위하여 환경을 자기 조절할 수도 있다(예: 공부하기에 조용하고 산만하지 않은 장소 찾기). 최적의 장소에서도 ADHD 학생은 자기 조절을 하는 데 어려움이 있을 수 있다는 점을 명심해야 한다. 덧붙인다면, 자기 조절을 향상할 수 있는 간단한 환경적 변화 방법은 많이 있다. 예를 들면, 과제물을 모을 수 있는 폴더를 제공하거나, 사물함에 힌트를 붙여 준다거나("책 가지고 가는 것 기억하고 있니?"), 혹은 힌트 카드(과제 수행의 단계들을 알려 주고 과제 수행에 신호를 주는)를 제공하는 것이다. 교사는 자기 조절 전략과 지지적 환경 조성의 두 가지 모두에 집중해야 한다.

요 약

ADHD 학생이 겪는 많은 문제의 근본적 원인은 자기 조절의 어려움에 있다. 예를 들면, ADHD 학생은 숙제를 마칠 수는 있지만 곧 그것을 잃어버리거나 제출해야 한다는 사실 자체를 잊어버린다. 자기 조절 전략은 ADHD 학생에게 그들 자신이 겪는 많은 문제에 보다 효과적으로 대처할 수 있는 방법을 제공할 것이다. 이 장에서 숙지해야 할 핵심적인 사항은 다음과 같다.

√ 자기 조절 전략은 ADHD 학생에게 효과적이다. 특히 ADHD 학생의 문제가 기술 결손이 아닌 수행 결손에 기인할 경우에 더 효과적이다.

√ 자기 조절 전략은 단독으로 사용할 수도 있지만, 흔히 다른 전략과 함께 결합하여 사용된다(예: 자기 점검이나 목표 설정과 함께 사용).

√ 자기 점검은 결과에 대한 학생의 자기 평가와 자기 기록을 포함한다. 자기 점검의 주요한 장점은 지속적인 수행 피드백을 제공할 수 있다는 점이다.

√ 자기 관리는 학생의 자기 평정과 교사의 평정을 비교하는 평가적 피드백을 포함한다. 이 기법은 자신의 수행에 대한 학생의 인식이 매우 부정확할 때(즉, 긍정적 환상 편향) 유용하다.

√ 목표 설정은 ADHD 학생에게 특히 적절하다. 왜냐하면 ADHD 학생은 작업기억 속에 목표를 유지시키는 것이 어렵기 때문이다. 그렇지만 교사는 학생이 그들 자신의 목표를 달성할 수 있는 수단을 갖고 있다고 확신할 필요가 있다.

√ 자기 강화는 ADHD 학생에게 추가적인 강화를 제공하는 데 유용하다.

√ ADHD 학생에게는 언어를 사용하여 행동을 안내하고 구조화하는 것이 매우 어렵다. 유도된 자기 진술을 사용하는 자기 교습은 학생이 언어를 사용하여 과제를 완수하고 부적절한 행동을 줄이도록 할 수 있다는 점에서 유익하다.

√ 자기 조절 전략에는 한계가 있다. 즉, 자기 조절 전략이 새로운 행동을 만들어 내지는 않는다. 따라서 자기 조절 전략은 통제 불가능한 학생에게는 부적절하며, 여러 가지 상황에 일반화될 가능성이 적다.

√ 환경은 성공적인 자기 조절에 매우 중요한 요인이다. 안정적인 교실 환경은 효과적인 자기 조절을 위한 선행 요건이 된다.

ADHD

Chapter 12

생존 기술

못 하나가 없어 말편자를 잃었다네.
말편자가 없어 말을 잃었다네.
말이 없어 기수를 잃었다네.
기수가 없어 전투에서 패했다네.
전투에서 패해 왕국을 잃었다네.
말편자에 못 하나가 없어 전부를 잃었다네.

– 옛 속담

작은 것이 중요하다. 옛 속담에서처럼, 때로는 작은 문제가 연쇄적으로 이어져 훨씬 더 큰 문제를 초래할 수 있다. 어떤 단일 문제도 그 자체로서 중대한 것은 없다. 그러나 그 작은 문제가 좀 더 큰 문제로 이어지기 때문에 결국에는 재앙이 되는 것이다. 불행히도, 우리는 교실에서 작은 문제를 대수롭지 않게 여기거나 당연한 것으로 취급한다. 교실에서의 성공에 결정적인 영향을 미치는 한 가지 '작은 것'이 생존 기술(survival skills)이다. 생존 기술은 학생이 교실 환경의 요구에 대처할 수 있게 하는 비학업적 행동을 말한다(Zigmond, Kerr, & Schaeffer, 1988). 〈표 12-1〉은 중요한 생존 기술의 예를 제시한 것이다. 이 기술들은 교실에서 성공하는 데 매우 중요한 사회적이고 조직적인 행동이라는 이유 때문에 생존 기술이라고 부른다. 이러한 행동은 우리가 당연하고 사소한 것으로 여기는 것이다. 즉, 우리는 이러한 행동이 일상적으로 일어날 것이라고 기대한다. 그러나 생존 기술의 문제라는 사회적이고 조직적인 문제를

표 12-1 고등학교 생존 기술

- 과제를 제시간에 끝마치기
- 제시간에 등교하기
- 빠지지 않고 정규적으로 수업에 출석하기
- 부적절한 행동에 따르는 결과 받아들이기
- 학업 수행 향상에 관심 갖기
- 다양한 상황에 적절하게 행동하기
- 목표 달성을 위한 계획 세우기

출처: Brown, Kerr, Zigmond, & Harris (1984).

표 12-2 고등학교 생존 기술 문제

- 교사가 내준 과제를 늘 안 해 오는 행동
- 교사에게 말대꾸하는 행동
- 적혀 있는 지시 사항을 따르지 못하는 행동
- 수업 중에 잠자는 행동
- 쉽게 포기하는 행동
- 필요한 학습 준비물을 안 가져오는 행동

출처: Brown, Kerr, Zigmond, & Harris (1984).

갖고 있는 학생은 교실에서 어려움에 부딪힐 것이고 교사와 부정적인 관계를 경험할 것이다. 〈표 12-2〉는 생존 기술의 문제로 확인된 행동의 예를 제시한 것이다.

ADHD 학생은 자주 생존 기술이 결핍되고 생존 기술과 관련된 문제행동을 보인다. 앞의 여러 장에서 살펴본 것처럼, 많은 생존 기술 문제는 ADHD 학생에게 공통적으로 나타나는 행동이다. 사실 몇 가지 행동(예: 과제를 끝마치는 경우가 거의 없는 것, 지시 사항을 잘 따르지 못하는 것)은 DSM-IV 진단 기준의 증상과 매우 유사하다. 문제행동은 연필 잃어버리기, 과제물 분실하기, 수업 시간에 옆 학생과 잡담하기와 같이 사소한 것일 수 있다. 또한 문제행동은 사회적인 것일 수도 있다. 예를 들면, 학생은 중요한 사회적 단서(예: 오늘 선생님의 기분이 좋지 않다)를 인식하지 못하거나 엉뚱한 소리를 할 수 있다. 또한 반항적 행동(예: 무례한 말대꾸)의 문제도 있을 수 있다. 이런 행동은 그 수위가 낮거나 횟수가 한두 번일 경우에는 문제가 되지 않는다. 어쩌다 한 번 연필을 잃어버리거나 한 번 부적절한 농담을 하는 것이 학업 수행에 지대한 영향을 미치거나 교사와의 관계에 해를 끼치지는 않는다. 그렇지만 ADHD 학생은 이러한 행동을 지속적으로 할 가능성이 높으며, 그래서 학업 수행이나 교사와의 관계에 부정적인 영향을 미칠 수 있다. 또래 학생들과 좋은 관계를 맺는 데도 문제가 있을 수 있다(예: ADHD 학생은 친구가 없는 경우가 많다). 친구가 없다는 것은 학생이 학교 활동에 참여하는 범위에 영향을 미칠 수 있다. 이러한 이유 때문에 사회적 기술과 조직화 기술(organization skills)을 가르치는 것은 ADHD 학생에게는 일종의 구명 도구를 제공하는 것과 같다.

이 장에서는 ADHD 학생을 위한 생존 기술에 대해 살펴볼 것이다. 먼저, ADHD 학생이 보이는 공통적인 사회적 기술 문제를 설명하고, 사회적 기술 문제를 평가할 수 있는 방법에 관한 정보를 제공한 후, 사회적 기술 문제를 지닌 학생을 돕기 위해 교사가 할 수 있는 일에 대한 권고를 할 것이다. 그런 다음에 조직화 기술의 문제를 갖고 있는 학생을 교사가 도울 수 있는 방법에 대해 논의하고, 학생의 조직화와 수업 참여도를 향상할 수 있는 전략의 예를 제공하고자 한다.

1. ADHD 학생의 사회적 문제

학교에서의 효과적인 사회적 기능이 중요한 이유는 몇 가지가 있다. 첫째, 사회적 행동 문제는 스트레스를 가중시킨다. ADHD 학생에게 학교 환경은 스트레스를 주는 환경이 될 수 있다. 예를 들면, ADHD 학생은 학교폭력이나 따돌림의 대상이 되기 쉽다(Exley, 2008). 청소년기의 ADHD 학생은 높은 스트레스를 경험하고 가끔 감정적인 폭발을 하는 것으로 밝혀졌다(Brook & Boaz, 2005). 높은 스트레스는 교실에서 효과적으로 적응하는 데 도움이 되지 않는다. 둘째, 사회적으로 적절한 행동은 친구를 사귀는 데 도움이 되며, 이렇게 되면 동료 지지 집단을 형성하는 데 도움이 된다. 친구들의 지지는 학교 교육 활동(예: 출석, 수업이나 다른 학교 활동)에 대한 참여도를 높이고, 이는 다시 미래의 학업 성취의 향상으로 이어진다(Finn & Cox, 1992; Perdue, Manzeske, & Estell, 2009).

사회적 문제는 ADHD 학생에게 공통적으로 나타나는 현상이다. 이 문제는 아동기 초기에 나타나서 성인기까지 이어질 수 있다(Mannuzza & Klein, 2000). 일반적으로 사회적 어려움을 주로 또래 학생들과의 관계 문제로 생각하는 경향이 있지만, ADHD 학생은 교사, 부모, 다른 성인과의 관계에서도 사회적 문제를 경험한다(Mikami, Jack, & Lerner, 2010). ADHD 학생의 사회적 기술 문제의 규모는 상당히 크다. 교사와 부모가 ADHD가 없는 일반 학생과 ADHD 학생의 사회성 기술을 평정한 연구에 따르면 일반 학생이 84%의 ADHD 학생보다 더 좋은 사회적 기술을 갖고 있는 것으로 나타났다(Mikami et al., 2010). 이러한 문제의 결과로 ADHD 학생은 또래 친구들이 회피하고 따돌림을 할 가능성이 더 많고, 매우 좁은 범위의 사회적 상호작용을 할 가능성이 더 높다(Cunningham & Siegel, 1987). 또 ADHD 학생은 또래 학생에 비해 극소수의 친구만 갖고 있는 경우가 많으며, 심지어는 또래 학생들에게 철저하게 배제당하기도 한다(Blachman & Hinshaw, 2002; Mikami et al., 2010). 이는 매우 심각한 문제다. 단지 한 명의 친구만 있어도 나중에 사회적 부적응을 겪을 위험을 감소시킬 수 있는데 ADHD 학생은 그렇지 못하기 때문이다(Bagwell, Newcomb, & Bukowski, 1998). 불행히도, ADHD 학생은 자신의 사회적 기술에 대한 긍정적 환상 편향을 갖고 있다. 따라서 ADHD 학생은 자신의 사회적 능력을 과대평가하는 경향이 있으며, 자신의 사회적 기술 결손을 무시할 가능성이 높다(Evangelista, Owens, Golden, & Pelham, 2008).

ADHD 학생은 효과적인 사회적 관계를 방해하는 과잉행동적이고 부주의하며, 충동적인 행동을 자주 한다(Cunningham & Cunningham, 2006). 예를 들면, ADHD 학생은 또래 학생들에 비해 다음과 같은 특징을 보인다.

- 또래 친구와 상호작용을 할 때 신체적 활동과 말을 더 많이 한다(Madan-Swain & Zentall, 1990).
- 화제의 전환을 더 못한다(Clark, Cheyne, Cunningham, & Siegel, 1988).
- 대인관계에서 긍정적인 말을 더 적게 한다(Madan-Swain & Zentall, 1990).
- 대화에서 부적절한 말을 더 많이 하며 친구의 요구를 더 못 알아차린다(Mikami et al., 2010).
- 독단적이고 비협조적인 상호작용 방식을 보인다(Cunningham & Siegel, 1987).
- 더 공격적이거나 적대적인 행동을 나타내며, 일찍(취학 이전)부터 또래 아동보다 더 공격적인 것으로 인식된다(DuPaul et al., 2001).

또 ADHD 학생은 타인의 감정을 이해하고 해석하는 데 어려움을 갖고 있으며, 자신의 감정을 적절하게 잘 표현하지 못한다(Kats-Gold, Besser, & Priel, 2007; Kats-Cold & Priel, 2009). 따라서 ADHD 학생은 상대방의 의도를 곧잘 오해하곤 한다(예: 선의의 행동을 적대적인 것으로 해석할 수도 있음). ADHD 학생은 자신이 갖고 있는 ADHD의 유형에 따라 다른 사회적 문제를 나타내는 것으로 알려져 있다. 예를 들면, 부주의 유형의 ADHD 학생은 수동적이고 움츠러드는 경향이 있으며, 복합 유형의 ADHD 학생은 공격성을 표출하거나 대화에서 주제와 관련 없는 말을 더 자주 하는 경향이 있다(Mikami et al., 2010). 성별 차이가 ADHD 학생의 사회적 기술에 미치는 영향은 분명하지 않다. 일부 연구에서는 여학생이 남학생에 비해 거부를 덜 당하는 것으로 나타난 반면에, 다른 연구에서는 차이가 없는 것으로 나타났다(Mikami et al., 2010). 이러한 문제의 결과 때문에 ADHD 학생은 단 한 번의 짧은 만남만으로도 또래 친구들에게 부정적으로 인식되는 경우가 많다(Ernhardt & Hinshaw, 1994; Hinshaw, 2002).

교사는 사회적 관계가 진공상태에서 일어나는 것이 아니라는 점을 알고 있어야 한다. 즉, ADHD 학생을 대하는 또래 친구들의 행동 역시 ADHD 학생의 사회적 기능에 영향을 미친다(Mikami et al., 2010). 또 ADHD라는 명칭 자체도 ADHD 학생에 대한 또래 친구들의 인식에 부정적인 영향을 미칠 수 있고, 이는 다시 ADHD 학생에 대한 또래 친구들의 행동에 영향을 줄 수 있다. 연구에 따르면, ADHD라는 명칭은 또래 친구들의 부정적인 판단을 끌어내며, 또래 친구들은 ADHD로 명명된 학생과 친구가 되기 싫어한다(Mikami et al., 2010). 한 연구(Harris, Milich, & McAninch, 1998)에서는 ADHD가 없는 학생들을 연구 대상으로 활용하였다. 동료 학생들에게 연구 대상 학생이 ADHD 학생이라고(이는 사실이 아니었지만) 알려 주었을 때, 동료 학생들은 연구 대상 학생에게 나쁘게 행동하였고, 이는 다시 연구 대상 학생이 부정적 행동으로 반응하게 하였다. 아이러니컬하게도, 연구 대상 학생이 하는 행동은 실제로 동료 학생들의 기대를 확고하게 만드는 행동이었다.

1) 사회적 기술의 평가

사회적 기술 문제의 심각도와 특성을 측정하기 위해서는 여러 가지 사회적 기술 평가 도구가 사용된다. 평가의 양식은 평가의 목적에 따라 달라질 것이다(Spence, 2003). 평가의 목적으로는 ① 사회적 어려움을 겪고 있는 학생을 가려내기 위한 것, ② 적절한 중재를 위해 구체적인 결손이나 능력에 대한 정보를 제공하는 것, ③ 중재의 효과를 평가하기 위한 것 등이 있다. 평가의 양식에는 면담, 평정척도, 직접 관찰, 사회측정법을 비롯하여 여러 가지가 있다. 면담은 학생에게 사회적 기능과 관련된 여러 가지 질문을 하는 것으로(예: 친구가 몇 명입니까?), 이러한 질문을 통해 중재의 목표로 삼을 잠재적 문제 영역을 가려내는 데 사용할 수 있는 일반적인 기능과 사회적 관계에 대한 정보를 얻을 수 있다. 평정척도는 교사에게 학생의 사회적 기술과 관련된 일련의 항목(예: 친구 쉽게 사귀기)에 대해 평정을 하게 한다(학생 스스로 자신에 대해 평정하게 할 수도 있다). 교사는 평정척도를 통해 학생의 사회적 기술을 다른 또래 학생들의 사회적 기술과 비교할 수 있기 때문에 사회적 기술 문제를 갖고 있는 학생을 가려내는 데 이것을 활용할 수 있다.

행동 직접 관찰은 사회적 기술이 드러나는 일상의 자연스러운 상황 속에서(예: 운동장에서) 학생을 관찰하는 것이다. 직접 관찰은 매우 많은 노력과 관찰자 훈련을 필요로 하지만, 이 방법을 통해 구체적인 사회적 행동(예: 놀이 활동에 참여하기)에 관한 매우 유용한 정보도 얻을 수 있다. 사회측정법은 동료 학생들에게 따돌림을 당하거나 무시당하는 학생을 가려내기 위해 사용한다(Spence, 2003). 이 방법은 학급에 있는 모든 학생에게 가장 좋아하는 친구와 가장 싫어하는 친구를 적어 내게 하고, 함께 놀거나 공부하고 싶은 친구와 그렇지 않은 친구를 적어 내게 하는 것이다. 사회측정법의 사용에는 두 가지의 문제점이 있다(Merrell, 2001). 첫째, 사회측정법은 사회적 기술을 측정하지 못한다. 따라서 어떤 학생이 친구들에게 얼마나 따돌림을 당하고 있는지에 관한 정보는 알 수 있지만, 그 이유에 대한 정보는 알 수 없다. 둘째, 윤리적인 문제로서, 사회측정법을 실시할 경우 학급 학생들 중에서 이것을 실시할 모든 학생의 부모에게 사전 통지를 하고 동의를 구해야 한다. 사실 이렇게 하기는 쉽지 않다. 〈표 12-3〉은 학교에서 사용할 수 있는 사회적 기술 평가 도구의 예다. 학생들의 사회적 기술 평가에 관한 더 자세한 정보는 csefel.vanderbilt.edu/documents/rs_screening_assessment.pdf를 참고하기 바란다.

표 12-3 사회적 기술 평가 도구

- **아동 및 청소년 사회적응검사(SAICA)**

SAICA(social adjustment inventory for children and adolescents)는 6세에서 18세까지의 아동을 위한 반구조화 면담이다. 이것은 아동을 잘 알고 있는 부모나 교사가 실시할 수 있다. SAICA를 사용하는 면담자는 아동과 함께 활동해 본 경험이 있어야 한다. SAICA는 모두 77문항으로 구성되어 있는데, 이 문항은 관찰 가능하고 잘 정의된 사회적 상호작용과 결과에 대한 내용을 모두 다루고 있으며, 아동기에 나타날 가능성이 있는 활동과 상호작용을 포함하고 있다. 실시에는 약 30분이 소요된다(John, Gammon, Prusoff, & Warner, 1987).

- **사회적 기술 향상 시스템 평정척도(SSIS)**

SSIS(social skills improvement system rating scales)는 3세에서 18세까지의 아동을 위한 규준지향 평정척도다. SSIS의 유형에는 교사용, 부모용, 아동 자기보고용이 있다. SSIS는 기술형성 중재로서 직접 다룰 수 있는 구체적인 사회적 기술과 수행 결손을 확인하기 위한 것이다. 평가되는 사회적 기술의 영역에는 의사소통(예: 화제 전환, 대화할 때의 눈 맞춤), 자기주장(예: 어른에게 도움을 요청하는 것), 책임감(예: 자신의 행동에 책임을 지는 것), 공감(예: 상대방이 슬프면 자신도 슬픈 것), 참여(예: 쉽게 친구를 사귀는 것), 자기통제(예: 놀림을 받아도 참는 것) 등이 있다. 실시 시간은 약 20분이다(Gresham & Elliot, 2007).

- **학교 사회적 행동 척도-2(SSBS-2)**

SSBS-2(school social behavior scales-2)는 5세에서 18세까지의 아동을 위한 규준지향 평정척도다. SSBS-2는 두 가지의 척도로 구성되어 있다. 우선, 사회적 유능감 척도는 적응적인 친사회적 기술을 측정하는 32문항으로 구성되어 있으며, 3개의 하위척도인 또래관계(예: 다른 학생과 협력하기), 자기 관리/순응성(예: 자기 통제하기), 학업 행동(예: 제시간에 과제 끝마치기) 하위척도로 구성되어 있다. 다음으로 반사회적 행동 척도는 사회적 문제행동을 확인하는 32문항으로 이루어져 있으며, 세 가지 하위척도인 적대성/과민성(예: 불평하고 징징거리기), 반사회성-공격성(예: 싸움하기), 반항성/파괴성(예: 교사나 교직원에게 대들기) 하위척도로 구성되어 있다. 실시 시간은 약 15분이다(Merrell, 2002).

• 맷슨 아동용 사회적 기술 평가(MESSY)

MESSY(Matson evaluation of social skills for youngsters)는 4세에서 18세까지의 아동을 위한 규준지향 평정척도로, 자격을 갖춘 교사나 정신건강 전문가가 실시할 수 있다. 이 도구는 아동의 대표적인 사회적 기술을 나타내는 관찰 가능한 행동과 관련되는 64문항으로 구성되어 있다. MESSY는 적절한 사회적 기술과 부적절한 사회적 기술을 모두 평가함으로써 지나치게 아동 행동의 부정적인 측면에만 초점을 맞추는 것을 피하고 있다. 적절한 사회적 기술의 예로는 '아픈 친구 돕기' '다가가서 말하기' 등이 있으며, 부적절한 사회적 기술의 예로는 '다른 사람을 기분 나쁘게 쳐다보기' '자기에게 상처를 준 사람에게 보복하기' 등이 있다. 실시 시간은 약 15분이다(Matson, Rotatori, & Helsel, 1983).

2) 사회적 기술 훈련

사회적 기술 훈련(social skills training: SST)은 ADHD 학생 치료의 중요한 부분으로 권장되며 유망한 치료 방법으로 간주된다(Barkley, 2006). 사회적 기술 훈련은 단독으로 사용하려고 해서는 안 되며, 적절한 사회적 행동을 위한 지속적인 행동 지원(예: 적절한 사회적 행동을 위한 체계적 강화)이나 부모교육과 함께 통합하여 사용할 때 가장 효과적이다(Barkley, 2006). 사회적 기술 훈련을 부모교육과 함께 사용하면 새롭게 배운 기술을 사용하려는 학생의 노력이 인정받고 지지받을 가능성이 높아진다(Spence, 2003). 약물치료 역시 적절한 사회적 관계를 손상시킬 수 있는 적대적(예: 시비를 거는 반응)이거나 공격적인 행동을 감소시키는 데 도움이 된다. 그렇지만 약물치료만으로는 충분치 않다는 점에 유의해야 한다. 약물치료는 새로운 기술을 만들어 낼 수 없을 뿐더러 학생이 이미 갖고 있는 기술을 언제 적용해야 하는지 아는 데에도 도움이 되지 않는다(Mikami et al., 2010). 〈표 12-4〉는 사회적 기술 문제를 갖고 있는 학생에게 효과가 입증된 사회적 기술 훈련 프로그램 중에서 전국학교심리학자협회(national association of school psychologist: NASP) (2002)가 추천한 프로그램이다.

표 12-4 학생을 위한 사회적 기술 프로그램

• '멈추고 생각하기' 사회적 기술 프로그램

'멈추고 생각하기' 사회적 기술 프로그램('stop and think' social skills program)은 대인관계, 문제 해결, 갈등해결 기술에 초점을 맞추고 있다. 이 기술들은 학생이 자신의 행동을 관리하여 다른 사람과 성공적으로 상호작용을 할 수 있도록 돕는다. 여기에는 듣기, 지시 사항 따르기, 도움 요청하기, 방해요인 무시하기, 결과 받아들이기, 사과하기, 놀림 참기, 또래 친구의 압력에 대처하기, 목표 설정하기 등의 기술이 포함된다. 이 프로그램은 학생의 징계 의뢰, 정학, 퇴학을 줄이고, 긍정적인 학교 분위기와 친사회적 상호작용을 조성하고, 학생의 과제 집중 행동을 증가시키고, 학업 수행을 향상하는 데 효과가 있는 것으로 입증되었다.

▶ 웹사이트: www.projectachieve.info

• EQUIP 프로그램

EQUIP 프로그램은 5세에서 8세까지의 아동용, 청소년용, 성인용의 세 가지가 있다. EQUIP 프로그램은 대규모 집단과 소규모 집단에 모두 사용할 수 있는 10주 과정의 프로그램으로, 이 프로그램은 도덕적 판단, 분노 관리/사고 오류의 교정, 친사회적 기술을 훈련시킨다. 훈련에는 역할놀이, 집단 토론, 이야기, 자기이완 연습 등이 포함된다. 이 프로그램은 행동장애와 정서장애가 있는 학생에게도 성공적으로 사용되어 왔다.

▶ 웹사이트: www.researchpress.com/scripts/product.asp?item=4848#5134

• PREPARE 교육과정

PREPARE 교육과정은 중학생과 고등학생을 위한 것으로, 3개 영역에 걸친 10회기의 중재로 구성되어 있다. 공격성 감소 영역에는 분노 관리와 상황인식 훈련이 포함되고, 스트레스 감소 영역에는 스트레스 관리 훈련, 문제 해결 훈련, 충원적 지지 모델이 포함된다. 또한 편견 감소 영역에는 공감과 협력 훈련이 포함된다. 이 프로그램은 훈련을 통해 습득한 기술의 전이와 유지에 대해서도 다루고 있다.

▶ 웹사이트: www.researchpress.com/scripts/product.asp?item=5063

• ACCEPTS 프로그램

ACCEPTS 프로그램은 유치원에서 6세까지의 아동을 위한 프로그램으로, 개인 대 개인의 기술, 어른 대하는 법, 자기 관리 기술 등을 가르친다. 이 프로그램은 교사가 가르치며, 개별적 형태 또는 소집단 및 대집단 형태로 모두 사용될 수 있다. 이 프로그램에 포함된 사회적 기술에는 교실 기술(예: 선생님 말씀 잘 듣기, 학급규칙 준수하기), 기초적인 상호작용 기술(눈 맞추기, 적절한 목소리로 말하기, 순서 지키기), 잘 지내기 기술(예: 공손한 말 사용하기, 공유하기, 함부로 만지지 않기), 친구 사귀는 기술(예: 미소 짓기, 칭찬하기), 대처 기술(예: 누가 놀릴 때, 일이 잘 안 풀릴 때) 등이 있다.
▶ 웹사이트: www.proedinc.com/customer/productView.aspx?ID=625&SearchWord=ACCEPTS%20PROGRAM

사회적 기술 훈련 프로그램의 구성 요소는 구성 요소를 정의하기 위해 사용되는 명명법만큼이나 매우 다양하다. 그렇지만 대부분의 사회적 기술 훈련은 일반적으로 다음과 같은 폭넓은 기술 영역을 다룬다(Gresham, Sugai, & Horner, 2001; NASP, 2002; Spence, 2003).

- 또래 관계 기술(예: 눈 맞추기, 친구를 기분 좋게 놀이에 초대하기, 대화할 때 자기 차례 지키기, 순서 기다리기)
- 자기 조절(예: 행동이나 감정을 자기 점검하기, 충동적 반응 억제하기)
- 순응 기술(예: 선생님 말씀 잘 듣기, 지시 따르기)
- 문제 해결(예: 문제 상황 인식하기, 행동의 방향 정하기, 적절하게 도움 청하기)
- 갈등 해결(예: 놀림을 받거나 게임에 졌을 때 적절하게 반응하기)
- 조망 수용(예: 다른 사람의 기분 알아차리기, 사회적 단서 알아차리기)

사회적 기술을 어떻게 가르칠 것인가도 중요하다. 예를 들면, 단순히 무엇을 해야 하는지 말해 주는 것만으로는 별 효과가 없을 것이다. 사회적 기술 가르치기는 다음과 같은 내용을 포함해야 한다(Spence, 2003).

- 기술의 중요성에 대한 설명과 함께 기술(예: 눈 맞추기)을 분명하게 가르치기
- 실제적인 상황에서의 기술에 능숙한 또래 친구가 기술을 모델링하게 하기
- 역할놀이와 연습 활동을 통한 예행연습

- 훈련 상황 밖에서 기술을 사용할 수 있는 체계적인 기회(예: 기술 연습을 숙제로 내주는 것)
- 기술을 적절하게 사용했을 때 교사, 부모 또는 친구로부터 받을 수 있는 강화
- 기술을 숙달할 수 있을 정도의 충분한 기간과 강도. (많은 학생에게 기술 훈련은 몇 주가 아닌 몇 달이 걸릴 수도 있으며, 기술 훈련은 매일 실시해야 한다.)

사회적 기술 훈련이 '모든 것을 다 해결하는 것'은 아니라는 점을 명심해야 한다. 학생들이 표출하는 사회적 기술 문제의 유형은 매우 다양하다. 그뿐 아니라 학생들은 여러 가지 다양한 이유로 사회적 기술의 어려움을 갖게 된다는 점을 인식하는 것도 중요하다. 이는 ADHD 학생의 경우에 특히 그렇다. ADHD 학생은 두 가지 이유로 사회적 기술 문제를 보일 수 있다. 첫째는 기술 결손이다. ADHD 학생은 적절한 행동을 배우지 못했거나 알고 있지 못하다(예: 친구들의 대화에 불쑥 끼어드는 것은 적절한 때를 기다리는 법을 배우지 못했기 때문이다). 둘째는 수행 결손이다. ADHD 학생은 적절한 행동을 알고는 있지만, 그것을 적절하게 사용하는 방법을 모른다(예: 연필을 빌려 달라고 부탁하는 법을 알고 있지만, 정중하게 부탁하는 대신에 낚아채 간다). 바클리(Barkley, 2006)는 대부분의 ADHD 학생이 보이는 사회성 기술 문제는 수행 결손에서 비롯된 것이기 때문에 사회적 기술 훈련은 그들이 이미 갖고 있는 사회적 기술을 적절하게 사용하는 방법을 가르치는 데 중점을 두어야 한다고 강조한다. 그러나 ADHD 학생 중에는 기술 결손을 보이는 학생도 있다는 점을 유념해야 한다(Mikami et al., 2010).

교사가 학생과 함께 공식적인 사회적 기술 훈련 프로그램을 개설하는 것이 실제로는 어려울 수 있다. 이러한 경우에 교사는 개선하고자 하는 한두 가지의 행동을 목표로 설정할 수 있다. 예를 들면, 어떤 학생이 집단 활동 시간에 학습 자료를 함께 사용하는 행동이나 필요한 학습 자료를 빌리는 행동에 문제가 있다면, 교사는 적절한 행동(예: 조용히 말하기, 공손하게 부탁하기, 빌려줘서 고맙다고 말하기, 반드시 돌려주기)을 하는 방법에 대해 짧은 수업을 실시할 수 있다. 그런 다음에 ADHD 학생이 적절한 행동을 하면, 교사는 이를 체계적으로 칭찬해 주어야 한다. 또 교사는 적절하게 반응을

한 또래 친구도 칭찬하고 강화해 줄 수 있다. 적절한 비언어적 교실 행동을 위한 전략에는 SLANT 전략과 같은 몇 가지가 있다(Ellis, 1989). SLANT는 '바른 자세로 앉기(Sit up straight: S)' '상체를 앞으로 조금 기울이기(Lean forward: L)' '관심 있게 행동하기(Act like you're interested: A)' '고개를 끄덕이기(Nod: N)' '선생님께 집중하기(Track the teacher: T)'의 약어다. 이 전략을 통해 학생은 자신이 수업에 집중하여 참여하고 있다는 메시지를 전달할 수 있다. ADHD 학생에게 단순히 전략의 단계만을 알려 주는 것은 효과가 없다는 점을 명심해야 한다. 교사는 앞의 10장에서 살펴보았던 전략수업 절차를 사용할 필요가 있다.

학생이 보다 정상적인 사회적 기능을 습득하도록 돕는 것은 매우 중요하다. 이러한 도움이 없다면 ADHD 학생의 부적절한 행동이 또래 학생이나 교사의 부정적 반응을 초래하고, 이는 다시 더욱 부적절한 행동으로 이어지게 만드는 악순환을 초래할 수 있다(Mikami et al., 2010). 또 학생의 사회적 행동과 사회적 지위를 바꾸는 것이 결코 쉬운 일이 아니라는 점도 유념해야 한다(Spence, 2003). 예를 들면, ADHD 학생은 사회적으로 적절한 접근을 해도 거절당할 수 있다. 부적절한 행동을 했던 ADHD 학생의 과거의 행적이 또래 학생들의 기억 속에 뚜렷하게 자리 잡고 있기 때문이다. 요약하면, 교사는 ADHD 학생의 사회적 행동을 변화시키고 사회적 지위를 향상하는 일이 장기적인 과정임을 깨달아야 한다.

2. 조직화 기술

오리건과 쿠퍼(O'Regan & Cooper, 2001)의 15세 ADHD 학생에 대한 사례 연구인 '루비의 화요일'은 조직화 문제가 교사와 학생을 어떻게 좌절시키고 당혹스럽게 하는지를 잘 보여 준다. 루비는 숙제와 수업 준비물(예: 교과서, 체육복, 운동화)을 집에서 학교로 제대로 갖고 오지 못하는 문제를 보이고 있다. 반복된 경고도 효과가 없었고, 심지어 강화와 벌도 도움이 되지 못했다. 마침내 부모와 교직원이 함께 만나서 그 문제를 협의할 때, 루비는 "한꺼번에 해야 할 일이 너무 많아요."(p. 265)라고 말하면서 울음을 터뜨렸다. 루비의 책가방은 그녀 자신이 필요로 하는 모든 물건을 다 담기에는 너무 작았고, 그렇다고 책가방 2개를 들고 학교에 가기는 싫었다. 불행히도, 결과적으로 그녀는 그날 필요한 수업 준비물만 골라 넣는 대신에 손에 잡히는 대로 책가방에 넣고 학교에 왔던 것이다. 이 문제는 루비가 커다란 새 책가방을 생일선물로 받으면서 쉽게 해결되었다. 루비의 사례는 매우 쉬운 조직화 문제조차도 ADHD 학생에게는 대단히 어려울 수 있으며, 대부분의 학생에게는 사소한 조직화 문제가 ADHD 학생에게는 큰 좌절감을 줄 수 있음을 잘 보여 준다. 이 사례에서 교사가 주목해야 할 점은 때로는 '부주의'나 '무책임하게' 보이는 행동이 실제로는 조직화의 문제라는 점이다. 루비가 보인 문제행동의 원인은 조직화의 어려움이었기 때문에 루비에게 강화와 벌은 아무런 효과가 없었다.

앞에서 살펴본 것처럼, 조직화 문제는 ADHD 학생에게 전형적인 현상이다. 이 절에서는 ADHD가 조직화 기술에 미치는 영향과 이 문제를 다루기 위해 교사가 할 수 있는 일이 무엇인지 살펴볼 것이다. 먼저, 조직화 문제의 본질과 그 문제가 일반적으로 어떻게 드러나는가를 논의하고, 다음으로 조직화 문제를 지닌 학생을 돕기 위해 교실에서 교사가 사용할 수 있는 몇 가지 전략의 예를 제공할 것이다.

1) ADHD와 조직화 문제

앞에서 살펴본 것처럼, ADHD 진단 기준에 대한 간단한 검토에서조차도 조직화 문제를 ADHD의 특징 중 하나로 본다. 이는 ADHD 학생이 집행 기능(EFs)의 문제를 지니고 있다는 사실을 감안하면 놀라운 일이 아니다. 집행 기능의 문제는 학생에게 계획을 수립하도록 분명하게 알려 주는 때에도 종종 계획의 부재로 이어진다. 또 심지어 ADHD 학생이 계획하고 조직화하려고 하는 경우에도 그 노력은 대부분 효과적이지 않은 결과를 낳는다. 브라운(Brown, 2005)에 따르면 ADHD를 가진 사람은 과제의 우선순위를 정하는 데 어려움을 겪고, 과제에 어느 정도의 시간이 필요한지를 거의 생각하지 못하며, 주어진 시간 내에 얼마나 많은 과제를 제대로 수행할 수 있는지에 대한 생각도 거의 하지 못한다. 또한 ADHD 학생은 대부분의 경우에 충동적이면서도 늘 해 오던 틀에 박힌 일조차 미루려고 하거나 시작하기를 어려워하는 경우도 많다(Brown, 2005). 조직화 문제는 학교 환경에만 국한된 문제가 아니라 가정에서도 발생한다(Zentall, Harper, & Stormont-Spurgin, 1993).

연구에서는 ADHD 학생이 ADHD가 없는 학생에 비해 조직화 기술이 매우 떨어지며, 심지어 학습장애 학생보다도 더 뒤떨어지는 것으로 나타났다(Shin, Kim, Cho, & Kim, 2003). 또 ADHD 학생은 ADHD가 없는 학생보다 조직화 기술을 발달시키는 비율이 더 낮다는 연구 결과도 있다(Shin, Kim, Cho, & Kim, 2003). 더군다나 집행 기능과 조직화 기술에 관련된 문제는 성인기까지 지속될 가능성이 있는 것으로 밝혀졌다(Biederman et al., 2007). 그래서 ADHD 학생은 청소년기 이후에도 조직화 문제에서 벗어나지 못할 것으로 보인다. ADHD 학생의 조직화 문제는 교사에게 심각한 문제인데, 그들이 지닌 대부분의 학업 문제가 조직화 문제에서 비롯되기 때문이다(Pfiffner et al., 2006).

2) 조직화 기술 향상하기

조직화 능력은 모든 수준의 학생이 교실에서 성공하는 데 매우 중요하다(Krishnan, Feller, & Orkin, 2010). 준비 없이 수업에 오거나(예: 필요한 학습 자료 없이) 숙제를 해오지 않은 학생은 학업 문제(예: 낮은 성적을 받거나 유급함)를 겪을 위험이 증가한다. 교사는 초등학교 시작 단계에서부터 조직화 기술을 교육과정의 일부로 다루는 것이 좋다. 조직화 기술을 가르치는 것은 대부분의 학생에게 유용하다. ADHD 학생에게는 말 그대로 일종의 구명 도구가 되는 것이다. 초등학교에서 중 · 고등학교로 학년이 올라감에 따라 조직화와 독립적인 기능에 대한 요구는 현저히 증가하기 때문에 조직화 교육을 빨리 시작하는 것이 중요하다. ADHD 학생은 조직화 기술을 이른 시기에 배워야 한다. 그래야 조직화 기술을 능숙하게 사용할 수 있으며, 또한 자신이 더욱 성공적인 학교생활을 하는 데 조직화 기술이 얼마나 도움이 되는지를 알 수 있게 되기 때문이다. 여기에서는 학생이 조직화를 더 잘할 수 있도록 돕는 세 가지 방법의 예를 제시할 것이다. 즉, 조직화 단서, 자기 조절 전략, 조직화 기술과 전략이 그것이다. 이 세 가지에 대해 하나씩 따로따로 살펴보겠지만, 실제로는 이 세 가지 방법을 함께 사용할 수 있으며, 또 반드시 함께 사용해야 하는 경우도 있다. 조직화 기술과 전략의 교육에 관한 보다 구체적인 내용은 멜처(Meltzer, 2007)의 연구를 참고하기 바란다.

(1) 조직화 단서

조직화 단서는 학생에게 자신의 노력을 계획하거나 조직화하라는 신호를 주는 자료다. 가장 기본적인 수준의 조직화 단서는 개인용 사물함 안에 붙이는 표시만큼 단순하다. [그림 12-1]은 학생에게 필요한 학습 자료를 수업 시간에 가져오라고 상기시켜 주기 위해 사용할 수 있는 단서의 예다. 일정계획표와 숙제 폴더 역시 많이 사용하는 조직화 단서다. 〈표 12-5〉는 일정계획표의 예이며, 〈표 12-6〉은 완성된 일정계획

난 필요한 준비물을 다 챙겼나?

교과서?
연필?
바인더?
과제?
일정계획표?

생각해 보자!
오늘 특별히 준비해 가야 할 것이 있나?

[그림 12-1] 조직화 단서의 예

표 12-5 간단한 일정계획표의 예

요일	과제	학습 자료	제출 마감일

표 12-6 완성된 일정계획표의 예

요일	과제	학습 자료	제출 마감일
월요일	15쪽의 문제 1~20번까지 풀기	수학 교과서	화요일
월요일	사회 교과서 단원 6을 읽고 질문 만들어 오기	사회 교과서	수요일
화요일	레이저에 관한 3쪽의 보고서 작성하기	도서관 장서 인터넷 검색	금요일
수요일	⋮	⋮	⋮

표의 예다. 시중에서 구입할 수 있는 일정계획표를 사용해도 무방하다. 학생에게 자료를 제공하는 것만으로는 효과를 기대하기 어렵다는 점에 유의하라. 마찬가지로 학생에게 일정계획표를 주고 이 계획표를 사용하라고 말해 주는 것만으로 큰 효과를 기대하기는 어렵다.

학생이 조직화 단서를 사용하는 것은 매우 중요하다. 또 교사는 학생에게 이러한 자료를 제공한 이유와 그것을 사용하는 것이 학생에게 어떻게 도움이 되는지에 대해 분명하게 보여 주는 것이 중요하다. 우리는 대부분 이러한 점에 대해 잘 알고 있지만, ADHD 학생은 잘 모를 수이 있다는 점을 명심해야 한다.

예를 들면, 사물함 단서를 사용하기 위하여, 존스 선생님은 먼저 브루스를 만나서 브루스에게 문제가 있음을 알리고 그 문제의 본질에 대해 협의할 수 있다. 존스 선생님은 교과 담당 선생님들이 브루스가 수업에 필요한 자료를 계속해서 가지고 오지 않아 화를 내고 계신다는 점을 지적한다. 브루스는 숙제를 했으면서도 잊어버리고 제출하지 않은 적이 여러 번 있어서 낮은 성적을 받았다. 또 그는 연필을 가져오는 것을 잊어버려서 노트 필기를 하지 못한 적이 여러 번 있었고, 그래서 시험 성적이 좋지 않다. 존스 선생님은 브루스와 함께 그런 일이 왜 일어났는지 논의한다. 문제의 원인은 브루스가 수업에 가지고 와야 할 자료를 기억하는 것이 어렵기 때문인 것으로 보인다. 모든 준비물은 개인 보관함에 있으나, 산만하거나 서두르는 탓에 준비물을 챙기는 것을 잊어버린다. 존스 선생님은 단서를 소개하고, 브루스와 함께 단서 카드를 어떻게 사용할 것인지에 대해 논의한다. 존스 선생님은 브루스가 사물함에 갈 때마다 그 단서를 보아야 한다는 점을 강조한다. 존스 선생님이 이렇게 강조하는 것이 브루스에게 준비해야 할 항목을 점검해야 한다는 사실을 상기시켜 주게 된다. 심지어 존스 선생님은 브루스와 함께 사물함으로 가서 준비물 목록에 있는 물품을 하나씩 소리 내어 읽으면서 그 물품이 필요한지를 자문해 보는 방법을 모델링해 줄 수도 있다. 존스 선생님은 브루스가 혼자서 단서를 사용하기 시작한 다음부터는 브루스의 교과 담당 선생님들을 통하여 브루스가 준비물을 제대로 갖고 오는지 점검한다. 단서가 브루스의 학습 자료 준비에 효과를 보이면, 존스 선생님은 브루스의 수행에 대해 강화(예: 칭찬)를 해 주어야 한다.

(2) 자기 조절 전략

자기 조절 전략은 ADHD 학생에게 다음과 같은 행동을 하도록 도와주는 데 성공적으로 사용되어 왔다. 즉, 수업에 필요한 준비물 챙겨오기(예: Gureasko-Moore, DuPaul, & White, 2006, 2007), 숙제 끝마치기와 제출하기(예: Axelrod, Zhe, Haugen, & Klein, 2009; Meyer & Kelley, 2007), 시간 관리와 계획하기(Solanto et al., 2010) 등의 행동이다. 거레스코-무어 등(Gureasko-Moore et al., 2006)은 교사가 자기 조절 전략을 ADHD 학생에게 효과적으로 사용할 수 있는 방법에 대한 훌륭한 예를 제공하고 있다. 그들은 고등학교에 재학 중인 세 명의 ADHD 남학생의 수업 준비 행동을 향상하기 위해 자기 조절 전략을 활용한 중재를 사용하였다.

중재의 첫 단계에서는 각 학생을 개별적으로 만나 ① 그들의 수업 준비에 문제가 있다는 점을 확실히 하고, ② 수업을 받는 것이 왜 중요한지 정확하게 강조하며(예: 수업에 빠지면 중요한 정보를 배울 수 없다), ③ 수업 받을 준비를 하기 위해서 무엇이 필요한지 구체적으로 알려 주었다(예: 공책, 연필, 교과서, 과제물). 그리고 교사는 학생들이 수업 준비와 관련하여 그들 자신의 문제가 무엇인지 확실하게 알고 목록을 작성하도록 도왔다. 다음으로, 교사와 학생이 협력하여 일주일의 수업 준비 목표를 설정한 후(예: 학생은 매일 여섯 가지의 준비 행동 중에서 최소한 네 가지 이상을 달성해야 한다), 교사가 학생들에게 자기 점검 양식을 나누어 주고 양식에 목표를 기입하게 하였다. 학생들은 매일 목표로 정한 수업 시간 후에 자기 점검 양식의 각 항목의 '예' 또는 '아니요'에 표시하여 자신의 수업 준비도를 자기 평가하였다. 〈표 12-7〉은 자기 점검 양식의 예다.

교사는 또한 학생들에게 그들 자신이 수행한 준비 행동의 수를 일지에 기입하고, 보다 효과적인 준비를 위해 그들이 스스로 할 수 있는 것이 무엇인지 적도록 하였다. 아울러 목표를 달성하기 위해 자신이 기울인 노력에 대한 만족도를 평정하게 하였다(예: 0=전혀 효과 없음/매우 불만족, 5=매우 효과 높음/매우 만족). 이러한 평정은 자기 강화로 작용한다. 4일의 훈련 기간을 마친 후, 학생들은 그 절차를 매일 대상 수업에 적용하였다. 초기에는 교사가 학생들을 만나 그들이 절차를 얼마나 잘 적용하고 있는지 점검하고, 학생들에게 그들 자신의 수행을 스스로 비판해 보게 하였다. 교사는 학생이 목표를 달성하면 칭찬하였고, 목표 달성에 실패하면 학생과 함께 문제 해결을 모색하였다. 또한 학생이 일주일의 목표를 달성하면 함께 새로운 목표를 설정하였다. 학생과

표 12-7 수업 준비에 대한 자기 점검표의 예

날짜:
수업 시간:

나는 오늘 수업 준비를 잘 하였는가?

수업에 늦지 않게 제시간에 왔나?	예	아니요
다음 준비물을 가지고 왔나?		
종이/바인더	예	아니요
펜 또는 연필	예	아니요
교과서	예	아니요
과제물	예	아니요
일정계획표	예	아니요

오늘 나의 목표는 이 여섯 가지 중에서 ______ 가지를 제대로 준비하는 것이다.

교사의 만남은 하루에 한 번, 이틀에 한 번, 일주일에 한 번 식으로 점차 줄여 갔다. 그러자 그 결과는 놀라웠다. 이 절차를 배운 후에 모든 학생이 거의 100%의 수업 준비를 해 오게 된 것이다.

(3) 조직화 기술과 전략

학생이 계획하고, 조직화하고, 점검하고, 순서를 정하고, 노력을 평가하는 방법을 배우도록 도움으로써 그 학생이 보다 효율적이고 효과적인 학생이 되도록 도울 수 있다. ADHD 학생에게 도움이 될 수 있는 조직화 기술은 많다. 그중에서 가장 중요한 것은 다음과 같다(Krishnan et al., 2010).

- **목표 설정**: 현실적이고 달성 가능한 목표를 설정할 수 있게 하는 기술이다. 목표는 체계적인 노력을 가능하게 하고, 진전 과정을 점검할 수 있게 하며, 동기를

증진시킨다. 목표 설정의 과정은 11장에서 논의하였다.

- **과제 분석**: 하나의 과제를 여러 개의 구성 요소로 나눌 수 있게 하는 기술이다. 이렇게 함으로써 학생은 복잡한 과제를 일련의 보다 작고 다루기 쉬운 과제로 바꿀 수 있다.
- **시간 관리**: 과제의 구성 요소(과제 분석에 따라 규정한) 하나하나를 완수하는 데 필요한 시간을 예측하게 하는 기술이다. 이 기술을 통해서 학생은 하나의 과제를 끝마치는 데 걸리는 시간을 예측할 수 있으며, 그리하여 제시간에 마치기 위해 언제 시작해야 할지를 결정할 수 있다.

이 외에도 조직화 기술을 사용하기 위해 사전에 반드시 갖추고 있어야 할 기술이 있다(Krishnan et al., 2010). 몇 가지 중요한 사전 기술은 다음과 같다.

- **시간 개념**: 학생은 시간의 경과에 대해 합리적으로 정확한 추정을 할 수 있어야 한다. 이는 시간 관리를 위한 필수적인 기술이다. 특히 ADHD 학생은 시간 관념이 희박하기 때문에, 시간 개념은 ADHD 학생에게 심각한 문제가 될 가능성이 많다(Barkley, 2006).
- **과제 이해**: 학생이 과제를 분석하고, 과제의 구성 요소를 확인하고, 과제의 각 구성 요소를 완수하는 데 필요한 시간을 추정하기 위해서는 반드시 과제에 대한 충분한 이해가 있어야 한다. ADHD 학생은 일반적으로 과제를 시작하기 전에 계획을 하지 않기 때문에, 과제에 대한 이해는 ADHD 학생에게 문제가 될 수 있다(예: Jacobson & Reid, 2010).
- **과제의 순서 정하기**: 학생은 반드시 해야 할 과제(예: 숙제)와 자신이 하고 싶은 과제(예: 자전거 타기)를 구별할 수 있어야 한다. 학생들은 보통 시간을 어느 곳(예: 숙제, 집안일 돕기, 야구 경기 관람, 친구와 PC방 가기)에 써야 할지 갈등한다. 성공적인 시간 관리를 위해서는 학생이 반드시 해야 할 과제에 충분한 시간을 할당해야 한다. ADHD 학생의 경우에 이는 매우 어려운 일이다. 왜냐하면 ADHD 학

생에게는 만족감을 지연시키는 것(예: 과제를 마치고 자전거를 타는 것)이 매우 어려운 일이기 때문이다(Barkley, 2006).

조직화 문제를 가진 학생을 돕기 위한 구체적인 전략도 있다. 한 가지 예로 WATCH 전략(Glomb & West, 1990)을 들 수 있는데, 이는 학생의 숙제 완수를 돕기 위한 것이다(조직화 전략의 다른 예는 www.unl.edu/csi/study.html을 참고하기 바람). WATCH는 다음을 나타내는 연상 기호다.

적기(**W**rite): 숙제가 주어진 날짜와 제출해야 할 날짜를 적으라.
묻기(**A**sk): 분명하지 않은 부분은 선생님께 물어보고, 필요하면 도움을 요청하라.
과제를 분석하기(**T**ask Analyze): 숙제에 대한 과제 분석을 하고, 각 과제를 수행할 일정표를 만들라.
점검하기(**CH**eck): 끝마친 숙제의 완성도, 정확도, 정돈 상태를 점검하라.

교사는 이러한 전략을 다른 내용 영역 전략을 가르치듯이 가르치고, 10장에서 살펴보았던 모든 전략 가르치기 단계를 거칠 것이다. 〈표 12-8〉은 교사가 전략 사용을 모델링하는 방법의 예를 보여 준다. 이 예는 과제 분석이나 시간 관리와 같은 전략의 중요한 부분을 좀 더 구체적으로 모델링하고 있다. 묻기(Ask) 단계에서도 교사는 적절하게 묻는 방법(예: 분명하지 않은 부분에 대해 갑작스럽게 묻지 않는 방법)을 모델링할 수 있을 것이다. 교사는 전략 수행의 사회적인 측면을 간과하지 않도록 세심한 주의를 기울여야 하며, 또한 ADHD 학생이 전략을 정확하게 구사하는 방법을 알고 있을 것이라고 추측해서는 안 된다.

교사는 학생에게 가르칠 기술과 전략이 학생의 학년과 구체적인 요구에 따라 달라질 것이라는 점을 명심해야 한다. 크리시넌 등(Krishnan et al., 2010)은 초등학교 때 조직화 전략 가르치기를 시작해야 하며, 학생의 발달적 특성에 맞춰 조직화 전략을 가르칠 것을 제안하였다. 초등학교에서의 전략 가르치기는 전략의 모델링과 전략의 숙달에 초점을 두어야 한다. 반면에 중 · 고등학교 수준에서는 독자적인 전략 사용을 촉진하고 지원하는 데 초점을 두어야 한다. 이 시점에서 교사는 학생이 전략을 지속적으로 사용하고 자신의 것으로 만들어 가도록 촉진하는 방향으로 초점을 변화시켜야 한다. 이러한 진행 과정은 ADHD 학생에게는 학년의 수준과 상관없이 적절한 것으로 보인다. 즉, 교사는 학생이 단지 고등학생이라는 이유 때문에 조직화 기술을 이미 배우고 효과적인 전략을 개발했을 것이라고 추정해서는 안 된다. 또한 학생이 초 · 중 · 고등학교를 거치면서 그에 따라 전략을 독자적으로 실행하고자 하는 욕구 역시 점차적으로 증가한다는 점도 유념할 필요가 있다. 더불어 잘 개발된 조직화 기술과 효과적인 전략에 대한 욕구도 증가한다.

표 12-8 WATCH 전략을 위한 소리 내어 생각하기의 예

1. WATCH의 첫 단계는 '숙제가 주어진 날짜와 제출 마감일을 적는 것'이야. 일정계획표를 꺼내서 오늘 날짜에 '책 읽고 보고서 작성하기, 10월 30일까지'라고 적어야지. 그리고 '책을 읽고, 2줄 간격으로 워드를 작성해서 1쪽짜리 보고서 제출하기'라고 덧붙여 적어야지. 이제 숙제에 필요한 모든 정보는 적어 두었으니 잊어버리지 않겠지. 숙제라는 말이 나오면 다음 사항을 적어 두는 것을 꼭 기억해야지.

   - 숙제 제출 마감일
   - 숙제를 하는 방식(손으로 쓰는가, 아니면 워드로 작성하는가? 몇 쪽으로 작성해야 하는가?)
   - 숙제 내용으로 해야 할 것은 무엇인가?

   선생님이 숙제에 대해 하시는 말씀을 전부 다 적을 필요는 없지만, 중요한 부분은 꼭 적어야지.

2. 두 번째 단계는 '묻기'이지. 나 자신에게 "숙제와 관련하여 선생님께 묻고 싶은 헷갈리는 내용이 있는가?"를 자문해 볼 필요가 있어. 내 수준에 맞는 책을 찾기가 어려워. 확실하게 해야 할 것이 생겼으니, 선생님께 물어봐야지. 선생님이 수학 수업을 하고 계시네. 물어보기에 적절한 시간이 아니야. 바쁘지 않은 수업 후나 쉬는 시간에 물어봐야지. 뭔가 물어보고 싶은 것이 생각났는데 물어보기에 적절한 시간이 아니라면 기억하기 쉬운 어딘가에 적어 두고 나중에 물어봐야지. 적절한 시간이 되면 선생님께 가서 이렇게 말해야지. "안녕하세요. 선생님! 숙제를 하려고 살펴보다가 도

움이 필요해서 왔습니다. 제 수준에 맞는 책을 찾기가 어렵습니다. 선생님께서 좀 도와주시겠어요?" 선생님께서 대답해 주시면 내가 정확하게 이해했음을 알려 드리기 위해 선생님께서 해 주신 대답을 반복해야지.

3. 세 번째 단계는 '과제 분석'이지. 지금은 숙제를 살펴보고 좀 더 작은 부분으로 나누어야 할 때야. 그래, 어떻게 해야 하지? 매우 어려울 것 같아. 이 숙제를 작은 부분으로 나누면 좀 더 쉬워질 거야. 좋아, 먼저 할 일은 나 스스로 생각해 보는 거야. "이 숙제의 가장 큰 부분은 뭐지? 시작과 중간과 끝이 무엇이지? 음, 시작은 책을 읽는 것, 중간은 보고서를 쓰는 것, 끝은 보고서를 워드로 작성해서 내는 것이야."

그래, 시작이 좋았어. 더 작은 부분으로 나누면 더 쉬워지겠지. 그래, 맨 처음 할 일은 책을 읽는 거야. 먼저 책을 골라야겠어. 학급 도서관을 이용하는 것이 쉬울 거야. 더군다나 빨간색이나 노란색 스티커가 붙은 책이 내가 읽기에 적당한 책이라는 것도 알고 있어. 거기에서 골라 읽으면 될거야. 그래, 그러고 보니 시작 부분을 더 작은 2개의 부분으로 나누었네.

이제 중간 부분이네. 그래, 보고서를 써야지. 보고서를 쓸 때는 먼저 정보를 한 곳으로 모아야 해. 또 보고서에는 '이야기에 누가 등장하는가?'를 꼭 써야 해. 그리고 '책 제목이 무엇이며, 무슨 일이 일어났는가?'도 포함해야 해. 그래, '언제, 어디에서 그 일이 일어났는가?'도 써야겠구나. 검토해 보니 '내가 왜 이 책을 좋아하는가(혹은 싫어하는가)?'와 '왜 이 책을 골랐는가?'에 대한 내용이빠져 있네. 보고서에는 도입 부분과 결론 부분이 있어야 해. 정보를 다 모으고 초안을 작성해야지. 그러고 보니 중간 부분을 9개의 작은 부분으로 나누었네. 훨씬 더 쉬워졌네. 하지만 아직 마지막 부분이 남아 있어.

마지막은 보고서를 워드로 작성하는 것이지. 먼저, 써야 할 내용을 다 썼는지 확인하기 위해 초안을 다시 읽어야지. 먼저 하나씩 물어보자. '육하원칙과 도입 부분 및 결론 부분을 다 포함했는가?' 그랬으면 워드로 작성해야지. 워드로 작성하고 나면 출력을 해야지. 마지막 부분은 세 부분으로 나누었구나. 음, 정말 멋진 계획이야.

이제 숙제의 모든 부분을 살펴보고, 각 부분에 필요한 시간을 계산해 볼 필요가 있어. 그래, 10월 30일이 제출 마감일이지. 29일이 남았네. 검토한 모든 부분에 각각 얼마나 시간이 걸리는지 계산해 보아야겠어. 먼저 책을 골라야지. 학급 도서관에서 빨간색이나 노란색 스티커가 붙은 책을 골라야지. 제목이나 표지가 재미있는 것으로 골라야지. 친구들이 좋아하는 책도 물어보고 선생님께도 물어봐야지. 그러면 이 단계는 다 해서 한 시간이 채 안 걸리겠구나.

다음은 책을 읽어야지. 책이 70쪽이고 하루에 10쪽씩 읽을 거니까, 일주일이 걸리겠구나. 10월 7일이면 책 읽기가 끝난다는 것이지. 안 잊어버리게 일정계획표에 적어 두는 것이 좋겠어. 10월 7일자를 펴서 '책 읽기 마치기'라고 적어 놓아야지. 그래야 중요한 부분을 끝마쳐야 할 날짜를 볼 수 있고, 제때 끝마칠 수 있을 거야.

책에서 나중에 글로 써야 할 여섯 가지—누가, 무엇을, 언제, 어디서, 왜, 어떻게—를 찾아야 해. 이것들 각각에 대해 책에서 중요한 정보를 찾아 적어 두어야 해. 그래야 정리가 돼. 각 부분에 대해 1시간씩 하면 6시간이 걸리겠구나. 하루에 한 가지씩 한다면 10월 13일이면 마칠 수 있겠어. 이것도 '매우 중요한 일'이니 10월 13일자 일정계획표에 '육하원칙 작성'이라고 적어 두어야겠군. 그렇다면 숙제를 마칠 수 있는 날까지 17일이 남았네. 와! 이렇게 일정을 계획하니 금방 숙제를 마칠 수 있겠어!

다음 단계는 보고서를 쓰는 것이지. 이미 중간 부분에서 쓸 육하원칙에 대한 정보를 모아 두었으니 이 부분은 빨리 마칠 수 있을 것 같아. 넉넉잡아 3시간 정도면 마치겠는데.

다음 단계는 시작 부분과 결론 부분을 쓰는 일이야. 한 문단을 쓰는 데 보통 30분이 걸리니까, 두 문단을 쓰는 데는 한 시간이 걸리겠구나. 중간 부분 3시간, 시작 부분과 결론 부분은 합쳐서 1시간, 모두 합해서 4시간 정도면 보고서를 다 쓸 수 있겠구나. 이틀에 나누어서 하는 것이 좋을 것 같아. 그래도 10월 15일이면 마칠 수 있어. 10월 15일자 일정계획표에 '초안 완성'이라고 적어야지. 그러면 제출 마감일까지 15일이 남는구나.

다음 단계에서는 초안을 검토하여 혹시 빠진 부분이 있는지 살펴보아야 해. 두 시간 정도 걸리겠구나. 이틀에 나누어서 해야지. 고칠 부분이 있다 해도 아직 시간은 많이 있어.

초안 검토를 마치면 워드를 작성할 수 있어. 초안을 옮겨 치는 것이니까 한 시간이면 될 거야! 10월 18일이면 숙제를 다 마치겠네. 제출 마감일보다 12일이나 빨라! 그 사이에 한 번 더 검토하고 다른 숙제도 마친 후에 숙제 걱정 없이 신나게 놀아야지!

WATCH의 마지막 단계는 숙제의 완성도, 정확도, 정돈 상태에 대한 점검이지. 워드로 작성하는 것까지 다 마쳤으니, 혹시 빠진 부분이 있는지 처음부터 점검해 봐야겠어. 육하원칙은 다 썼나? 이런, 내가 이 책을 어떻게 해서 골랐는지를 빼먹었네. 점검하길 잘했어. 써 넣어야지. 고치고 다시 검토해야지. 보고서는 2줄 간격의 1쪽으로 작성이 되었나? 그래, 제대로 했군. 내용뿐만 아니라 맞춤법도 제대로 되었는지 확인해야지. 아니, 작가의 이름이 틀렸네? 좋아, 고쳤어. 이젠 다 제대로 되었나? 그래! 이젠 청결 상태를 점검해야지. 종이는 구겨진 데 없이 깨끗한가? 좋아. 이젠 일찍 제출해도 되고, 깨끗하게 보관했다가 날짜에 맞추어 제출해도 되겠어. 굉장해! 제출 마감일 훨씬 전에 숙제를 다 끝마쳤네. WATCH는 정말 도움이 되는 걸.

출처: Ms. Sarah Swift, University of Nebraska-Lincoln.

요 약

생존 기술은 사회적 측면이나 학업적 측면에서 '사소한' 기술이지만, 학생이 교실 환경에 성공적으로 적응하는 데 미치는 영향은 결코 적지 않다. 생존 기술은 대부분의 학생이 매우 당연하게 구사하기 때문에 그 중요성이 간과되기 쉽지만, 많은 ADHD 학생이 어려움을 겪는 영역이다. 교사가 반드시 숙지해야 할 중요한 점은 다음과 같다.

√ 생존 기술은 중요하다. 도움을 주는 또래 집단이 있는 학생은 학교생활에 잘 참여할 가능성이 더 높다.

√ 생존 기술 문제는 ADHD 학생에게 공통적인 문제다.

√ ADHD 학생은 자신의 사회적 능력을 과대평가할 가능성이 높다.

√ 생존 기술 훈련 프로그램은 ADHD 치료의 한 요소로 권장된다. 이 훈련 프로그램은 ADHD 치료의 다른 구성 요소(예: 부모교육)와 함께 통합되어야 한다.

√ 생존 기술의 향상은 장기간 진행해야 하는 과정이다. 두세 번의 교육으로 학생의 사회적 능력이 갑작스럽게 향상되지는 않는다. 또한 과거의 행동 문제가 현재의 행동에 대한 또래 친구들의 인식과 수용에 영향을 줄 수도 있다.

√ ADHD 학생에게는 가장 기초적인 조직화도 어려울 수 있다. 또한 이러한 문제는 오랫동안 지속되는 경향이 있다.

√ 교사는 조직화를 지원하는 일과 조직화 기술 및 전략을 가르치는 일을 가장 우선적으로 해야 한다.

√ 자기 조절 전략은 학생의 조직화 기술을 향상하는 데 효과적일 수 있다.

√ ADHD 학생은 목표를 설정하고, 과제 분석을 하고, 시간 관리 기술을 사용하는 법을 배워야 할 필요가 있다.

참고문헌

Abikoff, H. (). Efficacy of cognitive training interventions in hyperactivity children: A critical review. *Clinical Psychology Review, 5,* 479-512.

Abikoff, H. (1991). Cognitive training in ADHD children: Less to it than meets the eye. *Journal of Learning Disabilities, 24,* 205-209.

Abikoff, H., Courtney, M., Pelham, W., & Koplewicz, H. (1993). Teachers' ratings of disruptive behaviors: The influence of halo effects. *Journal of Abnormal Child Psychology, 21,* 519-533.

Abramowitz, A. J., & O'Leary, S. (1991). Behavioral interventions for the classroom: Implications for students with ADHD. *School Psychology Review, 20, 220-234.*

Abramowitz, A. J., Reid, M. J., & O'Toole, K. (1994). *The role of task timing in the treatment of ADHD.* Paper presented at the meeting of the Association for Advancement of Behavior Therapy, San Diego, CA.

Acevedo-Polakovich, I. D., Lorch, E. P., & Milich, R. (2007). Comparing television use and reading in children with ADHD and non-referred children across two age groups. *Media Psychology, 9,* 447-472.

Achenbach, T. M., & Rescorla, L. A. (2001). *Manual for the ASEBA School-Age Forms and Profiles.* Burlington: University of Vermont Research Center for Children, Youth, and Families.

Acker, M., & O'Leary, S. (1987). Effects of reprimands and praise on appropriate behavior in the classroom. *Journal of Abnormal Child Psychology, 15,* 549-557.

Ajibola, O., & Clement, P. W. (1995). Differential effects of methylphenidate and self-reinforcement on attention deficit hyperactivity disorder. *Behavior Modification, 19,* 211-233.

Alberto, P. A., & Troutman, A. C. (2006). *Applied behavior analysis for teachers* (7th ed.). Columbus, OH: Merrill.

Alloway, T. P. (2006). How does working memory work in the classroom? *Educational Research and Reviews, 1,* 134-139.

Alloway, T. P., Gathercole, S. E., & Elliott, J. (2010). Examining the link between working memory behaviour and academic attainment in children with ADHD. *Developmental Medicine and Child Neurology, 52,* 632-636.

Alloway, T. P., Gathercole, S. E., Kirkwood, H. J., & Elliott, J. E. (2009). The cognitive and behavioral characteristics of children with low working memory. *Child Development, 80,* 606-621.

American Academy of Child and Adolescent Psychiatry. (2007). Practice parameters for the assessment and treatment of children and adolescents with attention-deficit/hyperactivity disorder. *Journal of the American Academy of Child and Adolescent Psychiatry, 46,* 894-921.

American Academy of Child and Adolescent Psychiatry. (2009). Practice parameters on the use of psychotropic medication in children and adolescents. *Journal of the American Academy of Child and Adolescent Psychiatry, 48,* 961-973.

American Academy of Pediatrics. (2009). Policy statement—Guidance for the administration of medication in school. *Pediatrics, 124,* 1244-1251.

American Psychiatric Association. (1968). *Diagnostic and statistical manual of mental disorders* (2nd ed.). Washington, DC: Author.

American Psychiatric Association. (1980). *Diagnostic and statistical manual of mental disorders* (3rd ed.). Washington, DC: Author.

American Psychiatric Association. (1978). *Diagnostic and statistical manual of mental disorders* (3rd ed., text rev.). Washington, DC: Author.

American Psychiatric Association. (1994). *Diagnostic and statistical manual of mental disorders* (4th ed.). Washington, DC: Author.

American Psychiatric Association. (2000). *Diagnostic and statistical manual of mental disorders* (4th ed., text rev.). Washington, DC: Author.

Anastopoulos, A. D., Hennis Rhoads, L., & Farley, S. E. (2006). Counseling and training parents. In R. A. Barkley (Ed.), *Attention-deficit hyperactivity disorder: A handbook for diagnosis and treatment* (pp. 453-479). New York: Guilford Press.

Anastopoulos, A. D., & Shelton, T. L. (2001). *Assessing attention-deficit/hyperactivity disorder*. New York: Kluwer Academic/Plenum.

Angello, L. M., Volpe, R. J., DiPerna, J. C., Gureasko-Moore, S. P., Gureasko-Moore, D. P., Nebrig, M. R., et al. (2003). Assessment of attention-deficit/hyperactivity disorder: An evaluation of six published rating scales. *School Psychology Review, 32,* 241-262.

Angold, A., Costello, E. J., & Erkanli, A. (1999). Comorbidity. *Journal of Child Psychology and Psychiatry, 44,* 69-76.

Applegate, B., Lahey, B. B., Hart, E. L., Waldman, I., Biederman, J., Hynd, G. W., et al. (1997). Validity of the age of onset criterion for ADHD: A report from the DSM-IV field trials. *Journal of the American Academy of Child and Adolescent Psychiatry, 36,* 1211-1221.

Arcia, E., Frank, R., Sánchez-LaCay, A., & Fernández, M. C. (2000). Teacher understanding of ADHD as reflected in attributions and classroom strategies. *Journal of Attention Disorder, 4,* 91-101.

Armstrong, T. (1995). *The myth of the A.D.D. child*. New York: Penguin Books.

Arnold, L. E. (2002). Treatment alternatives for attention deficit hyperactivity disorder. In P. S. Jensen & J. R. Cooper (Eds.), *Attention deficit hyperactivity disorder: State of the science-best practices* (pp. 13.1-13.29). Kingston, NJ: Civc Research Institute.

Arnold, L. E., & DiSilvestro, R. A. (2005). Zinc in attention-deficit/hyperactivity disorder. *Journal of Child and Adolescent Psychopharmacology, 15,* 619-627.

Atkins, M. S., Graczyk, P. A., Frazier, S. L., & Abdul-Adil, J. (2003). Toward a new model for promoting urban children's mental health: Accessible, effective, and sustainable school-based mental health services. *School Psychology Review, 32,* 503-514.

Axelrod, M., Zhe, E., Haugen, K., & Klein, J. (2009). Self-management of on-task homework behavior: A promising strategy for adolescents with attention and behavior problems. *School Psychology Review, 38,* 325-333.

Baddeley, A. D. (2000). The episodic buffer: A new component of working memory? *Trends in Cognitive Science, 4,* 417-423.

Bagwell, C., Newcomb, A., & Bukowski, W. (1998). Preadolescent friendships and peer rejection as predictors of adult adjustment. *Child Development, 69,* 140-153.

Baker, L., & Cantwell, D. P. (1987). A prospective psychiatric follow-up of children with speech/language disorders. *Journal of the American Academy of Child and Adolescent Psychiatry, 26,* 545-553.

Bandura, A. (1986). *Social foundations of thought and action*. Englewood Cliffs, NJ: Prentice-Hall.

Bandura, A. (1988). Self-regulation of motivation and action through goal systems. In V. Hamilton, G. H. Browder, & N. H. Frijda (Eds.), *Cognitive perspectives on emotion and motivation* (pp. 37-61). Dordrecht, The Netherlands: Kluwer Academic.

Banerjee, T. D., Middleton, F,. & Faraone, S. V. (2007). Environmental risk factors for attention deficit hyperactivity disorder. *Acta Paediatrica, 96,* 1269-1274.

Barkley, R. A. (1988). Attention. In M. Tramontana & S. Hooper (Eds.), *Assessment issues in child neuropsychology* (pp. 218-243). New York: Brunner/Mazel.

Barkley, R. A. (1990). *Attention-deficit hyperactivity disorder: A handbook for diagnosis and treatment.* New York: Guilford Press.

Barkley, R. A. (1994). Impaired delayed responding: A unified theory of attention deficit hyperactivity disorder. In D. K. Routh (Ed.), *Disruptive behavior disorders: Essays in honor of Herbert Quay* (pp. 11-57). New York: Plenum Press.

Barkley, R. A. (1997a). Behavioral inhibition, sustained attention, and executive functions: Constructing a unified theory of ADHD. *Psychological Bulletin, 12,* 65-94.

Barkley, R. A. (1997b). *Deficit children: A clinician's manual for assessment and parent training* (2nd ed.). New York: Guilford Press.

Barkley, R. A. (1997c). *ADHD and the nature of self-control.* New York: Guilford Press.

Barkley, R. A. (2000). *Taking charge of ADHD* (rev. ed.). New York: Guilford Press.

Barkley, R. A. (2006). *Attention-deficit hyperactivity disorder: A handbook for diagnosis and treatment* (3rd ed.). New York: Guilford Press.

Barkley, R. A., & Biederman, J. (1997). Towards a broader definition of the age of onset criterion for attention deficit hyperactivity disorder. *Journal of the American Academy of Child and Adolescent Psychiatry, 36,* 1204-1210.

Barkley, R. A., Copeland, A. P., & Sivage, C. (1980). A self-control classroom for hyperactivity children. *Journal of Autism and Developmental Disorders, 10,* 75-89.

Barkley, R. A., DuPaul, G. J., & McMurray, M. B. (1990). A comprehensive evaluation of attention deficit disorder with and without hyperactivity defined by research criteria. *Journal of Consulting and Clinical Psychology, 58,* 775-789.

Barkley, R. A., & Edwards, G. (2006). In R. A. Barkley (Ed.), *Attention deficit hyperactivity disorder: A handbook for diagnosis and treatment* (3rd ed.). New York: Guilford Press.

Barron, K. E., Evans, S. W., Baranik, L. E., Serpell, Z. N., & Buvinger, E. (2006). Achievement goals of students with ADHD. *Learning Disability Quarterly, 29,* 137-158.

Barry, L. M., & Messer, J. J. (2003). A practical application of self-management for students diagnosed with attention deficit/hyperactivity disorder. *Journal of Positive Behavior Interventions, 5,* 238-248.

Bauermeister, J., Shrout, P., Chavez, L., Rubio-Stipec, M., Ramirez, R., Padilla, L., et al. (2007). ADHD and gender: Are risks and sequela of ADHD the same for boys and girls? *Journal of Child Psychology and Psychiatry, 48,* 831-839.

Bender, W. N., & Mathes, M. Y. (1995). Students with ADHD in the inclusive classroom: A hierarchical approach to strategy selection. *Intervention in School and Clinic, 30,* 226-234.

Berk, L. E. (2003). *Child development.* Boston: Allyn & Bacon.

Bernfort, L., Norfeldt, S., & Persson, J. (2008). ADHD from a socio-economic perspective. *Acta Paediatrica, 97,* 239-245.

Biederman, J., Faraone, S. V., Keenan, K., Benjamin, J., Krifcher, B., Moore, C., et al. (1992). Further evidence for family-genetic risk factors in attention deficit hyperactivity disorder: Patterns of comorbidity in probands and relatives in psychiatrically and pediatrically referred samples. *Archives of General Psychiatry, 49,* 728-738.

Biederman, J., Faraone, S. V., & Lapey, K. (1992). Comorbidity of diagnosis in attention-deficit hyperactivity disorder. *child and Adolescent Psychiatry Clinics of North America, 1,* 335-360.

Biederman, J., Faraone, S. V., Mick, E., Spencer, T., Wilens, T., Kiely, K., et al. (1995). High risk for attention deficit hyperactivity disorder among children of parents with childhood onset of the disorder: A pilot study. *American Journal of Psychiatry, 152,* 431-435.

Biederman, J., Faraone, S., & Monteaux, M. (2002). Impact of exposure to parental attention-deficit hyperactivity disorder on clinical features and dysfunction in the offspring. *Psychological Medicine, 32,* 817-827.

Biederman, J., Keenan, K., & Faraone, S. V. (1990). Parent-based diagnosis of attention deficit disorder predicts a diagnosis based on teacher report. *Journal of the American Academy of Child and Adolescent Psychiatry, 26,* 698-701.

Biederman, J., Kwon, A., Aleardi, M., Chouinard, V., Marino, T., Cole, H., et al. (2005). Absence of gender effects on attention deficit hyperactivity disorder: Findings in nonreferred subjects. *American Journal of Psychiatry, 162,* 1083-1089.

Biederman, J., Milberger, S., Faraone, S. V., Kiely, K., Guite, J., Mick, E., et al. (1995). Family-environment risk factors for attention-deficit hyperactivity disorder. A test of Rutter's indicators of adversity. *Archives of General Psychiatry, 52,* 464-470.

Biederman, J., Monuteaux, M. C., Doyle, A. E., Seidman, L. J., Wilens, T. E., Ferrero, F., et al. (2000). Strategy application disorder: The role of the frontal lobes in human multitasking. *Psychological Research, 63,* 279-288.

Biederman, J., Newcorn, J., & Sprich, S. (1991). Comorbidity of attention deficit hyperactivity disorder with conduct, depressive, anxiety and other disorders. *American Journal of Psychiatry, 148*, 564-577.

Biederman, J., Petty, C., Fried, R., Doyle, A., Spencer, T., Seidman, L., et al. (2007). Stability of executive function deficits into young adult years: A prospective longitudinal follow-up study of grown up males with ADHD. *Acta Psychiatrica Scandanavia, 116,* 129-136.

Blachman, D., & Hinshaw, S. (2002). Patterns of friendship among girls with and without attention deficit/hyperactivity disorder. *Journal of Abnormal Child Psychology, 30,* 625-640.

Blader, J. C., & Carlson, G. A. (2007). Increased rates of bi-polar disorder diagnoses among U.S. child, adolescent, and adult inpatients, 1996-2004. *Biological Psychiatry, 62,* 107-114.

Borrelli, B., Sepinwall, D., Ernst, D., Bellg, A. J., Czajkowski, S., Breger, R., et al. (2005). A new tool to assess treatment fidelity and evaluation of treatment fidelity across 10 years of health behavior research. *Journal of Consulting and Clinical Psychology, 73,* 852-860.

Bos, C., Nahmias, M., & Urban, M. (1999). Targeting home-school collaboration for students with ADHD. *Teaching Exceptional Children, 31,* 4-11.

Bradley, C. (1937). The behavior of children receiving benzendrine. *American Journal of Psychiatry, 94,* 577-585.

Braswell, L. (1998, February). Self-regulation training for children with ADHD: Response to Harris and Schmidt. *The ADHD Report, 6,* 1-3.

Breslau, J., Miller, E., Breslau, N., Bohnert, K., Lucia, V., & Schweitzer, J. (2009). The impact of early behavior disturbances on academic achievement in high school. *Pediatrics, 123,* 1472-1476.

Brock, S. W., & Knapp, P. K. (1996). Reading comprehension abilities of children with attention-deficit/hyperactivity disorder. *Journal of Attention Disorders, 1,* 173-186.

Broden, M., Hall, R. V., & Mitts, B. (1971). The effects of self-recording on the classroom behavior of two eighth-grade students. *Journal of Applied Behavior Analysis, 4,* 191-199.

Brook, U., & Boaz, M. (2005). Attention deficit hyperactivity disorder (ADHD) and learning disabilities (LD): Adolescents perspective. *Parent Education and Counseling, 58,* 187-191.

Brophy, J. (1981). Teacher praise: A functional analysis. *Review of Educational Research, 51,* 5-32.

Brown, G. M., Kerr, M. M., Zigmond, N., & Harris, A. L. (1984). What's important for student success in high school?: "Successful" and "unsuccessful" students discuss school survival skills. *The High School Journal, 68,* 10-17.

Brown, T. E. (2000). Attention-deficit disorders with obsessive-compulsive disorder. In T. E. Brown (Ed.), *Attention-deficit disorders and comorbidities in children, adolescents, and adults* (pp. 209-230). Washington, DC: American Psychiatric Press.

Brown, T. E. (2005). *Attention deficit disorder: The unfocused mind in children and adults.* New Haven, CT: Yale University Press.

Bussing, R., & Gary, F. A. (2001). Practice guidelines and parental ADHD treatment evaluations: Friends or foes. *Harvard Review of Psychiatry, 9,* 223-233.

Bussing, R., Gary, F. A., Mills, T. L., & Garvan, C. W. (2003). Parental explanatory models of ADHD: Gender and cultural variations. *Social Psychiatry and Psychiatric Epidemiology, 38,* 563-575.

Bussing, R., Gary, F. A., Mills, T. L., & Garvan, C. W. (2007). Cultural variations in parental health beliefs, knowledge and information sources related to attention-deficit/hyperactivity disorder. *Journal of Family Issues, 28,* 291-318.

Bussing, R., Schoenberg, N., Rogers, K., Zima, B., & Angus, S. (1998). Explanatory models of ADHD: Do they differ by ethnicity, child gender, or treatment status? *Journal of Emotional and Behavioral Disorders, 6,* 233-242.

Bussing, R., Zima, B. T., Gary, F. A., & Garvan, C. W. (2002). Use of complimentary and alternative medicine for symptoms of attention-deficit hyperactivity disorder. *Psychiatric Services, 53,* 1096-1102.

Bussing, R., Zima, B. T., Gary, F., Mason, D., Leon, C., Sinha, K., & Garvan, C. W. (2003). Social networks, caregiver strain, and utilization of mental health services among elementary school students at high risk for ADHD. *Journal of the American Academy of Child and Adolescent Psychiatry, 42,* 842-850.

Bussing, R., Zima, B. T., Mason, D., Hou, W., Garvan, C. W., & Forness, S. (2005). Use and persistence of pharmacotherapy for elementary school students with attention-deficit/hyperactivity disorder. *Journal of Child and Adolescent psychopharmacology, 15,* 78-87.

Cala, S., Crismo, M. L., & Baumgartner, J. (2003). A survey of herbal use in children with attention-deficit/ hyperactivity disorder or depression. *Pharmacotherapy, 23,* 222-230.

Cantwell, D., & Baker, L. (1991). Association between attention deficit-hyperactivity disorder and learning disorders. *Journal of Learning Disabilities, 24,* 88-95.

Cantwell, D. P., & Satterfiled, J. H. (1978). The prevalence of academic underachievement in hyperactivity children. *Journal of Pediatric Psychology, 3,* 168-171.

Carey, W. (2002). Is ADHD a valid disorder? In P. S. Jensen & J. R. Cooper (Eds.), *Attention deficit hyperactivity disorder-state of the science-best practices* (pp. 3-13-3-19). Kingston, NJ: Civic Research Institute.

Carr, E., & Durand, M. (1985). Reducing behavior problems through functional communication training. *Journal of Applied Behavior Analysis, 18,* 111-126.

Casey, J. E., Rourke, B. P., & Del Otto, J. E. (1996). Learning disabilities in children with attention deficit disorder with and without hyperactivity. *Child Neuropsychology, 2,* 83-98.

Casey, K. J., Hagaman, J. L., Trout, A. L., Reid, R., Chmelka, M. B., Thompson, R., et al. (2008). Children with ADHD in residential care. *Journal of Child and Family Studies, 17,* 909-927.

Centers for Disease Control and Prevention. (2005, September 2). Mental health in the United States: Prevalence of diagnosis and medication treatment for attention-deficit/hyperactivity disorder—United States, 2003 [Electronic version]. *Morbidity and Mortality Weekly Report, 54,* 542-847.

Center for Health Care in Schools. (2007). State policies on the administration of medication in schools. Retrieved from www.nasbe.org/index.php/file-repository?func=fileinfo&id=252.

Chan, E., Rappaport, L. A., & Kemper, K. J. (2003). Complementary and alternative therapies in childhood attention and hyperactivity problems. *Journal of Developmental and Behavioral Pediatrics, 24,* 4-8.

Christakis, D. A., Zimmerman, F. J., DiGiuseppe, D. L., & McCarthy, C. A. (2004). Early television exposure and subsequent attentional problems in children. *Pediatrics, 113,* 708-713.

Chronis, A. M., Lahey, B. B., Pelham, W. E., Kipp, H. L., Baumann, B. L., & Lee, S. S. (2003). Psychopathology and substance abuse in parents of children with attention-deficit/hyperactivity disorder. *Journal of the American Academy of Child and Adolescent Psychiatry, 42,* 1424-1432.

Chronis-Tuscano, A., Raggi, V., Clarke, T., Rooney, M., Diaz, Y., & Pian, J. (2008) Associations between maternal attention-deficit/hyperactivity disorder symptoms and parenting. *Journal of Abnormal Child Psychology, 36,* 1237-1250.

Clark, C., Prior, M., & Kinsella, G. (2002). The relationship between executive function abilities, adaptive behaviour, and academic achievement in children with externalizing behaviour problems. *Journal of Child Psychology and Psychiatry, 43,* 785-796.

Clark, M., Cheyne, A., Cunningham, C., & Siegel, L. (1988). Dyadic peer interactions and task orientation in attention-deficit disordered children. *Journal of Abnormal Child Psychology, 16,* 1-15.

Cohen, N. J., Menna, R., Vallance, D. D., Barwick, M. A., Im, N., & Horodezky, N. (1998). Language, social cognitive processing, and behavioral characteristics of psychiatrically disturbed children with previously identified and unsuspected language impairments. *Journal of Child Psychology and Psychiatry, 39,* 853-864.

Cohen, P., Velez, C. N., Brook, J., & Smith, J. (1989). Mechanisms of the relation between perinatal problems, early childhood illness, and psychopathology in late childhood and adolescence. *Child Development, 60,* 701-709.

Cohen, S., & de Bettencourt, L. (1988). Teaching children to be independent learners: A step by step strategy. In E. L. Meyen, G. L. Vergason, & R. J. Whelan (Eds.), *Effective instructional strategies for exceptional children* (pp. 319-334). Denver, CO: Love.

Collipp, P. J., Chen, S. Y., & Maitinsky, S. (1983). Manganese in infant formulas and learning disability. *Annals of Nutrition and Metabolism, 27,* 488-494.

Conners, C. K. (1997). *Conners' Rating Scales—Revised: Technical manual.* Toronto, Canada: Multi-Health Systems.

Conners, C. K., Epstein, J. N., March, J. S., Angold, A., Wells, K. C., Klaric, J., et al. (2001). Multimodal treatment of ADHD in the MTA: An alternative outcome analysis. *Journal of the American Academy of Child and Adolescent Psychiatry, 40,* 159-167.

Connor, D., Glatt, S., Lopez, I., Jackson, D., & Melloni, R. (2002). Psychopharmacology and aggression: I. A meta-analysis of stimulant effects on overt/covert aggression-related behaviors in ADHD. *Journal of the American Academy of Child and Adolescent Psychiatry, 41,* 253-261.

Conway, A., Cowan, N., & Bunting, M. (2001). The cocktail party revisited: The importance of working memory capacity. *Psychonomic Bulletin and Review, 8,* 331-335.

Cooper, H. (2007). *The battle over homework.* Thousand Oaks, CA: Corwin.

Cooper, J., Heron, T., & Heward, W. (2007). *Applied behavior analysis* (2nd ed.). Upper Saddle River, NJ: Pearson.

Cooper, L., Wacker, D., Thursby, D., Plagmann, L., Harding, J., Millard, T., et al. (1992). Analysis of the effects of task preferences, task demands, and adult attention on child behavior in outpatient and classroom settings. *Journal of Applied Behavior Analysis, 25,* 823-840.

Copeland, E. D. (1995). Medications for attention disorders (ADHD/ADD) and related medical problems. Atlanta, GA: SPI Press.

Corbetta, M., & Shulman, G. L. (2002). Control of goal-directed and stimulus-driven attention in the brain. *Nature Reviews Neuroscience, 3,* 215-229.

Cornoldi, C,. Barbieri, A., Gaiani, C., & Zocchi, S. (1999). Strategic memory deficits in attention deficit disorder with hyperactivity participants: The role of executive processes. *Developmental Neuropsychology, 15,* 53-71.

Council for Exceptional Children. (2009). *Best practices for administering medication in school.* Retrieved from www.cec.sped.org/AM/Template.cfm?Section=Home&CONTENTID=11752&TEMPLATE=/CM/HTMLDisplay.cfm.

Counts, C., Nigg, G., Stawicki, J., Rappley, M., & von Eye, A. (2005). Family adversity in DSM-IV ADHD combined and inattentive subtypes and associated disruptive behavior problems. *Journal of the American Academy of Child Adolescent Psychiatry, 44,* 690-698.

Coutinho, M. J., & Oswald, D. P. (2000). Disproportionate representation in special education: A synthesis and recommendations. *Journal of Child and Family Studies, 9,* 135-156.

Cox, D. (2005). Evidence-based interventions using home-school collaboration. *School Psychology Quarterly, 20,* 473-497.

Cunningham, C., & Cunningham, L. (2006). Student-mediated conflict resolution programs. In R. Barkley, *Attention-deficit hyperactivity disorder: A handbook for diagnosis and treatment* (3rd ed., pp. 590-607). New York: Guilford Press.

Cunningham, C., & Siegel, L. (1987). Peer interactions of normal and attention-deficit disordered boys during free-play, cooperative task, and simulated classroom situations. *Journal of Abnormal Child Psychology, 15,* 247-268.

Currie, J., & Stabile, M. (2006). Child mental health and human capital accumulation: The case of ADHD. *Journal of Health Economics, 25,* 1094-1118.

Davila, R., Williams, M. L., & MacDonald, J. T. (1991). *Clarification of policy to address the needs of children with attention deficit disorder within general and/or special education.* Washington, DC: U.S. Department of Education, Office of Special Education and Rehabilitative Services.

DeGrandepre, R. (2000). *Ritalin nation.* New York: Norton.

DePaepe, P., Shores, R. E., Jack, S. L., & Denny, R. K. (1996). Effects of task difficulty on the disruptive and on-task behavior of students with severe behavior disorders. *Behavioral Disorders, 21,* 216-225.

Diller, L. (1996). The run on Ritalin: Attention deficit disorder and stimulant treatment medication in the 1990's. *Hastings Center Report, 26*(2), 12-18.

Divoky, D. (1989). Ritalin: Education's fix-it-drug? *Phi Delta Kappan, 70,* 599-605.

dosReis, S., Zito, J., Safer, D., Soeken, K., Mitchell, J., & Ellwood, L. (2003). Parental perceptions and satisfaction with stimulant medication for attention deficit hyperactivity disorder. *Journal of Developmental and Behavioral Pediatrics, 24,* 155-162.

Douglas, V. I. (1983). Attention and cognitive problems. In M. Rutter (Ed.), *Developmental neuropsychiatry* (pp. 280-329). New York: Guilford Press.

Drabick, D. A. G., Gadow, K. D., & Sprafkin, J. (2006). Co-occurrence of conduct disorder and depression in a clinic-based sample of boys with ADHD. *Journal of Child Psychology and Psychiatry, 47,* 766-774.

Drasgow, E., & Yell, M. (2001). Functional behavioral assessments: Legal requirements and challenges. *School Psychology Review, 30,* 239-251.

Drasgow, E., Yell, M. L., Bradley, R., & Shriner, J. G. (1999). The IDEA Amendments of 1997: A school-wide model for conducting functional behavioral assessments and developing behavior intervention plans. *Education and Treatment of Children, 22,* 244-266.

Dulcan, M. K. (Ed.). (2007). *Helping parents, youth, and teachers understand medications for behavioral and emotional problems: A resource book of medication information handouts* (3rd ed.). Washington, DC: American Psychiatric Press.

Dunlap, G., dePerczel, M., Clarke, S., Wilson, D., Wright, S., White, R., et al. (1994). Choice making to promote adaptive behavior for students with emotional and behavioral challenges. *Journal of Applied Behavior Analysis, 27,* 505-518.

Dunlap, G., & Kern, L. (1993). Assessment and intervention for children within the instructional curriculum. In J. Reichle & D. Wacker (Eds.), *Communication alternatives to challenging behavior: Integrating functional assessment and intervention strategies* (pp. 177-203). Baltimore: Brookes.

Dunlap, G., Kern, L, dePerczel, M., Clarke, S., Wilson, D., Childs, K., et al. (1993). Functional analysis of classroom variables for students with emotional and behavioral disorders. *Behavioral Disorders, 18,* 275-291.

Dunlap, G., Kern-Dunlap, L., Clarke, S., & Robbins, F. R. (1991). Functional assessment, curricular revision, and severe behavior problems. *Journal of Applied Behavior Analysis, 24,* 387-397.

Dunlap, G., White, R., Vera, A., Wilson, D., & Panacek, L. (1996). The effects of multicomponent, assessment-based curricular modifications on the classroom behavior of children with emotional and behavioral disorders. *Journal of Behavioral Education, 6,* 481-500.

Dunn, L. M. (1968). Special education for the mildly retarded: Is much of it justifiable? *Exceptional Children, 35,* 5-22.

DuPaul, G. J., & Ervin, R. (1996). Functional assessment of behaviors related to attention-deficit/hyperactivity disorder: Linking assessment to intervention design. *Behavior Therapy, 27,* 601-622.

DuPaul, G. J., Ervin, R. A., Hook, C. L., & McGoey, K. E. (1998). Peer tutoring for children with attention deficit hyperactivity disorder: Effects on classroom behavior and academic performance. *Journal of Applied Behavior Analysis, 31,* 579-572.

DuPaul, G. J., & Henningson, P. A. (1993). Peer tutoring effects on the classroom performance of children with attention deficit hyperactivity disorder. *School Psychology Review, 22,* 134-143.

DuPaul, G. J., McGoey, K. E., Eckert, T. L., & VanBrakle, J. (2001). Preschool children with attention-deficit/hyperactivity disorder: Impairments in behavioral, social, and school functioning. *Journal of the American Academy of Child and Adolescent Psychiatry, 40,* 508-515.

DuPaul, G. J., Power, T. J., Anastopoulos, A. D., & Reid, R. (1998). *ADHD Rating Scale-IV: Checklists, norms and clinical interpretation.* New York: Guilford Press.

DuPaul, G. J., Rapport, M. D., & Perriello, L. M. (1991). Teacher ratings of academic skills: The development of the Academic Performance Rating Scale. *School Psychology Review, 20,* 284-300.

DuPaul, G. J., & Stoner, G. (2003). *ADHD in the schools: Assessment and intervention strategies* (2nd ed.). New York: Guilford Press.

DuPaul, G. J., & Weyandt, L. (2006). School-based intervention for children with attention deficit hyperactivity disorder: Effects on academic, social, and behavioural functioning. *International Journal of Disability, Development, and Education, 53,* 161-176.

DuPont, R., Bucher, R., Wilford, B., & Coleman, J. (2007). School-based administration of ADHD drugs decline along with diversion, theft, and misuse. *Journal of School Nursing, 23,* 349-352.

Durand, V. M., & Carr, E. G. (1991). Functional communication training to reduce challenging behavior: Maintenance and application in new settings. *Journal of Applied Behavior Analysis, 24,* 251-264.

Dyer, K., Dunlap, G., & Winterling, V. (1990). The effects of choice making on the serious problem behaviors of students with developmental disabilities. *Journal of Applied Behavior Analysis, 23*, 515-524.

Dykman, R. A., & Ackerman, P. T. (1992). Attention deficit disorder and specific reading disability: Separate but often overlapping disorders. In S. Shaywitz & B. A. Shaywitz (Eds.), *Attention deficit disorder comes of age: Toward the twent-first century* (pp. 165-184). Austin, TX: PRO-ED.

Elliott, S. N., Gresham, F. M., & Heffer, R. W. (1987). Social-skills interventions: Research findings and training techniques. In C. A. Maher & J. E. Zins (Eds.), *Psychoeducational interventions in the schools* (pp. 141-159). New York: Pergamon Press.

Ellis, E. (1989). A metacognitive intervention for increasing class participation. *Learning Disabilities Focus, 5*(1), 36-46.

Engle, R. W. (2002). Working memory capacity as executive attention. *Current Directions in Psychological Science, 11,* 19-23.

Epstein, J. N., Willoughby, M., Valencia, E. Y., Tonev, S. T., Abikoff, H. B., Arnold, E. L., et al. (2005). The role of children's ethnicity in the relationship between teacher ratings of attention-deficit/hyperactivity disorder and observed classroom behavior. *Journal of Counseling and Clinical Psychology, 73,* 424-434.

Epstein, M. H., Polloway, E. A., Foley, R. M., & Patton, J. R. (1993). Homework: A comparison of teachers' and parents' perceptions of the problems experienced by students identified as having behavioral disorders, learning disabilities, or no disabilities. *Remedial and Special Education, 14*, 40-50.

Ernhardt, D., & Hinshaw, S. (1994). Initial sociometric impressions of attention-deficit hyperactivity disorder and comparison boys: Predictions from social behavior and from non-behavioral variables. *Journal of Consulting and Clinical Psychology, 62,* 833-842.

Evangelista, N., Owens, J., Golden, C., & Pelham, W. E. Jr. (2008). The positive illusory bias: Do inflated self-perceptions in children with ADHD generalize to perceptions of others? *Journal of Abnormal Child Psychology, 36,* 779-791.

Exley, B. (2008). "Staying in class so no one can get to him": A case for the institutional reproduction of ADHD categories and behaviors. *International Journal of Inclusive Education, 12,* 65-80.

Fabiano, G. A., & Pelham, W. E. Jr. (2003). Improving the effectiveness of behavioral classroom interventions for attention-deficit/hyperactivity disorder: A case study. *Journal of Emotional and Behavioral Disorders, 11,* 122-128.

Fabiano, G. A., Pelham, W. E. Jr., Gnagy, E., Burrows-MacLean, L., Coles, E., Chacko, A., et al. (2007). The single and combined effects of multiple intensities of behavior modification and methylphenidate for children with attention deficit hyperactivity disorder in a classroom setting. *School Psychology Review, 36,* 195-216.

Fabiano, G. A., Pelham, W. E. Jr., Manos, M., Gnagy, E. M., Chronis, A. M., Onyango, A. N., et al. (2004). An evaluation of three time out procedures for children with attention-deficit hyperactivity disorder.

Behavior Therapy, 35, 449-469.

Famularo, R., Kinscherff, R., & Fenton, T. (1992). Psychiatric diagnoses of maltreated children: Preliminary findings. *Journal of the American Academy of Child and Adolescent Psychiatry, 31,* 863-867.

Fantuzzo, J., McWayne, C., Perry, M., & Childs, S. (2004). Multiple dimensions of family involvement and their relations to behavioral and learning competencies for urban, low-income children. *School Psychology Review, 33,* 467-480.

Fantuzzo, J., Tighe, E., & Childs, S. (1999). Relationships between family involvement in Head Start and children's interactive play. *NHSA Dialog, 3,* 60-67.

Faraone, S. V., & Biederman, J. (1997, October). *Familial transmission of attention-deficit/hyperactivity disorder and comorbid disorders.* Paper presented at the annual meeting of the American Academy of Child and Adolescent Psychiatry, Toronto, Canada.

Feindler, E. L., & Ecton, R. b. (1986). *Adolescent anger control: Cognitive-behavioral techniques.* New York: Pergamon Press.

Feingold, B. (1975). *Why your child is hyperactive.* New York: Random House.

Finn, J., & Cox, D. (1992). Participation and withdrawal among fourth-grade pupils. *American Educational Research Journal, 29,* 141-162.

Fischer, M., Barkley, R. A., Edelbrock, C. S., & Smallish, L. (1990). The adolescent outcome of hyperactive children diagnosed by research criteria: II. Academic, attentional, and neuropsychological status. *Journal of Consulting and Clinical Psychology, 58,* 580-588.

Fletcher, J. M., Lyon, G. R., Barnes, M. A., Stuebing, K. K., Francis, D. J., Olson, R., et al. (2002). Classification of learning disabilities: An evidence-based evaluation. In R. Bradley, L. Danielson, & D. P. Hallahan (Eds.), *Identification of learning disabilities: Research to practice* (pp. 185-250). Mahwah, NJ: Erlbaum.

Fletcher, J. M., Morris, R. D., & Lyon, G. R. (2003). Classification and definition of learning disabilities: An integrative perspective. In H. L. Swanson, K. R. Harris, & S. Graham (Eds.), *Handbook of learning disabilities* (pp. 30-56). New York: Guilford Press.

Forness, S. R., & Kavale, K. A. (2002). Impact of ADHD on school systems. In P. Jensen & J. Cooper (Eds.), *Attention deficit hyperactivity disorder: State of the science, best practices* (pp. 24-1 to 24-20). Kingston, NJ: Civic Research Institute.

Forness, S. R., Kavale, K. A., & Davanzo, P. A. (2002). The new medical model: Interdisciplinary treatment and the limits of behaviorism. *Behavioral Disorders, 27,* 168-178.

Foster-Johnson, L., Ferro, J., & Dunlap, G. (1994). Preferred curricular activities and reduced problem behaviors in students with intellectual difficulties. *Journal of Applied Behavior Analysis, 27,* 493-504.

Frame, K., Kelly, L., & Bayley, E. (2003). Increasing perceptions of self-worth in preadolescents diagnosed with ADHD. *Journal of Nursing Scholarship, 35,* 225-229.

Fraser, C., Belzner, R, & Conte, R. (1992). Attention deficit hyperactivity disorder and self-control: A single case study of the use of a timing device in the development of self-monitoring. *School Psychology International, 13,* 339-345.

Frazier, T. W., Demaree, H. A., & Youngstrom, E. A. (2004). Meta-analysis of intellectual and neuropsychological test performance in attention-deficit/hyperactivity disorder. *Neuropsychology, 18,* 543-555.

Frazier, T. W., Youngstrom, E. A., Glutting, J. J., & Watkins, M. W. (2007). ADHD and achievement: Meta-analysis of the child, adolescent, and adult literatures and a concomitant study with college students. *Journal of Learning Disabilities, 40,* 49-65.

Frick, P. J., Lahey, B. B., Applegate, B., Kerdyck, L., Ollendick, T., Hynd, G. W., et al. (1994). DSM-IV field trials for the disruptive behavior disorders: Symptom utility estimates. *Journal of the American Academy of Child and Adolescent Psychiatry, 33,* 529-539.

Galéra, C., Melchior, M., Chastang, J., Bouvard, M., & Fombonne, E. (2009). Childhood and adolescent hyperactivity-inattention symptoms and academic achievement 8 years later: The GAZEL youth study. *Psychological Medicine, 39,* 1895-1906.

Gathercole, S. E., Lamont, E., & Alloway, T. P. (2006). Working memory in the classroom. In S. Pickering (Ed.), *Working memory and education* (pp. 219-240). Oxford, UK: Elsevier Press.

Gaub, M., & Carlson, C. (1997). Gender differences in ADHD: A meta-analysis and critical review. *Journal of the American Academy of Child and Adolescent Psychiatry, 36,* 1036-1045.

Geist, E. A., & Gibson, M. (2000). The effect of network and public television programs on four and five year olds ability to attend to educational tasks. *Journal of Instructional Psychology, 27,* 250-262.

Gerber, M. M., & Semmel, M. I. (1984). Teacher as imperfect test: Reconceptualizing the referral process. *Educational Psychologist, 19,* 137-138.

Gershon, J. (2002). A meta-analytic review of gender differences in ADHD. *Journal of Attention Disorders, 5,* 143-154.

Gilchrist, R., & Arnold, E. (2005). Long term efficacy of ADHD pharmacotherapy in children. *Psychiatric Annals, 38,* 52-57.

Gladman, M., & Lancaster, S. (2003). A review of the Behavior Assessment System for Children. *School Psychology International, 24,* 276-291.

Glasser, W. (1992). *The quality school.* New York: HarperCollins.

Glomb, N., & West, R. P. (1990). Teaching behaviorally disordered adolescents to use self-management skills for improving the completeness, accuracy, and neatness for creative writing homework assignments. *Behavioral Disorders, 15,* 233-242.

Goldman-Rakic, P. S. (1987). Development of cortical circuitry and cognitive function. *Child Development, 58,* 601-622.

Graham, S., Harris, K. R., & Reid, R. (1992). Developing self-regulated learners. *Focus on Exceptional Children, 24,* 1-16.

Graham-Day, K., Gardner, R., & Hsin, Y. (2010). Increasing on-task behaviors of high school students with attention deficit hyperactivity disorder: Is it enough? *Education and Treatment of Children, 33,* 205-221.

Gresham, F., & Elliot, S. (2007). *Social Skills Improvement System Rating Scales.* San Antonio, TX: Pearson Assessments.

Gresham, F., Sugai, G., & Horner, R. (2001). Interpreting outcomes of social skills training for students with high-incidence disabilities. *Exceptional Children, 67,* 331-344.

Grice, K. (2002). Eligibility under IDEA for other health impaired children. *School Law Bulletin, 33*(3), 7-12.

Guilford, J. P. (1954). *Psychometric methods* (2nd ed.). New York: McGraw-Hill.

Gureasko-Moore, S., DuPaul, G. J., & White, G. (2006). The effects of self-management in general education classrooms on the organizational skills of adolescents with ADHD. *Behavior Modification, 30,* 159-183.

Gureasko-Moore, S., DuPaul, G. J., & White, G. (2007). Self-management of classroom preparedness and homework: Effects on school functioning of adolescents with attention deficit hyperactivity disorder. *School Psychology Review, 36,* 647-664.

Haenlein, M., & Caul, W. F. (1987). Attention deficit disorder with hyperactivity: A specific hypothesis of reward dysfunction. *Journal of the American Academy of Child and Adolescent Psychiatry, 26,* 356-362.

Hagaman, J., Luschen, K., & Reid, R. (2010). The "RAP" on reading comprehension. *Teaching Exceptional Children, 43*(1), 22-29.

Hale, G. A., & Lewis, M. (1979). *Attention and cognitive development.* New York: Plenum Press.

Hamlett, K. W., Pellegrini, D. S., & Conners, C. K. (1987). An investigation of executive processes in the problem-solving of attention deficit disorder-hyperactivity children. *Journal of Pediatric Psychology, 12,* 227-240.

Handler, M. W., & DuPaul, G. J. (2005). Assessment of ADHD: Differences across psychology specialty areas. *Journal of Attention Disorders, 9,* 402-412.

Harborne, A., Wolpert, M., & Clarke, L. (2004). Making sense of ADHD: A battle for understanding?: Parents' views of their child being diagnosed with ADHD. *Clinical Child Psychology and Psychiatry, 9,* 327-339.

Harris, K. R. (1986). Self-monitoring of attentional behavior versus self-monitoring of productivity: Effects on on-task behavior and academic response rate among learning disabled children. *Journal of Applied Behavior Analysis, 19,* 417-423.

Harris, K. R. (1990). Developing self-regulated learners: The role of private speech and self-instructions. *Educational Psychologist, 25,* 35-49.

Harris, K. R., Friedlander, B. D., Saddler, B., Frizelle, R., & Graham, S. (2005). Self-monitoring of attention versus self-monitoring of academic performance: Effects among students with ADHD in the general education classroom. *Journal of Special Education, 39,* 145-156.

Harris, K. R., & Pressley, M. (1991). The nature of cognitive strategy instruction: Interactive strategy construction. *Exceptional Children, 57,* 392-404.

Harris, K. R., Reid, R., & Graham, S. (2004). Self-regulation among children with LD and ADHD. In B. Wong (Ed.), *Learning about learning disabilities* (pp. 167-195). San Diego, CA: Elsevier.

Harris, M., Milich, R., & McAninch, C. (1998). When stigma becomes self-fulfilling prophesy: Expectancy effects and the causes, consequences, and treatment of peer rejection. In J. Brophy (Ed.), *Advances in research on teaching* (pp. 243-272). Greenwich, CT: JAI Press.

Hartsough, C. S., & Lambert, N. M. (1985). Medical factors in hyperactivity and normal children: Prenatal, developmental, and health history findings. *American Journal of Orthopsychiatry, 55,* 190-210.

Hechtman, L. (1996). Families of children with attention deficit hyperactivity disorder: A review. *Canadian Journalof Psychiatry, 41,* 350-360.

Hertzig, M. E. (1983). Temperament and neurological status. In M. Rutter (Ed.), *Developmental neuropsychiatry* (pp. 164-180). New York: Guilford Press.

Heward, W. L., Gardner, R., Cavanaugh, R., Courson, F. H., Grossi, T. A., & Barbetta, P. M. (1996). Everyone participates in this class. *Focus on Exceptional Children, 28,* 4-10.

Hinshaw, S. P. (2002). Is ADHD an impairing condition in childhood and adolescence? In P. S. Jensen & J. R. Cooper (Eds.), *Attention deficit hyperactivity disorder-state of the science-best practices* (pp. 5.2-5.21). Kingston, NJ: Civic Research Institute.

Hinshaw, S. P. (2002). Preadolescent girls with attention deficit/hyperactivity disorder: I. Background characteristics, comorbidity, cognitive and social functioning, and parenting practices. *Journal of Consulting and Clinical Psychology, 70,* 1086-1098.

Hoban, T. (2008). Sleep disturbances and attention deficit hyperactivity disorder. *Sleep Medicine Clinics, 3,* 469-478.

Hogan, S., & Prater, M. (1993). The effects of peer tutoring and self-management on on-task, academic and disruptive behaviors. *Behavioral Disorders, 18,* 118-128.

Hoover-Dempsey, K., Walker, J., Sandler, H., Whetsel, D., Green, C., Wilkins, A., et al. (2005). Why do parents become involved?: Research findings and implications. *The Elementary School Journal, 106,* 105-130.

Hosterman, S. J., DuPaul, G. J., & Jitendra, A. K. (2008). Teacher ratings of ADHD symptoms in ethnic minority students: Bias or behavioral difference? *School Psychology Quarterly, 23,* 418-435.

Hoza, B., Gerdes, A. C., Hinshaw, S. P., Arnold, L. E., Pelham, W. E. Jr., Molina, B. S. G., et al. (2004). Self-perceptions of competence in children with ADHD and comparison children. *Journal of Consulting and Clinical Psychology, 72,* 382-391.

Hoza, B., Pelham, W. E. Jr., Waschbusch, D. A., Kipp, H., & Owens, J. S. (2001). Academic performance of normally achieving ADHD and control boys: Performance, self-evaluations, and attributions. *Journal of Abnormal Child Psychology, 17,* 271-283.

Huizink, A. C., & Mulder, E. J. (2006). Maternal smoking, drinking or cannabis use during pregnancy and neurobehavioral and cognitive functioning in human offspring. *Neuroscience and Behavioral Reviews, 30,* 24-41.

Isaacs, D. (2006). Attention-deficit hyperactivity disorder: Are we medicating for social disadvantage? *Journal of Paediatrics and Child Health, 42,* 548-551.

Jackson, D., & Peters, K. (2008). Use of drug therapy in children with attention deficit hyperactivity disorder (ADHD): Maternal views and experiences. *Journal of Clinical Nursing, 17,* 2725-2732.

Jackson, D. A., & King, A. R. (2004). Gender differences in the effects of oppositional behavior on teacher ratings of ADHD symptoms. *Journal of Abnormal Child Psychology, 32,* 215-224.

Jacobs, J., Williams, A. L., Girard, C., Njike, V. Y., & Katz, D. (2005). Homeopathy for attention-deficit/ hyperactivity disorder: A pilot randomized-controlled trial. *Journal of Alternative and Complementary Medicine, 11,* 799-806.

Jacobson, L., & Reid, R. (2010). Improving the persuasive essay writing of high school students with ADHD. *Exceptional Children, 76,* 157-174.

John, K., Gammon, D., Prusoff, B., & Warner, V. (1987). The Social Adjustment Inventory for Children and Adolescents (SAICA): Testing of a new semistructured interview. *Journal of the American Academy of Child and Adolescent Psychiatry, 26,* 898-911.

Johnson, J., Reid, R., & Mason, L. (2001). Improving the reading recall of high school students with ADHD. *Remedial and Special Education.*

Johnson, L., & Graham, S. (1990). Goal setting and its application with exceptional learners. *Preventing School Failure, 34,* 4-8.

Johnston, C. (1996). Parent characteristics and parent-child interactions in families of non-problem children and ADHD children with higher and lower levels of oppositional defiant behavior. *Journal of Abnormal Child Psychology, 24,* 85-104.

Johnston, C., & Mash, E. (2001). Families of children with attention-deficit/hyperactivity disorder: Review and recommendations for future research. *Clinical Child and Family Psychology Review, 4,* 183-207.

Kapalka, G. (2005). Avoiding repetitions reduces ADHD children's management problems in the classroom. *Emotional and Behavioural Difficulties, 10,* 269-279.

Kaplan, B. J., Crawford, S. G., Fisher, G. C., & Dewey, D. M. (1998). Family dysfunction is more strongly associated with ADHD than with general school problems. *Journal of Attention Disorder, 2,* 209-216.

Kaplan, J. S. (1995). *Beyond behavior modification: A cognitive-behavioral approach to behavior management in the school* (3rd ed.). Austin, TX: PRO-ED.

Karsh, K., Repp, A., Dahlquist, C., & Munk, D. (1995). In vivo functional assessment and multi-element interventions for problem behaviors of students with disabilities in classroom settings. *Journal of Behavioral Education, 5,* 189-210.

Kasten, E. F., Coury, D. L., & Heron, T. E. (1992). Educators' knowledge and attitudes regarding stimulants in the treatment of attention deficit hyperactivity disorder. *Journal of Developmental and Behavioral Pediatrics, 13,* 215-219.

Kats-Gold, I., Besser, A., & Priel, B. (2007). The role of simple emotion recognition skills among school aged boys at risk of ADHD. *Journal of Abnormal Child Psychology, 35,* 363-378.

Kats-Gold, I., & Priel, B. (2009). Emotion, understanding, and social skills among boys at risk of attention deficit hyperactivity disorder. *Psychology in the Schools, 46,* 658-678.

Kennedy, E. (2008). Media representations of attention deficit disorder: Portrayals of cultural skepticism in popular media. *Journal of Popular Culture, 41,* 91-117.

Kern, L., Childs, K., Dunlap, G., Clarke, S., & Falk, G. (1994). Using assessment-based curricular intervention to improve the classroom behavior of a student with emotional and behavioral challenges. *Journal of Applied Behavior Analysis, 27,* 7-19.

Kern, L., Dunlap, G., Clarke, S., & Childs, K. (1994). Student-Assisted Functional Assessment Interview. *Diagnostique, 19,* 29-39.

Kern-Dunlap, L., Clarke, S., & Dunlap, G. (1990). *Increasing the "meaningfulness" in curriculum content to reduce problem behaviors in a severely emotionally disturbed student.* Paper presented at the 10th annual convention of the Florida Association of Behavior Analysis, Orlando.

Klein, R., Abikoff, H., Klass, H., Ganeles, D., Seese, L., & Pollack, S. (1997). Clinical efficacy of methylphenidate in conduct disorder with and without attention deficit hyperactivity disorder. *Archives of General Psychiatry, 54,* 1073-1080.

Kliegel, M., Ropeter, A., & Mackinlay, R. (2006). Complex prospective memory in children with ADHD. *Child Neuropsychology, 12,* 407-419.

Knopf, H., & Swick, K. (2008). Using our understanding of families to strengthen family involvement. *Early Childhood Education, 35,* 419-427.

Kofler, M., Rapport, M., Bolden, J., Sarver, D., & Raiker, J. (2009). ADHD and working memory: The impact of central executive deficits and exceeding storage/rehearsal capacity on observed inattentive behavior. *Journal of Abnormal Child Psychology, 38,* 149-161.

Kofman, O., Larson, J. G., & Mostofsky, S. H. (2008). A novel task for examining strategic planning: Evidence for impairment in children with ADHD. *Journal of Clinical and Experimental Neuropsychology, 30,* 261-271.

Kollins, S. (2007). Abuse liability of medications used to treat attention-deficit/hyperactivity disorder (ADHD). *American Journal of Addiction, 16,* 35-44.

Kollins, S. (2008). ADHD, substance use disorders, and psychostimulant treatment: Current literature and treatment guidelines. *Journal of Attention Disorders, 12,* 115-125.

Konrad, M., Fowler, C. H., Walker, A. R., Test, D. W., & Wood, W. M. (2007). Effects of self-determination interventions on the academic skills of students with learning disabilities. *Learning Disabilities Quarterly, 30,* 89-113.

Krishnan, K., Feller, M., & Orkin, M. (2010). Goal setting, planning, and prioritizing. In L. Meltzer (Ed.), *Promoting executive function in the classroom* (pp. 57-85). New York: Guilford Press.

Kroth, R. L., & Edge, D. (2007). *Communicating with parents and families of exceptional children.* Denver,

CO: Love.

Lahey, B. B., Applegate, B., McBurnett, K., Biederman, J., Greenhill, L., Hynd, G. W., et al. (1994). DSM-IV field trials for attention deficit hyperactivity disorder in children and adolescents. *American Journal of Psychiatry, 151,* 1673-1685.

Lalli, J., Browder, D., Mace, F., & Brown, D. (1993). Teacher use of descriptive analysis data to implement interventions to decrease students' problem behaviors. *Journal of Applied Behavior Analysis, 26,* 227-238.

Lambert, M. C., Puig, M., Lyubansky, M., Rowan, G. T., & Winfrey, T. (2001). Adult perspectives on behavioral and emotional problems in African American children. *Journal of Black Psychology, 27,* 64-85.

Larson, P. J., & Maag, J. W. (1998). Applying functional assessment in the general education classroom. *Remedial and Special Education, 19,* 338-349.

Lazarus, B. D. (1996). Flexible skeletons: Guided notes for adolescents. *Teaching Exceptional Children, 28*(3), 36-40.

Lehigh University Project Outreach. (n.d.). *Strategies for teachers.* Retrieved from www.lehigh.edu/projectreach/teachers/peer_tutoring/peer_tutoring_step_1.htm.

Leo, R., Khin, N., & Cohen, G. (1996). ADHD and thyroid dysfunction. *Journal of the American Academy of Child and Adolescent Psychiatry, 35,* 1572-1573.

Leslie, L., Plemmons, D., Monn, A., & Palinkas, L. (2007). Investigating ADHD treatment trajectories: Listening to families' stories about medication use. *Journal of Developmental and Behavioral Pediatrics, 28,* 179-188.

Levine, L. E., & Waite, B. M. (2000). Television viewing and attentional abilities in fourth and fifth grade children. *Journal of Applied Developmental Psychology, 21,* 667-679.

Levy, F., & Hay, D. A. (2001). *Attention, genes, and attention-deficit hyperactivity disorder.* Philadelphia: Psychology Press.

Lewis, T. J., & Sugai, G. (1996). Functional assessment of problem behavior: A pilot investigation of the comparative and interactive effects of teacher and peer social attention on students in general education settings. *School Psychology Quarterly, 11,* 1-19.

Lienemann, T. O., & Reid, R. (2008). Using self-regulated strategy development to improve expository writing with students with attention deficit hyperactivity disorder. *Exceptional Children, 74,* 471-486.

Locke, W. R., & Fuchs, L. S. (1995). Effects of peer-mediated reading instruction on the on-task behavior and social interaction of children with behavioral disorders. *Journal of Emotional and Behavioral Disorders, 3,* 92-99.

Loe, I., & Feldman, H. (2007). Academic and educational outcomes of children with ADHD. *Journal of Pediatric Psychology, 32,* 643-654.

Loo, S. K., & Barkley, R. A. (2005). Clinical utility of EEG in attention deficit hyperactivity disorder. *Applied Neuropsychology, 12,* 64-76.

Lorch, E. P., Berthiaume, K. S., Milich, R., & van den Broek, P. (2007). Story comprehension impairments in children with attention-deficit/hyperactivity disorder. In K. Cain & J. Oakhill (Eds.), *Children's comprehension problems in oral and written language: A cognitive perspective* (pp. 128-156). New York: Guilford Press.

Lynskey, M., & Hall, W. (2001). Attention deficit hyperactivity disorder and substance use disorders: Is there a causal link? *Addiction, 96,* 815-822.

Lyon, G. R., Fletcher, J. M., & Barnes, M. A. (2003). Learning disabilities. In E. J. Mash & R. Barkley (Eds.),

Child psychopathology (pp. 520-588). New York: Guilford Press.

Maag, J. W. (2001). Rewarded by punishment: Reflections on the disuse of positive reinforcement in education. *Exceptional Children, 67,* 173-186.

Maag, J. W. (2004). *Behavior management: From theoretical implications to practical applications* (2nd ed.). Belmont, CA: Wadsworth/Thomson Learning.

Maag, J. W., Reid, R., & DiGangi, S. A. (1993). Differential effects of self-monitoring attention, accuracy, and productivity. *Journal of Applied Behavior Analysis, 26,* 329-344.

Mace, F. C., Belfiore, P. J., & Hutchinson, J. M. (2001). Operant theory and research on self-regulation. In B. Zimmerman & D. Schunk (Eds.), *Self-regulated learning and academic achievement* (pp. 39-65). Mahwah, NJ: Erlbaum.

Mace, F. C., & Kratochwill, T. R. (1988). Self-monitoring. In J. C. Witt, S. N. Elliott, & F. M. Gresham (Eds.), *Handbook of behavior therapy in education* (pp. 489-522). New York: Plenum Press.

Madan-Swain, A., Zentall, S. (1990). Behavioral comparisons of liked and disliked hyperactive children in play contexts and the behavioral accommodations by their classmates. *Journal of Consulting and Clinical Psychology, 58,* 197-209.

Maheady, L., Mallette, B., & Harper, G. (2006). Four classwide peer tutoring models: Similarities, differences, and implications for research and practice. *Reading and Writing Quarterly, 22,* 65-89.

Mannuzza, S., & Klein, R. G. (2000). Long-term prognosis in attention-deficit/hyperactivity disorder. *Child and Adolescent Psychiatric Clinics of North America, 9,* 711-726.

Mannuzza, S., Klein, R. G., Bessler, A., Malloy, P., & Hynes, M. E. (1997). Educational and occupational outcome of hyperactive boys grown up. *Journal of the American Academy of Child and Adolescent Psychiatry, 36,* 1222-1227.

Margolis, H., & McCabe, P. (1997). Homework challenges for students with reading and writing problems: Suggestions for effective practice. *Journal of Educational and Psychological Consultation, 8,* 41-74.

Marsh, E. J., & Johnston, C. (1990). Determinants of parenting stress: Illustrations form families of hyperactive children and families of physically abused children. *Journal of Clinical Child Psychology, 19,* 313-328.

Martinussen, R., Hayden, J., Hogg-Johnson, S., & Tannock, R. (2005). A meta-analysis of working memory impairments in children with attention-deficit/hyperactivity disorder. *Journal of the American Academy of Child and Adolescent Psychiatry, 44,* 377-384.

Martinussen, R., & Tannock, R. (2006). Working memory impairments in children with attention-deficit hyperactivity disorder with and without comorbid language learning disorders. *Journal of Clinical and Experimental Neuropsychology, 28,* 1073-1094.

Mason, L. H., Kubina, R., & Taft, R. (2009). Developing quick writing skills of middle school students with disabilities. *Journal of Special Education, 44,* 205-222.

Mastropieri, M. A., & Scruggs, T. E. (2005). *Effective instruction for special education* (3rd ed.). Austin, TX: PRO-ED.

Mathes, M. Y., & Bender, W. N. (1997). The effects of self-monitoring on children with attention-deficit/hyperactivity disorder who are receiving pharmacological interventions. *Remedial and Special Education, 18,* 121-128.

Matson, J. L., Rotatori, A. F., & Helsel, W. J. (1983). Development of a rating scale to measure social skills in children: The Matson Evaluation of Social Skills with Youngsters (MESSY). *Behaviour Research and Therapy, 21,* 335-340.

Mautone, J., DuPaul, G., & Jitendra, A. (2005). The effects of computer-assisted instruction on the mathematics performance and classroom behavior of children with ADHD. *Journal of Attention Disorders, 9,* 301-312.

Mayes, R., Bagwell, C., & Erkulwater, J. (2008). ADHD and the rise in use of stimulant use among children. *Harvard Review of Psychiatry, 16,* 151-166.

Mayes, S. D., Calhoun, S. L., & Crowell, E. W. (2000). Learning disabilities and ADHD: Over-lapping spectrum disorders. *Journal of Learning Disabilities, 33,* 417-424.

McAfee, J. (1987). Classroom density and the aggressive behavior of handicapped children. *Education and Treatment of Children, 10,* 134-145.

McCarney, S. B. (1995). *The Attention Deficit Disorders Evaluation Scale* (2nd ed.). Columbia, MO: Hawthorne Educational Services.

McConaughy, S. H., & Achenbach, T. M. (2004). *Manual for the Test Observation Form for ages 2-18.* Burlington: University of Vermont, Research Center for Children, Youth, and Families.

McIntosh, K., Herman, K., Sanford, A., McGraw, K., & Florence, K. (2004). Teaching transitions: Techniques for promoting success between lessons. *Teaching Exceptional Children, 37,* 32-38.

McLeer, S. V., Callaghan, M., Henry, D., & Wallen, J. (1994). Psychiatric disorders in sexually abused children. *Journal of the American Academy of Child and Adolescent Psychiatry, 33,* 313-319.

McLeod, J., Fettes, D., Jensen, P., Pescosolido, B., & Martin, J. (2007). Public knowledge, beliefs, and treatment preferences concerning attention-deficit hyperactivity disorder. *Psychiatric Services, 58,* 626-631.

Meltzer, L. (2007). Executive function difficulties and learning disabilities: Understandings and misunderstandings. In L. Meltzer (Ed.), *Executive function in education: From theory to practice* (pp. 77-105). New York: Guilford Press.

Mercer, J. (1973). *Labeling the mentally retarded.* Berkley and Los Angeles: University of California Press.

Merrell, K. (2001). Assessment of children's social skills: Recent developments, best practices, and new directions. *Exceptionality, 9,* 3-18.

Merrell, K. (2002). *School Social Behavior Scales* (2nd ed.). Baltimore: Brookes.

Meyer, K., & Kelley, M. (2007). Improving homework in adolescents with attention-deficit/hyperactivity disorder: Self vs. parent monitoring of homework behavior and study skills. *Child and Family Behavior Therapy, 29,* 25-42.

Mikami, A., Jack, A., & Lerner, M. (2010). Attention-deficit/hyperactivity disorder. In J. Matson (Ed.), *Social behavior and skills in children* (pp. 159-185). New York: Springer.

Milberger, S., Biederman, J., Faraone, S. V., Murphy, J., & Tsuang, M. T. (1995). Attention deficit hyperactivity disorder and comorbid disorders: Issues of overlapping symptoms. *American Journal of Psychiatry, 152,* 1783-1800.

Milich, R., & Greenwell, L. (1991, December). An examination of learned helplessness among attention-deficit hyperactivity disordered boys. In B. Hoza & W. E. Pelham (Chairs), *Cognitive biases as mediators of childhood disorders: What do we know?* Symposium presented at the annual meeting of the Association for the Advancement of Behavior Therapy, New York, NY.

Milich, R., & Okazaki, M. (1991). An examination of learned helplessness among attention-deficit hyperactivity disordered boys. *Journal of Abnormal Child Psychology, 19,* 607-623.

Miller, M. A. (2005). Using peer tutoring in the classroom: Applications for students with emotional/behavioral disorders. *Beyond Behavior, 15*(1), 25-30.

Miller, T., Nigg, J., & Miller, R. (2009). Attention deficit hyperactivity disorder in African American children: What can be concluded from the past ten years? *Clinical Psychology Review, 29,* 77-86.

Mirsky, A. F. (1996). Disorders of attention; A neuropsychological perspective. In R. G. Lyon & N. A. Krasnegor (Eds.), *Attention, memory, and executive function* (pp. 71-96). Baltimore: Brookes.

Monastra, V. (2008). Medical conditions that mimic ADHD. In V. J. Monastra (Ed.), *Unlocking the potential of patients with ADHD: A model for clinical practice* (pp. 49-66). Washington, DC: American Psychological Association.

Moore Partin, T., Robertson, R., Maggin, D., Oliver, R., & Wehby, J. (2010). Using teacher praise and opportunities to respond to promote appropriate student behavior. *Preventing School Failure, 54,* 172-178.

MTA Cooperative Group. (2004). National Institute of Mental Health Multimodal Treatment Study of ADHD follow-up: Changes in effectiveness and growth after the end of treatment. *Pediatrics, 113,* 762-769.

Munir, K., Biederman, J., & Knee, D. (1987). Psychiatric comorbidity in patients with attention deficit hyperactivity disorder: A controlled study. *Journal of the American Academy of Child and Adolescent Psychiatry, 26,* 844-848.

Murray, D., Rabiner, D., Schulte, A., & Newitt, K. (2008). Feasibility and integrity of a parent-teacher consultation intervention for ADHD students. *Child Youth Care Forum, 37,* 111-126.

National Association of School Psychologist. (2002). Social skills: Promoting positive behavior, academic success, and school safety. Retrieved from www.nasponline.org/resources/factsheets/socialskills_fs.aspx.

Needleman, H. L. (1982). Lead and impaired abilities. *Developing Medicine and Child Neurology, 24,* 196-198.

Neel, R. S., & Cessna, K. K. (1993). Replacement behaviors: A strategy for teaching social skills to children with behavior problems. *Rural Speical Education Quarterly, 12*(1), 30-35.

Nelson, C., & Rutherford, R. (1983). Time out revisited: Guidelines for its use in special education. *Exceptional Education Quarterly, 3,* 56-67.

Nelson, R. O., & Hayes, S. C. (1981). Theoretical explanations for reactivity in self-monitoring. *Behavior Modification, 5,* 3-14.

Neufeld, P., & Foy, M. (2006). Historical reflections on the ascendancy of ADHD in North America, c.1980-c.2005. *British Journal of Educational Studies, 54,* 449-470.

Northup, J., Broussard, C., Jones, K., George, T., Vollmer, T. R., & Herring, M. (1995). The differential effects of teacher and peer attention on the disruptive classroom behavior of three children with a diagnosis of attention deficit hyperactivity disorder. *Journal of Applied Behavior Analysis, 28,* 227-228.

Olfson, M., Marcus, S., Weissman, M., & Jensen, P. (2002). National trends in the use of psychotropic medications by children. *Journal of the American Academy of Child and Adolescent Psychiatry, 41,* 514-521.

O'Neill, M. E., & Douglas, V. I. (1991). Study strategies and story recall in attention-deficit disorder and reading disability. *Journal of Abnormal Child Psychology, 19,* 671-692.

O'Neill, M. E., & Douglas, V. I. (1996). Rehearsal strategies and recall performance in boys with and without attention deficit hyperactivity disorder. *Journal of Pediatric Psychology, 21,* 73-88.

O'Neill, R., Horner, R., Albin, R., Sprague, J., Storey, K., & Newton, I. (1997). *Functional assessment and program development for problem behavior: A practical handbook* (2nd ed.). Pacific Grove, CA: Brooks/Cole.

O'Regan, F., & Cooper, P. (2001). Ruby Tuesday: A student with ADHD and learning difficulties. *Emotional and Behavioral Difficulties, 6,* 265-269.

Oswald, D. P., Coutinho, M. J., Best, A. M., & Singh, N. N. (1999). Ethnic representation in special education: The influence of school-related economic and demographic variables. *Journal of Special Education, 32,* 194-206.

Ota, K. R., & DuPaul, G. J. (2002). Task engagement and mathematics performance in children with attention deficit hyperactivity disorder: Effects of supplemental computer instruction. *School Psychology Quarterly, 17,* 242-257.

Owens, M., Stevenson, J., Norgate, R., & Hadwin, J. (2008). Processing efficiency theory in children: Working memory as a mediator between trait anxiety and academic performance. *Anxiety, Stress, and Coping, 21,* 417-430.

Packenham, M., Shute, R., & Reid, R. (2004). A truncated functional behavioral assessment procedure for children with disruptive classroom behaviors. *Education and Treatment of Children, 27,* 9-25.

Paine, S. C., Radicchi, J., Rosellini, L. C., Deutchman, L., & Darch, C. (1983). *Structure your classroom for success.* Champaign, IL: Research Press.

Park, R. (2003). *Seven signs of bogus science.* Retrieved from www.quackwatch.com/01QuackeryRelatedTopics/signs.html.

Partin, T., Robertson, R., Maggin, D., Oliver, R., & Wehby, J. (2010). Using teacher praise and opportunities to respond to promote appropriate student behavior. *Preventing School Failure, 54,* 172-178.

Pelham, W. E., Foster, M., & Robb, J. A. (2007). The economic impact of attention-deficit/hyperactivity disorder in children and adolescents. *Journal of Pediatric Psychology, 32,* 711-727.

Pelham, W. E. Jr. (1993). Pharmacotherapy for children with attention-deficit hyperactivity disorder. *School Psychology Review, 22,* 199-227.

Pelham, W. E. Jr. (2002). How to establish a school-home daily report card. Retrieved from www.utmem.edu/pediatrics/general/clinical/behavior.

Pelham, W. E. Jr., & Fabiano, G. A. (2008). Evidence based psychosocial treatments for attention-deficit/hyperactivity disorder. *Journal of Clinical Child and Adolescent Psychology, 37,* 184-214.

Pelham, W. E. Jr., Fabiano, G. A., & Massetti, G. M. (2005). Evidence-based assessment of attention deficit hyperactivity disorder in children and adolescents. *Journal of Clinical Child and Adolescent Psychology, 34,* 449-476.

Pelham, W. E. Jr., & Hoza, B. (1996). Intensive treatment: A summer treatment program for children with ADHD. In E. D. Hibbs & P. S. Jensen (Eds.), *Psychosocial treatments for child and adolescent disorders: Empirically based strategies for clinical practice* (pp. 311-340). Washington, DC: American Psychological Association.

Pelham, W. E. Jr., Massetti, G. M., Wilson, T., Kipp, H., Myers, D., Standley, B. E. N., et al. (2005). Implementation of a comprehensive schoolwide behavioral interventions: The ABC program. *Journal of Attention Disorders, 9,* 248-260.

Pelham, W. E. Jr., Wheeler, T., & Chronis, A. (1998). Empirically supported psychosocial treatments for attention deficit hyperactivity disorder. *Journal of Clinical Child and Adolescent Psychology, 27,* 190-205.

Perdue, N., Manzeske, D., & Estell, D. (2009). Early predictors of school engagement: Exploring the role of peer relationships. *Psychology in the Schools, 46,* 1084-1097.

Peterson, B. S. (1995). Neuroimaging in child and adolescent neuropsychiatric disorders. *Journal of the American Academy of Child and Adolescent Psychiatry, 34,* 1560-1576.

Pfiffner, L. J., & Barkley, R. A. (1998). Treatment of ADHD in school settings. In R. A. Barkley (Ed.), *Attention deficit hyperactivity disorder: A handbook for diagnosis and treatment* (2nd ed., pp. 458-

490). New York: Guilford Press.

Pfiffner, L. J., Barkley, R. A., & DuPaul, G. J. (2006). Treatment of ADHD in school settings. In R. A. Barkley (Ed.), *Attention deficit hyperactivity disorder: A handbook for diagnosis and treatment* (3rd ed., pp. 547-589). New York: Guilford Press.

Pfiffner, L. J., McBurnett, K., Lahey, B. B., Loeber, R., Green, S., Frick, P. J., et al. (1999). Association of parental psychopathology to the comorbid disorders of boys with attention-deficit hyperactivity disorder. *Consulting and Clinical Psychology, 67,* 881-893.

Pfiffner, L. J., & O'Leary, S. G. (1987). The efficacy of all-positive management as a function of the prior use of negative consequences. *Journal of Applied Behavior Analysis, 20, 265-271.*

*Pfiffner, L. J., Rose*n, L., & O'Leary, S. G. (1985). The efficacy of an all-positive approach to classroom management. *Journal of Applied Behavior Analysis, 18,* 257-261.

Pisecco, S., Huzinec, C., & Curtis, D. (2001). The effect of child characteristics on teachers' acceptability of classroom-based behavioral strategies and psychostimulant medication for the treatment of ADHD. *Journal of Clinical Child Psychology, 30,* 413-421.

Podolski, C., & Nigg, J. (2001). Parent stress and coping in relation to child ADHD severity and associated child disruptive behavior problems. *Journal of Clinical Child Psychology, 30,* 503-513.

Powell, S., & Nelson, B. (1997). Effects of choosing academic assignments on a student with attention deficit hyperactivity disorder. *Journal of Applied Behavior Analysis, 30,* 181-183.

Power, T., Hess, L., & Bennett, D. (1995). The acceptability of interventions for attention-deficit hyperactivity disorder among elementary and middle school teachers. *Journal of Developmental Behavioral Pediatrics, 16,* 238-243.

Power, T., & Mautone, J. (2008). Best practice in linking families and schools to educate children with attention problems. In A. Thomas & J. Grimes (Eds.), *Best practices in school psychology* (Vol. 5, pp. 839-850). Bethesda, MD: National Association of School Psychologists.

Psychogiou, L., Daley, D., Thompson, M., & Sonuga-Barke, E. (2008). Do maternal attention-deficit/ hyperactivity disorder symptoms exacerbate or ameliorate the negative effect of child attention-deficit/hyperactivity disorder symptoms on parenting? *Development and Psychopathology, 2,* 121-137.

Puig, M., Lambert, M. C., Rowan, G. T., Winfrey, T., Lyubansky, M., Hannah, S. D., et al. (1999). Behavioral and emotional problems among Jamaican and African American children, ages 6 to 11: Teacher reports versus direct observations. *Journal of Emotional and Behavioral Disorders, 7,* 240-250.

Purvis, K. L., & Tannock, R. (1997). Language abilities in children with attention deficit hyperactivity disorder, reading disabilities, and normal controls. *Journal of Abnormal Child Psychology, 25,* 133-144.

Quay, H. C. (1988a). The behavioral reward and inhibition systems in childhood behavior disorder. In L. M. Bloomingdale (Ed.), *Attention deficit disorder: Vol. 3. New research in treatment, psychopharmacology, and attention* (pp. 176-186). New York: Pergamon Press.

Quay, H. C. (1988b). Attention deficit disorder and the behavioral inhibition system: The relevance of the neuropsychological theory of Jeffrey A. Gray. In L. M. Bloomingdale & J. Sergeant (Eds.), *Attention deficit disorder: Criteria, cognition, intervention* (pp. 117-126). New York: Pergamon Press.

Rapport, M. D., Denney, C., DuPaul, G. J., & Gardner, M. J. (1994). Attention deficit disorder and methyphenidate: Normalization rates, clinical effectiveness, and response prediction in 76 children. *Journal of the American Academy of Child and Adolescent Psychiatry, 33,* 882-839.

Reid, R. (1993). Implementing self-monitoring interventions in the classroom: Lessons from research. *Monograph in Behavior Disorders: Severe Behavior Disorders in Youth, 16,* 43-54.

Reid, R. (1996). Self-monitoring for students with learning disabilities: The present, the prospects, the pitfalls. *Journal of Learning Disabilities, 29,* 317-331.

Reid, R. (1999). Attention deficit hyperactivity disorder: Effective methods for the classroom. *Focus on Exceptional Children, 32,* 1-20.

Reid, R., DuPaul, G. J., Power, T. J., Anastopoulos, A. D., & Rogers-Adkinson, D., Noll, M.-B., et al. (1998). Assessing culturally different students for attention deficit hyperactivity disorder using behavior rating scales. *Journal of Abnormal Child Psychology, 26,* 187-198.

Reid, R., Hakendorf, P., & Prosser, B. (2002). Use of psychostimulant medication for ADHD in South Australia. *Journal of the American Academy of Child and Adolescent Psychiatry, 41,* 906-913.

Reid, R., & Harris, K. R. (1993). Self-monitoring of attention versus self-monitoring of performance: Effects on attention and academic performance. *Exceptional Children, 60,* 29-40.

Reid, R., Hertzog, M., & Snyder, M. (1996). Educating every teacher every year: The public schools and parents of children with ADHD. *Seminars in Speech and Language, 17,* 73-90.

Reid, R., & Katsiyannis, A. (1995). Attention-deficit/hyperactivity disorder and section 504. *Remedial and Special Education, 16,* 44-52.

Reid, R., & Lienemann, T. O. (2006a). *Strategy instruction for students with learning disabilities.* New York: Guilford Press.

Reid, R., & Lienemann, T. O. (2006b). Self-regulated strategy development for written expression with students with attention deficit hyperactivity disorder. *Exceptional Children, 73,* 53-68.

Reid, R., & Maag, J. W. (1994). How many "fidgets" in a "pretty much": A critique of behavior rating scales for identifying students with ADHD. *Journal of School Psychology, 32,* 339-354.

Reid, R., & Maag, J. W. (1998). Functional assessment: A method for developing classroom-based accommodations for children with ADHD. *Reading and Writing Quarterly, 14,* 9-42.

Reid, R., Maag, J. W., & Vasa, S. F. (1994). Attention deficit hyperactivity disorder as a disability category: A critique. *Exceptional Children, 60,* 198-214.

Reid, R., & Nelson, J. R. (2002). The utility, acceptability, and practicality of functional behavioral assessment for students with high-incidence problem behaviors. *Remedial and Special Education, 23,* 15-23.

Reid, R., Riccio, C. A., Kessler, R. H., DuPaul, G. J., Power, T. J., Anastopoulos, A. D., et al. (2000). Gender and ethnic differences in ADHD as assessed by behavior ratings. *Journal of Emotional and Behavioral Disorders, 8,* 38-49.

Reid, R., Trout, A. L., & Schartz, M. (2005). Self-regulation interventions for children with attention-deficit/hyperactivity disorder. *Exceptional Children, 71,* 361-377.

Reid, R., Vasa, S. F., Maag, J. W., & Wright, G. (1994). An analysis of teachers' perceptions of ADHD. *Journal of Research and Development in Education, 27,* 195-202.

Reynolds, C. R., & Kamphaus, R. W. (1992). *BASC: Behavior Assessment System for Children manual.* Circle Pines, MN: American Guidance.

Robin, A. (2006). Training families with adolescents with ADHD. In R. A. Barkley (Ed.), *Attention-deficit hyperactivity disorder: A handbook for diagnosis and treatment* (3rd ed., pp. 499-546). New York: Guilford Press.

Robinson, T. R., Smith, S. W., Miller, M. D., & Brownell, M. T. (1999). Cognitive behavior modification of hyperactivity-impulsivity and aggression: A meta-analysis of school-based studies. *Journal of Educational Psychology, 91,* 195-203.

Rock, M. (2005). Using strategic self-monitoring to enhance the academic engagement, productivity, and accuracy of students with and without exceptionalities. *Journal of Positive Behavior Interventions, 7,* 3-17.

Rogers, M., Wiener, J., Marton, I., & Tannoc, R. (2009). Parental involvement in children's learning: Comparing parents of children with and without attention-deficit/hyperactivity disorder. *Journal of School Psychology, 47,* 167-185.

Rogevich, M. E., & Perin, D. (2008). Effects of science summarization of a reading comprehension intervention for adolescents with behavior and attention disorders. *Exceptional Children, 74*(2), 135-154.

Rojas, N. L., & Chan, E. (2005). Old and new controversies in the alternative treatment of attention-deficit/hyperactivity disorder. *Mental Retardation and Developmental Disabilities Research Reviews, 11,* 116-130.

Rowland, A., Umbach, D., Stallone, L., Naftel, A., Bohlig, E., & Sandler, D. (2002). Prevalence of medication treatment for attention deficit-hyperactivity disorder among elementary school children in Johnston county, North Carolina. *American Journal of Public Health, 92,* 231-234.

Rutter, M. L. (1983). Issues and prospects in developmental neuropsychiatry. In M. L. Rutter (Ed.), *Developmental neuropsychiatry* (pp. 577-593). New York: Guilford Press.

Ryan, J. B., & Katsiyannis, A. (2009). The importance of teacher involvement in medication therapy. *Teaching Exceptional Children Plus,* 6 Article 1. Retrieved from escholarship.bc.edu/education/tecplus/vol6/iss2/art1.

Ryan, J. B., Reid, R., & Ellis, C. (2008). A survey of special educator knowledge regarding psychotropic interventions for students with emotional and behavioral disorders. *Remedial and Special Education, 29,* 269-279.

Ryan, J. B., Reid, R., Gallagher, K., & Ellis, C. (2008). Prevalence rates of psychotropic medications for students placed in residential care. *Behavior Disorders, 33,* 99-107.

Safer, D. J., & Krager, J. M. (1988). A survey of medication treatment for hyperactivity/inattentive students. *Journal of the American Medical Association, 260,* 2256-2258.

Safer, D. J., & Malever, M. (2000). Stimulant treatment in Maryland pulic schools. Pediatrics, 106, 533-539.

Salend, S., & Schliff, J. (1989). An examination of homework practices of teachers of students with learning disabilities. *Journal of Learning Disabilities, 22,* 621-623.

Satterfield, J. H., Satterfield, B. T., & Cantwell, D. P. (1980). Multimodality treatment: A two year evaluation of 61 hyperactivity boys. *Archives of General Psychiatry, 37,* 915-919.

Satterfield, J. H., Satterfield, B. T., & Cantwell, D. P. (1981). Three-year multimodality treatment study of 100 hyperactivity boys. *Journal of Pediatrics, 98,* 650-655.

Sawyer, A. M., Taylor, E., & Chadwick, O. (2001). The effect of off-task behaviors on the task performance of hyperkinetic children. *Journal of Attention Disorders, 5,* 1-10.

Sax, L., & Kautz, K. J. (2003). Who first suggests the diagnosis of attention-deficit/hyperactivity disorder? *Annals of Family Medicine, 1,* 171-174.

Schab, D. W., & Trinh, N.-H. T. (2004). Do artificial food colors promote hyperactivity in children with hyperactivity syndromes?: A meta-analysis of double-blind placebo-controlled trials. *Journal of Developmental and Behavioral Pediatrics, 25,* 423-434.

Schacher, R. J., Tannock, R., & Logan, G. (1993). Inhibitory control, impulsiveness, and attention deficit hyperactivity disorder. *Clinical Psychology Review, 13,* 721-739.

Scheres, A., Oosterlaan, J., Geurts, H., Morein-Zamir, S., Meiran, N., Schut, H., et al. (2004). Executive functioning in boys with ADHD: Primarily an inhibition deficit? *Archives of Clinical Neuropsychology,*

19, 569-594.

Schlachter, S. (2008). Diagnosis, treatment, and educational implications for students with attention-deficit/hyperactivity disorder in the United States, Australia and the United Kingdom. *Peabody Journal of Education, 83,* 154-169.

Schnoes, C., Reid, R., Wagner, M., & Marder, C. (2006). ADHD among students receiving special education services: A national survey. *Exceptional Children, 72*(4), 483-496.

Schumaker, J. B., Denton, P. H., & Deshler, D. D. (1984). *The paraphrasing strategy.* Lawrence: University of Kansas.

Schunk, D. (1990). Goal setting and self-efficacy during self-regulated learning. *Educational Psychologist, 25,* 71-86.

Schunk, D. (2001). Social cognitive theory and self-regulated learning. In B. Zimmerman & D. Schunk (Eds.), *Self-regulated learning and academic achievement* (pp. 125-151). Mahwah, NJ: Erlbaum.

Scime, M., & Norvilitis, J. M. (2006). Task performance and response to frustration in children with attention deficit hyperactivity disorder. *Psychology in the Schools, 43,* 377-386.

Semrud-Clikeman, M., Biederman, J., Sprich-Buckminster, S., Lehman, B. K., Faraone, S. V., & Norman, D. (1992). Comorbidity between ADHD and learning disability: A review and report in a clinically referred sample. *Journal of the American Academy of Child and Adolescent Psychiatry, 31,* 439-448.

Semrud-Clikeman, M., & Pliszka, S. R. (2005). Neuroimaging and psychopharmacology. *School Psychology Quarterly, 20,* 172-186.

Seplocha, H. (2004). Partnerships for learning: Conferencing with families. *Beyond the Journal—Young Children on the Web.* Retrieved from www.journal.naeyc.org.

Shapiro, E. S., & Cole, C. L. (1994). *Behavior change in the classroom: Self-management interventions.* New York: Guilford Press.

Shapiro, E. S., DuPaul, G. J., Bradley, K. L., & Bailey, L. T. (1996). A school-based consultation program for a service delivery to middle school students with attention deficit hyperactivity disorder. *Journal of Emotional and Behavioral Disorders, 4,* 73-81.

Shapiro, E. S., DuPaul, G. J., & Bradley-Klug, K. L. (1998). Self-management as a strategy to improve the classroom behavior of adolescents with ADHD. *Journal of Learning Disabilities, 31,* 545-555.

Shaw, P., Eckstrand, K., Sharp, W., Blumenthal, J., Lerch, J. P., Greenstein, D., et al. (2007). Attention deficit/hyperactivity disorder is characterized by a delay in cortical maturation. *Proceedings of the National Academy of Sciences of the United States of America, 104,* 19649-19654.

Sherman, D. K., Iacono, W. G., & McGee, M. K. (1997). Attention-deficit hyperactivity disorder dimensions: A twin study of inattention and impulsivity and hyperactivity. *Journal of the American Academy of Child and Adolescent Psychiatry, 36,* 745-753.

Shimabukuro, S. M., Prater, M. A., Jenkins, A., & Edelen-Smith, P. (1999). The effects of self-monitoring of academic performance on students with learning disabilities and ADD/ADHD. *Education and Treatment of Children, 22,* 397-415.

Shin, M.-S., Kim, Y.-H., Cho, S.-C., & Kim, B.-N. (2003). Neurologic characteristics of children with attention deficit hyperactivity disorder (ADHD), learning disorder, and tic disorder on the Rey-Osterreith complex figure. *Journal of Child Neurology, 18,* 835-844.

Shinn, M. R. (Ed.). (1998). *Advanced applications of curriculum-based measurement.* New York: Guilford Press.

Silver, L. B. (1987). A review of the current controversial approaches for treating learning disabilities. *Journal of Learning Disabilities, 20,* 498-504.

Silver, L. B. (1990). Attention-deficit/hyperactivity disorder: Is it a learning disability or a related disorder? *Journal of Learning Disabilities, 23,* 394-397.

Silver, L. B. (1999). *Attention-deficit/hyperactivity disorder: A clinical guide to diagnosis and treatment for health and mental health professionals* (2nd ed.). Washington, DC: American Psychiatric Press.

Silverthorn, P., Frick, P. J., Kuper, K., & Ott, J. (1996). Attention deficit hyperactivity disorder and sex: A test of two etiological models to explain the male predominance. *Journal of Clinical Child Psychology, 25,* 52-59.

Singer, G., Singer, J., & Horner, R. (1987). Using pretask requests to increase the probability of compliance for students with severe disabilities. *Journal of the Association for Persons with Severe Handicaps, 12,* 287-291.

Singh, I. (2004). Doing their jobs: Mothering with Ritalin in a culture of mother blame. Social Science and Medicine, 59, 1193-1205.

Singh, I. (2007). Clinical implications of ethical concepts: The case of children taking stimulants for ADHD. *Journal of Child Psychology and Psychiatry, 12,* 167-182.

Singh, N., Curtis, W., Ellis, C., Wechsler, H., Best, A., & Cohen, R. (1997). Empowerment status of families whose children have serious emotional disturbance and attention-deficit/hyperactivity disorder. *Journal of Emotional and Behavioral Disorders, 5,* 223-229.

Smith, T. E. C., & Patton, J. R. (1998). *Section 504 and public schools: A practical guide for determining eligibility, developing accommodation plans, and documenting compliance.* Austin, TX: PRO-ED.

Snider, V. E., Busch, T., & Arrowood, L. (2003). Teacher knowledge of stimulant medication and ADHD. *Remedial and Special Education, 24,* 46-56.

Solanto, M., Marks, D., Wasserstein, J., Mitchell, K., Abikoff, H., Alvir, J., & Kofman, M. (2010). Efficacy of meta-cognitive therapy for adult ADHD. *American Journal of Psychiatry, 167,* 958-968.

Sonuga-Barke, E. J. (2002). Psychological heterogeneity in AD/HD—a dual pathway model of behaviour and cognition. *Behavioural Brain Research, 130,* 29-36.

Sonuga-Barke, E. J. S., Taylor, E., & Hepinstall, E. (1992). Hyperactivity and delay aversion: II. The effect of self versus externally imposed stimulus presentation periods on memory. *Journal of Child Psychology and Psychiatry, 33,* 399-409.

Spence, S. (2003). Social skill training with children and young people: Theory, evidence and practice. *Child and Adolescent Mental Health, 8,* 84-96.

Spencer, T., Biederman, J., Wilens, T., & Faraone, S. (2002). Novel treatments for attention-deficit/hyperactivity disorder in children. *Journal of Clinical Psychiatry, 63,* 16-22.

Sprague, R. L., & Ullman, R. K. (1981). Psychoactive drugs and child management. In J. M. Kaufman & D. P. Hallan (Eds.), *Handbook of special education* (pp. 749-766). New York: Prentice-Hall.

Stahr, B., Cushing, D., Lane, K., & Fox, J. (2006). Efficacy of a function-based intervention in decreasing off-task behavior exhibited by a student with ADHD. *Journal of Positive Behavior Interventions, 8,* 201-211.

Stenhoff, D., & Lignugaris-Kraft, B. (2007). A review of the effects of peer tutoring on students with mild disabilities in secondary settings. Exceptional Children, 74, 8-30.

Stevens, G. (1980). Bias in attributions of positive and negative behavior in children by school psychologists, parents, and teachers. *Perceptual and Motor Skills, 50,* 1283-1290.

Stevens, J., Harman, J., & Kelleher, K. (2005). Race/ethnicity and insurance status as factors associated with ADHD treatment patterns. *Journal of Child and Adolescent Psychopharmacology, 15,* 88-96.

Stevens, J., Quittner, A. L., & Abikoff, H. (1998). Factors influencing elementary school teachers' ratings of

ADHD and ODD behaviors. *Journal of Clinical Child and Adolescent Psychology, 27,* 406-414.

Stewart, M. A., Pitts, F. N., Craig, A. G., & Dieruf, W. (1966). The hyperactivity child syndrome. *American Journal of Orthopsychiatry, 36,* 861-867.

Still, G. F. (1902). Some abnormal psychical conditions in children. *Lancet, 1,* 1008-1012, 1077-1082, 1163-1168.

Stolzer, J. (2007). The ADHD epidemic in America. *Ethical Human Psychology and Psychiatry, 9,* 109-116.

Stormont, M. (2001). Social outcomes of children with AD/HD: Contributing factors and implications for practice. *Psychology in the Schools, 38,* 521-531.

Strauss, A. A., & Lehtinen, L. E. (1947). Psychopathology and education of the brain-injured child: Vol. 2. Progress in theory and clinic. New York: Grune & Stratton.

Strauss, M. E., Thompson, P., Adams, N. L., Redline, S., & Burant, C. (2000). Evaluation of a model of attention with confirmatory factor analysis. *Neuropsychology, 14,* 201-208.

Strayhorn, J. (2002). Self-control: Toward systematic training programs. *Journal of the American Academy of Child and Adolescent Psychiatry, 41,* 17-27.

Swanson, H. L., & Sachse-Lee, C. (2000). A meta-analysis of single-subject-design intervention research for students with LD. *Journal of Learning Disabilities, 33,* 114-136.

Swanson, J. M. (1992). School-based assessments and interventions for ADD students. Irvine, CA: K. C. Publishing.

Swanson, J. M., Kraemer, H. C., Hinshaw, S. P., Arnold, L. E., Conners, C. K., & Abikoff, H. B. (2001). Clinical relevance of the primary findings of the MTA: Success rates based on severity of ADHD and ODD symptoms at the end of treatment. *Journal of the American Academy of Child and Adolescent Psychiatry, 40,* 168-179.

Swanson, J. M., McBurnett, K., Wigal, T., Pfiffner, L. J., Lerenr, M. A., Williams, L., et al. (1993). Effect of stimulant medication on children with attention deficit disorder: A "review of reviews." *Exceptional Children, 60,* 154-162.

Szatmari, P., Offord, D. R., & Boyle, M. H. (1989). Ontario Child Health Study: Prevalence of attention deficit disorder with hyperactivity. *Journal of Child Psychology and Psychiatry, 30,* 219-230.

Tannock, R. (2000). Attention-deficit/hyperactivity disorders with anxiety disorders. In T. E. Brown (Ed.), *Attention-deficit disorders and comorbidities in children, adolescents, and adults* (pp. 125-170). Washington, DC: American Psychiatric Press.

Taylor, M., O'Donoghue, T., & Houghton, S. (2006). To medicate or not to medicate?: The decision-making process of Western Australian parents following their child's diagnosis with attention deficit hyperactivity disorder. *International Journal of Disability and Education, 53,* 111-128.

Thomas, J. M., & Guskin, K. A. (2001). Disruptive behavior in young children: What does it mean? *Journal of the American Academy of Child and Adolescent Psychiatry, 40,* 44-51.

Timimi, S., & Radcliffe, N. (2005). The rise and rise of ADHD. In C. Newnes & N. Radcliffe (Eds.), *Making and breaking children's lives* (pp. 63-70). Ross-on-Wye, UK: PCCS Books.

Tingley, S. (2009). Eight great teacher habits parents love. *Instructor, 111*(5), 30-35.

Todd, R., Huang, H., & Henderson, C. (2008). Poor utility of the age of onset criterion for DSM-IV attention deficit/hyperactivity disorder: Recommendations for DSM-5 and ICD-11. *Journal of Child Psychology and Psychiatry, 49,* 942-949.

Touchette, P., MacDonald, R., & Langer, S. (1985). A scatter plot for identifying stimulus control of problem behavior. *Journal of Applied Behavior Analysis, 18,* 343-351.

Trammel, D., Schloss, P., & Alper, S. (1994). Using self-recording, evaluation, and graphing to increase completion of homework assignments. *Journal of Learning Disabilities, 27,* 75-81.

Treacy, L., Tripp, G., & Bird, A. (2005). Parent stress management training for attention-deficit/hyperactivity disorder. *Behavior Therapy, 36,* 223-233.

Trout, A., Lienemann, T., Reid, R., & Epstein, M. (2007). A review of non-medication interventions to improve academic performance of children and youth with ADHD. *Remedial and Special Education, 28,* 207-226.

Umbreit, J. (1995). Functional assessment and intervention in a regular classroom setting for the disruptive behavior of a student with attention deficit hyperactiv ity disorder. *Behavioral Disorders, 20,* 267-278.

U.S. Department of Education. (2005). *National Assessment of Educational Progress* (NAEP). Washington, DC: Author.

U.S. Department of Education. (2006a). *Building the legacy: IDEA 2004, October 2006.* Retrieved from idea.ed.gov/explore/view/p/,root,regs,300,A.

U.S. Department of Education. (2006b). *PART 104—Nondiscrimination on the basis of handicap in programs or activities receiving federal financial assistance, October 2006.* Retrieved from www2.ed.gov/policy/rights/reg/ocr/edlite-34cfr104.html.

U.S. Department of Education, Office of Intergovernmental and Interagency Affairs, Educational Partnerships and Family Involvement Unit. (2003). *Homework tips for parents.* Washington, DC: Author.

U.S. Department of Justice. (2000). Coordination and review section. Retrieved from www.usdoj.gov/crt/cor/byagency/usda504.php.

van Zomeren, A. H., & Brouwer, W. H. (1994). *Clinical neuropsychology of attention.* London: Oxford University Press.

Wakefield, J. C. (1992). The concept of mental disorder: On the boundary between biological facts and social values. *American Psychologist, 47,* 373-388.

Walcott, C. M., & Landau, S. (2004). The relation between disinhibition and emotion regulation in boys with attention deficit hyperactivity disorder. *Journal of Clinical Child and Adolescent Psychology, 33,* 772-782.

Walker, H. M., Block-Pedego, A., Todis, B., & Severson, H. (1998). *School archival records search (SARS): User's guide and technical manual. Longmont, CO: Sopris-West.*

Walker, J,. Shea, T., & Bauer, A. (2004). *Behavior management: A practical approach for educators.* Columbus, OH: Pearson.

Walker, S. (1999). *The hyperactivity hoax.* New York: St. Martin's Press.

Waschbusch, D. A., Craig, R., Pelham, W. E. Jr., & King, S. (2007). Self-handicapping prior to academic-oriented tasks in children with attention deficit/hyperactivity disorder (ADHD): Medication effects and comparisons with controls. *Journal of Abnormal Child Psychology, 35,* 275-286.

Waschbusch, D. A., & King, S. (2006). Should sex-specific norms be used to assess attention-deficit/hyperactivity disorder or oppositional defiant disorder? *Journal of Consulting and Clinical Psychology, 74,* 179-185.

Waschbusch, D. A., Pelham, W. E. Jr., & Massetti, G. (2005). The Behavior Education Support and Treatment (BEST) school intervention program: Pilot project data examining schoolwide, targeted-school, and targeted-home approaches. *Journal of Attention Disorders, 9,* 313-322.

Waschbusch, D. A., Pelham, W. E. Jr., Waxmonsky, J., & Johnson, C. (2009). Are there placebo effects in the medication treatment of children with attention-deficit/hyperactivity disorder? *Journal of Developmental and Behavioral Pediatrics, 30,* 158-168.

Wasserman, R. C., Kelleher, K. J., Bocian, A., Baker, A., Childs, G. E., Indacochea, F., et al. (1999). Identification of attentional and hyperactivity problems in primary care: A report from pediatric research in office settings and the Ambulatory Sentinel Practice Network. *Pediatrics, 103,* E38.

Weber, W., Vander Stoep, A., McCarty, R. L., Weiss, N. S., Biederman, J., & McClellan, J. (2008). Hypericum perforatum (St. John's Wort) for attention-deficit/hyperactivity disorder in children and adolescents: A randomized controlled trial. *Journal of the American Medical Association, 299,* 2633-2641.

Weiss, M., Hechtman, L., & Weiss, G. (2000). ADHD in parents. *Journal of the American Academy of Child and Adolescent Psychiatry, 39,* 1059-1061.

Welner, Z., Welner, A., Stewart, M., Palkes, H., & Wish, E. (1977). A controlled study of siblings of hyperactivity children. *Journal of Nervous and Mental Disease, 165,* 110-117.

Weyandt, L. L. (2001). *An ADHD primer.* Boston: Allyn & Bacon.

Weyandt, L. L. (2005). Executive function in children, adolescents and adults with attention deficit hyperactivity disorder: Introduction to the special issue. *Developmental Neuropsychology, 27,* 1-10.

Whalen, C., Henker, B., Collins, B., Finck, D., & Dotemoto, S. (1979). A social ecology of hyperactivity boys: Medication effects in structured classroom environments. *Journal of Applied Behavior Analysis, 12,* 65-81.

Whalen, C., Henker, B., Ishikawa, S., Jamner, L., Floro, J., Johnston, J., et al. (2006). An electronic diary study of contextual triggers and ADHD: Get ready, get set, get mad. *Journal of the American Academy of Child and Adolescent Psychiatry, 45,* 166-174.

Wilens, T. E., Adler, L., Adams, J., Sgambati, S., Rotrosen, J., Sawtelle, R., et al. (2008). Misuse and diversion of stimulants prescribed for ADHD: A systematic review of the literature. *Journal of the American Academy of Child and Adolescent Psychiatry, 47,* 21-31.

Wilens, T. E., Biederman, J., Brown, S., Tanguay, S., Monuteaux, M. C., Blake, C., & Spencer, T. J. (2002). Psychiatric comorbidity and functioning in clinically-referred preschool children and school-age youth with ADHD. *Journal of the American Academy of Child and Adolescent Psychiatry, 41,* 262-268.

Wilson, J. (2007). ADHD and substance use disorders: Developmental aspects and the impact of stimulant treatment. *American Journal on Addiction, 16,* 5-13.

Wolraich, M. L., Wilson, D. B., & White, J. W. (1995). The effect of sugar on behavior or cognition in children: A meta-analysis. *Journal of the American Medical Association, 274,* 1617-1621.

Wymbs, B., Pelham, W., Molina, B., Gnagy, E., Wilson, T., & Greenhouse, J. (2008). Rate and predictors of divorce among parents of youths with ADHD. *Journal of Consulting and Clinical Psychology, 76,* 735-744.

Xu, C., Reid, R., & Steckelberg, A. (2002). Technology applications for children with ADHD: Assessing the empirical support. *Education and Treatment of Children, 25,* 224-248.

Zachor, D., Roberts, A., Hodgens, J., Isaacs, J., & Merrick, J. (2006). Effects of long-term psychostimulant medication on growth of children with ADHD. *Research in Developmental Disabilities, 27,* 162-174.

Zametkin, A. J., Ernst, M., & Silver, R. (1998). Laboratory and diagnostic testing in child and adolescent psychiatry: A review of the past 10 years. *Journal of the American Academy of Child and Adolescent Psychiatry, 37,* 464-472.

Zentall, S. S. (1985). A context for hyperactivity. In K. D. Gadow & I. Bialer (Eds.), *Advances in learning and behavioral disabilities* (Vol. 4, pp. 273-343). Greenwich, CT: JAI Press.

Zentall, S. S. (1993). Research on the education implications of attention deficit hyperactivity disorder. *Exceptional Children, 60,* 143-153.

Zentall, S. S. (2006). *ADHD and education.* Columbus, OH: Pearson.

Zentall, S. S., Harper, G., & Stormont-Spurgin, M. (1993). Children with hyperactivity and their organizational abilities. *Journal of Educational Research, 87,* 112-117.

Zentall, S. S., & Meyer, M. J. (1987). Self-regulation of stimulation for ADD-M children during reading and vigilance task performance. *Journal of Abnormal Child Psychology, 15,* 519-536.

Zentall, S. S., & Stormont-Spurgin, M. (1995). Educator preferences of accommodations for students with attention deficit hyperactivity disorder. *Teacher Education and Special Education, 18,* 115-123.

Zigmond, N., Kerr, M., & Schaeffer, A. (1988). Behavior patterns of learning disabled and non-learning disabled adolescents in high school academic classes. *Remedial and Special Education, 9,* 6-11.

Zimmerman, B. J., & Schunk, D. (1989). *Self-regulated learning and academic achievement: Theory, research, and practice.* New York: Springer Verlag.

찾아보기

저자 소개

로버트 리이드(Robert Reid)

로버트 리이드 박사는 네브래스카-링컨 대학교의 의사소통장애 및 특수교육학과 교수다. 그는 ADHD 아동과 인지전략 수업에 관하여 국제적으로 폭넓은 활동을 하고 있고, 재가보호 아동 및 가정 외 보호 아동과 관련된 연구를 수행하고 있다. 리이드 박사는 100여 편의 논문과 책을 출간하고 학회에서 발표하였는데, 특히 현재 7개국에서 사용하는 『ADHD 평정척도-IV(*ADHD Rating Scale-IV*)』의 공저자이자 『학습장애 학생을 위한 전략 수업(*Strategy Instruction for Students with Learning Disabilities*)』의 공저자이기도 하다. 그는 1992년 미국교육연구협회(American Educational Research Association)로부터 '특수교육학생 연구상'을 수상하였고, 1996년에는 버지니아 아동치료센터로부터 '제니 P. 배릴즈 아동정신건강 연구상'을 수상하였다. 현재는 5개 학술지의 편집위원 및 그 밖의 많은 학술지 심사위원으로 활동하고 있다.

조지프 존슨(Joseph Johnson)

조지프 존슨 박사는 위스콘신-라 크로스 대학교의 교육학과 부교수다. 그는 특수교육학 박사학위를 받기 전에 공립 중등학교에서 13년 동안 일반 교사로 근무하였고, 그 중 6년간은 특수교사로 근무하였다. 현재는 ADHD 청소년을 위한 인지전략 수업과 학업 중재에 많은 관심을 가지고 연구 활동을 진행하고 있다.

역자 소개

송현종(Song Hyun-jong)

전남대학교 사범대학 특수교육학부 교수(교육학 박사)로 특수아동 상담과 학교상담에 관한 활발한 교육 및 연구 활동을 하고 있으며, 최근에는 장애학생 통합교육을 위한 학교상담자의 준비와 역할, 수화통역과 인터넷 채팅을 활용한 청각장애 학생 상담, 청소년 상담기관의 웹 접근성 등에 관한 연구를 수행한 바 있다. 대표적인 저 · 역서로는 『상담실습자를 위한 상담의 원리와 기술』(공저, 학지사, 2006), 『이야기상담』(역, 학지사, 2005), 『단기상담 – 학교상담자를 위한 해결 중심적 접근』(역, 학지사, 2001) 등이 있다.

양승갑(Yang Sung-kap)

전남대학교 문화사회과학대학 국제학부 교수(영문학 박사)로 영미 시 분야에 관한 활발한 교육 및 연구 활동을 하고 있으며, 최근에는 문학치료의 한 분야인 시치료에 관심을 가지고 있다. 특히 많은 대중에게 인문학을 소개할 수 있는 다양한 방법을 연구하면서, 문학 작품과 영화를 접목하여 소개하기 위해 『영시가 영화를 만났을 때』(전남대학교 출판부, 2012)와 『영화 속의 영시』(우용, 2003)를 저술하였다.

ADHD 학생의 이해와 지도

Teacher's Guide to ADHD

2014년 10월 20일 1판 1쇄 발행
2019년 2월 19일 1판 2쇄 발행

지은이 • Robert Reid · Joseph Johnson
옮긴이 • 송현종 · 양승갑
펴낸이 • 김진환
펴낸곳 • (주) 학지사

04031 서울특별시 마포구 양화로 15길 20 마인드월드빌딩
대표전화 • 02)330-5114 팩스 • 02)324-2345
등록번호 • 제313-2006-000265호

홈페이지 • http://www.hakjisa.co.kr
페이스북 • https://www.facebook.com/hakjisabook

ISBN 978-89-997-0499-4 93370

정가 18,000원